国際ビジネス用語事典

Encyclopedia of Terminology
for International Business Transaction

国際商取引学会 [編]

中央経済社

巻頭の辞

　本事典は，国際ビジネスに携わる様々な経営者や会社員，学生，研究者を対象に，国際商取引学会の有志70余名が，法学・商学・IT・政治経済・環境など多岐にわたる分野の重要用語について，簡明・最新かつ正確な解説を試みたものであり，2007年に刊行された絹巻康史監修・編著『国際商取引事典』（中央経済社）の実質的な改訂版である。この十年余り，国際ビジネス用語に関する体系的な事典（事項の解説）や辞典（言葉の意味の解説）はあまり刊行されなかったため，研究者はもとより，多くのビジネスパーソンや学生は執筆者の質や記事の正確性が区々であるネット上の記事に頼らざるを得ないことが多かった。本事典はこの深刻な隙間を埋める意欲作で記述レベルも高く，大いにご活用頂きたい。

　以下，執筆者全員の属する国際商取引学会の概要と本事典の特徴を述べる。

1．国際商取引学会とは
　国際商取引学会（学会 HP は http://aibt.jp/ 参照。会員数300余名で随時入会受付中）は，国際ビジネスを専門に研究する学者（法学・商学・経済学など）と実務家（政府・法曹・銀行・商社・メーカー・運輸・コンサルタントなど）によって1998年に創設され，①本部事務局（現在は早稲田大学・同志社大学），東部事務局（現在は日本大学），西部事務局（現在は同志社大学）の３つがそれぞれ毎年研究大会を開催して，査読付きの学会誌（国際商取引学会年報）を毎年刊行するほか，②法務省後援の模擬仲裁日本大会（ウィーンと香港で毎年春に実施される Willem C. Vis International Commercial Arbitration Moot に関する日本大会）を毎年実施し，③国際ビジネスに関する主要誌（国際商事法務など）にリレー講座を展開し，④日本貿易学会，日本国際経済法学会，国際

取引法学会等の関連学会とも緊密に連携するなど，国際ビジネス分野をリードする学会として，大変活発な研究・教育活動を続けてきた。今回の執筆陣を上覧されてお分かりのように，絹巻康史，椿弘次，柏木昇，長谷川俊明など，日本を代表する国際ビジネス分野の学者・実務家の面々が本学会に名を連ねている。

2．本事典の特徴

　本事典の執筆者は，いずれも国際ビジネス研究の専門家である国際商取引学会の会員であり，各々の専門分野について，簡明かつ最新の解説を試みている。このため，国際ビジネスに携わるビジネスパーソンや学生の実用に資し，自分の専門分野以外の知識を確認したい研究者の便宜にも供し得る。さらに，以下のような特徴を持っている。

（1）対象用語の網羅性

　国際ビジネス用語には，①法学・商学・経済学・IT 等の分野で時代を超えて着実に理解しなければならない基礎用語（例：契約，公法・私法，貿易取引），②かつては特定分野の最新用語であったが，現在では誰もが常識として理解すべき専門用語（例：CAPM，デリバティブ，M&A），③特定分野の専門知識であるが，普通のビジネスパーソンが業務遂行上，その意味を正確に理解することがしばしば求められる専門用語（例：コベナンツ，コルレス銀行），④認知度の高い最新用語で，今後とも重要性を持つ専門用語（例：ブロックチェーン，ESG 投資），⑤やや認知度が低いが，今後はますます重要性を増す最新用語（例：為替操作国認定，FRAND 宣言）があるが，本事典は限られた紙面の中で何れの類型についても網羅できるように最大限努めた。類書はとかく①に偏るか，③や⑤が欠落し易い傾向にあるが，本書では，これらを網羅できるように努めた。

（2）執筆者相互チェック等による品質の確保

　類書はとかく専門家による難解な解説に終始して読み難くなりがちで，他の執筆者からの相互チェックを伴わないが，本書ではこの点で最大限配慮した。

すなわち，国際ビジネス用語事典の編集過程では，編集委員（田口尚志，河野公洋，長沼健および久保田隆）の主導下，①2019年12月に掲載項目の偏りや漏れがないようにリストアップした上で，2020年1月に執筆者に執筆依頼し，②同5月までに初稿をすべて集め，同8月までに校正を兼ねて内容の妥当性や読み易さ等に関する執筆者相互チェックと編集委員によるチェックを実施した。この上で，③秋から冬にかけて再校正と最終的な編集作業を行い，刊行に至った次第である。但し，各執筆項目の最終的な文責は執筆者個人に帰するため，各項目の記述内容は学会の総意を示すものではない点はご留意されたい。

本書の作成に当たっては，企画段階から校正・編集・刊行に至るまで，中央経済社の露本敦編集長，美濃口真衣氏に大変お世話になった。学会を挙げて，心より感謝申し上げる。

2021年2月

執筆者を代表して
国際商取引学会会長

久保田　隆

執筆者一覧 (50音順)

編集委員

久保田　隆（早稲田大学教授）　　　　田口　尚志（早稲田大学教授）
河野　公洋（岐阜聖徳学園大学教授）　長沼　健（同志社大学教授）

執筆者

阿部　博友（一橋大学教授）　　　　　　　田中　誠和（名古屋商科大学教授）
阿部　道明（中央大学教授）　　　　　　　田中　雄作（旭リサーチセンター主席研究員）
荒井　太郎（山形大学教授）　　　　　　　種村　佑介（早稲田大学准教授）
岩瀬真央美（兵庫県立大学教授）　　　　　椿　弘次（早稲田大学名誉教授）
内田　芳樹（NY州弁護士，神戸大学客員教授）富澤　敏勝（国際商取引学会顧問）
海老名一郎（拓殖大学教授）　　　　　　　中曽根淑芳（関西外国語大学准教授）
大貫　雅晴（GBCジービック大貫研究所代表）長田　真里（大阪大学教授）
小倉　隆（同志社大学教授）　　　　　　　中野俊一郎（神戸大学教授）
小野木　尚（大阪経済法科大学准教授）　　中村　進（日本大学教授）
梶田　幸雄（中央大学教授）　　　　　　　中村　達也（国士舘大学教授）
柏木　昇（東京大学名誉教授）　　　　　　中村　秀雄（中村秀雄英文契約書作成塾代表）
亀田　尚己（同志社大学名誉教授）　　　　中村　嘉孝（神戸市外国語大学教授）
川中　啓由（弁護士，立命館大学准教授）　野一色直人（京都産業大学教授）
河村　寛治（明治学院大学名誉教授，GBL研究所会長）長谷川俊明（長谷川俊明法律事務所弁護士）
絹巻　康史（国際商取引学会元会長）　　　花木　正孝（近畿大学准教授）
小池　未来（富山大学講師）　　　　　　　花田　敏幸（リミックスポイント経営管理部長）
黄　軔霆（帝塚山大学教授）　　　　　　　濱田　太郎（専修大学教授）
合田　浩之（東海大学教授）　　　　　　　浜辺陽一郎（弁護士，青山学院大学教授）
コーエンズ　久美子（山形大学教授）　　　林田　博光（中央大学教授）
小林　幹雄（瓜生・糸賀法律事務所弁護士）平野　温郎（東京大学教授）
齋藤　彰（神戸大学教授）　　　　　　　　平野　英則（日本大学講師）
齋藤　憲道（大阪大学客員教授）　　　　　藤川　信夫（日本大学特任教授）
齋藤　光理（神戸大学・アバディーン大学大学院生）古屋　邦彦（元九州国際大学教授）
坂本　力也（日本大学教授）　　　　　　　不破　茂（愛媛大学准教授）
志馬　康紀（三菱電機知財渉外部専任）　　堀口　宗尚（京都大学特命教授）
杉浦　保友（イングランド弁護士，日本大学客員教授）牧野　和夫（芝綜合法律事務所弁護士，弁理士）
杉山　翔一（Field-R法律事務所弁護士）　鷲田　えみ（早稲田大学招聘研究員）
高砂　謙二（大阪経済法科大学教授）　　　増田　史子（岡山大学教授）
高杉　直（同志社大学副学長・教授）　　　松永詩乃美（熊本大学准教授）
高田　寛（明治学院大学教授）　　　　　　的場　朝子（京都女子大学准教授）
高橋　宏司（同志社大学教授）　　　　　　三倉　八市（日商検定推進アドバイザー（ビ英））
高森桃太郎（関西学院大学准教授）　　　　美野　久志（関西学院大学フェロー）
田口　奉童（同志社女子大学名誉教授）　　柳田　宗彦（元アリアンツ生命本部長）
竹内　舞子（国連安保理1874パネル委員）　渡邊　隆彦（専修大学准教授）
伊達竜太郎（沖縄国際大学准教授）　　　　渡辺　崇之（KPMGコンサルティングシニアマネジャー）
田中　誠一（田中法律事務所弁護士，NY州弁護士）

（所属は2021年2月現在）

凡　例

1．「見出し語」の配列は，すべて50音順に配列した。濁音・半音は清音に準じて配
　　列した。
2．原則として，「見出し語」の後に英文表記をした。固有名詞（条文など）および
　　慣用されている表記や用語は最初の文字を大文字にし，説明的な用語は全文字を
　　小文字で表記した。
3．文中の（⇨）で示された語は，当該用語の内容をより深く理解するための参照
　　項目を示す。
4．文中の太字で示された語は，「見出し語」に関連する重要な用語を示す。
5．「見出し語」のルビは，一般的に読み間違いの多いものや，アルファベットの見
　　出し語で，アルファベットをそのまま読まない項目に付した。なお，アルファベッ
　　トをそのまま読む場合・読まない場合の二通りの読み方がある見出し語にもルビ
　　を付している。
6．巻末付録資料を以下のとおり収録している。
　　　付録1　Incoterms® 2020に規定されている諸規則　239頁
　　　付録2　資料　240頁
　　　　　　保険証券，為替手形，信用状（L/C），船荷証券（B/L），
　　　　　　B/L裏面約款の一部。
7．稿中の内容は2021年2月現在である。

アービトラージ
　〔⇨裁定取引〕

RFR
　〔⇨変動金利指標（と改革）〕

RCEP（地域的な包括的経済連携） Regional Comprehensive Economic Partnership

　東南アジア諸国連合（ASEAN）10か国〔⇨ASEAN〕に、日本、中国、韓国、オーストラリア、ニュージーランドの5か国（インドは中国からの大量輸入による自国産業への打撃を恐れて発足時の参加を見送った）を加えた15か国が参加する世界貿易額の3割を占める**自由貿易協定（FTA）**のことで、2020年11月に署名し、Regional Comprehensive Economic Partnership の頭文字でRCEP（アールセップ）と呼ばれる〔⇨FTA〕。日本は今後、2018年12月に発効した**TPP11**〔⇨TPP11〕と RCEP を合わせ、アジア太平洋全域に跨る**FTAAP（アジア太平洋自由貿易圏）**構想の実現を目指す。日本にとって RCEP は中韓と結ぶ初の FTA となる。（久保田隆）

RTGS
　〔⇨システミック・リスク〕

RPA Robotic Process Automation

　RPA（Robotic Process Automation）とは、ホワイトカラーが担当する定型業務を、ソフトウェア型のロボットが代行し、自動化する概念である。操作画面上から業務の処理手順を登録しておくだけで、ブラウザやクラウド（Cloud）など様々なアプリケーションを横断し業務自動化を実現する。

　現在、既に工場のライン業務においては、人間を補助する戦力として**IT（Information Technology）**やロボットの導入が進められている。今後、その適応範囲をホワイトカラー業務にまで拡大していくことで、RPA は、金融、サービス、流通、小売、インフラ、製造、不動産、自治体など、広範囲な業界や企業において、業務自動化や効率化

に対応できる技術として大きな期待を寄せられている。（長沼　健）

IaaS
　〔⇨クラウド（コンピューティング）〕

IR
　〔⇨統合型リゾート〕

IATA（国際航空運送協会） International Air Transport Association

　世界の航空運輸企業で構成される業界団体。1945年4月19日にキューバで設立され、カナダのモントリオール及びスイスのジュネーブに本拠を有する。設立当初は欧米を中とする31か国から57のメンバーで構成されていたが、2020年4月時点で、約120か国から290のメンバーで構成される。航空業界を代表、主導し、同業界に奉仕することを目的とし、①世界の人々の利益のために安全で信頼性のある安定した航空サービスの促進、②準拠法に適合する形での航空会社間の協力手段の提供、③**国際民間航空機関（ICAO）**及び他の関連する国際機関との連携を行う〔⇨ICAO〕。航空運賃、運送規則等に関する様々な運送人間協定を作成しており、国際航空運送において重要な役割を担っている〔⇨運送人〕。航空貨物運送においては、IATA 様式の航空運送状が、IATA 加盟航空会社のみならず広く利用されている〔⇨運送状〕。（小野木尚）

ISO（国際標準化機構） International Organization for Standardization

　ISO は、1947年に設立された民間主導の国際機関であり、本部はスイスのジュネーブにある。設立の目的は、鉱工業・農林業・サービス業の分野で国際的な交流を促進し、国際的な規模で各種工業規格を標準化し、これと関連する知識・科学・技術・経済に関する国際的な協力を助長することを掲げている。

　国際取引との関連では、まず、WTO 附属書1A「貿易の技術的障害に関する協定

（TBT）」第1条1.1に「標準化及び適合性評価手続に関して用いられる一般用語は，……国際標準機関（international standardizing bodies）により採択された定義と同一の意味で使用する」とあり，この国際標準機関が実質的にはISOを示し，ISOの基準が公的な標準である**デ・ジュール・スタンダード（de jure standard）**化している。

また，企業間の競争裏では，ISO9000シリーズやISO14000シリーズが**デ・ファクト・スタンダード**（de facto standard）になっている現状下，上記とあわせ，ISOがいわゆる**グローバル・スタンダード**を形成する実力は見逃せない〔⇨デ・ファクト・スタンダード〕。（絹巻康史）

ISDS
〔⇨国際投資仲裁〕

IFRS
アイエフアールエス
〔⇨国際財務報告基準〕

IMF（国際通貨基金）　International Monetary Fund

世界経済の安定と成長のため，通貨の安定と貿易の拡大を目的に融資する国際金融機関。

1944年7月米国ニューハンプシャー州ブレトン・ウッズにおいて連合国44か国がIMF協定〔⇨IMF協定〕に署名し，これが同年12月に成立，1947年3月IMFは始業。その目的は，恐慌や為替切下げ競争を回避するため，短期の**国際収支ファイナンス**を供与する国際金融協力体制の確立であった。英国（ケインズ案bancor）の構想もあったが，結局は米国（ホワイト案unitas）に沿って，通貨制度は，金の価値に裏打ちされた米ドル（金1オンス＝35米ドル）本位の**固定為替相場制**〔⇨直物為替相場と先物為替相場〕となった。中長期の開発資金を供給する世界銀行〔⇨世界銀行グループ〕とともに，**ブレトン・ウッズ体制**〔⇨ブレトン・ウッズ体制〕を築いた。本拠を米ワシントンD.C.に置き，東京にも事務所がある。

日本は1952年にIMF協定14条国として53番目の加盟が認められ，64年に8条国に移行した。2020年3月現在の加盟国数は189である。

IMFは国際連合専門機関（specialized agencies）の1つで，国連の基本文書である憲章（Charter of the United Nations 1945年6月26日署名）第63条により，国連・経済社会理事会と連携することになっている。

IMFは，加盟国の国際収支の悪化に対処，1980年代の中南米債務危機，97年のアジア**通貨危機**〔⇨通貨危機〕など頻発する金融危機〔⇨世界金融危機〕に対し中心的な役割を果たしてきた。加盟国の経済財政状況を定期的にモニターしサーベイランス（IMF協定第4条surveillance）を行い，*World Economic Outlook*, *Global Financial Stability Report*, *Fiscal Monitor* などを刊行，近年では，雇用，貧困，気候変動にも積極的である。

融資の原資は加盟国からの出資割当額（quota）だったが，累次の危機対応を経て，増資や借入金（GAB：一般借入取極，NAB：新借入取極）等により増強，同様に融資もスタンドバイ取極からEFF（拡大信用供与），SRF（補完的融資），CCL（予防的クレジットライン），FCL（フレキシブル・クレジットライン），PLL（予防的流動性枠）など融資方式を拡充してきた。1969年創設のSDR（Special Drawing Rights）による準備資産勘定もその一つである。IMFの融資条件を**コンディショナリティ**と呼ぶ。融資可能規模は2019年4月現在約1兆米ドルである。

IMFの意思決定は，加盟国代表により構成される総務会（Board of Governors）を最高意思決定機関とするが，通常は日本代表1名を含む24名から成る理事会（Executive Board）が行う。その議決権比率は，出資割当額比率に応じて，アメリカ（16.51％），日本（6.15％），中国（6.08％），ドイツ（5.32％），フランス（4.03％），イギリス（4.03％）などに配分されている。

専務理事（Managing Director）は第12代の

クリスタリナ・ゲオルギエバ氏で，任期は
2019年10月から5年間である。ブルガリア
出身。第11代は，フランス出身のクリス
チーヌ・ラガルド氏（現・欧州中央銀行総
裁）で，ヨーロッパ出身者が主流となって
いる。（田口奉童）

IMF協定　Articles of Agreement of the International Monetary Fund

　国際通貨基金（IMF）の設立根拠となる協
定で，為替相場を規制し通貨の安定を図る
とともに，国際収支困難の国を支援し決済
面から国際貿易の発展を図る目的で制定さ
れ（IMF協定1条），IMFは通貨制度の規制
権限（4条）と一時的な国際収支困難国に
対する融資権限（5条）を有する。4条の
問題については別項目〔⇒為替操作国認定〕
に譲り，以下，主要条文内容を概観する。
　IMFへの加盟は国連加盟国であることは
要件とされず，IMFからの脱退は加盟国に
脱退権（26条1項）があるほか，IMFにも
加盟国を脱退させる権限がある（同2項）。
加盟国は，自国通貨とSDR（特別引出権:
Special Drawing Right）を出資し，その出資
割当額（クォータ: quota）は当該国の経済
規模等を勘案してIMFが割当て（3条1
項），5年おきに見直される（同2項）。議
決権は，基礎票（5.502%）にクォータ10万
SDRごとに1票加算された値で決まり（12
条5項(a)），2020年7月現在のクォータと
投票権（カッコ内が投票権）の全体に占め
る割合は，米国17.45%（16.51%），日本
6.48%（6.15%），中国6.41%（6.08%），ド
イツ5.60%（5.32%），フランス4.24%
（4.03%），イギリス4.24%（4.03%）である。
加盟国はIMFからクォータをベースとし
て融資を受けられる。IMFの保有通貨が不
足した場合は，①1962年制定の一般借入取
極（GAB）や1998年制定の新規借入取極
（NAB）のように必要な通貨を当該国など
から借り入れる（7条1項(i)）か，②SDR
を対価として購入する（同項(ii)）。さらに
加盟国は，国際収支上の必要性があれば，
加盟国の発意により，自国通貨を対価とし

てIMFの一般資金勘定からの買入れ（引出
し）によりSDRや外貨を得ることができる
（5条2項）。IMFは世界銀行とは異なり，特
定のプロジェクトに対する融資は行わな
い。
　一方，コンディショナリティ(IMFの一般
資金を利用するために加盟国に要求される
条件，すなわち特定の経済・財政政策プロ
グラムの遂行)は，スタンドバイ取極（30
条(b)）の基準として多用され，IMFの監視
機能が拡大した。強大な権限を持つIMFで
あるが，IMF協定それ自体には詳細な内容
は書かれず，様々な融資手段の多くや
FSAP（金融セクター評価プログラム: Financial Sector Assessment Program）はIMF理
事会の決定による。IMFを巡る法規範は，上
位規範順に，①IMF協定，②内規等の総務
会決定，③理事会決定の3種類で，最上位
規範のIMF協定の最終的な解釈権限は外
部の裁判所ではなく，IMFの総務会（12条
2項）や理事会にある（29条）。IMFは完全
な法人格を有し，契約締結，動産・不動産
の取得処分，訴訟提起が可能（9条2項）
な一方，訴訟手続や捜索・収用，課税等か
らは免除されている（9条3項以下）。なお，
8条は経常取引のための支払および資金移
動に対する制限を撤廃する義務を定める
が，同条の適用される国をIMF8条国と呼
び，経済力が脆弱で8条の義務を遵守でき
ない国は14条で例外が許容されている
（IMF14条国）。日本は1964年にIMF8条国
に移行し，中国は1996年に移行した。（久保
田隆）

IoT　Internet of Things

　IoT（Internet of Things）とは，モノにイン
ターネット（Internet）が接続していること
を意味する概念である。従来，インターネッ
トはコンピュータ同士を接続するためのも
のであった。つまり，主にパソコンやサー
バー等のIT関連機器が接続されていた。し
かしながら，ITの急速な発展に伴い，ス
マートフォンやタブレット端末などのモバ
イル端末からもインターネット接続が可能

になった。しかし，現在では，上記のモバイル端末はもちろんのこと，テレビ，デジタルレコーダー，電子レンジや冷蔵庫等の身近な家電もインターネットに接続し始めている。さらには，交通，医療，農業といった様々な分野で活用され始めている。すべてのモノがインターネットにつながることで，それぞれのモノから個別の情報を取得し，その情報をもとに最適な方法でそのモノをコントロールすることが可能になった。今後，IoT化の流れはさらに拡大し，あらゆる分野で，グローバルに活用されることにより，日本のみならず世界の産業・社会構造を大きく変革する可能性がある。(長沼　健)

ICAO（アイカオ）
〔⇨ICAO（イカオ）〕

IQ（輸入割当） import quota
　事前に政府から輸入承認や確認を受ける必要のある品目や船積地は，輸入公表（経済産業大臣告示）によって明示されている（輸入貿易管理令第3条）。輸入公表1号に指定された輸入割当品目をIQ品目と呼称している。輸入される貨物の数量または金額を，国内需要に基づいて輸入者に割り当てることで輸入制限を行う制度。具体的には，商社割当，先着順割当，漁業者割当，需要者割当，海外開発割当等がある。絶対量制限であり，関税率制限（tariff-rate quota, TRQ）〔⇨関税割当制度〕とともに**貿易障壁**のひとつである〔⇨関税，関税三法，非関税障壁〕。(河野公洋)

ICAO（アイケーオー）
〔⇨ICAO（イカオ）〕

ICO Initial Coin Offering
　企業やプロジェクトが事業活動を行う際，**トークン**と呼ばれる電子的な証票（暗号資産（仮想通貨）など）を独自に発行し〔⇨暗号資産〕，これを投資家に購入してもらうことで法定通貨や暗号資産を調達する

こと。事業が成功すればトークンの価値が上がり，投資家はその売却益を得たり，ICOにより開発されたサービス・商品が得られるメリットがある。新規株式公開（IPO: Initial Public Offering）に比べて事業計画の情報開示等の要件が緩く〔⇨IPO〕，簡便な資金調達手段とされるが，反面，情報開示が不徹底で投資家とのトラブルが生じた事例やICOを語った詐欺事例も多く報告されているため，各国で規制整備の方向にあり（日本では2019年の資金決済法改正等で規制整備），中国・韓国はICOを全面禁止した。なお，**STO**（Security Token Offering）とは，ICOのうち，法定通貨や仮想通貨を投資して企業や事業の収益から分配を受けるものを指し，金融商品取引法に従う。(久保田隆)

I.C.C.
〔⇨協会貨物約款〕

ICC
〔⇨国際商業会議所〕

ISO（アイソ）
〔⇨ISO（アイエスオー）〕

相対交渉（あいたい）direct negotiation
　国際取引に限らず国内取引においても，当事者が直接話し合い（**交渉**）することで契約が成立し，ほとんどのケースでは円満に履行され，契約が終了する。しかしながら，何らかの原因や事情があって，予定どおり契約履行がされなかったり，契約に関する疑義が生じたり，不測の事態が発生し思わぬ損害を被ることがある。
　このような場合を広く**紛争**というが，このような紛争に際しての解決方法として，いきなり商事仲裁や裁判に付することなく，当事者による話し合いによって解決されることが望ましいことはいうまでもない。このような状況を一般に相対交渉と称し，第三者によらずに当事者の合意による解決手段をいう。(絹巻康史)

IPO（新規株式公開・新規上場） Initial Public Offering

　未上場会社が，自社の株式を，不特定多数の一般投資家へ新たに公開し，証券取引所が開設する株式市場において，自由に売買できるようにすることである。

　日本では，東京（東証），名古屋，札幌，福岡の合計4か所の証券取引所において上場ができる。この中でも，東証は，市場第一部・市場第二部・マザーズ・JASDAQ・TO-KYO PRO Market の5つの市場を提供している（近年は，東証の市場区分の見直しの議論もされている）。日本の株式会社における上場会社の割合は，0.2%未満である。

　IPOが行われると，上場会社には，資金調達の円滑化・多様化，企業の社会的信用力や知名度の向上などのメリットがある。他方で，投資家保護の観点から，決算発表や企業内容の適時・適切な開示が要求されるなど，新たな社会的責任や義務が生じる。

　上場審査基準には，①株主数や利益の額など定量的基準の「**形式要件**」と，②開示体制やコーポレート・ガバナンスの状況などを確認する定性的基準の「**実質審査基準（上場審査の内容）**」がある〔⇨コーポレート・ガバナンス〕。

　なお，上場する親会社を持つ子会社上場は，外資系ファンドなどから，日本に特有の実務として批判がある。このような**親子上場**は，親会社と子会社の少数株主との間に，潜在的な利益相反の問題がある。（伊達竜太郎）

アイファース
　〔⇨国際財務報告基準〕

アクセプタンス
　〔⇨承諾〕

アサインバック条項 assign back clause
　ライセンス契約における改良技術の取扱いに関する条項の1つであり，**ライセンシー**の発明した改良技術を**ライセンサー**に譲渡するように義務付けるものをいう〔⇨

ライセンサー，ライセンシー〕。

　ライセンシーが改良技術を発明した場合，ライセンサーへの通知義務を課したり，ライセンサーにオプション権を付与することが考えられるほか，ライセンサーとの共有やライセンサーに独占的ないし非独占的実施許諾をする**グラントバック**（Grant Back）〔⇨グラントバック条項〕，さらには改良技術に関する権利の買取り（Assign Back）等を定めることがありうる。

　もっとも，その適法性については，国や地域，契約の定め方等によって区々である。日本では独占的グラントバックや**アサインバック**は一般に不公正な取引方法に当たるとされているが，ライセンス技術がなければそもそも利用できない改良技術の場合等，事案に応じて個別の検討が必要である。（川中啓由）

アジアインフラ投資銀行（AIIB） Asian Infrastructure Investment Bank

　アジア地域におけるインフラ開発を目的とする国際開発金融機関として，中国主導により設立され，2016年から業務を開始。本部は北京。初代総裁は中国財務省元次官の金立群（Jin Li Qun）氏が務める。102の国と地域が加盟しているが，日本と米国は加盟していない。

　これまでに70案件，137億ドルの融資承諾実績がある。対象インフラとしてはエネルギー，運輸，水道分野向けが64%と多い。融資方式としては，既存の国際開発金融機関（**世界銀行グループ**〔⇨世界銀行グループ〕，**アジア開発銀行**（ADB）〔⇨アジア開発銀行〕）との協調融資が44%を占める他，金融形態としてはソブリン・ファイナンスが64%と太宗を占めるが，**プロジェクト・ファイナンス**も手掛け，ミャンマーのミンヤン・ガス火力発電案件が第1号である〔⇨プロジェクト・ファイナンス〕。意思決定の簡素化のために各国代表理事は北京には駐在しない，また「3C」（Lean, Clean, Green）を組織運営の原則とする等，新しい国際開発金融機関を目指している。融資承諾金額

はアジア開発銀行等に比して格段に小さく，案件発掘・組成機能の強化が必要とされる。融資はアンタイドローンの形式でなされ，調達は国際競争入札方式を採用しており，中国企業が特に有利ということではない。(堀口宗尚)

アジア開発銀行(ADB)　Asian Development Bank

アジア・太平洋地域のインフラ開発・貧困削減等を目的として，1966年に設立された国際開発金融機関。本部はマニラ。日本及び米国が資金の主な拠出国である。**ソブリン・ファイナンス**を中心とした融資業務に加え，官民連携部による案件発掘・組成，民間部門局による**プロジェクト・ファイナンス**も行われている〔⇨プロジェクト・ファイナンス〕。自己勘定で行うAローンに加えて，融資契約上はADBがレンダー(lender of record)となり，この傘の下で民間金融機関がADBとParticipation Agreementを締結するBローンを活用し，民間資金の動員を図っている。加えて，出資や保証等の機能も有する。(堀口宗尚)

アジア太平洋経済協力(APEC)　Asia-Pacific Economic Cooperation

世界人口の約4割,貿易量の約5割,GDPの約6割を占め，「世界の成長センター」とも呼ばれるアジア太平洋経済地域の持続可能な成長と繁栄に向けて，貿易・投資の自由化・円滑化を通じた地域統合の推進，質の高い成長と経済・技術協力等の活動を行う**枠組**(枠組とは，目的と一般的原則のみを定め，細目は後に定めるものを指す)。現在の加盟国は日本のほか，アメリカ，カナダ，メキシコ，ペルー，オーストラリア，ロシア，中国，インドネシア，韓国，香港，台湾，シンガポールなど21か国・地域に及ぶ。1989年11月に閣僚会議として発足し，1993年以降は首脳会議も開催するほか，**APECビジネス諮問委員会(ABAC)** がAPEC首脳に直接提言するなど産業界とも緊密に連携している。(久保田隆)

ASEAN(東南アジア諸国連合)　Association of South‐East Asian Nations

1967年の東南アジア5か国外相会議における「バンコク宣言」によって設立された。原加盟国はタイ，インドネシア，シンガポール，フィリピン，マレーシアの5か国で，1984年にブルネイが加盟後，加盟国が順次増加し，現在はベトナム，ラオス，ミャンマー，カンボジアを加えた10か国で構成されている。2015年に経済共同体となり，総人口6億5千万人の単一市場形成に向けて経済的関係を強化している。わが国とは，貿易総額25兆円以上(2019年現在)となり国際商取引の15%を占め，**SCM(サプライ・チェーン・マネジメント)** 環境下における調達市場，販売市場としての重要性を増している。〔⇨ACFTA, SCM〕(河野公洋)

アドホック仲裁　ad hoc arbitration

仲裁機関を利用する**機関仲裁**に対し，仲裁機関を利用しない仲裁のことをいう〔⇨仲裁〕。アドホック仲裁では，当事者のニーズに応じた柔軟な手続が可能となる。また，機関仲裁では，仲裁機関に対し手数料を支払う必要があるが，アドホック仲裁ではそのような費用は発生しない。しかし，仲裁手続に適用される仲裁法自体は詳細な手続ルールを定めておらず，仲裁機関が手続に関与しないので，手続上の問題が生じ，それを当事者，仲裁人が協議し，迅速に処理することができなければ，それによって手続が遅延することになる。したがって，アドホック仲裁でも，仲裁規則を利用する必要があり，通常，仲裁規則として，**UNCITRAL仲裁規則**〔⇨UNCITRAL国際商事仲裁モデル仲裁規則〕が利用される。(中村達也)

アメリカ法(連邦法・州法)　Law of the United States

アメリカの法律は，**英米法(コモン・ロー: Common law)**〔⇨コモン・ロー〕に属する上，単一国家ではなく連邦制を採用することから，合衆国憲法8条に規定する連邦の

権限を除くと州政府が強い独立権限を持つ（同10条）ため，**連邦法と州法**が併存する。憲法や刑法，裁判所は双方に存在するが，通商法・倒産法・知財法などは連邦法にしか存在せず，**契約法**（Contracts）・**不法行為法**（Torts）・**財産法**（Property）・**担保法**（Security）・**会社法**（Corporations）・**国際私法**（Conflict of Laws）などは州法にしか存在しない。但し，契約法や不法行為法など法の基本分野に法典がなく（カリフォルニア州法などの例外を除く），州の判例法も参照されるため，ルールが不明確になり易い。そこで，1923年以降，**アメリカ法律協会**（ALI: American Law Institute）が各々の州法の共通事項を法分野ごとに法典の形にして注釈を付け，社会の変化に応じて改訂する**リステイトメント**（Restatement）〔⇨リステイトメント〕を作成し，信頼の置ける二次資料として活用されてきた。また，1952年以降，各州ごとに異なる民商法の統一化を図るモデル法として統一州法委員会全国会議（NCCUSL）が**統一商法典**（UCC: Uniform Commercial Code）を公表し〔⇨UCC〕，現在に至るまで数次の改訂を経てきた。UCCはこれまでほとんどの州で州法として採用され，州法の内容の統一化に寄与しており，例えば**大陸法**〔⇨大陸法〕に属するルイジアナ州でもUCC第2編（物品売買）を除けば他の規定は採用している。なお，**ニューヨーク州法**は国際金融取引では**イングランド法**と並んで契約準拠法に指定されることが多い〔⇨イングランド法〕。

契約法については，**約因法理**〔⇨約因〕や**詐欺防止法**〔⇨詐欺防止法〕，**口頭証拠排除原則**〔⇨口頭証拠排除原則〕等を除けば，日本法と似た構造である。すなわち，①契約成立の前提として意思表示の合致，すなわち**申込み**（offer）と**承諾**（acceptance）が求められる〔⇨申込み，承諾〕。申込みは被申込者に到達した時点で効力を発し（日本と同じ**到達主義**），承諾があるまではいつでも撤回可能だが，コモン・ロー上の**オプション契約**（申込者が一定期間撤回しないことを約する対価として被申込者は約因を提供

する契約）は撤回できない。申込者が承諾方法を指定した場合や申込みと同じ方法で承諾した場合は，承諾の意思表示を発信した時点で効力を発し（**発信主義: mail box rule**），それ以外の場合は到達主義となる。申込み内容に修正を加えた意思表示は，原則として承諾ではなく**反対申込み**（counter offer）となる。契約法については一般にコモン・ローが適用されるが，UCCに規定がある場合はUCCが適用される〔⇨UCC〕。例えば，既存の契約を変更する場合，コモン・ロー上は約因を必要とするが，UCC上は変更が誠実になされれば新たな約因は不要である（2-209条(1)）〔⇨コモン・ロー〕。また，商人の場合は自ら署名した書面で3か月以内の一定期間は申込みを撤回しないことを保証する**確定申込み**（firm offer）を行うと，オプション料等の約因を提供しなくても当該期間は撤回できない（2-205条）。（久保田隆）

アライアンス　alliance

複数の企業が相互に利益を享受するために，**合併**（M&A）と違い，緩やかに提携関係を構築すること。本質的には企業提携と同義。元来，同盟や縁組，提携を意味する語であるが，ビジネスでは異なる立場にある企業同士が，グローバルに技術面，生産面，販売面などで補完することで利益を生み出すために協力し合う体制（「**戦略的提携 strategic alliance**」）で，**シナジー**（相乗効果 synergy）が生まれなければ，比較的簡単に解消する。航空業界・物流業界の路線，流通業界のポイントカード，通信業界，金融商品から製造業に至るまで多岐に渡るアライアンスが国際間で利用されている。〔⇨M&A, 海運同盟, 企業提携, 敵対的買収〕（河野公洋）

アレンジャー

〔⇨シンジケート・ローン〕

UNCTAD（国連貿易開発会議） United Nations Conference on Trade and Development

ブレトン・ウッズ体制，OECD等が先進国主導型であり，必ずしも開発途上国の立場を理解していないとの意見から，主として南北問題を討議することを目的として1964年国際連合で発足した。国連直属の機関であるが，国連加盟国はすべてメンバーとなる。2020年4月現在の国連加盟国は196か国で，国連専門機関や国際原子力機関の加盟国にも加盟資格が与えられており，国連加盟国よりメンバーが多いため，発言力が強い。中心は，発足時にアジア，アフリカ，中南米の77か国によって形成されたグループで「G77」と呼称している。〔⇨OECD，ブレトン・ウッズ体制〕(河野公洋)

暗号資産（仮想通貨） crypto-asset (virtual currency)

オンライン上で決済を行うことができ，**法定通貨（法貨）**のように特定国家による価値の保証を持たず，法貨等の裏付けを伴って価値が安定しているもの。楽天Edyなどの**電子マネー，ディエム（旧リブラ）**などの民間デジタル通貨，**デジタル人民元**のような**中央銀行デジタル通貨（CBDC）**とは異なり，法貨等の裏付けがなく価値の変動が激しい独自の貨幣単位を持つ価値を指し（但し，米ドルの裏付けを伴う**テザー（Tether）**のような**ステイブル・コイン**も存在），最大手はビットコイン（Bitcoin）で時価総額全体の7割弱を占め（2019年末時点），以下，イーサリアム，XRPと続く。

従来は仮想通貨と呼ばれたが，取引決済よりも投機に用いられることが多いので「通貨」という名称を避ける動きがあり，2019年の資金決済法改正では法令用語は**暗号資産**に改められた。但し，実務では仮想通貨の用語も多用されており，**FATF**関連の国際文書も未だに仮想通貨を用いている。暗号を用いた通貨であるが，**量子コンピュータ**が開発されると既存の暗号は破られるので，量子暗号に代える必要があるとされる。一般に電子マネーとは異なって発行体が存在せず，取引所（交換所）が存在するのみである（但し，ステイブル・コインには発行体が存在）。

2014年に日本の交換所に対する巨額ハッキング事件（**Mt.Gox事件**）が起きて利用者保護の必要性が認識されたほか，2015年には**FATF**が「各国は仮想通貨交換所に登録制か免許制を課すとともに，顧客の本人確認や疑わしい取引の届出等のマネーロンダリング規制を課すべき」とのガイダンスを公表したため，資金洗浄対策の規制法制定が必要になり，2016年に資金決済法と犯罪収益移転防止法が改正された。利用者保護策としては，資金決済法に仮想通貨の定義（2条5項）と仮想通貨交換業の定義（2条7項）が新設され，仮想通貨交換業者を登録制とした上で，分別管理や利用者保護策，財務規制等を義務付け，当局による報告徴求や立入検査，業務改善命令，登録抹消等の規定を整備した（63条の8～19）。一方，資金洗浄対策としては，仮想通貨交換業者を犯罪収益移転防止法の特定事業者に追加し（2条2項31号），本人確認義務（4条）や疑わしい取引の当局への届出（8条）等に関する諸規定を整備した。2018年に日本の交換所に対する巨額ハッキング事件（**Coincheck事件**）が生じると，金融庁は監督強化に転じ，2019年には金融商品取引法の改正と資金決済法の再改正を行い，暗号資産（仮想通貨）の交換業者に対する規制（広告・勧誘規制，顧客の暗号資産を信頼性の高い方法＜ネットから隔離して管理する**コールド・ウォレット**，移動に複数鍵を要する**マルチシグ**など＞での管理を原則義務付け），ICOに関する規制などを整備した〔⇨ICO〕。

一方，暗号資産の私法上の性格は各国とも定まらず，裁判例も様々である。日本法では，誰に対する債権かがブロックチェーン上の計算によって定まるのみなので債権ではなく，有体物でなく（民法85条）排他的支配可能性が疑問視され法定もされていないので物権でもない。したがって，何らかの財産権として捉えた上で要件・効果を

法定することが望ましい。ただし，有効な契約を結べば信託に付することはできるので，倒産時に保護を受けることはできる（信託法25条）。また，各国法の扱いを統一するための国際合意の形成も必要である。（久保田隆）

UNCITRAL（アンシトラル，国連国際商取引法委員会）　United Nations Commission of International Trade Law

　国連総会の補助機関として1966年に設立され，60の国連加盟国で構成し（任期6年，半年ごとに半数改選），国際商取引に関するルールの国際統一や調和を促進する組織で，本部はウィーン（韓国・仁川にもアジア太平洋センターがある）。年に1回の委員会をニューヨーク（偶数年）かウィーン（奇数年）で交互に開催し，6つのWorking Group（議題は数年おきに変わり得るが，2020年現在はI：中小企業，II：仲裁・調停，III：投資家対国家の紛争解決改革，IV：電子商取引，V：倒産法，VI：船舶執行）を持つ。UNCITRALが作成した主な条約やモデル法には，1958年外国仲裁判断の承認及び執行に関する条約（ニューヨーク条約），1980年ウィーン売買条約，1985年国際商事仲裁モデル法，1997年国際倒産モデル法などがある〔⇒ニューヨーク条約，ウィーン売買条約，UNCITRAL国際商事仲裁モデル法，国際倒産〕。（久保田隆）

UNCITRAL国際商事仲裁モデル仲裁規則　UNCITRAL Model Arbitration Rules on International Commercial Arbitration

　UNCITRAL国際商事仲裁モデル仲裁規則は，国連国際商取引法委員会（UNCITRAL: The United Nations Commission on International Trade Law）により1976年4月28日に作成，採択された仲裁の利用のための仲裁手続に関するモデル規則である。同モデル規則は，2010年の改正版が採択されている。2010年改正版は，当事者が特に同モデル規則の特別のバージョンを適用することを合意しない限り，2010年8月15日以降に締結された当事者間の仲裁合意に適用される。同モデル規則は，企業間の商事紛争仲裁，投資家と国家との間の投資紛争仲裁，国家と国家との間の投資紛争仲裁を含む広い範囲の紛争の仲裁をカバーする仲裁規則として広く利用されている。（大貫雅晴）

UNCITRAL国際商事仲裁モデル法　UNCITRAL Model Law on International Commercial Arbitration

　UNCITRAL国際商事仲裁モデル法（モデル法）は，国連国際商取引法委員会（UNCITRAL: The United Nations Commission on International Trade Law）により1985年6月21日に採択された国際商事仲裁に関するモデル法である〔⇒国際商事仲裁〕。8章36条からなり，仲裁合意，仲裁廷の構成，管轄，裁判所の関与のほか，仲裁手続の進行，仲裁判断の取消，承認と執行までの全仲裁手続について定めている〔⇒仲裁，仲裁合意，仲裁判断〕。

　モデル法は条約ではないので，各国の仲裁法の立法においてこれを採用することで効力をもつ。また，各国はモデル法を採用する際にその一部を採用しないことができるし，重要な部分を修正することもできる。

　2004年施行の日本仲裁法は，モデル法に一部修正を加えて採用した法律である。モデル法は，採択されて以来，各国の仲裁法の国際標準化，調和化に大きな影響を与え，数多くの国，地域でモデル法を採用した近代仲裁法が施行されている。

　モデル法は2006年に改正モデル法が採択されている。日本では同2006年改正モデル法を採用した仲裁法の改正は未だなされていない。（大貫雅晴）

安全保障貿易管理制度　Security Trade Control/ Strategic Trade Control

　武器並びに軍事転用可能な貨物及び技術が，国の安全を脅かすおそれにある国及びグループ並びに用途に利用されないよう輸出等を管理する制度。日本を含む，高度な

産業基盤を持つ国の多くは**国際輸出管理レジーム**（発足順に，**原子力供給国グループ**〔⇨原子力供給国グループ〕，**オーストラリア・グループ**〔⇨オーストラリア・グループ〕，**ミサイル技術管理レジーム**〔⇨ミサイル技術管理レジーム（MTCR）〕，**ワッセナー・アレンジメント**〔⇨ワッセナー・アレンジメント〕）に参加し，大量破壊兵器，ミサイル及び通常兵器並びにそれらの製造・開発に用いられる物資や技術の国際的な移転管理に取り組んでいる〔⇨貿易管理〕。日本では**外為法**〔⇨外国為替及び外国貿易法〕に基づき安全保障貿易管理を含む貿易管理が行われ，物資や技術の移転は経済産業大臣の許可制であり，その違反は刑事罰，行政処分等の対象となる。輸出貿易管理令別表第1において規制対象品目を，また外国為替令別表において規制対象技術をそれぞれ規定（リスト規制）するとともに，リスト規制品目以外の品目であっても，用途や需要者に照らして大量破壊兵器及び通常兵器開発に用いられる可能性がある場合すべての品目を規制対象とする（キャッチオール規制）。日本の輸出管理法制上，貨物については国外への移転が規制対象となるが，技術については，国外への技術の持ち出しに加え，国内での行為であっても非居住者（国外に居住する日本人も含む）への技術の提供や技術の電子データでの送信行為は規制対象となる。（竹内舞子）

IaaS　イアース
　〔⇨クラウド（コンピューティング）〕

IAIS　イアイス
　〔⇨金融安定理事会〕

IATA　イアタ
　〔⇨IATA〕アイアタ

ESG投資　ESG investment
　投資決定を行うに際し，専ら財務情報のみに依拠するのではなく，環境（Environment），社会（Social），ガバナンス（Gover-

nance）の要素を加味した上で行う投資をいう。2006年に国際連合のリーダーシップの下，世界の大手機関投資家グループが策定した**責任投資原則（PRI）**が6つの原則で構成され，投資意思決定においてESGの観点を組み込むべきとした世界共通のガイドラインとして位置づけられた。

　日本では，2015年に年金積立金管理運用独立法人（GPIF）が署名した。署名機関数，運用資産額は増加しており，近年では「SDGs」の採択や「パリ協定」合意等の動きもあり，株式発行体や機関投資家等において重要視されるに至っている〔⇨SDGs〕。（堀口宗尚）

eクローナ
　〔⇨デジタル通貨〕

eスポーツ　e-sports
　プロ・アマを問わず，コンピューターゲームやビデオゲーム上で行われる対戦やそれらを要素とした競技の総称。**エレクトロニック・スポーツ（electronic sports）**の略語。eスポーツを「スポーツ」と捉えることに否定的な見解もあるが，2022年アジア競技大会の正式種目として採用されるなど，スポーツとしての認知度が高まっている。韓国，中国，アメリカ合衆国などで盛んである。

　日本では，2018年1月に設立された一般社団法人日本eスポーツ連合（JeSU: Japan esports Union）その他の団体・個人がその普及に取り組む。**不当景品類及び不当表示防止法**等の疑義の解消その他の環境整備が進められており，**賞金制大会**その他のイベント興行を中心とする市場の拡大に加えて，国際交流，地方創生，人材育成，共生社会の実現など幅広い視点からの展開が期待されている。（杉山翔一）

EDI（電子データ交換）　Electronic Data Interchange
　EDI（Electronic Data Interchange）とは，企業間で，取引に関する情報を，事前に決

められたルール（通信方法・データ形式・コードなど）のもとで，通信回線を介し，コンピュータ間で交換することである。元来，企業間の取引では，**契約書**〔⇨契約〕や発注書，受注書，納品書，請求書など様々な書類が使用されている。この書類を送る方法は主にメール・FAX・郵送などを利用するが，受け取る方法が統一されていないと，管理面での煩雑さや業務の非効率化が発生する。そこで，それらの情報をすべてデータ化し，それらの通信方法・データ形式・コードなどのルールを事前に定めた上で，EDIを使うことで，企業間の取引情報を専用の回線やインターネットを使用しデータのやり取りを自動化しようという動きが活発化した。これによって，自動で情報の取り込みができるため，メールやFAXのやり取りで発生する手作業での入力が不要になり正確なデータ管理や業務の効率化につながる。

EDIの種類は，標準化の程度によって分けることができる。まず，個別EDIである。これは取引先ごとにルールを策定するやり方である。それぞれの仕様に対応するデータ変換システムを用意する必要があり，多くの取引先にEDIを広げにくいことがデメリットとなる。次に，標準EDIである。ここではフォーマットが標準化されているので，複数の取引先同士で利用できる。標準の規格と自社システムをつなぐデータ変換システムを用意するだけで，同じ規格を利用する複数の企業との取引が可能となる。主要な業界における標準EDIには，金融業界の「**全銀標準プロトコル**」や「**SWIFT**」，自動車業界の「**JAMA／JAPIA-EDI標準**」そして建設業界の「**CI-NET**」などがある。各業界の標準EDIの状況を見ると，単一の製品・サービスを扱う業界においては，比較的スムーズに標準EDI化が進んでいる〔⇨スウィフト〕。(長沼　健)

EPA
〔⇨経済連携協定〕

EVシフト（電気自動車への転換）　Electric Vehicle shift

ガソリン車などの化石燃料を使用した自動車から，**電気自動車（EV）**への転換を図る世界的な動き。地球環境・資源問題への関心の高まりを背景に，2030年以降，二酸化炭素を排出しない電気モーターを使った自動車以外の販売をしないという国が登場し，開発や生産に拍車がかかっている。**SDGs**による持続可能な開発目標の推進とともに普及が進んでいる。内燃焼系のエンジンと違い高温を発することがなく，車体を非鉄化出来るだけでなく，エンジンと違いモーターによる駆動は，自動車1台当たりの部品・パーツの数を約1／3以下にすることが出来るため，世界的に部品のサプライヤーの淘汰，再編がはじまっている。〔⇨SDGs，MaaS〕(河野公洋)

eマーケットプレイス　e-marketplace

電子商取引の1つの形態で，企業間，企業-消費者間の商品・製品の売買をコンピュータ・ネットワーク上の市場で行うもの。日用雑貨品などの低価格な商品から，衣類，食品，工業製品の原材料・部品など様々な市場が存在する。特に，自動車工業界のグローバルな部品の調達などだけでなく，系列企業による調達から，異系列の企業間での取引を生み出し，生産コスト・販売コストに効率化を生み出している。国際商取引にこれまで無縁であった，業界や業種，中小企業が容易にグローバル調達とグローバル販売の手段を得ることができる。〔⇨SCM，電子商取引〕(河野公洋)

EU（欧州連合）　European Union

1993年にEU条約（通称「**マーストリヒト条約**」）に基づき設立された地域的国際組織で，平和，EUの諸価値及び人民の福祉を促進するため，内部に境界のない**自由，安全及び司法の領域**の提供，**域内市場・経済通貨同盟**の設立，対外関係の発展を目的とする。構成国は欧州諸国に限定されており，2020年4月現在27か国。構成国は主権の一

イ

部をEUに委譲しており, 欧州議会・理事会等のEU独自の機関により採択された措置は, 特定多数決において反対票を投じた構成国を含むすべての構成国を拘束する。EU諸条約及びEUの機関が採択した措置の拘束力は構成国のみならず私人にも及び, EU法〔⇨EU法〕違反により個人や法人に罰金が科されることもある。対外的には, EUは**国際法人格**を有しており, EU諸条約に基づき明示的又は黙示的に**条約締結権限**が与えられている場合には条約を締結することができる。(小池未来)

EU一般データ保護規則
　　〔⇨GDPR〕

EU著作権指令
　　〔⇨プラットフォーマー〕

EU法 European Union law
　　EU法には, 成文の形式で存在するものとして, **EU条約及びEU運営条約**(あわせて「**EU基本条約**」という)とその関連条約・文書, EU基本権憲章, EU基本条約に基づきEUの機関が採択した法行為並びにEUが締結した条約が含まれる。EU司法裁判所の判例に先例拘束性はないが, EUの主要な原則を確立するなど重要な役割を果たしている。また, EU法の欠缺を埋めるために, EU基本条約自体, 構成国の国内法又は国際法の中から導かれる法の一般原則が用いられている。さらに, EUは国際共同体の一員であるため国際慣習法に拘束されるが, これもEU法の一部に位置づけられる。EUに加盟するには, EUがそれまでに発展させてきたこれらEU法の蓄積(acquis communautaire)を受容することが条件の1つとなる。
　　EU基本条約は, 構成国間で締結されているEUの法的根拠となる条約である。EUは, EU基本条約に定める目的を達成するためにそれらにおいて構成国により付与された権限の範囲内でのみ行動することができる。当初のEU条約(通称「**マーストリヒト条約**」)は, 1992年2月7日に調印され,

1993年11月1日に発効し, EUを設立した。その後, EU条約は, アムステルダム条約(1997年10月2日調印, 1999年5月1日発効), ニース条約(2001年2月26日調印, 2003年2月1日発効), リスボン条約(2007年12月13日調印, 2009年12月1日発効)により改正されている。**リスボン条約**は, EU条約を改正するとともに, EC(欧州共同体)設立条約(かつてのEEC(欧州経済共同体)設立条約)をEU運営条約へと変更し, ECを消滅させた。同時に, これまでのEC, 共通外交安全保障政策, 警察・刑事司法協力の3本柱構造は消滅し, 枠組みも変更されることとなった。
　　EUの機関が採択する法行為には, 規則(Regulation), 指令(Directive), 決定(Decision), 勧告(Recommendation)及び意見(Opinion)等の形式がある。**規則**は, そのすべての部分が拘束力を持ち, 完全な形で構成国において直接適用されるため, 構成国の統一ルールを定めることができる。一般データ保護規則〔⇨GDPR〕のほか, 国際私法規則〔⇨国際私法・抵触法〕である契約債務の準拠法に関するローマⅠ規則や契約外債務の準拠法に関するローマⅡ規則, 国際裁判管轄〔⇨国際裁判管轄〕等の国際民事手続に関する準則を定める改正ブリュッセルⅠ規則等がある。**指令**は, 達成されるべき結果について構成国を拘束するが, その手段と方法を構成国に委ねるものであり, 構成国による国内実施が必要となる。例えば, 構成国の消費者保護水準を引き上げるため, 1993年以来順次, 不公正契約条項指令, 価格表示指令, 不公正取引方法指令, 消費者権利指令が採択されており, 2019年には, これらの4指令を改正するEU消費者保護ルールのより良い執行と現代化に関する指令が採択された。(小池未来)

以遠権 beyond rights
　　航空協定の締約国によって指定された航空企業に与えられる協定上の権利の1つ。協定で規定される各航空路線において, 相手締約国以外の第三国を最終目的地とする

場合でも，相手締約国内の地点に経由地として定期の着陸を行うことができる。これにより，締約国の指定航空企業は，当該締約国内の地点を出発し，相手締約国内の地点を経由して，さらに第三国の地点（以遠）に運航が可能となる。例えば，1952年に締結された日米民間航空運送協定の附表（締結後累次改正）に示される航空路線において，米国政府の指定する航空企業は以遠権を行使することにより，米国内の地点から日本国内の地点を経て東南アジア諸国の地点への航空便を運航することができる。なお，今日では国際航空市場を自由化し，航空会社が自由に路線や便数等を決定できるようにするための新たな航空協定〔⇒オープンスカイ協定〕が結ばれている。（小野木尚）

IOSCO イオスコ
〔⇒証券監督者国際機構〕

ICAO（国際民間航空機関）イカオ International Civil Aviation Organization

　ICAO（イカオ，アイカオ，アイケーオー）は，1947年に，1944年の国際民間航空条約（Convention on International Civil Aviation. シカゴ条約, 昭和28年条約21号）に基づき設立された国連の専門機関で，国際民間航空が安全かつ整然と発展するように，また，国際航空運送業務が機会均等主義に基づき健全かつ経済的に運営されるように各国の協力を図ることを目的とする（シカゴ条約43条・44条参照）。加盟国代表から構成される総会，執行機関である理事会，事務局から構成され，理事会の下に技術面で理事会を補佐する航空委員会と複数の専門委員会が置かれている。ICAOは，航空運送に関する条約の作成主体となるほか〔⇒モントリオール条約〕，理事会において，航空従事者の技能証明，運航の安全，航空機の耐空性，空港での出入国，航空管制の運用，事故調査など，国際的に統一的なルールを適用すべき事項に関して国際標準（Standards）と勧告方式（Recommended Practices. 両者をあわせて SARPs という）をシカゴ条約の付属書として作成するなど，民間航空の安全確保のためのルール形成に関して中心的な役割を担っている。（増田史子）

域外適用　extraterritorial application

　国家が自然人，法人，物，活動に対して行使することができる，国際法によって認められている権限（**国家管轄権**）は，自国領域内に及ぼされるのが原則であるが，独占禁止法，輸出管理法（経済制裁関連）などの自国の経済法を，自国領域を越えて他国に及ぼすことも一定範囲で認められており，**域外適用**と言う。域外適用は一定の制約下にある。すなわち，国際法上の主権平等原則（国際連合憲章2条1項），領土保全原則（同条4項），内政不干渉原則（同条7項）に基づき，各国の有する国家管轄権については，**執行管轄権**の域外行使は国際法違反で，**立法管轄権**の域外適用は国家の裁量内とされた（1927年 Lotus 事件 ICJ 判決。なお，**裁判管轄権**は国際裁判管轄参照）。もっとも，立法管轄権でいう国家の「裁量」は無制限に認められるものではなく実質的なリンクのある主張でなければならない。すなわち，**属地主義**（自国領域内に自国法を適用），**属人主義**（自国民に自国法を適用），**保護主義**（通貨偽造等に限定的に適用），**普遍主義**（海賊・テロ等に限定的に適用），**効果主義**（独占禁止法等に限定的に適用）のどれかに基づいて管轄権の基礎を説明する必要があり，何かに基礎づけられれば複数の国家管轄権が競合することも当然生じ得るが，優先順位の決定に当たっては他国の国家管轄権の主張に対して対抗できる必要がある。このうち，保護主義，普遍主義，効果主義については，学説上は慎重論や反対論も強い。しかし，他方で属地主義の排他的優位が確立されているとも言えず，現在でも国家管轄権の優先順位の決定に関する域外適用の明確なルールは未確立のままである。

　域外適用を受ける国の主な対抗手段としては，域外適用を無効化する**対抗立法**があ

イ

り，例えば，1982年のシベリア・ガス・パイプライン事件（European-Siberian Gas Pipeline Case）では，対ソ連制裁を企図する米国法の域外適用に対して英国や仏国が対抗立法を発動し，欧州や日本は抗議声明を発する事態に至った。しかし，最近では，金融制裁等で**米ドル・コルレス口座管轄**のように域外適用に近いがそうとは言い切れない実質的な域外適用が増加し，対抗立法だけでは機能しにくくなってきている〔⇨米ドル・コルレス口座管轄〕。（久保田隆）

異種通貨間相殺
〔⇨代用給付権〕

ISDA イスダ
〔⇨ISDAマスター契約〕

ISDAマスター契約 ISDA Master Agreement
店頭デリバティブ市場の主要参加者（金融機関，事業法人など）で構成し，ニューヨークに本部を置く国際スワップ・デリバティブ協会（ISDA: International Swaps and Derivatives Association）が作成した店頭デリバティブ取引の基本契約書（ひな型）のことで，一般に2002年版ISDAマスター契約，1992年版ISDAマスター契約（マルチカレンシー・クロスボーダー用），1992年版ISDAマスター契約（ローカルカレンシー・単一法域用），1987年版ISDA金利及び通貨の交換に関する契約，1987年版金利スワップ契約を指し，すべてISDAにより公表され，**デリバティブ取引**をする際の業界標準として世界的に多く用いられている〔⇨デリバティブ〕。（久保田隆）

イスラム金融 islamic finance
イスラム教の教義を基に行われる金融取引のことを指す。イスラム教の規範・法は**シャリア**（ShariahまたはSharia）と称され，金銭の実体的な活用をせずに使用のみで価値を増殖させる利子（Riba）の概念は禁じられているが，延払いのような実物取引を伴った金銭の時間的価値は容認される。リスクやプロフィットのシェアリングを特徴とし，中東湾岸諸国における大型インフラ案件等の建設増加等に伴い，2008年の約6,000億ドルから2018年には約1兆7,000億ドルと金額規模が増大している〔⇨イスラム法〕。

コンベンショナル（conventional）金融（従来型の金融）とイスラム金融との協調融資になるプロジェクト・ファイナンス案件も多く見られるようになった〔⇨プロジェクト・ファイナンス〕。販売型のムラバハ（Murabaha），リース型のイジャーラ（Ijarah）等が代表的なスキームである。イスラムの教義から投機的な投資，豚肉・アルコール・武器の取引，ギャンブル等には関与しない。（堀口宗尚）

イスラム法 Islamic law, Sharia
イスラム法は，予言者ムハンマドの言葉を記録したコーランを基盤とする法体系である。イスラム教はユダヤ教やキリスト教と同じ一神教であり，個人と神が直接に対峙する意味で，個人主義的である。コーランの内容は概して寛容で合理的であり，商業活動を重んじる特徴を有する。イスラム過激派もその思想的背景としてイスラム法を強調するが，それがコーランの正当な解釈ではないとする見解が強い。またコーラン自体は男女平等を認めており，イスラム法の典型とされる一夫多妻婚はアラブ部族法の影響によるとする見解もある。

オスマントルコ時代には，イスラム法の内容は法学者の学問上の権威により確定され，国王もそれに従わざるを得なかった。西欧にもイスラム文化の影響は広く見られ，法制度も例外ではなく，信託，ビジネスにおける組合，小切手などもイスラム法に起源を有するとされる。イングランドで12世紀に確立された裁判官の優位・法廷弁護士養成・陪審裁判などの制度も，イスラム法の影響とする見解も近時主張されている。同時期に存在したノルマン・シチリア王国は，地中海及び北アフリカで支配力を有したイスラム学派の1つであるマリキ派

に基づく司法制度を維持していたが，その影響が同じノルマン王国であるイングランドに持ち込まれたとされる。

　現在のイスラム法はその全体を支える制度的基盤を持たず，国境を越えたイスラム教徒のコミュニティによって保持されているとも見られる。そのグローバルな需要に応えるために，食品のハラル認証制度やイスラム法を遵守した金融商品などが生み出されている。（齋藤　彰）

委託加工貿易　Trusted Processing Trade

　加工貿易の一種である。通常，順委託加工貿易および逆委託加工貿易を総じて称する。前者の順委託加工貿易は，海外から原材料の提供を受け，これをわが国で加工（付加価値を伴う製造・修理等を含む）する委託を引き受けた上で，加工し，その後に，委託者（またはその指図する荷受人）に輸出する貿易取引をいう。後者の逆委託加工貿易は，わが国から海外へ原材料を提供し，外国で加工する委託に基づき外国で加工し，その後にわが国に輸入する貿易取引をいう。今日，一般に用いられている委託加工貿易に「逆」の修飾語が付されている背景には，第二次大戦後の経済発展期にわが国国内の低廉かつ優秀な労働力を活用した加工貿易に，委託加工貿易の名称が与えられそれが一般的に用いられるようになった歴史的事実が存在している。（田口尚志）

一覧払い　at sight payment

　為替手形の支払期日（手形期限）の一種。手形期限は，一覧払いと，期限付払いの2つに大別される。期限付払いは，更に一覧後定期払いと，確定日払いの2つに分類される。一覧払いは，為替手形上 At sight と表示され，振出人が支払人（名宛人）に対して，為替手形を一覧した時点で，受取人宛の支払いを指図するものである。一覧後定期払いは，為替手形上 At 90days after sight というように表示され，振出人が支払人に対して，為替手形を一覧して90日後に，受取人宛の支払いを指図するものである。（この

事例では）支払人は，手形が呈示された時から起算して，90日目にあたる日を，手形期日として手形に表示し，支払人がAccepted（支払引受）の署名をすることで，支払人はその期間，支払いが猶予されることになる。確定日払いは，為替手形上 On Dec. 31 2020 のように，手形期日が明示されている場合と，At 150days after B/L date のように，船積日（B/L date）を起算日として期日を設定する場合の2種類の表示方法がある。後者は，船積日が確定すれば，自動的に手形期日も確定するので，確定日払いとみなされる。なお，信用状統一規則では，1つの荷為替手形に複数組の船荷証券が呈示された場合は，直近の船積日が満期日の計算に用いられる〔⇨為替手形，荷為替手形，船荷証券，信用状統一規則〕。（花木正孝）

一括清算条項　close-out netting clause

　ネッティングの1類型で〔⇨ネッティング〕，取引相手方に倒産開始に関する一定事由（例:倒産や更生手続の開始または開始の申立）が生じた場合に，異なる履行期・通貨の取引も含めて即座にネットアウトして1本の取引に置き換えることを内容とする契約条項。倒産した取引相手の倒産債権者の利益を害するため管財人が倒産法上の否認権を行使して一括清算を無効化する恐れがあるが，金融機関に一括清算条項を認めないと金融システム不安の恐れがある。そこで，1998年に「金融機関等が行う特定金融取引の一括清算に関する法律」（一括清算法）が制定され，一定の取引について倒産管財人を含む第三者に対する法的有効性を確保した。（久保田隆）

一括清算法
　〔⇨一括清算条項〕

一帯一路　One Belt, One Road Initiative

　中国は，2002年11月の中国共産党第16回大会で「走出去」という対外投資戦略を打ち出した。そして，2015年3月に「シルクロード経済ベルトと21世紀海上シルク

ロードの共同建設推進のビジョンと行動」
（いわゆる“一帯一路”構想）を発布した。
“一帯一路”において，「一帯」（シルクロード経済ベルト）は，①中国から中央アジア，ロシアを経て欧州（バルト海）まで，②中国から中央アジア，西アジアを経てペルシャ湾，地中海まで，③中国から東南アジア，南アジア，インド洋までの各ルートの発展をターゲットとする。「一路」（21世紀海上シルクロード）は，①中国沿岸港から南中国海を経てインド洋，さらには欧州まで，②中国沿岸港から南中国海を経て南太平洋までの各ルートの発展をターゲットとする。すでにBOT（Build-Operation-Transfer）〔⇨BOT型〕やPPP（Public-Private Partnership）方式などによる投資プロジェクトが多く実施されている。この構想を推進する上で，国際取引関係では，貿易・投資について国際法を遵守することのほかに，“一帯一路”沿線国との二国間条約の締結が欠かせない。とりわけ投資保護協定の締結と，投資に関して紛争が生じた場合の国際投資仲裁制度の適用が重要となる。そこで，**中国国際経済貿易仲裁委員会**が制定した国際投資をめぐる紛争の仲裁ルール「国際投資紛争仲裁規則（試行）」が2017年10月1日から施行されている〔⇨CIETAC〕。また，アジア・インフラ投資銀行及びシルクロード基金など金融機関に関して，関係各国と協議しながら国際金融法整備をすることも必要となる〔⇨アジアインフラ投資銀行〕。（梶田幸雄）

一般港湾運送事業　General Port and Harbor Transportation Business

港湾運送事業法によって定められる事業の一つをいう〔⇨港湾運送事業法〕。港湾運送事業は，陸上運送と海上運送を繋ぐ重要な役割を担っていることから，港湾運送に関する秩序の確立と同運送事業の健全な発展を図ることで公共の福祉の増進を目的として上の法律が定められている。一般港湾運送事業は，具体的には，荷主または船社の委託を受けて，委託者に代わって貨物の

受渡しを行い，受渡行為に先行または後続する船内荷役，はしけ運送，沿岸荷役，いかだ運送を一貫して行う事業をいう。（田口尚志）

一般特恵制度　generalized system of preferences

途上国の経済発展を促進するため，すべての先進国がすべての途上国を原産地とする輸出品について一般の関税率よりも低い税率を適用することを理念とする制度。**国連貿易開発会議（UNCTAD）**が提唱した理念に基づき，日本等主要先進国が導入している。本制度に基づく関税を一般特恵関税と呼ぶ。実際には一般特恵制度は先進国による一方的な恩典とされ，各国で対象国・産品，除外（卒業）要件，**セーフガード**等が大きく異なっている。**GATT**では1979年11月28日の締約国団決定「異なるかつ一層有利な待遇並びに相互主義及び途上国のより十分な参加」（いわゆる授権条項）により恒久的に認められた。GATTの締約国団決定はGATT1994を構成しWTO協定上も有効である。〔⇨UNCTAD，セーフガード，GATT，WTO〕（濱田太郎）

移転価格（移転価格税制）　transfer pricing（transfer pricing taxation）

親会社等の内国法人と国外の子会社等の関連企業との内部取引の価格であり，当該価格の設定により所得（利益）を税率の低い国外に移転させることに対応するための税制。親会社等の内国法人が子会社等の国外関連者と行う内部取引の対価の額が**独立企業間価格**と異なることにより課税所得が減少している場合，当該取引が独立企業間価格で行われたものみなして当該法人の所得計算を行う（租税特別措置法66条の5）。

独立企業間価格とは，国外関連者間の取引が，同様の状況の下で独立の当事者間で行われた場合である外部市場で成立する価格である。独立企業間価格の算定方法として，独立価格比準法，再販売価格基準法，原価基準法等が規定されている。価値の評

価が困難な無形資産に係る取引への対応として，令和元年度税制改正において，割引現在価値法（ディスカウント・キャッシュ・フロー法）が独立企業価格の算定方法として追加された。

また，内国法人に，**租税条約**の相手国の子会社等の関連企業が相手国で移転価格課税を受けた場合，租税条約に基づき，わが国の権限ある当局（国税庁）に相互協議を申し立てることができる。相手国の権限ある当局との間で独立企業間価格についての合意が成立したときは，更正の請求と減額更正により，相手国で課税された額に対応する税額が内国法人に返還されるとの対応的調整が行われるが，合意が成立しない場合，両国間の国際的な二重課税（経済的二重課税）は排除されない〔⇨国際的二重課税〕。（野一色直人）

移転価格税制
〔⇨移転価格〕

委任状合戦　proxy-fight
株主総会において自身の株主提案を可決させるべく，ある株主が他の株主に対して議決権行使の代理権授与を勧誘（委任状勧誘）することがあるが，これに対抗する会社側（多くの場合，経営陣）が同様の勧誘を行い，**委任状**（proxy）を争奪し合うことをいう。

日本の金融商品取引法194条によれば，上場会社の株式について「議決権の行使を代理させることを勧誘〔すること〕」が規制されているものの，書面投票の場面で株主提案に反対する会社側提案に賛成するように議決権行使書面の提出を勧誘することなどに規制の射程は及ばない。もっとも，これは事実上，委任状勧誘規制の潜脱とも評価しうるので，実務的には委任状勧誘の趣旨でないことをあらかじめ明示しておくことが重要である。委任状勧誘に応じないように勧誘することを「議決権の行使を代理させることを勧誘〔すること〕」に含めることができるかどうかについては議論があり

うる。（川中啓由）

IFRS（国際財務報告基準，国際会計基準）
IFRSs: International Financial Reporting Standards
〔⇨国際財務報告基準〕

異文化間コミュニケーション　intercultural communication
異なる文化的背景を持つ者が接触すると，そこには異文化間コミュニケーションが発生する。これは古くからあった現象ではあるが，この分野が学問的に注目を集めたのは1960年代後半のアメリカにおいてとされる。

お互いの文化（生まれ育った社会，言語，宗教，教育，生活様式など）が同じ，もしくは類似している場合と，そうでない者同士のコミュニケーションでは，理解度に差が出てくる。また，コミュニケーションはそれが起こる物理的，心理的，社会的要素などを含む環境（**コンテキスト**）に影響される。このコンテキストの問題を指摘したのはホールであり，当該分野に大きな影響を与えた。ホールは人間同士が深い関係で結ばれていて，単純なメッセージでも深い意味を持つような文化を**高コンテキスト**，逆に構成員同士で共有される前提が限定的で，明確なメッセージ構築のために多くの言葉を用いる文化を**低コンテキスト**と名付けた。前者の典型例は日本，後者の典型例はアメリカである。これら２つの文化はコミュニケーション様式が対照的であるため，相互に誤解が生じやすい。

異文化間コミュニケーションは言語のみならず，様式など複合領域を含むものである。（高森桃太郎）

インカム・ゲイン
〔⇨直接投資〕

イングランド法　English law
同じ**コモン・ロー**法体系（エクイティを含む）〔⇨コモン・ロー〕と裁判所を共有す

るイングランドとウェールズにおける法のことである。制定法は基本的にはコモンローの特則であり、その部分的な変更・補充・廃止である。

憲法改革: 2005年の憲法改革法により、貴族院のAppellate Committeeが廃止され、2009年10月からは、連合王国Supreme Courtが引き継いだ。またBREXIT〔⇨ブレグジット〕により2020年1月31日に正式に英国はEUから離脱したが、離脱合意で、移行期間(延長がなければ2020年末まで)を置き、その間は従来どおりの方法でEU法が英国に適用されることにした上で、離脱後のモノ・ヒトの移動を含めた英国・EU間の関係を明確にする交渉をすることに合意した。この合意ができても、できなくても、移行期間後は、その時点で英国に直接適用されていたEU法は、英国の離脱法により国内法に転換される。しかし、英国裁判所はEU法の解釈について欧州司法裁判所に判断を求める必要はなくなった。

民事訴訟法: 1999年4月から、民事訴訟手続は迅速化、司法への容易なアクセス確保を目的とするウルフ改革で従来の民事訴訟規則が根本的に改正された。迅速化のため、対審的手続から協調的手続へ、当初から全部の証拠開示手続、判事による強い指揮権、訴訟前行動規範、いずれの当事者からの和解提案可能なPart 36、3種類のTrack制度、県裁判所と高等法院との手続の統一化など、また容易なアクセスのため、古く難解な裁判用語を平易な用語に変更すること(例えば、plaintiffをclaimant、writをclaim form、discoveryをdisclosure、pleadingをstatement of case、subpoenaをwitness summons、leave of the courtをpermission of the court、taxationをdetailed assessment)などが行われた。

契約法: 民法典はなく、判例法が中心的地位を占め、制定法は少ない。信義誠実や契約締結上の過失の否定、約因(consideration)〔⇨約因〕や捺印証書(deed)の概念、契約条項(terms)と表示(representation)の区別、重要条項(conditions)と付随条項(warran-

ties)と中間条項(intermediate)の区別、交渉経緯を排除する契約明示条項の解釈、黙示条項や不公正契約条項や違約罰の取扱い、不実表示(misrepresentation)の責任などは、日本法と異なる考え方で、英文契約書を検討する際注意を要す。イングランド法は大英帝国時代の影響で、国際通商にまだ大きな影響を与えている。

刑事法: 国際ビジネス関連では、最近経済犯罪が注目を集めている。サイバー犯罪やマネー・ローンダリング〔⇨AML/CFT〕等の新しい犯罪に対処するため次々制定法が制定され、量刑ガイドラインが制定され、重大詐欺庁が取締りを強化し、罰金が高額化している。また近年は米国にならい**司法取引や訴追延期合意(Deferred Prosecution Agreement)**が導入され、実際不正会計や外国での贈賄捜査で利用されている。従来イングランド法では、法人の刑事責任について、主観的要件を「会社の支配的意思」を代表する者の行為と意思を会社のものとする同一視理論(identification theory)に拠っていたが、その欠点が指摘され、最近は賄賂法第7条で導入された法人の犯罪防止懈怠罪を経済犯罪すべてに適用する方向で検討が進んでいる。

不動産取引法: 1925年に中世的な要素が残っていた土地制度を大改正した。従来は未登記土地を中心に土地制度が発達してきたが、19世紀の終わりに土地権原を基礎に登記制度が構築され、1925年土地登記法により整備され、更に2002年土地登記法により全面的に改正され今日に至っている。英国政府が目標とする不動産取引のペーパーレス化と2030年までに全土の土地登記化が完了すれば、イングランドの不動産取引は大きく変わる可能性がある。(杉浦保友)

インコタームズ® Incoterms®2020
　国際貿易の定型取引条件の英語表記、International Commercial Termsの頭文字をとって略記したもので、〔⇨国際商業会議所〕(ICC)により最新版(Incoterms®2020)が公表され、11条件が2020年1月1日から

実用に供されている。

これは，独立対等の関係にある当事者間の国際売買における当事者の主要義務を定めて，3文字コードで示され，大きく2グループに分類されている。これらは，引渡場所と引渡方法を基準に，現場渡し（E系条件），出荷地渡し（F系条件），出荷地渡しであるが，運送および/もしくは保険の手配を輸出者が行い書類による引渡しを義務とするもの（C系条件），および仕向地渡し（D系条件で，destination contractという）の4つに，実用上は分類される。

前記の2グループ化は，Incoterms®2010を継承したもので，国際貨物運送を国際コンテナによる複合運送をも含む定期運送サービスと国際海上・水運における不定期船による運送サービスとに分ける考え方によるものである。航空機による国際運送サービスを利用するときは，前者のグループに属する条件が選択される。クーリエ・サービスを利用する小口の国際売買は，特に対象に含まれていないものと思われる。

インコタームズは，ICCの主要な事業の一つで，1936年版が最初のもので，第二次世界大戦後は，1953年版がその後の追加条件を含め，長く利用された。しかしながら，貿易の自由化，経済の一層の国際化に加え，輸送技術の革新（**コンテナ革命**）もあって，数次の改定が行われてきた。近年は，1980年版以来，10年ごとに改訂版が公表され，最新版は前述のとおりである。個々の契約へのIncoterms®の援用に当たり，個々の条件を理解し，最新版を援用することが望ましい。この点は，Incoterms®の性格が，非政府機関（NGO）であるICCによるコードの解釈に関する国際統一規則の制定にあり，国際条約でも法律でもないことから，重要な点である。

大きな2グループの後者，すなわち，国際海上・水運における不定期船による運送サービスを利用する国際商品売買の世界では，国際的な同業者団体による標準売買契約書が広く使用され，それらの商品の国際運送にも標準航海傭船契約書が使用される

ので，インコタームズの条件との関係を正しく理解することも重要である〔⇨国際海上物品運送法〕。

さらに，契約の準拠法の他に，地域的慣習，業界の慣行などが，国際売買契約における当事者の意思の発見に重要な意味を持つから，**国連国際物品売買条約（CISG）**〔⇨ウィーン売買条約〕第9条に規定する慣習・慣行の意義についても理解すべきであろう。（椿　弘次）

インバウンド　foreign tourists

外国人が内国へ訪れる旅行又は旅行客のこと。原義は，「外から中に入り込む」という意味であり，対義語はアウトバウンド（国内から海外への旅行又は旅行客）という。日本政府は，**訪日旅行促進事業（ビジット・ジャパン事業）**を推進することにより，訪日プロモーションを実施し，2020年の訪日外国人旅行者数4,000万人，訪日外国人旅行消費額8兆円等を目標としていた。一方で，急激な旅行客の増加により，観光公害と呼ばれる悪影響が生じる場合もある。（小野木尚）

インパクト・ローン　impact loan

日本に所在する銀行による国内居住者向けの，資金使途制限のない外貨建てでの貸付け。1980年12月の改正外国為替及び外国貿易管理法（外為法）施行により，インパクト・ローンは居住者外貨預金とともに完全に自由化された〔⇨外国為替及び外国貿易法〕。

インパクト・ローンは外貨建てであることから，円ベースでの返済金額が満期を迎えるまで確定せず，借入人である国内居住者は為替リスクを負う〔⇨外国為替リスク対策〕。この為替リスクを**ヘッジ**するために〔⇨ヘッジ〕，借入人は満期の外貨建て元利金についてあらかじめ**為替予約**を締結し〔⇨為替予約〕，円ベースでの返済金額を確定することができる。この場合，**スワップ付きインパクト・ローン**と呼ばれる。一方，外貨建て債権（輸出債権など）を有する場

合には，同一通貨建てのインパクト・ローンを借り入れることで，外貨建ての債権と債務を両建てにして相殺することができる〔⇨為替マリー〕。この場合のインパクト・ローンは，満期の外貨建て元利金について為替予約を締結しないタイプであり，**オープン・インパクト・ローン**と呼ばれる。(渡邊隆彦)

インフォメーション・メモ
〔⇨シンジケート・ローン〕

インボイス　Invoice
　国によっては公式領収書を指すこともあるなど使用目的により様々な種類があり，文脈に応じて注意を要する書類であるが，通常，貿易取引においてはコマーシャル・インボイス（commercial invoice；商業送り状）を指す。売主が買主に宛てた約定品の明細書かつ請求書である。船荷証券（Bill of Lading），海上保険証券（Marine Insurance Policy）とともに，船積書類（shipping documents）を構成する重要な書類である。インボイスに記される内容は，一般的には，貨物の品名，種類，数量，価格，代金支払方法，荷送人・荷受人の氏名（名称）および住所等である。
　なお，わが国関税法関連法規ではインボイスは仕入書と称されている。〔⇨商業送り状，船荷証券，海上保険，船積書類〕(田口尚志)

ウィーン売買条約（CISG）　United Nations Convention on Contracts for the International Sale of Goods
　「国際物品売買契約に関する国際連合条約」。CISGと略称される。国際的な売買契約に関する法を世界的に統一するための条約として，**UNCITRAL**〔⇨UNCITRAL〕により，1980年，ウィーンでの外交会議で採択された。1988年発効。2020年4月末時点での加盟国・地域数は93。日本をはじめ，米国，メキシコ，アルゼンチン，中国，韓国，シンガポール，オーストラリア，イラク，

エジプト，フランス，ドイツ，ロシアなど，法体系，社会体制や経済水準を問わず世界の様々な国が加盟しており，世界的な規模での法統一が実現している（なお英国は未加盟）。
　条約は，適用範囲および総則，契約の成立，物品売買，最終条項の4部101か条からなる。第一に，条約が適用されるのは，異なる国に営業所を有する当事者間の契約（国際契約）で，かつ，(a) 当該営業所の所在地国の双方ともに条約の加盟国である場合か，(b) **国際私法**〔⇨国際私法〕により加盟国の法が準拠法とされる場合でなければならない（1条1項）。当事者の国籍は考慮されない（1条3項）。したがって，日本法人の米国支店が中国企業と締結した売買契約は，加盟国で裁判を行う限り，条約が適用され得る（aの事案）。また，日本法人の日本本店が締結した売買契約であっても，いずれかの加盟国法が準拠法とされる場合には，加盟国で裁判を行う限り，条約の諸規定が適用され得る（bの事案。但し，米国・中国など一部の加盟国はbを留保しており，当該加盟国の裁判所ではbによる条約の適用はない）。もっとも条約は原則として任意規定とされている（6条）ので，当事者双方が条約の適用排除を望む場合には，その旨を合意すれば足りる。
　第二に，条約が規律するのは，主として契約成立と当事者間の権利義務の問題であり，契約自体の有効性，物権の移転や生産物責任などの問題は扱わない（4条・5条）。条約の規律事項であっても，解決方法が明示されていない問題は，条約の基礎にある一般原則により解決され，一般原則がない場合には，国際私法によって指定される準拠法に委ねられる（7条2項）。
　第三に，条約は，契約成立，売主・買主の義務，危険の移転時期，履行期前の契約違反，損害賠償の基準，不履行の場合の免責などについて詳細な規定を置いている。これらは，実際的かつ明快であり，取引に従事する当事者にとって理解しやすく，ビジネスにおける常識的感覚に適合する内容

となっている。

条約が世界的な成功を収めたことから，条約の規定内容を基礎として，契約法の一般原則を表明するものとして「ユニドロワ国際商事契約原則」〔⇨ユニドロワ国際商事契約原則〕が作成されている。(高杉　直)

宇宙活動法　Space Activities Act

宇宙の憲法ともいわれる1967年の宇宙条約（Treaty on Principles Governing the Activities of States in the Exploration and Use of Outer Space, including the Moon and Other Celestial Bodies: Outer Space Treaty. 昭和42年条約20号）は，非政府組織（以下，私人）の宇宙活動を国家のそれと同一視し，私人が宇宙条約を始めとする国際宇宙法に違反する行動をとった場合，私人の国籍国が外国に対して国際法上の責任を負う旨を定め，さらに，私人の活動には関係当事国の許可と継続的監督が必要であるとしている（6条）。宇宙活動法は，宇宙条約6条等の義務の遵守と履行のために制定される国内法であり，米国の1984年商業宇宙打ち上げ法，フランスの2008年宇宙活動法などがその例である。条約上の義務の遵守，履行の方法は各加盟国に委ねられており，既存の国内法や行政指導によって行ってもよいが，私企業による宇宙開発の拡大に伴い〔⇨宇宙ベンチャー〕，宇宙活動法を制定する国は増えつつある。

日本の宇宙活動は，従来は主にJAXA，その前身のNASDAによってその根拠法に基づき行われてきたが，2016年に本格的な宇宙活動法，「人工衛星等の打ち上げ及び人工衛星の管理に関する法律」（平成28年法律76号）が制定された。同法には，打ち上げ事業者への責任集中，ロケット等落下損害についての損害賠償担保措置（保険契約の締結，政府補償）など産業支援的な側面もみられる。同時に「衛星リモートセンシング記録の適正な取扱いの確保に関する法律」（平成28年法律77号。衛星リモセン法）も制定され，宇宙の商業利用のための法的基盤が整えられた。(増田史子)

宇宙ベンチャー　space venture company

人工衛星やロケットなどの開発・製造，または人工衛星を用いたサービスなどの宇宙ビジネスを行うベンチャー企業〔⇨ベンチャー・ビジネス〕。技術の進歩により，かつてよりも衛星やロケットの開発，打ち上げにかかるコストが低下し，ベンチャー企業でも宇宙産業への参入が可能となってきた。米国では，IT業界などで成功した大富豪が，宇宙機器開発ベンチャーを立ち上げ，革新的な発想や経営手法による競争力で成功を収めている事例がある。日本でも，ロケット・宇宙輸送機，超小型衛星，衛星ビッグデータ，スペース・デブリ除去及び宇宙資源調査などの宇宙ビジネスの分野にベンチャー企業が参入している。なお，日本では2016年11月に，宇宙二法（「人工衛星等の打上げ及び人工衛星の管理に関する法律」及び「衛星リモートセンシング記録の適切な取扱いの確保に関する法律」）が成立し，新規参入者による市場の活性化のための環境を整えるとともに，2017年5月には，政府の宇宙政策委員会が「宇宙産業ビジョン2030」を公表し，新規参入者層の拡大等の目標を掲げている。(小野木尚)

宇宙保険　space insurance

宇宙活動に関連して生じる損害の填補を目的とする保険の総称で，物保険である衛星保険と賠償責任保険に大別できる〔⇨保険〕。保険業法では，他の諸外国と同様，航空保険の一部門として扱われており，航空保険プールを利用した再保険が行われている〔⇨航空保険，再保険〕。物保険には，打上げから衛星運用までの各段階に応じて，打上げ前保険，打上げ保険，軌道上保険（寿命保険）がある。賠償責任保険には打上第三者賠償責任保険，軌道上第三者賠償責任保険がある。打上げ国には1972年の宇宙損害責任条約（Convention on International Liability for Damage Caused by Space Objects: Liability Convention. 昭和58年条約6号）によって地上第三者損害に関し無過失責任が課されており，打上げの際に事故が生じる

危険は大きいことから，ほとんどの国では宇宙活動法などによって，関係国も被保険者に含めた打上第三者賠償責任保険を手配することを打上げ事業者に義務付けている（日本法につき宇宙活動法9条参照）〔⇨宇宙活動法〕。

宇宙保険は航空保険以上に危険が巨大で対象案件が限られ，ロケットの打上げや衛星には最先端の技術が利用されることが多いため，テーラーメイド型の保険となるのが普通でその設計には高い専門性が要求される。宇宙保険に参画している保険会社は世界で40社程度といわれ，国際単一市場が成立している。（増田史子）

裏書 endorsement

証券上に指定された者を権利者とする**有価証券**（指図証券という）を他人に譲渡するために，券面上に所要事項を記載して署名することをいう〔⇨有価証券〕。普通は証券の裏面に行われるが，文字通り裏面に行う必要があるわけではない。被裏書人を明定する指図式裏書のほか，これを書かない白地式裏書，持参人式裏書がある。

裏書によって権利が移転する。権利の移転的効力は強く，債務者は裏書人に対する抗弁をもって，善意の被裏書人に対抗できない。英国法のもとでは**船荷証券**は有価証券ではないので，貨物の所有権は裏書によっても移転しない〔⇨船荷証券〕。（中村秀雄）

運送状 waybill

物品運送契約において，契約内容や貨物の受取の証拠として作成される運送書類を運送状という。海上物品運送では，海上運送人が荷送人の請求により，船積み後遅滞なく海上運送状（sea waybill, SWB）を発行する（商法770条）。国際航空運送では，荷送人が航空運送状（air waybill, AWB）を作成する（モントリオール条約7条）〔⇨モントリオール条約〕。なお，航空運送状の規律は沿革的には1890年国際鉄道物品運送条約（CIM）の運送状（consignment note）の規

定に由来し，1956年の国際道路物品運送条約（CMR）にも類似の規定がある。

海上物品運送では，かつては運送品の受取の証拠，契約内容の証拠，運送品に対する権利を移転するための証券として，船荷証券が発行されるのが通常であった〔⇨船荷証券〕。船荷証券統一条約が船荷証券の発行される運送を適用対象としているのは，このためである〔⇨船荷証券統一条約〕。船舶の高速化が進み船荷証券よりも運送品が先着する事態が頻繁に起きるようになると，運送品の引渡しを請求するために証券の提示が必要な船荷証券は使い勝手が悪くなっていった〔⇨船荷証券の危機，サレンダーB/L〕。そこで，関連会社間取引，継続的取引関係のある相手方との実需取引など，主に荷為替に取り組む必要や洋上売買の必要がない場合に船荷証券に代えて利用されるようになったのが，有価証券性のない海上運送状である〔⇨荷為替手形〕。1990年に万国海法会（Comité Maritime International. CMI）によって海上運送状に関する統一規則（Uniform Rules for Sea Waybills）が作成され，現在ではCMI統一規則を摂取した海上運送状が広く用いられている〔⇨万国海法会〕。CMI統一規則は，海上運送状はこれに記載された運送品の受取の一応の証拠（荷受人との関係では決定的証拠）となる旨，運送契約には強行的に適用される条約等が適用される旨，到達地で荷受人が運送品の引渡しを請求するまでは荷送人が運送品処分権を有し，荷送人は運送人による運送品受取までに券面上に記載してこれを荷受人に譲渡することもできる旨等を定めている。運送品処分権の帰趨は準拠法によって異なり（日本法については商法580～583条参照），その扱いについては必要に応じて券面上に記載しておくことが望ましい。

航空運送状は，荷送人が①運送人用，②荷受人用，③荷送人用の三通の原本を作成し，①には荷送人，②には荷送人と運送人，③には運送人が署名する。航空運送状は運送契約の内容，受取時の運送品の重量，荷

の数等，運送人の署名のある②③は運送品の受取についての反証可能な証拠となる。モントリオール条約は，航空運送状に代えて電子的手段（代替的運送記録保存手段）を利用することを認めており（1975年のモントリオール第四議定書も荷送人の同意を要件にこれを認める），現在では，IATAのイニシアティブにより航空会社の発行する航空運送状（Master AWB）の電子化が急速に進められている〔⇨IATA〕。電子航空運送状（e-AWB）が利用される場合，荷送人の要請によって交付される貨物受取証（cargo receipt）に一定の証明力が認められる。荷送人が貨物処分権を行使するには，事実上③の航空運送状か貨物受取証の提示が必要であり，信用状により売買代金を決済する場合は仕向地銀行を荷受人とし③を呈示書類とする〔⇨信用状〕。（増田史子）

運送人　carrier

　運送とは物または人を場所的に移動する事実行為をいい，運送の引受けを業とする者を運送人という（日本法について商法569条参照）。運送は，その対象により，物品運送（carriage of goods）と旅客運送（carriage of passengers）に分かれる。輸送手段に応じ，船舶による運送を海上運送（carriage by sea），航空機によるものを航空運送（carriage by air），自動車による運送（carriage by road）や鉄道運送（carriage by rail）などの陸上の輸送手段によるものを陸上運送といい，複数の運送手段による運送を一つの契約で引き受ける場合を複合運送という〔⇨国際複合一貫輸送〕。海上運送では，運送人を船舶所有者，船主（shipowner）ということが少なくない。物品運送契約の当事者は運送人と荷送人（shipper, consignor）である。運送人は運送品を受け取ってこれを運送し荷受人（consignee）に引き渡す義務を負い，荷送人はこれに対して運送賃（freight）を支払う義務を負う。荷受人は運送契約の当事者ではないが，運送の進行に伴い運送契約上の権利を取得し義務を負うことになる。荷受人の地位は，英米法系諸国では代理に

よって，大陸法系諸国では第三者のためにする契約の受益者として説明されることが多い。

　運送契約を締結した運送人が運送の履行のために他の運送事業者を利用することは珍しくなく，この場合，前者を契約運送人（contracting carrier），後者を実行運送人，実際運送人（actual carrier）等と呼ぶことがある。実務上は，船舶や航空機などの輸送手段を持たず，これらを運航する実運送事業者の運送を利用して物品運送を行う者を利用運送人（貨物利用運送事業法（平成元年法律82号）参照），フレイト・フォワーダー（freight forwarder）といい，特に外航船舶運航事業者を利用する者は米国法に由来する用語により NVOCC（Non Vessel Operating Common Carrier）ということがある〔⇨フレイト・フォワーダー，フォワーダー〕。（増田史子）

運送人渡し
　　〔⇨FCA〕

Air Waybill（AWB）
　　〔⇨運送状〕

衛生証明書　Health Certificate

　農水産物などの国際間の商取引に添付する証明書のひとつ。例えば，家畜の伝染性疾病の恐れがないことを証明した輸出国の動物検疫機関が発行する検査証明書のこと。輸出者が輸出に際して取得し，輸入者宛に送付する。日本では，輸入者がこの証明書を添付して動物検疫所に検査申請をする。

　国によって，HACCP によるチェックと併せた証明書を求めるところもあり，取扱貨物の種類によって違いがある。HACCP は，Hazard（危害），Analysis（分析），Critical（重要），Control（管理），Point（点）の頭文字からの略語で，食品を製造する際に安全を確保するための管理手法。（河野公洋）

ABAC
〔⇨アジア太平洋経済協力〕

英米法
〔⇨コモン・ロー〕

APEC
〔⇨アジア太平洋経済協力〕

AI（人工知能）　Artificial Intelligence

人工知能（Artificial Intelligence－AI）とは、「人の知能を理解するために、知的な機械、特に知的なコンピュータプログラムを作る科学と技術」と定義される。「知能」とは、「実際の目標を達成する能力の計算的な部分」である。2000年以降、「ビッグデータ」と呼ばれる大量のデータを用いることでAI自身が知識を獲得する「機械学習」が実用化され、現在では知識を定義する要素（特徴量）をAIが自ら習得する**ディープラーニング（深層学習）**が登場した。現在、金融分野（**フィンテック**）、規制対応（**レグテック**）等、様々な分野への応用が期待されている〔⇨ビッグデータ、フィンテック、レグテック〕。（花木正孝）

AEO（認定事業者）　Authorized Economic Operator

国際商取引貨物のセキュリティ管理と法令遵守〔⇨コンプライアンス〕の体制が整備された事業者（輸出者、輸入者、倉庫業者、通関業者・運送者、製造者）に対し、税関が承認・認定し、輸出入手続の緩和・簡素化などの優遇措置を与える制度。この事業者をAEOと呼称する。2001年にアメリカで、C-TPAT（Customs-Trade Partnership Against Terrorism）とよばれるAEO制度が導入され、**世界税関機構**（WCO: World Customs Organization）〔⇨世界税関機構〕は2006年にAEOの世界標準ガイドラインを制定した。国際商取引における物流の安全性を担保しながら効率的に通関手続を進める制度として、各国間で相互承認の動きが国際的に広がっている。〔⇨通関、乙仲、フォ

ワーダー〕（河野公洋）

AML/CFT（資金洗浄・テロ資金対策）　Anti-Money Laundering/Counter Financing of Terrorism

資金洗浄・テロ資金対策（Anti-Money Laundering/Counter Financing of Terrorism－AML/CFT）は、1980年代より顕著になった薬物犯罪に係る**資金洗浄**（マネー・ローンダリング、Money Laundering－ML）行為を防止する目的でスタートした。MLとは、一般に、犯罪によって得た収益を、その出所や真の所有者が分からないようにして、捜査機関による収益の発見や検挙を逃れようとする行為を指し、そのプロセスとして、犯罪収益の小口分散投資（placement）、複数の金融機関を通すことで出所を隠す（layering）、合法的な資金に混入すること（integration）がある。MLは、将来の犯罪活動や犯罪組織の維持・強化や、組織的な犯罪及びテロリズムを助長することに繋がるため、AML/CFTは、国民生活の安全と平穏を確保するとともに、経済活動の健全な発展に有効な対策と位置付けられる。

国際社会の取組としては、1989年のアルシュ・サミット経済宣言に基づきFATFが設立され、翌年の「40の勧告」策定によって、国内法制の整備や金融機関による顧客の**本人確認**及び、疑わしい取引報告等の措置がスタートした。1998年のサミットでは、各国に**資金情報機関**－FIUを設置しAML体制強化する方針が決定された。当初は薬物犯罪が前提犯罪であったが1995年にはその対象を重大犯罪に拡大することが決定され、2001年の**9.11米国同時多発テロ**発生を受け、FATFはテロ資金供与に関する「**8の特別勧告**」（その後「**9の特別勧告**」に改訂）を発表し、**テロ資金対策**－CFTへの国際的な対策にも乗り出した。更に、2012年「40の勧告」と「9の特別勧告」を一本化した新しい「40の勧告」では、大量破壊兵器の拡散や、贈収賄や横領等の腐敗行為も前提犯罪に加わった。2013年には、租税

回避（脱税行為）も前提犯罪となった。

わが国では，1990年の大蔵省の通達により**本人確認**ルールがスタートした。1992年には麻薬特例法により薬物犯罪収益に関する「**疑わしい取引の届出制度**」が創設された。2000年には**組織的犯罪処罰法**により届出制度が拡充され，届出の対象犯罪を「一定の重大犯罪」に拡大するとともに，金融庁に**FIU**を設置した。2002年の同法一部改正に伴いテロ行為についても，その届出対象となった。2003年には**本人確認法**が施行され，金融機関等による顧客等の**本人確認，本人確認記録・取引記録**の作成・保存が法令上の義務となった。2007年の**犯罪収益移転防止法（犯収法）**により，**FIU**が金融庁から警察庁（犯罪収益移転防止対策室－JAFIC）に移管された。**2013年改正犯収法**では，①特定事業者の追加，②**本人確認**を取引時確認へ発展，③ハイリスク取引対応の3点が，**2016年改正犯収法**では，①リスクに応じた取引時確認，②取引時確認書類強化，③法人取引の取引時確認手続強化，④ハイリスク取引の対象拡大，⑤疑わしい取引の届け出判断方法追加，⑥コルレス銀行のAML体制確認，⑦AML体制整備努力義務の7点が強化されることとなった〔⇨AML，FATF，「40の勧告」，コルレス銀行，犯罪収益移転防止法，組織的犯罪処罰法，外国為替及び外国貿易法〕。（花木正孝）

ACFTA　ASEAN China Free Trade Agreement

2010年に発効した中国ASEAN自由貿易協定（ASEAN China Free Trade Agreement）は，中国とASEAN10か国（タイ，インドネシア，ブルネイ，マレーシア，フィリピン，シンガポール，カンボジア，ラオス，ミャンマー，ベトナム）〔⇨ASEAN〕の間で締結されている多国間の自由貿易協定である。この協定で使われる専用の原産地証明書〔⇨原産地証明書〕の呼称からform e（フォームE）という場合もある。中国-ASEAN間の関税を2020年までに0〜5％に引き下げるとしている。政治的な軋轢は存在するものの，人口合計約20億人以上の

経済的な結びつきは世界で最も大きな市場となる。（河野公洋）

エージェント
〔⇨シンジケート・ローン〕

ADR
〔⇨裁判外紛争解決〕

ATAカルネ（カルネ）　ATA CARNET

物品の一時輸入のための通関手帳に関する通関条約（ATA条約: Customs Convention on the ATA Carnet for Temporary Importation of Goods）による通関用書類。国境を越える際に携行する商品見本，職業用具，展示会などへの出品物他の物品を一時的に持ち込む際に，税関で免税扱いを受け，一時輸入通関を簡易化する国際的制度。Admission Temporaire（フランス語）Temporary Admission（英語）の頭文字の組み合わせでA.T.A.という。カルネ（CARNET）はフランス語で手帖の意。わが国での発給機関は，一般社団法人日本商事仲裁協会である。〔⇨通関〕（河野公洋）

API　Application Programming Interface

アプリケーション・プログラミング・インタフェース（Application Programming Interface－API）とは，他のシステム等に機能を提供するための規約のことで，**オープンソース（Open Source）**実現の鍵となる技術である。オープンソースとは，自らの技術に係る**プログラム（Source Code）**をネット上に公開し，第三者がこれを取り込み，改善を加えることで，更なる技術革新を行う開発手法のことである。フィンテック分野においては，家計簿ソフトや，会計ソフト等が，APIを活用し，銀行の持つ閉鎖的なシステム内にあるソースコードやデータの提供を受けて，サービス開発・運営を行っている〔⇨フィンテック〕。（花木正孝）

ABS
〔⇨証券化〕

ABL
〔⇨動産担保融資〕

エクイティ（株主資本）　equity
　エクイティという用語は多義的であるが，ここでは株主資本という意味で用いられるエクイティについて述べる。株式会社の純資産は，「株主資本」，「その他の包括利益累計額」，「新株予約権」，「非支配株主持分（連結財務諸表のみ）」の４つの項目からなる。したがって，株主資本とは，株式会社の「純資産」（純資産は貸借対照表の資産の総額から負債の総額を引いた差額である）から，「その他の包括利益累計額」（評価換算差額等），「新株予約権」，「非支配株主持分（連結財務諸表のみ）」を控除したものである。株主資本の中身は，「資本金」，「資本剰余金」，「利益剰余金」，「自己株式」の４つであるが，「自己株式」は控除項目である（株主資本＝資本金＋資本剰余金＋利益剰余金―自己株式）。
　会社法施行前の旧商法の時代は，貸借対照表上，株主資本は「資本の部」の金額のことを指し，資本＝自己資本＝株主資本という関係が成り立っていた。しかし，2006年会社法施行後は，「資本の部」に代わり「純資産の部」となったことで構成項目が変わったため，上記の通り，株主資本は「純資産の部」の１つの構成項目となっている。現在の貸借対照表上に「自己資本」という項目はなく，定義がないためその意味するところは曖昧である。（久保田隆）

エクイティ（衡平法）
〔⇨コモン・ロー〕

エスカレーション条項　escalation clause
　エスカレーション条項（Escalation Clause）とは，受注済みの契約価格について，資材費などの物価変動を反映させる契約条項のことをいう。天然ガス・液化天然ガス（LNG）といった資源の長期売買契約においてみられる。また，建設およびエンジニアリング契約で使用されことも多くなってきた。これらの変数の数や種類は契約ごとに異なっている。例えば，代表的な変数はガス契約の場合，国内市場の燃料油の価格であり，国際的なLNG取引の場合は，国際原油価格（通常複数の平均原油価格）となっている。これと他の変数を組み合わせた分数式とベース・プライスとの積の形で契約ガス価格が定められる。（長沼健）

エスクロ口座　escrow account
　商取引の際に信頼の置ける第三者（エスクロ・エージェント：escrow agent）を仲介させて取引の安全を担保する第三者預託の仕組みをエスクロと呼び，そのための口座を指す。国際金融や主に米国の不動産取引やネット・オークションに多くみられる。一般に売買取引は双務契約となることが多く，売主の物の引渡しと買主の金銭の支払いが同時履行されない場合は先履行した当事者は取りはぐれリスクを負う。そこで，エスクロ業者に手数料を支払い，①まず売主は買主ではなくエスクロ業者に物を引渡し，買主は売主ではなくエスクロ業者に代金を支払うこととし，②エスクロ業者が双方の債務履行を確認した後に，売主へ代金を，買主へ物を届ければ，同時履行と同じ効果が得られ，取りはぐれリスクがなくなるわけである。（久保田隆）

エスケープ・クローズ　escape clause
　ビジネス一般に「免責条項」と呼称される用語のこと。特に，国際条約や協定などで，特定の国に対して，重大な支障が生じるおそれのある条文の適用を例外的に免除することを定めた条項。国際商取引や国際ビジネスにおいては，ある品目，物品の輸入が急増して，国内産業に損害を与えるなどの緊急事態が生じた場合，特恵関税の適用を停止する方法をエスケープ・クローズ（緊急特恵停止措置）と呼称する（関税暫定措置法第８条の３）。〔⇨一般特恵制度，関税三法，不当廉売関税，セーフガード〕（河野公洋）

SCM（サプライ・チェーン・マネジメント）
supply chain management

　企業の内外を問わず，すべての供給にかかわる活動の統合化によって効率を高めるためのマネジメントのこと。企業活動の管理手法として1990年代から定着してきた。一般的に，ビジネス（軍事）におけるロジスティクス（兵站）〔⇨ロジスティクス〕研究から生まれてきたコンセプトとされている。受発注→資材・原材料の調達から在庫管理→製品の配送・流通→販売という商品供給の流れを供給の連鎖（サプライ・チェーン）と捉え，連鎖に参加する部門・企業間で情報を相互に共有・管理することで，ビジネス・プロセスの全体最適を目指す戦略的な経営手法であり，BPR（Business Process Re-engineering），もしくはそのための情報システムをいう。いわば事業活動の川上から川下までをコンピュータなどを使って総合的に管理することで余分な在庫などを削減し，コストを引き下げる効果があるだけでなく，企業には，欠品解消・短納期（QR: quick response）による顧客満足（CS: customer satisfaction），顧客関係管理（CRM: customer relationship management）の向上，流通在庫を含む在庫・仕掛品の削減という財務面での利点もある。

　特に，高度に分業が進み，部品やデバイスのフラグメンテーションが進むと，多くの国を跨るSCMが商品の価格，製造コストなどを抑えるマネジメントとしても，グローバル・マネジメントとしても不可欠になった。〔⇨フラグメンテーション，電子商取引，AEO〕（河野公洋）

SWF
　〔⇨ソブリン・ウェルス・ファンド〕

SDR
　〔⇨ IMF協定，特別引出権〕

STO
　〔⇨ ICO〕

SDGs（持続可能な開発のための2030アジェンダ）　Sustainable Development Goals

　Sustainable Development Goals（持続可能な開発目標）の略称。2030年までに持続可能でよりよい世界を目指す国際目標であり，17のゴールとそれに関連する169のターゲットから構成される。**ミレニアム開発目標（MDGs）**を土台とし，同目標が達成できなかったものを全うすることを目指す。2015年9月の国連サミットで採択された，人間，地球及び繁栄のための行動計画である「持続可能な開発のための2030アジェンダ」で掲げられた。2016年1月1日に正式に取り組みがスタートし，以後15年間，すべての人に普遍的に適用されるこれらの目標の達成を目指し，あらゆる形態の貧困に終止符を打ち，不平等と闘い，気候変動に対処しながら，誰ひとり置き去りにしないための取り組みを各国に促す。（小野木尚）

SPA（製造小売）　Speciality Store Retailer of Private Label Apparel

　1986年からアパレル小売大手企業が使ってきた造語で，小売業が，原材料の調達から生産・製造，物流・流通，マーケティングやプロモーション，販売を一貫して行うビジネス・モデルであったが，主体が，卸売業や製造業でもSPAと呼称するようになった。また，アパレル以外でも様々な業種で，製造から小売りまでを一貫して行う業態を企業自らSPAと呼称している。製造小売は，自ら製造した商品を店舗で販売するスモール・ビジネスの典型であったがパラダイム・シフト（paradigm shift）した。いずれにせよ，販売計画から生産，販売というレスポンスの短縮化や流通コストの中抜にとどまらず，原材料調達地，生産地，物流，販売地とグローバルSCMを展開する企業が多々あり，90年代以降の国際商取引のサプライチェーン全体のムダ，ロスを極小化するビジネス・モデルとして定着している。〔⇨委託加工貿易，開発輸入，SCM，ロジスティックス〕（河野公洋）

SPC

〔⇨エンロン事件，証券化，特別目的会社〕

SPV

〔⇨エンロン事件，証券化，特別目的事業体〕

越境EC　crossborder electronic commerce

越境ECとは通販サイトを通じた国際的な電子商取引のことを意味する。近年，日本でも電子商取引の利用者数の増加に伴い，越境ECが盛んに行われるようになっている。「令和元年度　内外一体の経済成長戦略構築にかかる国際経済調査事業（電子商取引に関する市場調査）」によると，令和元年における日本・米国・中国の3か国間における越境ECの市場規模は増加している。具体的には，中国消費者による日本事業者からの越境EC購入額は1兆6,558億円（前年比7.9%増）であり，米国消費者による日本事業者からの越境EC購入額は9,034億円（前年比9.7%増）であった。また，中国消費者による米国事業者からの越境EC購入額は2兆94億円（前年比16.3%増）であった。このように，いずれの国の間でも増加したが，特に，中国消費者による米国事業者からのEC購入額が大きく増加している〔⇨電子商取引〕。

越境ECが国内ECとの大きく異なることは「言語〔⇨国際ビジネスコミュニケーション〕」「法令」「物流〔⇨サード・パーティ・ロジスティクス〕」「関税」「決済」「為替〔⇨為替リスク〕」などが挙げられている。

このような制約や課題は残るものの，日本のEC事業者において，「越境EC」に対する期待は，ますます高まっている。越境ECは，海外市場開拓のための有力な手段であり，日本経済活性化の原動力になりうる可能性を秘めていると考えられている。(長沼健)

越境データ移転規制　regulation to control cross-borders data transfers

企業活動がグローバル化し，国境を越えて多くのデータが流通する中，諸外国の一部では，①プライバシーの保護，②自国内の産業保護，③安全保障の確保，④法執行／犯罪捜査などを目的として，データ移転そのものを制限したり，顧客等から収集したデータを自国内に保有・保管させる内容の越境データの移転・流通規制を定める（例：**EU一般データ保護規則（GDPR），中国サイバーセキュリティ法**）が，これらの総称〔⇨GDPR，中国サイバーセキュリティ法〕。こうした動きを**データ・ローカライゼーション**（data localization）とも言う。一方，これに対し，個人データの円滑な流通を促進するため，個人情報保護に関する情報交換や越境執行協力等を目的とする国際的な枠組み作りの動き（例：OECD，APEC）もある。日本はデータ・ローカライゼーションに対抗する立場から，2019年1月に当時の安倍首相が**DFFT**（信頼ある自由なデータ流通。Data Free Flow with Trust）を提唱し，これを推進する取組みを続けてきた。(久保田隆)

Xtech(クロステック)

様々な既存の技術を持つ業界に情報・ネットワークのテクノロジーを融合させた用語の総称。これまでの産業構造のリストラクチュアリングや業界のイノベーションによって，新たなビジネス領域を構築する。情報ネットワーク上であるため国境を意識することがない。FinTech（Finance（金融）×Technology（以下，Tech）），EdTech（Education（教育）×Tech），HealthTech（Health（健康）×Tech），RETech（Real Estate（不動産）×Tech），LegalTech（Legal（法律（上の））×Tech），MediTech（Medical（医療）×Tech），RetailTech（Retailsales（小売）×Tech）など枚挙に暇がない。第三のプラットフォーム（third platform：クラウド，ビッグデータ，モバイル，ソーシャル）などの技術との融合で，既存ビジネスは，**創造的破壊（Creative Deconstruction）**により駆逐されることで

新しい商取引が生まれ経済発展する。〔⇨フィンテック，暗号資産（仮想通貨），5G，デジタル通貨，MaaS〕（河野公洋）

NSG
〔⇨原子力供給国グループ〕

NDB
〔⇨BRICS（ブリックス）銀行〕

FATF
〔⇨金融活動作業部会〕

FSB
〔⇨金融安定理事会〕

FX
〔⇨外国為替証拠金取引〕

FOB（本船渡し）　Free on Board

　FOBは"Free on Board"のコードで，「本船渡し」規則のこと。約定貨物の危険と費用の分岐点は，指定船積港に碇泊している買主指定の本船上に貨物が置かれたときとする海上輸送用の貿易規則。売主の貨物に対する危険と費用は，本船に積載（on board）したときに解放（free）されると考えるとわかりやすい。インコタームズの中では最も代表的な規則の1つ〔⇨インコタームズ〕。

　売主は，国内の工場や卸売商などから購入した商品に必要な梱包をした後，船積港まで運び，輸出手続を行い，本船に安全に積載するまでの貨物に対する危険と費用を負担する。売主が購入した価格に輸出のために発生する緒費用と売主の利益を上乗せした価格がFOB価格となる。したがって，海上運賃と海上貨物保険は買主が負担する。ブッキングは買主が行うことが原則であるが，買主は仕出地における本船の動静や通関事情は把握しにくいため，売主が買主に代わって行うことが一般的である。また，定期船の場合は積込み費用が運賃の中に含まれているため，積込み作業等の負担が交渉で決まる備船契約（または不定期船）

用の規則と言える。通常の貿易取引には，代わりにFCAを利用すべきである〔⇨FCA〕。（三倉八市）

FCA（運送人渡し）　Free Carrier

　FCAは"Free Carrier"のコードで，「運送人渡し」規則のこと。約定貨物の危険と費用の分岐点は買主の指定した仕出地の運送人に引渡されたときとする貿易条件（規則）。FOB規則が船舶だけにしか利用できないのに対してFCA規則はあらゆる運送手段に対応でき，また定期船や不定期船にかかわらず利用できる複合運送型貿易条件である〔⇨FOB〕。そのため，FOBに取って代わる条件として期待されている。

　売主は国内の工場や卸売商などから購入した商品に必要な梱包をした後，船積地まで運び，輸出手続を行い，運送人に引渡すまでの貨物に対する危険と費用を負担する。国内で購入した費用にこれらの緒経費と売主の利益を上乗せした価格が，FCA価格となる。したがって，運賃と貨物保険は買主の負担となる。ブッキング（船腹予約。運送契約）は，買主が運賃を支払うことから買主が行うことが原則であるが，買主には仕出地における本船の動静や通関の進行度合い等は把握しにくいため，売主が買主に代わって行うことが一般的である。（三倉八市）

FCL　Full Container Load

　1つのコンテナに満載された貨物（FCL Cargo）をいう。後述するLCL貨物と発音が似ているため，単にCL貨物ともいう。1つのコンテナを丸々フルで満たすことから，実務ではフルコンとも呼称される。コンテナ船に積み込まれる貨物の種類は，このようなFCL貨物と，LCL（Less than Container Load）貨物（コンテナ一本分を満たせない小口貨物）に大別される〔⇨LCL〕。FCL貨物は原則として荷送人によってコンテナへの詰め込み作業（バンニングという）が行われると，その後コンテナが途中で開けられることなく荷受人のところまで運ばれる

ことになる。そのため貨物の紛失や破損などが起こりにくい利点がある。（田口尚志）

FCPA（海外腐敗行為防止法）　Foreign Corrupt Practices Act

　FCPAは1977年12月に成立した1934年米国証券取引所法（Securities Exchange Act of 1934）の一部改正法である。FCPAの立法理由は，ウォーターゲート事件（1974年8月ニクソン大統領辞任）とロッキード事件（1975年8月公表，日本・西独・蘭・サウジアラビア等の政府高官の逮捕・罷免に繋がった）が主原因であったと説明される。立法を主導したSECが，両事件の背景には企業の不正経理の問題があり，上場企業が公開する財務内容の粉飾・裏金問題が外国取引に化体される事例が多いとの報告書を提出したため，議会は国家安全保障の観点からも証券取引所法の財務内容の公正な開示の確保が必要と判断した。その条文上の特色としては，①贈賄条項と②会計条項が設けられ，会計条項中に i)正しい帳簿記帳を求める「記帳条項（Books and Record Provision）」と ii)それを社内制度的に可能ならしめる「内部統制条項（Internal Control Provision）」が設けられた〔⇨内部統制〕。米国上場企業では外国公務員（含む国際機関役職員）に対する使途不明金等が判明した時点で会計条項違反が容易に認定される一方，外国企業やその役職員に対して域外適用される贈賄条項では贈賄者の賄賂認識が必要とされる等，立証要件は難しい。FCPAは，世界各国の外国公務員への贈賄禁止立法の先駆けとなり，OECD外国公務員贈賄防止条約（1997年採択）と国連腐敗防止条約（2003年採択）〔⇨国連腐敗防止条約〕をもたらした。また1992年COSO（Committee of Sponsoring Organization of Treadway Commission）がFCPAで記載されていた内部統制システムをより具体的に記述・システム化し，FDICIA（米国預金保険機構改革法1991年）を含む世界各国の法制度に影響を与えた。その後，Enron事件後虚偽の財務報告を防止するSarbanes Oxley法（2002年）は米国上場企業に内部統制監査を義務付けたが，内部統制はこれらの立法の理論根拠となっている〔⇨エンロン事件，SOX法〕。更にCOSOの内部統制システム概念公表とほぼ同時（1991年）に内部統制システム等も参考にしたFederal Sentencing Guideline（連邦量刑ガイドライン）が公表され，企業犯罪処罰・犯罪企業更生に対する米国の基本概念にも影響を与えた。FCPAの条文上は，①贈賄条項の違反に対しては法人の場合の罰金額は，500万ドル以下，個人の罰金額は25万ドル以下又は5年以下の懲役，②会計条項の違反に対して法人の罰金額は2,500万ドル以下，個人の罰金500万ドル以下又は20年以下の懲役，が法定刑である。しかし，犯罪収益の没収規定と毎年見直される連邦量刑ガイドラインによる量刑調整が適用され，2008年の独シーメンス社に対する8億ドルのFCPA違反の罰金賦課以降，贈賄企業に対する罰金額が飛躍的に増加し，億ドル単位の罰金事例も多い。またFCPAの米国域外適用に際し，特に2016年以降，米国司法省，SEC，IRS（内国歳入庁）等の米国機関と世界銀行等の国際金融機関を含む各国司法当局との国連条約を踏まえた捜査協力が増え，罰金も各国司法機関で共同して賦課・徴収する事例も多くみられる。（内田芳樹）

FTAAP　エフターブ
　〔⇨RCEP〕アールセップ

FDI
　〔⇨直接投資〕

FTA（自由貿易地域/自由貿易協定）　Free Trade Area/ Free Trade Agreement

　世界の一定地域，またはお互いに関心ある関係国が集まって域内の貿易自由化を協定し，貿易の拡大を通じて地域または関係国間の経済発展を図る仕組みをいう。WTO協定においてFTAの定義と要件が定められており，自由貿易地域: Free Trade Areaと称することとしている〔⇨WTO〕。ビジネス

上は自由貿易協定: Free Trade Agreement と言うことが多いが、これは一般的な通称である。

WTO協定のGATT（関税と貿易に関する一般協定）と、GATS（サービスの貿易に関する一般協定）において〔⇒GATT, GATS〕、FTAとは、（1）（モノの貿易において）関税その他の制限的通商規則が実質上のすべての貿易について廃止されていること（GATT第24条）、（2）（域内におけるサービス貿易の自由化について）相当な範囲の分野を自由化の対象とし、現行の差別的な措置を撤廃すること、および、新たな又は一層差別的な措置を禁止すること（GATS第5条）、を要件としている。これによって、FTAでは、①域内の貿易の90％以上について関税を撤廃する、②モノの貿易ではすべての分野を貿易自由化の対象とする、③サービス貿易では、加盟国の国内事情に配慮しつつ可能な限り多くの分野の自由化を行う、ことが加盟国に要請される。したがって、海外各国/地域とのFTA協定が拡大していくと、日本は農産物のさらなる市場開放が課題となる。日米貿易協定で日本側が牛肉関税の大幅譲許（関税引下げ）に踏み切ったのは、GATTの規定により、FTAではすべての分野で関税を含む貿易自由化を進めることがルール化されているからである。

WTOをベースとした一般的な貿易自由化とFTAとの違いは、「FTAとは、その域内においてより高度な貿易自由化をルール化し達成すること」にあり、それによって域内（域内国）の経済発展を促進することに狙いがある。

FTAでは、域内国に対して日本が関心のある分野の関税引下げや市場開放を迫ることができるので、日本の輸出マーケットを拡大する効果がある。日本は、ASEAN7か国、メキシコ、チリなどと二国間のFTA（EPA）を〔⇒EPA〕、またEU、環太平洋諸国と広域FTA（メガFTA）を締結しているが〔⇒EU〕、これらはすべてWTO協定の貿易自由化ルールに基づいて協定が締結されている〔⇒経済連携協定〕。日本のFTA取組みは国際的な広がりを見せており、環太平洋10か国との間でTPP11が2018年12月30日に、日EU・EPAが2019年2月1日に、日米貿易協定が2020年1月1日にそれぞれ発効し、世界のGDPの6割を占める主要地域との間で"より高度な貿易自由化"を目指す体制が実現した。東アジア15か国のFTAであるRCEP（地域的な包括的経済連携）も成立したため、世界的なFTAネットワークができ、日本の貿易・商取引環境は格段に改善する〔⇒EPA, FTA, GATT, GATS, TPP11, RCEP〕。（美野久志）

FBSEA（1991年外国銀行監督強化法）
〔⇒バーゼル・コンコルダート〕

M&A　Mergers and Acquisitions

M&Aとは、Mergers and Acquisitionsの略語。直訳すると「合併と買収等」となるが、広く事業再編を意味する。事業再編には、会社そのものを合併させたり分割させたりする方法のほか、株式の買取り等によって会社の支配権を移転させる方法、事業資産を取引する方法など、様々な手法がある。経済のグローバル化は事業者間の競争を激化させ、多くの企業に事業の選択と集中を求め、その選択肢としてM&Aを活用した事業再編が日常的な経営の選択肢となっている。M&Aは、国内事業者同士にとどまらず、海外の事業者との間でも活発に行われており、何をもって国内企業、海外の企業と考えるかについても様々な整理の仕方が考えられ、事業再編のボーダレス化が進んでいる。

事業再編の手法は、組織行為と取引行為に分けることができ、国際的な問題をはらむM&Aの場合には、国内のM&Aよりも多くの法律問題を検討する必要がある。基本的には、組織行為によるM&Aは会社の設立準拠法に基づく手続を要するのに対して、取引行為によるM&Aは事業や株式の売買等の有償取引となるから、契約の準拠法を選択する余地があるが、会社の事業譲

渡等について会社法の規制に服することもある〔⇨準拠法〕。他方，上場会社等を対象とする公開買付等については金融商品取引法等の市場の規制にも服するほか，競争法上の企業結合の規制が適用されるケースもあり，外資規制，労働法制や個人情報保護規制など，国際M&Aでは多様な法規制を検討する必要がある。(浜辺陽一郎)

MMT（現代貨幣理論） Modern Monetary Theory

自国貨幣を発行する政府に財源制約はなく財政破綻（債務不履行）が起きることはない，として，物価が安定している限り完全雇用を目指して財政支出を行うべき，とする考え方。財政支出の制約となるのは財源ではなくインフレであり，インフレ率については需要や生産能力あるいは賃金や所得の増加率に合わせて考え，高インフレを抑制するために支出削減や増税を行う。1990年代半ば以降の日本では，財政赤字が拡大し続けたがインフレ率は低いままであったことから参考にされたといわれる。(田中誠和)

MOU
〔⇨予備的合意〕

MTCR
〔⇨ミサイル技術管理レジーム〕

LOI
〔⇨予備的合意〕

L/C
〔⇨信用状〕

LCL Less than Container Load

1つのコンテナを満たすことのない小口貨物をいう。コンテナ船に積み込まれる貨物の種類は，このようなLCL貨物と，1つのコンテナに満載された貨物であるFCL（Full Container Load）貨物に大別される〔⇨FCL〕。1つのコンテナに複数の荷送人の貨物が詰められ運送される混載貨物となるため，仕向地側の然るべき施設で一旦コンテナが開けられ，コンテナ内に混載されている貨物は，荷受人のところに向けて仕分けされトラック等の運送手段に積み替えられて運ばれることになる。コンテナが開けられる場所・施設によっては十分に整備されていないところもあることから，貨物の滅失・損傷の危険もあるため注意を要する〔⇨混載貨物〕。(田口尚志)

LCC（格安航空会社） Low Cost Carrier

機内食の廃止・有料化等の顧客サービス簡素化や，使用機種の統一・特定区間に絞った路線設定等の運営上の工夫により，従来のフルサービスの航空会社（LC（レガシーキャリア）：Legacy Carrier またはFSC（フルサービスキャリア）：Full Service Carrier と呼ばれ，日本航空や全日空などが該当）よりも大幅な低運賃で運航サービスを提供する航空会社。例えば，米国Southwest航空，英国Easyjet航空，マレーシア AirAsia，日本のPeach Aviationなどがある。航空運賃は，国際航空運送協会（IATA）〔⇨IATA〕と航空会社，各国政府で決めた事実上のカルテルが1970年代後半以降に崩壊して以降，激しい価格競争が続き，1990年代以降のLCCの台頭を生んだが，現在はLCC業界内の生き残り競争も熾烈になっている。(久保田隆)

LBO Leveraged Buyout

LBO（Leveraged Buyout（レバレッジド・バイアウト））について，レバレッジは梃子（てこ）を意味し，企業買収（M&A）の手法の1つに位置付けられる〔⇨M&A〕。企業買収において所要の買収資金につき，買収対象企業が保有する資産価値，あるいは期待できるキャッシュフローを担保として必要な借入金を調達する手法である。すなわち，買い手の企業が借金を自身で返済するのでなく，買収せんとする企業の有する資産や将来収益を返済原資にするもので，M&Aが成功した後に被買収企業が返済を行う。被買収企業が返済しきれない場合も，買収

企業において返済義務は発生することはなく、買収企業のリスクは買収時に支払う自己資金に責任範囲が限定される（ノンリコースローン）。自己資金が少ない場合も買収が行える点はメリットとなる。LBOの買収対象は業績の見通しが立てやすく安定収益が見込める企業、早期に処分可能な資産を持つ企業が望ましく、逆に買収対象企業の業績等が悪化した場合は返済計画に齟齬が生じるリスクが存在することになる。高い借入金利を払わされることもデメリットとなる。被買収企業の株主においては、買収企業に株主を売り渡すことになるが、株式を高めに設定して買収が行われることが多いため利益を得ることができる。（藤川信夫）

LPWA（通信方式）　Low Power Wide Area

消費電力を抑えて遠距離通信を実現する通信方式の総称（最大伝送速度は250kbps程度＜LoRa方式の場合＞、伝送距離は10～100km程度、消費電力はボタン電池1つで数年間作動）で、LPWAN（Low Power Wide Area Network）ともいい、Bluetoothなどの近距離無線（伝送速度は1～24Mbps、伝送距離は10～数十ｍ）と対比される。無線局免許が必要な規格（LTE-Mなど）と不要な規格（特定小電力無線。SigfoxやLoRaなど）があり、**モノのインターネット化**（IoT: Internet of Things）や**M2M**（**Machine to Machine**: 機器同士が人間を介さずにコミュニケーションして動作する仕組み）の通信で幅広く利用されている〔⇨IoT〕。（久保田隆）

エンロン事件　Enron case

2001年に発覚した米国エンロン社（Enron Corporation）による巨額の粉飾決算事件。同社は、**証券化**する資産を管理する目的に特化したペーパーカンパニーである**特別目的会社**（SPC: Special Purpose Company）または**特別目的事業体**（SPV: Special Purpose Vehicle）を使った簿外取引や**時価会計**（会計は取得原価主義を原則として実現損益のみを帳簿に認識するが、時価会計では未実現の将来の利益をも帳簿に認識することが一部に認められている）の濫用等によって決算上の利益を水増し計上してきたが、同年12月に経営破綻した〔⇨証券化，時価会計〕。この結果、世界の株式市場に多大な影響を与え、事件に関与した大手監査法人 Arthur Andersen は解散に追い込まれた。この事件を契機に、2002年に企業不祥事に対する厳しい罰則を盛り込んだ米国サーベンス・オクスレー法（**SOX法**）が制定され、日本の金融商品取引法の一部の規定（会計監査制度や内部統制等に関するもので**J-SOX法**とも呼ぶ）に影響を与えた〔⇨SOX法・J-SOX法〕。（久保田隆）

黄金株式〔拒否権付き株式〕　golden share

ゴールデン・シェア（**黄金株**）は**敵対的買収**に対する防衛策の1つで、合併や取締役の変更など重要な事項について拒否権を有する株式を友好的な第三者に付与するものである〔⇨敵対的買収，敵対的買収防衛策〕。

買収者は普通株式を買い占めることには成功しても合併、取締役交替を行うことが困難となる。欧州の大陸諸国の企業は、株主総会承認を得て黄金株や複数議決権株式の対応を講じていることが多い。フランスでは、種類株式を活用した黄金株などにより対処している。概して、欧州でも英国はTOB（公開買付け）ルールのように強圧的買収を入口段階で規制し、大陸諸国の黄金株など株主総会承認を基に強力な防衛策を許容するアプローチを採る〔⇨公開買付け〕。他方、米国では防衛策は経営者の判断で導入しつつ、独立社外取締役がこの経営陣の濫用を監視するアプローチを採用している。わが国では、政府系企業などにおいて政府が3分の1の株式を保有することで、特別決議を阻止する実質的な拒否権を有する形を採ることが多い。（藤川信夫）

欧州一般データ保護規則

〔⇨GDPR〕

OEM 供給　original equipment manufacturer（OEM vendor/ OEM supplier）

自社製品を製造する事業者からの供給を意味するが，他社ブランドの製品を委託製造供給，他社ブランドの製品を委託製造販売するビジネス形態。服のみを生産しているメーカーが，同ブランドで小物やその他の商品を生産委託し市場に投入することや飲料メーカーがラインナップを増やすために他社に製造委託するなど70年代から国境を越えて行われていた。80年代になるとコンピュータ，家電，自動車，化粧品，日用雑貨メーカーに至るまで利用されている。流通業の場合は**プライベート・ブランド**（PB: private brand）と言われ，わが国では1959年に百貨店で紳士服ブランドが登場した時から始まっている。また，アパレル中心に発展したが，流通業が企画・製造の段階から，自社のオリジナル商品を供給させ自社で販売する方法をSPA（Speciality store retailer of Private label Apparel: 製造小売）と呼称しアパレル以外でも国際間で製造,供給を行っている。〔⇨ライセンス契約，SCM, SPA, ロジスティクス〕（河野公洋）

OECD（経済協力開発機構）　Organization for Economic Cooperation and Development

先進国によって，国際経済全般について協議することを目的とした国際機関。第二次世界大戦で疲弊したヨーロッパの復興策（マーシャル・プラン）を提案した当時のアメリカの国務長官マーシャル（G. C. Marshall, 1880－1959）の発言を受けて，アメリカの援助を受け入れる協力体制として1948（昭和23）年，欧州経済協力機構（OEEC: Organization for European Economic Cooperation）が設立された。1961年OEECを発展的に改組したものがOECDである。加盟国は貿易自由化はもちろん，貿易外取引や資本移動についても自由化の義務を負っている。OECDの目的は，OECD条約によると次の3点に要約される。①最高の持続的経済成長と雇用の増大，および生活水準の向上を図ること（経済成長），②経済発展の途上にある諸地域の健全な経済成長に参与すること（開発途上国援助），③国際的義務に従う多角的，無差別的な視点に立脚した世界貿易の拡大への寄与（貿易拡大）。加盟国のほとんどが先進国であるため,「先進国クラブ」あるいは「金持ちクラブ」とも呼ばれている。最高決議機関は，閣僚理事会である。加盟各国の外相や財相などが出席し，年に1回開催される。下部組織は，12分野（経済政策・貿易・金融・開発・環境・食糧・科学技術・原子力・教育等）に分かれ，35の委員会で構成されている。本部はフランス・パリにある。発足当初の原加盟国（アルファベット順）オーストリア，ベルギー，カナダ，デンマーク，フランス，ドイツ，ギリシャ，アイスランド，アイルランド，イタリア，ルクセンブルグ，オランダ，ノルウェー，ポルトガル，スペイン，スウェーデン，スイス，トルコ，イギリス，アメリカ合衆国。

その後の加盟国（加盟年順）の例: 日本（1964），フィンランド（1969），オーストラリア（1971），ニュージーランド（1973），メキシコ（1994），チェコ（1995），ハンガリー（1996），ポーランド（1996），韓国（1996），スロバキア（2000），ロシア（2007年）。（河野公洋）

OECD 外国公務員贈賄防止条約　The OECD Anti-Bribery Convention

OECD〔⇨OECD〕は，米国政府からの強い要求で，国際取引における外国公務員に対する贈賄行為が，貿易，投資等の競争条件を歪めているとの認識を共有し，これを犯罪化することにより，国際商取引における公正な競争確保を目的として，1997年12月17日，本条約を採択し，1999年2月15日，これが発効した。現在の締約国は，44か国（OECD加盟国37か国に加え7か国が加入）。日本は1999年2月15日批准。本条約は全締約国に，対外国公務員贈賄の犯罪化を求めている。**国連腐敗防止条約**〔⇨国連腐敗防止条約〕と異なり，贈賄者（法人を含む）のみ処罰する。外国公務員の定義

は広く，政府が直接・間接に支配的影響力を持つ公的企業で働く者も含む。また条約の履行状況をモニタリングするために各国ごとに作業部会を設置した。本条約加入前は，日本では外国公務員に対する贈賄は処罰されなかったが，条約履行のため不正競争防止法に外国公務員不正利益供与罪（第18条）と罰則（第21条2項7号，第22条1項3号）を新設した。1999年から2020年までの間，同法の下で，5件の事件で計12人の日本人と2つの日本法人が有罪判決を受けた。

主務官庁は経済産業省。実務家のために「**外国公務員贈賄指針**」が発表されている。

作業部会は，2002年から2019年まで，Phase 1 から Phase 4 まで6回，日本の条約の実行状況を調査し，報告と勧告を発表した。日本政府は勧告に従い，様々な措置を講じてきたが，それでもなお，2019年のPhase 4 レポートでは，処罰件数が少なく，まだ多くの点が未実行とされた。（杉浦保友）

OECD勧告（電子商取引における消費者保護）
Consumer Protection in E-commerce OECD Recommendation

個人情報について OECD（経済協力開発機構）は，既に1980年に「プライバシー保護と個人データの国際流通についてのガイドラインに関する理事勧告」を採択し，プライバシー保護8原則を掲げ，各国の立法の指針となっていた。インターネットの登場により B to C 取引が拡大し，消費者と事業者との間の情報量・交渉力の非対称性を前提に，消費者の保護が求められるようになると，OECDは，消費者政策委員会が中心となって，消費者保護に関する様々なフレームワークの策定を行っている。

電子商取引について OECD は，1997年「グローバルマーケットへのゲートウェイ―消費者と電子商取引」と題する会議の開催を嚆矢とし，1998年の閣僚宣言の採択等を経て，1999年「電子商取引における消費者の保護のための行動指針に関する OECD

理事会勧告」を公表した。これは，電子商取引のグローバルな発展には消費者からの信頼が不可欠であるとし，消費者保護のガイドラインを示したものである。その後も電子商取引の一層の進展を踏まえ，2014年にモバイル・オンライン決済とデジタル・コンテンツ製品に関する2つの消費者政策ガイダンスを採択した。2016年には1996年勧告を全面改正し，電子商取引の範囲にC to C 取引のプラットフォーム提供事業者と消費者との間の取引を含めるなどの修正を行った理事会勧告を公表した。この勧告は，加盟国を拘束するものではないが，事実上，グローバル・スタンダードとしての位置づけを有している〔⇨グローバル・スタンダード〕。最近においても，**ピア・プラットフォーム・マーケット**（PPM: Peer Platform Markets）の進展に対応し，PPMの利用状況やオンラインの消費者レーティングとレビューに関する報告書を公表するなど，消費者保護に積極的に取り組んでいる。（中村　進）

OECDによるタックス・ヘイブン対策
OECD work on tax havens

OECD（経済協力開発機構）が取り組む税制関連活動は，脱税，有害な税慣行，電子商取引，環境税など広範囲に及ぶ。OECDは，既に OEEC（欧州経済協力機構）の時代にモデル租税条約の制定作業を開始して，1963年に草案を公表し，1977年にはモデル租税条約として成立させ，現在に至るまで頻繁に改訂を行っている。同条約は，課税の法的安定性の確保と法人税を含む所得税の国際的二重課税の回避及び国際的脱税・租税回避の防止を通じて，健全な国際的投資・経済交流の促進に資することを目的とする。また，OECD が策定した租税回避対策に非協力的なタックス・ヘイブンの「ブラックリスト」の基準には，多数の国・地域が参加している〔⇨タックス・ヘイブン〕。

OECDはまた，経済のデジタル化に伴い，2014年東京会議報告において，消費課税（消費税・付加価値税）に関し，商品・サービスの消費地で課税を行う仕向地・消費地

国主義を採用した。一方，GAFA（Google, Apple, Facebook, Amazon）などの巨大プラットフォーム企業への課税で注目が集まる所得課税（所得税・法人税）については，国際協調の下，戦略的かつ分野横断的に問題解決を図るため，2012年「税源浸食と利益移転」（BEPS: Base Erosion and Profit Shifting）プロジェクトを立ち上げ，2013年に「BEPS行動計画」を，2015年にはその最終報告書を公表した〔⇨プラットフォーマー，BEPS行動計画〕。その行動計画1は，「電子経済の課税上の課題への対処」と題し，電子商取引等の電子経済に対する直接税・間接税の課税上の課題への対応の検討を行うが，結論は先送りされた。そのため引き続き作業が行われ，2020年末までに最終報告書の取りまとめが予定されている。そこでは，物理的拠点を欠いている国家に課税権を認定する根拠となるネクサス（'nexus'）などの議論が行われている。(中村　進)

OECDによるデジタル課税対策　OECD Global Digital Tax Project

　OECDは2012年から始まったBEPS（Base Erosion and Profit Shifting: 税源浸食と利益移転）行動計画（経済のデジタル化に対応した国際課税見直し計画）の一環でデジタル課税対応を進めている〔⇨BEPS行動計画，デジタル課税〕。

　2015年公表のBEPSプロジェクト最終報告書は，税の観点から電子経済とそれ以外を区分することは困難で，法人課税について2020年までに成果をまとめるべきとした。経済のデジタル化に伴う国際課税上の問題（例：GAFAなどの多国籍企業は市場国に物理的拠点がなければ課税されない）は，①物理的拠点の有無に依存する現行ルールではデジタル経済活動によって生じる利益が課税されない点，②知的財産などの無形資産の重要性が増すことで利益を軽課税国に移転することが容易になった点，③物理的拠点を持たないユーザーがコンテンツやデータを生成してビジネスを行う場合の課税根拠の認定や利益に対する課税権

の分配が未解決な点にあるとされた。そこで，①実際にデジタル経済活動を行っている市場国に適切に課税権を配分するための見直し（Pillar 1），②軽課税国への利益移転に対抗する措置の導入（Pillar 2）という2つの柱からなる解決策が検討され，GAFA狙い撃ちに反対する米国と税収拡大を図るEUとの対立から，2020年中の合意はあきらめ，2021年中の合意を目指している。

　Pillar 1の課税権の見直しは，①一定額を超える利益を超過利益と見做し，その一部の課税権を市場国に配分すること，②市場国における販売活動等の基礎的活動に一定率の利益を割り当てること，③基礎的活動を超える活動に対しては，市場国は独立企業原則（arm's length principle）に基づいて課税できること，④二重課税を防ぐための紛争解決メカニズム導入を検討することを概要としている。また，Pillar 2の軽課税国への権益移転の対抗措置は，①所得合算ルール（軽課税国に所在する子会社に帰属する所得につき，親会社の所在国で最低税率まで課税），②租税条約の特典否認ルール（軽課税支払に対して租税条約上の特典を与えない），③スイッチ・オーバー・ルール（国外所得免除方式を採用する国が，軽課税国所在の外国支店の所得につき，外国税額控除方式に切り替えて課税），④軽課税支払ルール（軽課税国にある関連企業への支払に対し，損金算入を否認）を主な内容とする。(久保田隆)

OFAC
〔⇨OFAC〕

オーストラリア・グループ　Australia Group

　1985年に第1回が開催された，生物・化学兵器開発に転用可能な汎用品及び技術の輸出管理に関する非公式の法的拘束力を持たない枠組み〔⇨安全保障貿易管理制度〕。2019年末現在日米英仏伊加豪印韓墨を含む42か国及び欧州連合が参加している。参加国はこの枠組で合意されたコントロー

ル・リストに掲載された規制対象品目及び技術に関する輸出管理を行う。日本政府は、輸出貿易管理令（別表第1第3項及び第3の2項）において輸出規制対象となる化学兵器関連品目（貨物）及び生物兵器関連品目（貨物）を定め、また提供や移転が規制対象となる技術について外国為替令（第17条及び別表第3項及び第3の2項）において定めている。（竹内舞子）

ODR
〔⇨オンライン紛争解決〕

ODA（政府開発援助）　Official Development Assistance

無償や低金利で、先進国の公的機関が発展途上国に資金提供を行うこと。2国間での直接的な援助と、国際機関を通じた多国間援助に分けられる。

日本は戦後復興期においてODAの受け手側であったが、1954年以降拠出側である。当初は戦後賠償と関連した援助が多かったが、経済発展とともに援助の範囲を拡大、多目的化させている。1990年代においては日本が世界最大の援助国であったが、2000年代に入り徐々に順位を下げ、2019年現在ではアメリカ、ドイツ、イギリスに次ぐ規模となっている。（海老名一郎）

OTC取引
〔⇨店頭取引〕

オープンスカイ協定　Open Skies Agreement

国際航空路線における運航路線や便数等について、締約国間の取り決めによるのではなく、航空企業の判断で柔軟に決定できるようにする協定。一般的に、国際航空路線の運航路線や便数等は二国間の**航空協定**で決定されるが、オープンスカイ協定により、航空企業は発着枠の範囲内で運航路線（**以遠権**の行使を含む）や便数を自由に決定することができる〔⇨以遠権〕。また、参入できる企業も自由になるため、格安航空会社（LCC）を含めた新規参入が容易となる

〔⇨LCC〕。1950年代に米国で提唱され、日本では、2009年に米国と合意したのを皮切りに、複数の国・地域との締結を行っている。（小野木尚）

乙種海運仲立業
〔⇨フレイト・フォワーダー、フォワーダー〕

乙仲（オツナカ）
〔⇨フレイト・フォワーダー、フォワーダー〕

オファー
〔⇨申込み〕

OFAC（米国・外国資産管理室）（オファック）　Office of Foreign Asset Control

米国財務省管轄下のTFI（The Office of Terrorism and Financial Intelligence，テロ・金融情報局、2004年設立）に管理・監督される「外国資産管理室」であり、米国外交方針及び国家安全保障目的に反する外国国家及び支配態勢、テロリスト、国際麻薬密売人、大量破壊兵器拡散関連活動従事者、及び国家安全保障・外交政策又は合衆国経済に対するその他の脅威に対する経済及び貿易制裁を管理し強制する役目を有する。設立根拠法令は複数あり、TFIの傘下には他に、国家安全保障に関する政策決定を行うThe Office of Terrorist Finance and Financial Crimes（TFFC）、各種情報収集・分析・対敵情報活動等を行うThe Office of Intelligence and Analysis（OIA）、個別の取引情報を収集・分析し経済犯罪を取り締まるThe Financial Crimes Enforcement Network（FinCEN）、IRS Criminal Division（内国歳入庁刑事部門）・入国管理局・沿岸警備隊・国土安全保障省等が没収した資産管理を行うThe Treasury Executive Office for Asset Forfeiture（TEOAF）がある。OFACはそのホームページ上で、大統領が有する国家非常事態権限及び「敵国との貿易に関する法律（Trading with Enemy Act, 1917年）」等の複数の法令

オ

により付与された権限に基づき合衆国管轄権下の資産凍結及び取引規制を課すが，多くの制裁は国際連合及び他の国際的権限から生じ，その範囲において多国籍であり，同盟国政府との密接な協力を伴うとしている。実際に取り締まる対象は，大統領府（white house）が大枠を決め，多くの個別の法人・個人に対する決定はOFAC内のOffice of Global Targeting（OGT）の捜査の結果なされている。

現実には，米国に支店を有している外国銀行は勿論，米国内居住外国人・外国企業・団体，更には米国外で米ドル建て送金を行う場合も，カバー取引と呼ばれる金融機関間の米ドル決済が米国で行われることを理由としてすべての金融機関にOFACは管轄権を行使する可能性があり，実際に日本や欧州の金融機関が多額（億ドル単位）の罰金や責任者の収監等の処罰を受けた事例が複数見られる。OFACが米国外交政策・安全保障上の観点から公表する制裁対象の各国（特に北朝鮮とイラン向け）取引・取引規制先を記載した**SDNリスト**（Specially Designated Nationals And Blocked Persons List，特定の指定国民及び取引禁止人物リスト）記載先の取引については，日本の金融機関が日本から米国外へ米ドル建て送金を行う場合は，OFACルールの遵守が求められている。またSDNリスト以外にも外国制裁潜脱者リスト，非SDNイラン人リスト等，SDNリスト以外の制裁リストも列挙されている。その結果，例えば日本とイランとの取引は，たとえ日本法上合法であっても実施できず，更にOFACから要請があればその内容や送金者の情報をOFACへ開示し，更に送金者の資産を凍結すること等が求められることもある。（内田芳樹）

オフショア市場　offshore markets

非居住者（外国企業や外国政府等）からの資金調達取引および非居住者に対する資金運用取引（いわゆる「**外－外取引**」）を，制度上の制約の少ない自由な取引として行わせるための金融市場。自由な金融取引を促進するために，預金金利規制や支払準備といった金融規制，源泉利子課税等の税制上の規制や為替管理等，様々な規制が緩和ないし免除されている点が特徴である。

オフショア市場は構造的に以下の3つの形態に分けられる。第一は，オフショア市場と国内市場との間の資金移動が自由にでき，両市場での規制上の取扱いが同等な「**内外一体型**」であり，ロンドン市場や香港市場がこれに該当する。歴史的に金融インフラが整備されており，規制が少なかったことから，**外－外取引**と**内－外取引**が並行して活発に行われるようになった市場である。第二は，オフショア市場と国内市場の間に規制上の格差が存在するため両者を遮断している「**内外分離型**」である。ニューヨークのIBF（International Banking Facilities）やシンガポールのACU（Asian Currency Unit）が代表例であり，オフショア勘定が設定されて一般勘定とは別に管理される。第三は「**タックス・ヘイブン（租税回避地）型**」である【⇨タックス・ヘイブン】。バハマ，ケイマン諸島，バミューダのように，その地域にペーパーカンパニーを設立し，取引の記帳のみを管理することで無税もしくは低税率を享受できるものであり，実質的な意味での金融市場とは言い難い形態である。

日本では1986年に，**東京市場の国際化**と**円の国際化**を促進することを目的に，**内外分離型**の市場として**東京オフショア市場（JOM: Japan Offshore Market）**が創設された。財務大臣の承認を得て特別国際金融取引勘定（オフショア勘定）を開設した金融機関は，この勘定を通じて非居住者との間で預金，貸借等の金融取引を行う。これらの取引は，国内市場と遮断された上で国内金利規制，預金保険，準備預金の対象外とされるとともに，非居住者に帰属する利子について源泉所得税を非課税とする優遇措置が講じられている。（渡邊隆彦）

オプション　option

オプションとは選択する権利のことであ

り，オプション取引とは特定の満期日（または満期日までの期間内の任意の時点）に特定の資産（原資産）をあらかじめ定めた価格（権利行使価格，ストライク・プライス）で売買する権利の売買のことである。権利であって義務ではなく，行使せずに放棄してもよいため，一種の保険としての性質を有する。すなわち，対象資産が値上がりした時は利益を得る一方で値下がりした時には損失を負わない。オプションの買手はこのような有利な立場を得るために**オプションプレミアム**（オプション料）を支払う。その価格は確率計算によって期待値を計算することで算出でき，その価格理論を研究する中で有名な**ブラック・ショールズ・モデル**が誕生し，対数正規分布を前提とした価格算出が可能となった。

権利行使価格で買う権利を**コール・オプション**（call option），売る権利を**プット・オプション**（put option）といい，また権利行使が満期日のみに限られるオプションを**ヨーロピアン・オプション**，満期までの任意の時点に権利行使可能なオプションを**アメリカン・オプション**という。（田中誠和）

オフバランス取引

〔⇨デリバティブ〕

OPEC（石油輸出国機構）　Organization of Petroleum Exporting Countries

世界の石油産出国から構成される恒久的な国際組織。①構成国の石油関連政策の調整及び統合，②石油消費国への効率的，経済的かつ恒常的な石油供給，石油輸出国の安定収入，及び石油産業へ投資する投資家の投下資本に対する公平な収益を確保することを目的とする。1960年9月14日の設立時の構成国は，5か国（イラン，イラク，クウェート，サウジアラビア，ベネズエラ）。2020年5月時点の構成国は13か国。当初の設立目的は，**国際石油資本**等から石油産出国の利益を守ることであり，1970年代には石油の価格決定権を国際石油資本から奪い，二度のオイルショックを引き起こした。

1980年代半ばに石油価格決定権は**自由市場**に移ったが，その後も生産調整等により原油価格に大きな影響を及ぼす。（小野木尚）

オペレーショナル・リスク　operational risk

伝統的には，会社の役職員が正確な事務を怠ったり事故・不正を起こすことで会社が損失を被るリスクを指し，金融機関の事務ミス（**事務リスク**）やコンピュータ・システムの誤作動・不正使用（**システム・リスク**）を念頭に置いてきた。しかし，最近では信用リスクや流動性リスクを除いた，通常の業務活動に伴うリスクの総称を指すようになり，金融機関以外でも用いられる。すなわち，法令遵守など法務に関わるリスク（**リーガル・リスク**）や風評被害等の評判低下に係るリスク（**レピュテーション・リスク**），経営戦略上のリスク（**戦略リスク**），規制変更や災害等のリスクなども含まれる。（久保田隆）

オペレーティング・リース

〔⇨リース〕

オリジネーター

〔⇨証券化〕

オンライン紛争解決（ODR）　Online Dispute Resolution

オンラインコミュニケーション・情報通信技術・AI等を活用しインターネット上で民事紛争を解決することやそのような紛争解決手段としてとらえられている。2010年にはODRによって年間6千万件の苦情を扱うまでになったネットオークション大手の米イーベイがその始まりとされ，海外では，民間・行政機関・裁判所によるODRサービスが提供されるようになった。UNCITRALでは，Working Group Ⅲ（2010年－2016年）〔⇨UNCITRAL〕が，BtoBとBtoCを対象として，和解交渉，調停，仲裁から構成される三段階式のODRに関する手続規則，実体的法原則，及び国境を越えた執行制度

の国際的統一を目的とした検討を行ったが，紛争発生前の消費者仲裁合意の有効性を認めるアメリカと当該合意の解除権を消費者に認めるヨーロッパの法制度の違いの衝突により当該目的は達成されなかった。なお，欧州連合（EU）では同域内における越境取引紛争を扱うODRプラットフォームが2016年2月に開設された。また，アジア太平洋経済協力（APEC）では，2017年7月からBtoBに的を絞り検討が重ねられ，2019年8月にBtoBのみを対象とした和解交渉，調停，仲裁から構成される三段階式のODRに関するモデル手続と協力枠組みを示すAPEC Collaborative Framework for Online Dispute Resolution が採択されるに至った〔⇨アジア太平洋経済協力〕。日本では，「成長戦略フォローアップ」（令和元年6月21日閣議決定）の下で2019年9月から2020年3月までODR活性化検討会が開催され「ODR活性化に向けた取りまとめ（2020年3月）」が公開された。（坂本力也）

カーシェアリング
〔⇨シェアリング・エコノミー〕

GAFA
^{ガーファ}
〔⇨プラットフォーマー〕

海運同盟　shipping conference
　（古語）定期船海運の運賃カルテルを，海運同盟（シッピング・カンファレンス）と呼ぶ。多くの国で，競争法の適用除外を認められている。しかし，海運同盟の行き過ぎを是正する海事行政法による規制が別途，用意されている。カルテルに参加する船社を同盟船社，参加しないアウトサイダーを盟外船社と呼ぶ。国際海運では，1980年代になると，主要航路において，盟外船社との競争が激化し，海運同盟による航路（市場）支配力は交代を始めた。1984年米国海事法が出現したことで，米国関係航路については，事実上，カルテル機能が大幅に減殺されたことから，1990年代初頭には，ほとんどの航路においてカルテルという形での競争制限は，実質的に機能しなくなった。今日では，定期船社は，運賃カルテルという形での競争制限を選ばず，個々の船社は運賃競争を行いながらも，共同配船・企業連合（アライアンス）という形式で，船腹量の調整を実現するようになっている。したがって，海運同盟という言葉は，ほとんど聞かれなくなった。ただし，共同配船・アライアンスも連合も，各国の「同盟に対する同じ法制度」によって，一定の規制の下に置かれている〔⇨アライアンス〕。（合田浩之）

海外事業展開（邦銀）　global business promotion of Japanese banks
　日本の銀行（邦銀）の戦後の海外事業展開は，サンフランシスコ平和条約発効後の1952年に海外支店6，海外駐在員事務所1が置かれたのが皮切りである。1960年代から70年代にかけて，邦銀は従来の貿易金融〔⇨貿易金融〕から国際融資にも業務範囲を広げ，海外拠点を徐々に増やしていった。

　1980年代になると，邦銀はアメリカやユーロ市場〔⇨ユーロ市場〕に積極的に拠点を展開し，国際融資業務の拡大を進めた。80年代後半の日本経済のバブル期には，国際融資をさらに推進し，海外シンジケート・ローン〔⇨シンジケート・ローン〕の主幹事争いに加わるとともに，証券業務等も積極化させたため，**邦銀のオーバープレゼンス**が海外から問題視されるに至った。しかし1990年代とりわけ後半以降は，日本経済の**バブル崩壊**とともに，邦銀は**不良債権処理**に伴う徹底的なリストラの一環として，海外拠点の閉鎖や売却など海外業務の大幅な縮小を余儀なくされた。またバブル崩壊期には，合併により3つのメガバンクが誕生し，地方銀行など中小銀行との間で，**邦銀二極化**が進み始めることとなった。

　2000年代に入ると，日本の長引くデフレ不況を背景に，メガバンクは**海外事業展開の再構築**を開始した。まず第一フェーズとして，海外進出日系企業に対するサービス提供を強化すべく，銀行の海外拠点と本邦本部の商品提供部門（プロジェクト・ファイナンス〔⇨プロジェクト・ファイナンス〕，デリバティブ〔⇨デリバティブ〕，キャッシュマネジメントサービス等を担当する部門）が協働して，進出日系企業向けサービスの高度化を推進した。非日系企業とのビジネスは，1990年代の業務撤退で毀損した取引関係をなかなか回復できずに伸び悩んでいたが，2008年の**世界金融危機**で欧米大手銀行が貸出を大きく減らしたことを機に〔⇨世界金融危機〕，日本のメガバンクは非日系企業向け融資を飛躍的に拡大した。この第二フェーズにおいてメガバンクは，進出日系企業相手に蓄積した本邦本部の商品提供部門のノウハウを活かすことで，非日系企業との取引関係を著しく向上させた。

　そして2012年前後からの第三フェーズでは，高い経済発展が見込まれるアジア諸国において，メガバンクは地場銀行の**買収・子会社化**や地場銀行との**資本提携・業務提携**を積極的に進めている。アジアの地場銀行が有する現地国内の拠点網・顧客基盤・

カ

顧客情報，リテール預金獲得能力，現地に根ざした**フィンテック**等の業務ノウハウを活用することにより〔⇨フィンテック〕，日本のメガバンクは，現地リテール取引や現地中小企業取引を含む**フルラインバンキング**をアジア地域で本格的に展開しつつある。また，メガバンクが買収・提携した地場銀行同士を**ネットワーク化**し，お互いが持つ業務ノウハウや金融技術を交流・融合させようという動きもみられる。

こうしたメガバンクの動きとは対照的に，地方の中小銀行の多くは，日系顧客企業が進出しているアジア諸国でのサービスをすべて自前で賄うのではなく，**コルレス銀行**〔⇨コルレス銀行〕などの親密な地場銀行への**業務委託**等を通じて提供する体制をとっている。メガバンクと中小銀行の海外戦略は異なる方向に進みつつある。(渡邊隆彦)

海外支店・現地法人・事務所 overseas branch, subsidiary and representative office

企業が海外進出をする形には，いくつかの段階が考えられる。海外で営業活動を行うには，海外支店を設けるか，現地法人を使って活動をする方法がある。その前段階として営業活動を行わない形態として，外国企業が準備的な活動の拠点となる駐在員事務所，**代表事務所（representative office）**，または**連絡事務所（liaison office）**等と呼ばれる形態がある。これらの事務所の段階では，本社の営業活動のための広告宣伝，連絡業務，市場調査，情報収集・基礎研究，本社への情報提供等を行い，直接的に収益を上げる営業活動を行わない点で，海外支店等とは区別される。但し，事務所が行える活動の範囲は現地の法規制にもよるので，本社のための資産購入や保管等の行為については，営業活動，PE等に該当しないかに留意すべきだろう。

海外支店を設ける場合には，本社の法人格が直接的な主体となって海外の事業を行うものであり，当該活動を行う法域における外国会社に対する規制に服する。これに対して，現地法人とは，当該法域において新たに法人を設立するか，現地の既存法人を買収する等の方法によって取得した支配下の子法人等を使って事業活動を行うので，当該法人の設立準拠法の規律に従って設立・運営される。なお，子法人等の代わりに組合等を使う方法も考えられよう。(浜辺陽一郎)

海外直接投資（FDI）
〔⇨直接投資〕

海外腐敗行為防止法
〔⇨FCPA〕

海貨業者
〔⇨フレイト・フォワーダー〕

外貨マリー
〔⇨外国為替リスク対策〕

外航貨物海上保険 marine cargo insurance

国際的に運送される貨物に関し，滅失，損傷の一切の危険を担保する保険である〔⇨海上保険〕。外航貨物海上保険を締結した場合に保険者の発行する保険証券（insurance policy. 包括予定保険を締結しているときは保険承認状（certificate of insurance））は，船積書類の一部として国際売買の当事者間で授受される〔⇨船積書類, 保険証券〕。

外航貨物海上保険の保険証券では，その表裏に保険約款が記載されている。保険約款としては，1799年に従前の法と慣習を踏まえて定められたロイズSG証券が長らく利用されてきたが，1963年に，ロンドン国際保険引受協会（International Underwriting Association of London. IUA）の前身であるロンドン保険業者協会（Institute of London Underwriters. ILU）が協会貨物約款（Institute Cargo Clause. ICC）を制定し，現在ではこれが広く普及している。協会貨物約款は，1982年のILUによる新書式（MARフォーム）制定の際に，さらに2009年にIUAによって，改訂されている。現在の協会貨物約款には

A，B，Cの3条件があり，A条件が1963版のオール・リスク担保（All Risks），B条件が分損担保（With Average），C条件が分損不担保（Free from Particular Average）に相当する。担保される危険の範囲は包括責任方式のAがもっとも広く，担保危険を列挙して示す方式のB条件，C条件では後者の方が狭い。戦争やストライキ等は協会貨物約款では免責危険とされているので，これを対象とする場合は戦争約款，協会ストライキ約款による必要がある。保険期間は，貨物が保管場所から輸送のために最初に動かされた時から仕向地の最終保管場所で輸送器具から荷卸しされた時までである。

CIF条件の売買契約では，売主は，保険金額を最低でもCIF価格の110%とする保険契約を締結して保険料を支払い，保険証券を含む船積書類を買主に提供する必要がある。担保危険の範囲は，原則としては協会貨物約款のC条件相当でよい〔⇨CIF〕。なお，CIP条件の場合はA条件相当とする必要がある。保険料は保険金額に保険料率をかけて算出される。（増田史子）

外国為替（外為） foreign exchange

為替とは，遠隔地間の債権・債務の決済または資金移動を，現金を直接輸送せずに，金融機関（銀行）の決済機能を利用して行う仕組みであるが〔⇨決済〕，為替取引の当事者双方が国内にいる場合を内国為替，当事者の一方が外国にいる場合を外国為替という。

内国為替においては，当初の債権・債務が，国内の2銀行間の債権・債務に切り替わり，両銀行が中央銀行に持つ当座預金勘定間の資金のやりとりによって決済が完了する。これに対し外国為替においては，当初の債権・債務が，国境をまたぐ2銀行間の債権・債務に切り替わるが，この2つの銀行は共通の中央銀行を持っていない。そのため，外国為替取引を担う銀行は，自行の海外支店や，外国為替取引に関する契約を結んだ外国の銀行（コルレス銀行）との間で，相手国通貨での預金勘定（コルレス勘定）を互いに保有しあっており〔⇨コルレス銀行〕，コルレス勘定での入金や引き落としを行うことにより，決済を完了させる〔⇨ファイナリティ〕。

外国為替が内国為替と異なるもう1つの点は，自国と外国では通貨が異なるため，外国為替においては必然的に異なる2通貨の交換が発生することである。

外国為替の決済方法には，並為替（送金為替）と逆為替（取立為替）の2種類がある。一般に，資本取引や保険・運輸等に関するサービス取引では，債務者が銀行に債権者宛て送金を依頼する並為替が利用され，貿易取引においては，債権者である輸出業者が為替手形〔⇨為替手形〕を振り出して債務者（輸入業者）から代金を取り立てる逆為替が用いられる〔⇨決済〕。貿易に伴って振り出される為替手形を貿易手形といい，輸出地では輸出手形，輸入地では輸入手形と呼ばれる。

なお「外国為替」という用語は，為替手形，あるいは外国通貨そのものを指す場合もある。特に現在では「外国為替取引」という言葉は，外国通貨を売買する取引，すなわち自国通貨と外国通貨（異なる2通貨）の交換取引を意味することが多い。この意味での外国為替取引は，通貨売買の契約が成立した時から，通貨の受渡しが行われるまでの期間の長さによって，直物為替（スポット）取引と先物為替（フォワード）取引の2つに分けられる〔⇨直物為替相場と先物為替相場〕。（渡邊隆彦）

外国為替及び外国貿易法（外為法） Foreign Exchange and Foreign Trade Act

対外取引（日本と外国の間のカネ・モノ・サービスの移動など）や居住者間の外貨建て取引に適用される日本の法律で，外為法と略される。外為法の目的は，外国為替・外国貿易等の対外取引の自由化を基本に必要最小限の管理・調整を行い，国際収支の均衡と通貨の安定を図り，日本経済の健全な発展に寄与すること（外為法1条）にある。

カ

外為法の中心にあるのは資金決済・資金移動に着目した規制で、第三章（支払等）では送金や相殺による取引決済の規制を行い、経済制裁措置の関係者との支払等における許可制（16条）などを規定する。次に、資金移動の原因となる原因取引に着目した規制をその他の章で扱い、顧客等との預貯金契約の締結等について金融機関に顧客の本人確認義務を課し（22条の２）、**ワッセナー・アレンジメント**に基づく許可制（48条）やワシントン条約に基づく承認制（52条）を規定する〔⇒ワッセナー・アレンジメント〕。

外為法の適用範囲は**属地主義**を基本とし**域外適用**には消極的だが、**属人主義**的な考え方に基づき、日本法人または日本に居住する個人が海外で行った行為についても基本的に外為法を適用する（５条）〔⇒域外適用〕。（久保田隆）

外国為替証拠金取引（FX） Forex trading

証拠金（保証金）を業者に預託し、レバレッジ（梃子＜てこ＞の作用に由来し、他人資本を使うことで自己資本に対する利益率を高めること、またはその倍率）をかけて、差金決済（元本受渡しをせず、売買価格差に相当する金銭の授受のみ決済する方法）による通貨の売買を主に行う取引で、Foreign Exchange（外国為替）の略語に由来してFXやForexと呼ばれることが多い。日本では、金融商品販売法の「直物為替先渡取引」に該当し、業者にリスクの説明責任があるほか、金融商品取引法に基づく登録が義務付けられ、金融庁の監督下、ある種の勧誘の禁止や広告規制、書面交付義務が課されている。（久保田隆）

外国為替リスク対策 foreign exchange risk measures

外国為替相場の変化は、輸出入企業を始めとした、あらゆる**外国為替**取引の当事者（外貨建て資産・負債の保有者）に、大きな影響を及ぼす。**外国為替リスク（為替リスク：exchange risk）**とは、円高・外貨安局面では、外貨建資産保有者は円建での受取額が減少する一方で、円安・外貨高局面では、外貨建負債保有者は円建での支払額が増加する等、損失（為替差損）が発生することである。**外国為替リスク対策（為替リスクヘッジ策）**とは、為替リスクを回避する手法であり、代表的なものとして以下の７つがある。

①**為替予約（Foreign Exchange Contract）**とは、将来の特定日または、特定期間に行われる外国為替取引に適用する為替相場を、あらかじめ締結することにより、将来受け払いする円貨額を確定し、**為替リスク**を回避することである。これにより、為替変動後の取引採算を防止することができる。

②**為替マリー（外貨マリー－Marry）**とは、外貨建て販売代金の回収資金を円に交換せず、外貨建仕入代金の支払に充てる方法であり、輸出入取引双方を行う商社等には、メリットがある。**外貨マリー**により、銀行に支払う売買益（通貨交換コスト）が削減できる。ただし、**外貨マリー**を行うには、外貨の受払時期をそろえる必要があり、輸出入取引の金額が、偏らずにバランスよく行われていることも必要である。

③**オプション（通貨オプション－Option）取引**とは、銀行との間で「通貨を売買する権利」を売買する取引のことである。**オプション**とは「対象となる資産（金利、通貨、商品等）を、あらかじめ決められた日（権利行使期日）に、決められた価格（権利行使価格－ストライク・プライス）で売る権利/買う権利」である。

④**リーズ・アンド・ラグズ（Leads and Lags）**とは、輸出入者の相場観により、通貨の交換時期を早め（Leads）たり、遅らせ（Lags）たりして、調整する方法である。しかし、輸出入者の相場観がはずれた場合には為替差損が発生するため、為替リスク回避策としては不十分との考え方もある。

⑤**円建契約**とは、輸出入契約そのものを円建てで行うことにより、為替リスクを回避しようとするものであるが、海外の取引

力

相手方にとってリスクが大きいため，輸出入契約交渉が難航する可能性が高い。

⑥ネッティング（Netting）とは，海外の取引相手方との間で，外貨建ての債権と債務を相殺し差額のみを受払いすることで，相殺した部分の為替リスクはなくなる。1998年の外為自由化に伴い，わが国ではネッティングが可能になったが，相手国側の関連法令により，ネッティングが規制されていることがあり，事前の確認が必要である。

⑦クーポンスワップ取引（通貨スワップ取引－Cross Currency Swap）とは，異なる通貨のキャッシュフローを交換する取引で，外債発行や長期の外貨建て資産運用などに伴う，為替リスクヘッジ策に利用される。一方，輸出入取引などの為替リスクヘッジ策としては，元本交換のないクーポンスワップ取引（Coupon Swap）が利用される〔⇨為替予約，為替マリー，オプション，ネッティング，スワップ〕。（花木正孝）

外国税額控除 foreign tax credit

国内外のすべての所得を課税の対象とする全世界所得主義を前提に，内国法人や個人が外国政府に法人税や所得税を納付する場合，法人税等の計算上，当該外国法人税等の額を日本の法人税等の額から控除する制度。当該制度は，同一の所得に対する国際的二重課税〔⇨国際的二重課税〕を排除する方法の一つであり，事業活動や投資に対する税制の中立性を確保しようとする政策目的に基づくものである（法人税法69条等）。

ただ，外国政府に納付した税額のすべてが控除されるものではなく，外国税額控除の対象は，外国の法令により課される法人税に相当する税であること（法人税法69条1項），法人税率35%を超える部分は除かれること（法人税法施行令142条の2），全世界所得に占める国外所得の割合を外国税額控除の控除限度額とすること（法人税法施行令142条）等の一定の限度等が規定されている。

また，国際的二重課税を排除する方法として，内国法人が25%以上の持株要件等を充足する外国子会社から受ける配当等がある場合，当該配当等の95%相当額を，当該内国法人の各事業年度の所得の金額の計算上，益金の額に算入しないとの**外国子会社配当益金不算入制度**が設けられている（法人税法23条の2）。（野一色直人）

外国仲裁判断の承認及び執行に関する条約
Convention on the Recognition and Enforcement of Foreign Arbitral Awards

国際取引紛争の解決方法の主なものに**裁判**と**仲裁**がある〔⇨裁判，仲裁〕。裁判にはその提起から，判決の執行までの各段階において，克服すべき種々の問題がある。これに比べて仲裁には，仲裁地，仲裁人，仲裁手続規則，使用言語などの決定や選択の自由，実定法ではなく「衡平と善」による判断を許容するなどの制度設計の自由がある。また中立性，専門性，秘密性もある。加えて，何より**仲裁判断**は裁判の判決と同一の拘束力を有する上に，裁判の判決に比して比較的容易に外国で承認，執行されうるために，国際取引では頻繁に利用される〔⇨仲裁判断〕。この外国仲裁判断の承認，執行を担保する条約の中で最も重要なものが「外国仲裁判断の承認及び執行に関する条約」（通称**ニューヨーク条約**）。以下「条約」という）である。条約は，いくつかの留保事項はあるが，原則として外国仲裁判断でありさえすれば，これを承認，執行することを加盟国に義務付けている。

仲裁判断の「承認」とは，仲裁判断を拘束力のあるものとして認めることを意味する。具体的には相手方からの何らかの請求に対して，防御，**相殺**のためにこれを持ち出すことができる。「執行」とは仲裁判断の内容を実行，実現することを意味する。

実務上多くの紛争は金銭の請求に関するものと考えられるが，仲裁で認められた債権の回収にあたって，裁判の判決よりも実効性が高いことが，予防的な意味も含めて，仲裁を紛争解決手段として有意義なものと

している。

仲裁判断の執行の方法は各国の手続規則に委ねられている。

承認,執行を求められた相手方当事者は,仲裁合意の無効,仲裁手続についての適当な通告を受けなかったために防御できなかったこと,仲裁判断が付託の範囲を超えていること,仲裁機関の構成または仲裁手続が当事者の合意に従っていなかったこと,仲裁判断が拘束力を持つものになっていないこと,仲裁判断が取り消されたか停止されたことなどを理由に,執行を拒否することを請求することができる。これら拒否事由は限定的なもので,承認,執行を求められた裁判所は,定められた以外の理由でこれを拒否することはできない。裁判所はまた,仲裁判断の実質的内容を再審査してはならない。

このように条約に保証された仲裁判断の容易な承認,執行が,国際仲裁を実際に意味のあるものとしている。

なお国連国際商取引法委員会(UNCITRAL)が,条約と呼応して制定されることを目指して,1985年に公表した国際商事仲裁モデル法の採用を通じて,条約の内容は多くの国で国内法化されている。わが国でもモデル法に沿った形で2003年の「仲裁法」が制定され,上述の承認,執行の拒否事由もその中に取り込まれている〔⇨UNCITRAL,UNCITRAL 国際仲裁モデル法〕。(中村秀雄)

外国判決の承認・執行　recognition and enforcement of foreign judgments

外国裁判所が下した判決の効力を一定の要件のもとで承認し,それに基づく国内での強制執行を認める制度のこと。ある国の裁判所が下した判決は,本来はその国においてのみ効力を有し,その国の外ではなんの効力も持たないので,原告が勝訴判決を得た国に被告の財産や目的物が存在しないときは,任意に履行されない限り原告は救済を受けられないことになる。その場合,救済を実現するには被告の財産や目的物が所在する国の裁判所で改めて同一内容の訴訟を提起しなければならないが,このことは当事者にとって不都合である上,司法制度として不経済であるし,最初の判決とは異なる結論の判決が下され同一の法律関係について国際的な不調和が生じる可能性もある。これらの不都合を回避するため,外国判決の承認・執行制度が採用されている。

外国判決の承認要件は,①外国裁判所の確定判決であること,②当該外国裁判所に国際裁判管轄があったこと,③敗訴の被告が適切な送達を受けたか,応訴したこと,④判決の内容及び訴訟手続が日本の公序に反しないこと,⑤相互の保証があることである(民事訴訟法118条)。外国判決の承認には特別な手続を要しないが(自動承認),強制執行のためには執行判決を得なければならず,その手続において上記の要件が満たされているかが確認される。このとき,当該外国判決の内容に立ち入って事実認定等の審査をすることは禁止されている(実質的再審査の禁止)。(小池未来)

外債(外国債券)　foreign bond

債券の発行市場,発行体の国籍,利払いや償還に用いる通貨のうち,いずれか1つでも日本(日本円)以外の債券のこと。具体的には,①非居住者(外国企業,外国政府,国際機関)が日本市場で発行する円貨建て債券であるサムライ債(samurai bond),②非居住者が日本市場で発行する外貨建て債券であるショーグン債(shogun bond),③非居住者・居住者に関係なく,ユーロ市場で発行する円建て債券であるユーロ円債(euro-yen bond)〔⇨ユーロ市場〕,④非居住者が海外市場で発行する外貨建て債券(通称は特になし)が該当する。なお,世界の2つ以上の主要な債券市場で同時に発行・募集される債券をグローバル債(global bond),元本の払込み・利払い・償還等を単一の通貨で行わず,異なる通貨で行う債券をデュアルカレンシー債(dual currency bond)と呼ぶ。(久保田隆)

会社　company

　日本では株式会社，合名会社，合同会社，合資会社を指し（会社法2条1号），商業登記によって成立する。英米ではパートナーシップという別の形態もある〔⇒パートナーシップ〕。外国の法令に準拠して設立された法人等で会社と似たものは**外国会社**と呼ぶ。法律上の概念である人（ひと：person）のうち，個人を指す自然人（権利能力が認められる社会的実在としての人間）と対比され，会社は**法人**（自然人以外で法律により権利能力を付与された人）と呼ばれて法人格が与えられている。ただし，子会社の法人格を否認して親会社に責任を負わせることもある〔⇒法人格否認の法理〕ほか，多国籍企業の場合に準拠法（従属法）を設立準拠法と本拠地法の何れにすべきかという問題もある〔⇒法人の従属法〕。（久保田隆）

海上運送状

　〔⇒運送状〕

海上コンテナー　marine container

　コンテナーとは，詳細は，コンテナーに関する通関条約（昭和46年条約6号）1条(b)に定義される輸送器具である。要約すれば，反復使用が可能な程度に堅牢な輸送器具（内容積1立方メートル以上）のうち，「運送中の詰め替え無しに一乃至二以上の輸送手段への切り替えが可能なもの」をいうのであるが，日本では旧国鉄以来の「鉄道コンテナ」に馴染みがあるので，その区別のために海上の二文字を冠することもある。海上コンテナーの規格は，国際標準化機構（ISO）によって国際標準化が実現されている〔⇒ISO〕。（合田浩之）

海上保険　marine insurance

　日本の商法は，「海上保険契約」を，損害保険契約のうち，保険者が航海に関する事故によって生ずることのある損害を塡補することを約するものをいうとする（商法815条1項）。具体的には，運送中の貨物の滅失・損傷の危険を担保する**外航貨物海上保険**〔⇒外航貨物海上保険〕，船舶運航中の海難事故により生じる損害を塡補する**船舶保険**〔⇒船舶保険〕，船舶所有者等が船舶の運航，使用，管理に伴い負うことになった民事責任と費用を塡補する**P&I保険**〔⇒P&I保険〕が含まれる。但し，実務では，海上の財産や，航空貨物を含む国際物流の対象物に対する各種保険を，広く海上保険として扱っている〔⇒航空保険〕。

　海上保険は損害保険の一種なので，日本法が適用されるときは，保険法（平成20年法律56号）の損害保険についての規定，その特則である商法の海上保険に関する規定（815条～830条）が適用される〔⇒保険〕。保険法は保険契約者，被保険者の保護のために一部の規定を片面的強行規定として被保険者に不利な特約を無効としているが，海上保険契約は通常，事業者の事業に伴う危険を対象とするので，強行法規性は排除されており（保険法36条1号），告知義務は一般の保険とは異なり質問応答義務（保険法4条）ではなく自発的申告義務とされている（商法820条）。実務上はイギリス法の影響が強い領域で，その主要な法源として判例法を法典化したMarine Insurance Act 1906 (c.41)，その一部を修正し保険法を現代化したInsurance Act 2015 (c.4)がある。（増田史子）

海損　average; marine losses

　海上危険によって生じる損害をいう。averageの語は，アラビア語の船舶や積荷の損害を指す語源に由来すると言われる。海上保険における損害とは，保険の目的物（船舶や積荷等）に海上危険が発生することによって生じる被保険者（被保険利益を有する者）の経済的な不利益をいい，様々な観点から分類される。例えば，被保険利益の消滅分が全部か一部かにより**全損**（total loss）と**分損**（partial loss）に分けられる〔⇒被保険利益〕。また，損害の負担者が損害を被った者単独であるのか，それともその海上事業に加わっている利害関係者全体（船

主・備船者・荷主等）かにより**単独海損**
（particular average）と**共同海損**（general aver-
age）に分けられる〔⇨海上保険，共同海損，
単独海損〕。（田口尚志）

外為

〔⇨外国為替〕

外為法

〔⇨外国為替及び外国貿易法〕

開発輸入　import of resources (goods) devel-
oped abroad

　資本・技術を海外に提供し，海外の資源
等を開発し，その開発した物資・製品を輸
入することをいう。様々なバリエーション
があるが主として原材料分野と製品分野に
大別できる。原材料分野における例として
は，鉄鉱石・石油・天然ガス・木材・農産
物などの開発輸入がある。先進国にとって
鉱物・エネルギー資源等の安定的確保の獲
得はもちろん途上国の経済発展・工業化に
協力することもできる。途上国にとっては
先進国の技術・資金を利用しつつ資源を活
用した工業化を進め，それらの生産物の輸
出によって外貨収入を増やすことができる
利点がある。製品分野における例としては，
衣料品・食品等多岐に亘る製品の開発輸入
がある。円高を背景とした仕入れコストの
低減を目的とした小売業や卸売業が日本人
のニーズを満たす品質・デザイン等に関す
る独自の仕様書を作成し，海外のメーカー
に加工・生産を委託し，出来上がった製品・
商品を輸入し，国内で販売する。生産諸国
の技術力向上により開発製品・商品も多様
化・高品質化している。（田口尚志）

海洋プラスチック憲章

〔⇨プラスチックごみの規制〕

カウンタートレード　countertrade

　非市場経済圏や発展途上国では，信用が
高く他通貨と交換容易な**ハード・カレン
シー**〔⇨ハード・カレンシー〕の保有高が
少ない上，自国通貨についても持ち出しを
禁じている場合があるが，そうした場合に
売買取引とは無関係の商品で外国からの輸
入品の支払に充てること（例えば，東欧に
飛行機を輸出する業者が代金代わりにハム
や革製品を受け取る場合）をこう呼ぶ。**物々
交換**（バーター貿易＜barter trade＞のよう
に金銭を介さずに商品と商品を直接交換す
る取引）の一種である。物々交換は現代で
も用いることがあり，近年，米国による対
イラン制裁に対抗し，イランが中国から購
入する戦闘機等の代金を石油で決済した
物々交換が注目を浴びた。（久保田隆）

拡散金融　proliferation finance

　大量破壊兵器の拡散に寄与する資金供与
を指し，**資金洗浄・テロ資金対策**（AML/
CFT）で言及される〔⇨AML/CFT〕。例え
ば，2019年6月のG20蔵相・中銀総裁声明
では，拡散金融への国際的対応を強化する
ため**FATF**による更なる行動を期待すると
し，FATFはイラン，北朝鮮に関する国連安
保理決議に基づく資産凍結措置を各国に要
請した〔⇨G20，金融活動作業部会〕。**FATF
勧告7**は，「各国は，…国連安保理決議を遵
守するため，対象を特定した金融制裁措置
を実施しなければならない。」，「国連憲章第
7章に基づく安保理により指定されたあら
ゆる個人又は団体が保有する資金その他資
産を遅滞なく凍結する…」として，対象を
特定した資産凍結を求めている〔⇨40の
勧告〕。（久保田隆）

格付け（信用格付け）　credit rating

　社債や国債，証券化金融商品等の債務履
行の確実性（**信用リスク**）を表す指標で，
民間の格付会社が簡単な記号で付与するも
の〔⇨証券化，信用リスク〕。格付会社は19
世紀半ばの米国で投資情報提供会社として
発足し，近年では市場で大きな影響力を持
つに至り，格付会社の格付が様々な規制に
も取り込まれている。格付けが結果的に
誤っていた場合でも，格付会社に明らかな
過失がなければ「表現の自由」の範囲内と

なり免責されてきたが，最近になって規制が整備された。本来は債券発行会社の依頼を受けて格付けを行うが，依頼なしに格付会社が独自の判断で**「勝手格付け」**を行うこともある（国債など）。国際的な大手格付会社は米国系のMoody's，S&P，Fitch（ロンドンにも拠点）の３社で，日系には格付投資情報センター（R&I），日本格付研究所（JCR）がある。例えばS&Pであれば，信用力が一番高い（信用リスクが低い）会社に対する格付けはAAAで，AA，Aと続き，中程度がBBBで，以下，信用度が落ちる（信用リスクが高まる）に従い，BB，B，CCC，CC，Cとなる。投資家はこれを参考に，どの程度信用リスクを取って投資するかを判断する。リーマンショックに端を発する2007－2008年の**世界金融危機**を巡って，証券化金融商品に対する信用格付けの不適切な扱い（例えば，深刻な信用リスクを見逃した格付会社は，格付けされる企業から高額のコンサルティング料を取って高格付けを得るアドバイスを実施していた）が問題視され，格付けされる会社との利益相反等を防止する規制が主要国で導入された〔⇒世界金融危機〕。これは，AML/CFTにおける金融機関等と同様に，格付けにおいても**ゲートキーパー**（不正取引の監視役）に多大な責任を負わせる流れの反映ともいえる。（久保田隆）

課税価格　customs value

　課税標準となる価格をいう。原則として，輸入貨物について買主から売主に対して支払われたまたは支払われるべき価格（現実支払価格）に，運賃等の費用（加算要素）と控除費用を調整した価格をいう。これを公式で表現すれば，課税価格＝現実支払価格＋加算要素に係わる費用－控除費用となる。わが国で輸入貨物の課税価格を決定するための主な法的根拠は，関税定率法第４条から第４条の９までの規定にある〔⇒関税三法，関税評価〕。輸入貨物の課税価格は，次の①から④の条件をすべて満たしたものでなければならない。①輸入取引によって輸入される貨物であること。②当該輸入取引に関して「特別な事情」がないこと。ここでいう「特別な事情」とは，売主と買主が親族関係にあるような特殊関係者間における輸入取引で取引価格がその影響を受けている場合などが含まれる。③当該輸入取引の現実支払価格であること。④加算要素に該当する費用を必要な限度で加算すること〔⇒関税評価〕。（田口尚志）

仮想通貨
　〔⇒暗号資産〕

GATS（ガッツ）
　〔⇒サービス貿易〕

GATT（関税と貿易に関する一般協定）（ガット）　General Agreement on Tariffs and Trade

　関税等の貿易障害を軽減し国際貿易における差別待遇を廃止するための相互的・互恵的な取極で，1947年10月に署名のために開放され，暫定適用議定書により1948年１月より暫定的に発効した。GATTとは，この取極またはこの取極に基づいて運営されていた事実上の国際機関を指す。

　取極としてのGATTは，第１部に**最恵国待遇**（１条）及び譲許表（２条），第２部に内国民待遇（３条），**不当廉売関税（アンチダンピング関税）**及び**相殺関税**（６条），**関税評価**（７条），**原産地規則**（９条），貿易規制の公表義務（10条），数量制限の一般的廃止義務（11条），無差別適用（13条），補助金（16条），**セーフガード**（19条），一般的例外（20条），安全保障例外（21条），紛争処理手続（22条及び23条），第３部に関税同盟及び自由貿易地域（24条），譲許表の修正（27条及び28条），多角的関税交渉（ラウンド交渉）（28条の２），第４部（1964年追加）に相互主義の免除等の途上国優遇規定（36条～38条）等が規定されている〔⇒最恵国待遇，不当廉売関税，相殺関税，関税評価，原産地規則，セーフガード，ダンピング〕。

　取極としてのGATTは暫定適用議定書や

加入議定書等の別の法的文書により法的拘束力が与えられていた。暫定適用議定書等には、現行の法令に反しない最大限度においてのみGATT第2部の規定を適用する義務がある（第1部の規定には無条件に適用義務がある）ことを定めた条項（いわゆる「祖父条項」）が規定されていた。GATTには「締約国団」の規定（25条）があるだけで、国際機関の内部機関である総会、理事会、事務局の規定がなかった。このためGATTは正確には国際機関とは言えないが、ジュネーブに小規模の事務局を置き、締約国団決定を通じて共同行動をとり、事実上の国際機関として機能した。

祖父条項等のような適用上の限界、紛争処理手続におけるコンセンサスによる意思決定（すなわちブロック可能な紛争処理手続）、国際機関としての内部機関の欠如等の種々の問題にもかかわらず、8回の多角的関税交渉、とりわけケネディ・ラウンド（1964〜67年）や東京ラウンド（1973〜79年）で大幅な関税引き下げに加え非関税障壁に関する新たな規律制定（アンチダンピング関税、補助金及び相殺関税、関税評価に関するいわゆる東京ラウンドコード等）という大きな成果を上げた。ウルグアイ・ラウンド（1986−1994年）では、農業や繊維、**貿易関連投資措置（TRIMs）**等の物品貿易の更なる自由化、**サービス貿易**と知的財産権保護に関する新たな規律、紛争処理手続の自動化（ネガティブ・コンセンサスによる意思決定）、貿易政策検討制度（TPRM）等の画期的な合意に至り、WTOの成立を見た〔⇨WTO〕。取極としてのGATTは改正されWTO協定の附属書1Aに組み込まれ、前者はGATT1947、後者はGATT1994と呼ばれる別の取極となった。（濱田太郎）

株主資本
〔⇨エクイティ〕

貨幣 money
モノやサービスとの交換に用いられる媒体で、価値尺度、流通手段、価値貯蔵の3機能を持つ。金銭債務の弁済提供の法的効果を生じるには、①各国が法律上、**強制通用力**を定める**法定通貨**（legal tender）であるか（日本円の場合、紙幣は日本銀行法46条2項、硬貨は通貨の単位および貨幣の発行等に関する法律4条、7条で法定）、②契約・約款により代物弁済（日本法は民法482条）または本旨弁済としての効力が与えられているか（例: 銀行預金。現物の法定通貨よりも圧倒的に取引量が多い）、③当該手段を以て弁済に充てることが慣習として認められる必要がある〔⇨強制通用力、代物弁済〕。

さて、法定通貨は現在、各国の中央銀行が独占的に発行しているが、中央銀行は銀行券を発行する一方、利子は支払わない。しかし、中央銀行が資産として保有する国債等には利子が発生するため、**通貨発行益**（シニョレッジ: seigniorage）と呼ばれる多大な利子収入が発生し、国庫に納付されている。なお、貨幣の通用力は人々がそれを受容するか否かに従い、国家が法律で管理しきれるものではない。このため、**ハイエク**は**貨幣発行自由化論**を提唱し、中央銀行による貨幣発行の独占をなくし、民間企業の独自通貨の発行を認めるべきとし、市場における通貨間の自由競争によって最も健全で安定した通貨が発展すると唱えた。（久保田隆）

貨幣発行自由化論
〔⇨貨幣〕

カボタージュ規制 Cabotage
国内輸送を自国業者に限定し、他国業者に開放しない規制を指し、国際慣習に基づき、日米を含む多くの国々で採用されてきた（船舶法3条参照）。ただし、一部に規制を緩和して外国籍船に開放している国・地域等もある。また、航空分野でも、オープンスカイ協定で自由化された部分はあるものの、国際民間航空条約（シカゴ条約）7条に海洋法のカボタージュ規制を航空について明文化した規定がある。仮に本規制が

なければ，日本の国内航路にもパナマ等の**便宜置籍船**〔⇨便宜置籍船〕が参入でき，クルーズ代金や海運コストが安くなる利用者のメリットが見込める反面，船籍を日本に置けば得られる税収入の減少，内航海運産業が仕事を奪われる可能性，安全規制の緩い便宜置籍船による安全性低下，有事の際の国民保護や緊急輸送が損われる危険性等のデメリットも指摘されている。(久保田隆)

貨物海上保険
〔⇨外航貨物海上保険，海上保険〕

カルネ
〔⇨ATAカルネ〕

為替スワップ
〔⇨スワップ〕

為替操作国認定　designation of currency manipulator

アメリカは自国法に基づき，1988年から毎年2回，米国財務省が提出する為替政策報告書を元に，米国議会が対米通商を有利にする目的で為替相場に介入し為替相場を不当に操作している国を「**為替操作国**」に認定し，米国と二国間協議をして，通貨切上げを要求するか，必要に応じて制裁関税をかける独自の政策を採用してきた。中国を為替操作国に認定した1994年7月以降は，2019年8月に**米中貿易摩擦**の中で中国を再び為替操作国に認定するまで認定例はなかった。但し，日本は2016年4月以降，ドイツ・中国・韓国等と並んでアメリカから監視対象とされてきた。

さて，IMF加盟国は，為替秩序の安定に向けてIMFや他の加盟国と協力する義務を負い，他の加盟国に対して不公正な競争上の優位を得るために為替操作を行うことを回避する義務を負う(IMF協定4条1項)が，為替操作を認定する具体的要件は示されていない〔⇨IMF協定〕。このため，2007年6月にIMF理事会は同項(iii)の概念を明

確化し，違反になるのは，①当該加盟国が自国の為替相場又は国際通貨制度を操作しており，かつ②同項(iii)に明記された2つの目的(「効果的な国際収支の調整を妨げること，あるいはその他の加盟国に対して不公正な競争上の優位性を獲得すること」)のいずれかのためにかかる操作を行っている，とIMFが判断した場合に限られることとなった。なお，為替相場の「操作」は，為替相場の水準を対象とする政策（相場を変動させる場合も変動を抑止する場合も含む）で，実際に影響が現れた場合にのみ成立する。また，「他の加盟国に対する不公正な競争上の優位性を獲得する」目的という認定は，①当該加盟国が為替相場の過小評価という形で為替相場の不均衡を確保しようとしており，かつ②そうした不均衡確保の目的が輸出増加だとIMFが判断する場合に限られる。IMFはその判断にあたり，関係加盟国との協議を含めたあらゆる手段や証拠に基づいて客観的に評価する責任を負い，疑義が残る場合は当該加盟国に有利な判断がなされる。しかし，この基準では多くの場合に為替操作を認めることは難しく，例えば，欧米や日本の量的緩和は通貨供給量増加を通じて結果的に自国通貨安と輸出増加を伴うため間接的な為替操作ともいえるが，これらは該当しない。また，中国・韓国・台湾が行う為替介入はより直接的な為替操作に近いとの疑念が持たれているが，これらの国々は為替介入実績を公表しないので，客観的証明が困難である。また，アメリカの為替操作国認定をIMF協定に準用すべきものでもない。なお，IMFはこの協力義務の遵守について監督し，加盟国は自国の為替政策についてIMFに情報提供し，IMFと協議する義務を負うが，IMFが監視するための特定の原則を採用し適用するにあたっては，加盟国の国内の社会的または政治的政策を尊重し，加盟国の置かれた状況に妥当な考慮を払わねばならない(IMF協定4条3項)。IMFに加盟国の政策や状況を考慮する義務があるため，仮に為替操作国と認定できても実効性のある原則

力

を制定することは困難である上，単なる協力義務であって有効な制裁手段を伴わないため，結局のところ取締りの実効性はない。（久保田隆）

為替手形　Bill of Exchange

　為替手形とは，振出人（手形作成者）が支払人に，受取人に対して一定の金額を支払うことを委託する手形をいう。為替手形は，手形の振出人ではなく支払人が，支払委託に応じて支払いを引き受ける意思表示を行うことにより，支払義務を負うことになる。もちろん，支払人が為替手形を引き受けて支払いをするのは，振出人と支払人との間にそれに応じた資金関係（振出人が支払人に対する債権を有しており，その債権を受取人に対する債務の決済にあてることができる）があるからである。

　為替手形は，歴史的に国際取引における支払手段として使用されてきた。債権者が代金を取り立てるために，債務者を支払人とする為替手形を振り出し，自己の取引銀行に取り立てを依頼する。さらに，為替手形に手形振出の原因となった売買取引に伴う運送書類（船荷証券など）を添付することにより，支払いを担保することもできる〔⇨荷為替手形〕。（コーエンズ久美子）

為替取引

〔⇨外国為替，資金決済法〕

為替マリー　marry

　外貨建て販売代金の回収資金を円に交換せず，そのまま外貨建仕入代金の支払に充てる方法のことを**為替マリー（外貨マリー－Marry）**という。外貨マリーを行うことで，銀行に支払う売買益（通貨交換コスト）が不要となり，輸入取引双方を行っている商社等にはコスト削減に役立ち，メリットがある方法である。ただし，**外貨マリー**を行うには，外貨の受払時期をそろえる必要があり，輸出取引および輸入取引の金額が，偏らずにバランスよく行われている必要もある。財務管理上，**外貨マリー**にあたっ

ては，当該通貨建て資金繰り管理が必要であり，余剰外貨資金の運用方法，不足する外貨資金の調達方法を検討しておく必要がある〔⇨外国為替リスク対策〕。（花木正孝）

為替予約　forward exchange contract

　為替予約とは，代表的な**外国為替リスク対策（為替リスクヘッジ策）**であり，将来の特定日または，特定期間に行われる**外国為替取引**に適用する為替相場を，あらかじめ締結することにより，将来受け払いする円貨額を確定し，**為替リスク**を回避することである。**為替予約**は，将来発生する**外国為替取引**で使用する為替相場を予約しておくことで，輸出者／輸入者は売買契約後に円高／円安になっても当初の予定通りの代金回収／仕入代金の支払が可能となり，予想しない円高／円安局面でも，取引採算は悪化しないというメリットがある。他方，**為替予約**は必ず締結した為替相場で，**外国為替**取引を行わなければならないというデメリットもあり，輸出者／輸入者は，売買契約後に円安／円高になっても，そのメリットは享受できず，取引採算は改善しない。また，「外国為替先物取引約定書」の規定により，**為替予約**を取り消すことはできないことにも留意が必要である。

　為替予約は，その受渡条件によって，以下の3つに分類することができる。①**確定日渡し**とは，将来の特定日を受渡期日とするもので，外国為替取引の取引予定日が確定している場合に適している。②**特定期間渡し**とは，受渡期間を「4月8日から5月7日まで」のように，特定の期間中受渡が可能なようにするもので，取引予定日が船積などのスケジュールによって，変更になる可能性がある場合や，複数回にわたって分割される場合などに適している。③**暦月渡し**とは，受渡期間を「4月渡し（4月1日から4月30日）」のように，為替予約締結日の翌月以降の特定月を受渡期間とするもので，**特定期間渡し**同様に，取引予定日が変更／分割される場合などに適している〔⇨外国為替リスク対策，外国為替〕。（花木

正孝）

為替リスク
〔⇨外国為替リスク対策〕

為替リスクヘッジ
〔⇨外国為替リスク対策〕

関税　custom
　租税の一種に当たる国境措置で，古代都市国家が交易に課した手数料にその端を発する。税関を通過する産品やサービスに対して賦課される租税を広く関税といい，外国から輸入される産品に対し賦課される輸入関税，外国に輸出される産品に対し賦課される輸出関税，自国を通過する産品に対して賦課される通過関税に分類される。**通商航海条約，WTO協定，FTA，経済連携協定**等を通じて締約国が特定産品に対する関税率の上限を約束することを**関税譲許**というが，関税譲許は通例輸入関税のみを対象としており巷間では輸入関税を関税と呼ぶことが多い〔⇨通商航海条約，WTO，FTA，経済連携協定〕。現在のところ輸入されるサービス自身に対し関税を賦課している国はない。どの程度の関税をどのような方法で賦課するかは各国の主権（**関税自主権**）に属し自由であるが，条約による制約を受ける。（濱田太郎）

関税三法　Tariff Laws
　関税関係事項について律する関税法，関税定率法，関税暫定措置法の3つの代表的な法律をいう。関税法は関税の確定・納付や適正な税関手続について定め，関税定率法は課税標準や関税の減免その他関税制度について規定し，関税暫定措置法は関税法と関税定率法の暫定的な特例について定めている〔⇨関税〕。（田口尚志）

関税評価　customs valuation
　貨物の輸入に際し，輸入貨物の価格または数量を課税標準として，これに所定の税率を掛けて関税や消費税が課されるが，この課税標準となる課税価格を決定することをいう〔⇨課税価格〕。その決定は，わが国では，関税定率法（第4条から第4条の9），関税定率法施行令（第1条の4から第1条の13）および関税定率法施行規則（第1条）の規定に基づいて行われている。上記の法令の規定は，WTO（世界貿易機関）関税評価協定（正式名は「1994年の関税及び貿易に関する一般協定第7条の実施に関する協定」）に則したものとなっている〔⇨関税，WTO〕。輸入貨物の課税価格の計算は，原則として，「輸入貨物の取引価格による方法」（関税定率法第4条第1項）によって行われることになっている。（田口尚志）

関税割当制度　tariff quota system
　輸入品の市場アクセスと当該輸入品の需要者の利益に配慮しつつ，当該輸入品と競合する国内産業を保護するために，一定数量までは無税または低税率の関税（一次税率という）を適用し，当該数量を超える輸入については比較的高税率の関税（二次税率という）を適用する制度。わが国では**WTO**の最恵国税率について，バター，ナチュラルチーズ等の乳製品，こんにゃく芋等17品目の農産物のほか，皮革，靴革の2品目に適用され，**経済連携協定**の特恵税率について，牛肉，豚肉，バナナ等に適用されている〔⇨WTO，経済連携協定〕。わが国では，関税定率法及び関税暫定措置法，関税割当制度に関する政令等の国内法令に加えて，経済連携協定の規定の直接適用により運用されている。関税割当の割当方法は産品ごとに異なり，新規参入者を含め先着順で割り当てられる産品もあれば，割当申請者資格が限定される産品もあり，余った数量等の再割当を行う産品もある。（濱田太郎）

間接金融　indirect finance
　銀行預金・銀行貸付のように，最終的な貸手が預金者，最終的な借手が企業であるが，金融機関も取引当事者として介在する場合，すなわち債権債務が預金者・金融機

キ

関との間,金融機関・借手企業との間に各々成立する場合に,間接金融と呼ばれる。これに対し,最終的な貸手が,最終的な借手の発行する本源的証券（株式・社債等）をそのまま購入する金融手法を直接金融〔⇨直接金融〕と呼ぶ。例えば,投資家（最終的な貸手）が最終的な借手となる企業の社債を購入する場合が該当し,証券会社が貸手と借手の間に立って仲介を行うだけで,債権債務は貸手と借手の間で成立し,証券会社との間では成立しない。（久保田隆）

間接投資 indirect investment

　国際資本移動の一形態で,狭義では,投資先企業の支配権獲得や技術提携などを目的とせず,元本の値上がりによる売却益（キャピタル・ゲイン：capital gain）や金利・配当収入（インカム・ゲイン：income gain）の獲得を目的として外国の証券（株式,債券）等を購入すること。市場を通じて行われる外国証券投資の形をとることが多いため,証券投資（portfolio investment）とも呼ばれる。また,広義には,銀行の長期貸付,借款,輸出入に伴う長期延払い信用なども含まれる。投資先企業の経営支配を目的とする直接投資の対概念〔⇨直接投資〕。（小野木尚）

間接貿易

　〔⇨直接貿易〕

完全合意条項 entire agreement clause

　契約交渉はいろいろな形で進行するが,一般に,契約書締結に至る前の交渉経緯・内容や口頭・Eメール等での合意の有無・状況を問わず,最終的に契約書に記載されている内容だけが当事者間の合意で契約書締結前の一切の合意等に優先する旨を定める条項を意味し,具体的な事例にもよるが,日本でもその有効性を認めた判例もある。具体的な文言にもよるが,通常,契約書に記載されていない合意に法的拘束力を認めないとする実体法的な側面と契約書締結以前の経緯については基本的に契約書以外の

証拠を認めないとする訴訟法的な側面があり,準拠法〔⇨準拠法〕にも注意が必要になる。英米法においては,本条項がなくても口頭証拠排除原則〔⇨口頭証拠排除原則〕が適用されることもあるが,適切な完全合意条項によって早期の紛争解決（例えば,米国であればsummary judgmentによる解決）が期待される。短い契約書のもとに外部証拠で契約を補充することもある日本ではこうした条項についてはそれなりの注意が必要になる。また,契約書締結後の契約改訂条項を併せて規定する契約例も多い。（田中誠一）

カントリーリスク country risk

　国際商取引や海外直接投資〔⇨直接投資,間接投資〕対象国や地域において,政治・経済の状況変化によって市場に混乱が生じた場合,そこに投資・取引した資産が,価値の変動などにより,企業が損失を被る危険をカントリーリスクと呼称する。①戦争や紛争などが勃発するリスク,②国家として債務不履行に陥るリスク,③外貨管理上の制限で取引先が送金できないリスクなどについては,OECDカントリーリスク専門家会合〔⇨OECD〕において,国ごとの債務支払い状況,経済,金融情勢等を議論し,各国の評価を行っており,同会合の日本代表である日本貿易保険〔⇨NEXI〕が公示している。カントリーリスクの中でも,国家に対する信用リスクのことをソブリンリスク（Sovereign Risk）と呼称する。〔⇨リスク,外国為替リスク対策,信用リスク,バリュー・アット・リスク（VAR）〕（河野公洋）

危機管理 crisis management

　リスク・マネジメントの概念に定説はなく,多様な理解があり,やや曖昧な面もあるが,概ね様々なリスクについての事前の予知・予防と,事後の対応の管理とに分けて理解することができよう。特に著しい損害をもたらすものや,危機的な異常事態に関しては「クライシス・マネジメント」と

呼ばれる領域があり，それを含む概念として用いられることもある〔⇨リスク・マネジメント〕。（浜辺陽一郎）

企業財務
〔⇨コーポレート・ファイナンス〕

企業提携　business alliance/ corporate alliance
会社同士がお互いに独立性を保ったまま特定の分野について協力する業務提携行為で，①製造委託契約等を結び，製品を生産するなどの生産提携〔⇨OEM〕，②自社製品やサービスの販売・営業を他社に委託する販売提携〔⇨代理店〕，③他社の有する技術資源を自社の技術開発，製造，販売等に活用する，特許やノウハウのライセンス契約や新技術・新製品の共同研究開発契約などの技術提携〔⇨ライセンス契約〕などがある。資本提携〔⇨M&A〕のように，他社の経営資源で自社を補うなど共通とはいえ，相手方の事業または企業に対する支配権（経営権）の取得を目指すものではない。自社の技術やノウハウ，情報などの流出の可能性というリスクはあるものの，時間的，資金的にメリットがあり，契約の締結により比較的簡単に成立する。〔⇨アライアンス〕（河野公洋）

危険移転　passing of risk
一般に，売買契約の成立後，売買目的物が当事者双方の責に帰することのできない事由で滅失又は損傷した場合にその不利益（危険）を負担する者が売主から買主に交代する（移転する）ことを意味し，日本では（受領遅滞の場合を除き）特定された売買目的物の引渡時点が危険移転時期とされている（民法567条）が，この関係では，民法401条2項の「種類物の指定」を含め，「特定」や「引渡」の意味が問題になることがある。また，売買当事者双方の責めに帰することのできない事由によって債務を履行できなくなったときは（危険負担の問題として）反対債務は消滅はしないが債権者は（履行前の）反対給付の履行を拒める（民法536条

1項）。ただし，いずれの場合も当事者が別途の合意をすることができるから，契約書には，売買目的物の検収等との関係も含めて危険移転時期を定め，（危険負担の問題として）履行拒絶ができる場合でも（債務は消滅しないから）当事者の必要性に即して解除に係わる条項等を整備することも検討に値しよう。**ウィーン売買条約**〔⇨ウィーン売買条約〕の適用がある場合，その第四章は，運送を伴う売買契約の場合（同条約67条），運送中の物品の売買契約の場合（同条約68条）及びその他の場合（同条約69条）の3つの場合に分けて危険の移転について規定しているが，当事者の合意又は慣習や慣行があればそれに従う（同条約6条及び9条）から，例えば，当事者間で**インコタームズ**〔⇨インコタームズ〕によることが合意されれば，インコタームズの条件が優先して適用される。所有権移転時期と危険移転時期は必ずしも一致しないから契約書上明確に規定した方がよい。**準拠法**〔⇨準拠法〕によっては（例えば米国のように州法によって）動産と不動産とで危険移転時期が異なる場合もありうることにも注意が必要であろう。（田中誠一）

期限付信用状　usance credit
期限付信用状とは，発行銀行が，信用状に定められた期日に支払うことを確約した信用状をいう〔⇨信用状〕。

期限付信用状には，後日払信用状（deferred payment credit），引受信用状（acceptance credit）および買取信用状（negotiation credit）がある。

後日払信用状とは，信用状が後日払（deferred payment）により利用可能な場合に，発行銀行が後日払を約束し，かつ支払期日に支払うことを確約（definite undertaking）する信用状をいう（UCP600第2条第9フレーズb項）〔⇨信用状統一規則〕。

これに対し，引受信用状とは，信用状が引受により利用可能な場合に，発行銀行が，受益者により振り出された期限付為替手形を引き受け，かつ，手形期日に支払うこと

を確約する信用状をいう（UCP600第2条第9フレーズc項）。

後日払信用状と引受信用状は，支払期日における支払を発行銀行が確約するという点では共通しているが，信用状により為替手形の振出が要求されているか否かについては，両者間に違いがある。

後日払信用状では為替手形の振出が要求されていないため，発行銀行による手形の引受行為は存在せず，発行銀行による「後日払約束（deferred payment undertaking）」が行われる。

これに対し，引受信用状では，発行銀行による為替手形の「引受（acceptance）」行為が存在し，手形期日における手形金の支払が確約される。

これらの期限付信用状は，発行銀行が信用状に定められた期日まで対外決済をする必要がなく，結果的に為替という仕組みを利用して，輸入者が輸入代金の支払の猶予（usance）を受けることができる。特に，外銀の引受を利用したアクセプタンス方式は，邦銀の外貨資金調達力が弱かった時代に，輸入金融の一環として活用されていたが，邦銀の資金調達力が十分となった現在では，あまり利用されていない。

なお，後日払信用状は，為替手形を利用する慣行がない中南米や為替手形に貼付する収入印紙税が高額な欧州で多く利用されている。

ちなみに，買取信用状には，一覧払のものと期限付きのものがある。（平野英則）

期限の利益喪失条項
　　〔⇨銀行取引約定書〕

期限前返済条項　prepayment clause

融資契約において，債務者が約定期限前に返済することを規定した条項のこと。債務者が期限の利益を放棄して自らの意思で行う任意期限前返済においては，債権者の事務コストや逸失利益の補償のために，所定の費用の支払いが必要になる。

債務者の倒産，債務者の財務状況悪化等

の債務不履行の蓋然性が高い事由が発生した時に，債権者の債権保全のために，強制的に期限前返済を求める場合を強制期限前返済という。（堀口宗尚）

期差任期制取締役会
　　〔⇨スタッガードボード〕

基軸通貨　key currency

外国為替市場で中心的に扱われる通貨を指し，為替相場の基準となるほか，国際貿易・投資における主な決済手段や対外支払のための外貨準備，資産保有のための価値保蔵，通貨当局による外国為替市場への介入通貨としての機能などを果たす。第一次世界大戦以前は英ポンドが，戦間期は英ポンドと米ドルが，第二次世界大戦以後は米ドルが基軸通貨と呼ばれることが多い。論者によっては，ユーロや日本円等も基軸通貨に含める場合があるが，これらはむしろ**ハード・カレンシー**〔⇨ハード・カレンシー〕として扱う方が一般的である。基軸通貨の発行国（**基軸通貨国**）の政策は世界経済に大きな影響を及ぼしてきた〔⇨米ドル・コルレス口座管轄〕。（久保田隆）

技術移転契約　technology transfer agreement

技術移転という言葉から推測すると，技術の所有権をそのまま移転（譲渡）してしまうような感じがするが，技術移転には，そのような実際の移転（**譲渡**）のほかに，所有権は移転しないで他者にその技術の使用を許可し（**実施許諾**）その代償として対価を得る形のものもある。実際には，前者は，所有者がもはやその技術を使用しないケースであって全体としては少数であり，後者の方が圧倒的に多い。

ここで，技術という場合には，**特許**と**ノウハウ**〔⇨ノウハウ〕とが考えられる。特許の場合は譲渡と実施許諾の違いは明白であるが，ノウハウの場合は図面の提供はあるものの，現実にはそのノウハウが許諾を受ける側の頭に入ってしまうため，譲渡と実施許諾の違いは不明確であって，基本的

には実施許諾として扱っているようである。特許の実施許諾は，該当特許を指定してその使用を許すものであって，**実施権者（ライセンシー）**〔⇒ライセンシー〕がその特許を使用しても**実施許諾者（ライセンサー）**〔⇒ライセンサー〕はそれにクレームをしないという不作為義務となる。一方で，ノウハウの実施許諾では，図面の提供に加えて技術指導（実施許諾者が技術者を派遣して指導するものと，逆に実施権者が技術者を派遣して訓練を受けるものとがある）が必須となる。また，特許とノウハウをまとめて実施許諾するケースもよく見られる。

実施許諾には，実施権者が一人（一社）のみの**独占的（排他的）**なものと，実施権者が複数いる**非独占的（非排他的）**なものとがある。独占的なものは実施権者にとっては有利であるが，実施許諾者にとってはリスクが高いために，実施料（使用料）は高めにならざるを得ない。なお，日本の特許法には**専用実施権**というユニークな制度があって，これを設定してしまうと，実施許諾者自身もその技術を使用できなくなってしまうので注意が必要である。

実施料は通常は**ロイヤルティ**〔⇒ロイヤルティ〕と呼ばれている。ロイヤルティの算定・計算の方法はいくつかあるが，そのうちで定額一括払方式は実施許諾者にとっては都合が良いが，実施権者にとっては実際にそのロイヤルティ対象製品が予定通り製造・販売できるかどうかわからないためにリスクが大きすぎる。そのために**継続的実施料方式（running royalty）**が使われるのが普通である。これはその技術を使用して製造・販売された製品の売価のうちの一定部分を支払うものであって，定額方式（例えば，売価1万円につき300円）と定率方式（例えば，売価1万円の3％）があるが，売価変動のリスクを避けるために後者を使うのが普通である。また，継続的実施料方式をとりながら契約当初に一定額を前払いすることも多い。

技術移転契約は，他社（第三者）に対して行う場合に加えて，関連会社に対するもの，製造委託先に対するもの，合弁会社に対するものなども行われている〔⇒技術貿易〕。（阿部道明）

技術貿易　International Trade in Technology

特許・実用新案・技術上のノウハウ等の国境を越えた取引たる貿易をいう。この収支を示す技術貿易収支は，一国の技術水準・技術開発力を明らかにすることから重要な経済指標の一つとなっている。特に技術輸出額の技術輸入額に対する比（技術貿易収支比）は技術の国際競争力を示す指標として用いられている。わが国は1970年代初頭には完全な技術輸入超過国であったが，その後徐々に技術力を高め，1990年代半ばに技術輸出超過国となった。その後も輸出超過は継続・拡大し，今では世界有数の技術貿易輸出超過国となっている（2018年度の技術輸出額は3兆8,711億円，技術輸入額は5,910億円となり，差引き3兆2,801億円の輸出超過となっている。技術貿易収支比は1993年に1を超え，その後も継続して増加し，2016年の値は7.89となっている。いずれも総務省統計による）。この背景には，わが国自動車製造企業の海外進出・海外生産拡大に伴う海外子会社からの特許等使用料収入が大きく寄与している。近年では親子間以外の企業（医薬品製造業や情報通信機械製造業）間取引においても技術貿易は増加している〔⇒技術移転契約〕。（田口尚志）

逆輸入　reimports

狭義では，生産国から他国向けに，一旦，輸出された製品が再び生産国に輸入されることを指すが，広義では次のような場合にも逆輸入と呼ばれる。わが国企業の海外生産拠点からわが国へ製品を輸入する場合，わが国国内産原料を輸出し海外で加工させ完成品として仕上げた製品を輸入する場合，さらには，海外企業に自社製品の製造を委託し完成品を輸入する場合にも逆輸入の用語が使用される。（田口尚志）

キ

キャッシュフロー経営　Cashflow Management

2000年から日本の上場企業でも，貸借対照表と損益計算書に加えてキャッシュフロー計算書によって，ディスクロージャー（開示）が行われるようになった。

これまでの「簿価（主義）会計」では，資金の流れを把握できない。この経営管理上のニーズを満たすものがキャッシュフロー計算書である。①キャッシュフローを重視した収益管理（変動損益をもとにした意志決定），②お金の出入りを考えた予算配分（労働分配率など），③現金回収を早めることを重視した経営をキャッシュフロー経営と呼称し，不良在庫の一掃，企業価値を最大化するためのフリーキャッシュフロー（余剰資金）を最大化にするという考え方である。（河野公洋）

キャッシュレス決済　cashless payments

現金以外で代金を支払う方法を広く指す用語で，経産省は2018年4月に20％程度のキャッシュレス比率を2027年までに40％まで引き上げることを目標と定めた。日本では，従来もクレジットカード，プリペイドカード，ICカード，スマートフォン（スマホ）決済等が存在したが，中国等では**QRコード決済**（店頭の端末やスマホに表示されたQRコードを読み取る形態の決済）が広範に普及しており，日本でもここ数年で急速に拡大している。**Felica**機能を内蔵するICカードやスマホ決済に比べると，QRコード決済は手間や時間を要する欠点があるが，巨大な消費データと利用手数料の獲得を狙って様々な業界がQRコード決済に参入している。（久保田隆）

CAPM　Capital Asset Pricing Model
（キャップエム）

CAPMは資本資産価格モデルと訳されているが，キャップエムと言われることが多く，株主資本コストの算出方法として実務において幅広く利用されている。株主は配当（インカム・ゲイン）と株価の上昇分（キャピタル・ゲイン）の二種類のリターンを期待しており，合計が株主の期待収益率となるが，これが企業にとっては株主資本コストとなる。株主資本コストを株主の期待収益率とみなし，**リスク**（不確実性，価格の振れ幅）との一次関係式で算出可能にするのがCAPMである。計算式は以下のとおり。

株主資本コスト＝リスクフリーレート＋マーケットリスクプレミアム×β

リスクフリーレート：無リスク資産（収益が確定的な資産）に投資する際の期待収益率（例：長期国債の利回り）。

マーケットリスクプレミアム：リスク資産である株式（マーケットポートフォリオ）に投資する際の期待超過収益率（株式市場の期待収益率－リスクフリーレート，日本では6〜7％）

β（ベータ）：リスク指標であり，株式市場の収益率に対する，個別の株式の収益率の感応度，連動割合。

個別企業の株式のベータを入手し上記の式に代入すれば株主資本コストが算出できる。参考例を図示をすると以下のとおり。

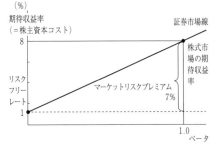

例えばリスクフリーレートを1％，マーケットリスクプレミアムを7％として，βが0.5であれば，当該株式の株主資本コストは4.5％と計算される。（田中誠和）

キャピタル・ゲイン
〔⇨直接投資〕

CALS Continuous Acquisition and Life-cycle Support

Continuous Acquisition and Life-cycle Support の頭文字を取った略語で，生産・調達・運用支援統合情報システムを意味する。製品などのライフサイクル（設計から製造，流通，保守まで）全体に発生する情報を電子データ化し，企業間や部門間で情報を共有することで，コストの削減，製品の開発期間の短縮および品質の向上を図ることを目的としている。

元々，CALS は，米国国防総省で兵器の生産性や品質の向上を図るために提唱された「Computer Aided Logistics Support」から始まり，その後，必要に応じて概念や機能が拡張されている。日本では 1990 年代半ばに CALS に関する様々な取組みが行われた。1995 年には世界との窓口として「CALS 推進協議会」が発足した。政府でも当時の通商産業省が CALS 技術研究組合（NCALS）を設立して，自動車 CALS・鉄鋼 CALS・鉄鋼設備 CALS・電子機器 CALS・部品 CALS・ソフトウェア CALS・プラント CALS・航空機 CALS・船舶 CALS などの研究や実証実験を行った。（長沼　健）

協会貨物約款 Institute Cargo Clauses

外航の貨物海上保険で利用されている代表的な保険約款をいう〔⇨外航貨物海上保険，海上保険〕。国際貿易の分野において利用されている外航の貨物海上保険は，わが国に限らず他の国でもロンドンの保険証券様式が利用されており，事実上の世界標準となっている。幾つかの種類が存在する。わが国では長年にわたって 1963 年制定の約款とそれ以前から存在するロイズ保険証券を合わせて利用する方式がとられてきたが，現在では 1982 年に定められた保険証券様式と 2009 年改訂版の協会貨物約款を組み合わせて利用する方式が多く用いられている。もともとロンドン保険業者協会（ILU: Institute of London Underwriters）が制定した約款であったが，1998 年に同協会はノンマリンの団体と合併した。1999 年にはロンドン国際保険引受協会（IUA: International Underwriting Association of London）が設立された結果，ロンドン保険業者協会の全メンバーはロンドン国際保険引受協会に移動することになった。2009 年の協会貨物約款は，ロンドン国際保険引受協会の手によって制定された。なお，わが国の貨物海上保険証券は，英国法準拠条項を定める協会貨物約款をその裏面に記載しつつも，その表面で保険金の支払責任と決済についてのみ英国の法と慣習に従う旨一部修正した英国法準拠条項を採用した上で，実務に供されている〔⇨ロイズ〕。（田口尚志）

強行法規 mandatory rules

民法上，当事者が合意によって適用を排除することができる規定を任意法規というのに対して，当事者の意思によっては適用を排除できず，それに反する合意の効力を否定する効果をもつ規定を強行法規と呼ぶ。国際私法上，契約準拠法の決定については**当事者自治の原則**が認められ（法の適用に関する通則法第 7 条），当事者は，当該契約に適用される任意法規だけでなく，強行法規をも，原則として自由に合意で指定することができる。特定国の任意法規だけを指定するのであれば，それは当該契約の内容を当事者が合意で決めることと実質的に異ならないから，契約自由の原則によって当然に認められる（いわゆる実質法的指定）。これに対して，国際私法上の当事者自治原則の意義は，当事者の合意による強行法規の指定をも許すところにある〔⇨契約自由の原則〕。

もっとも，当事者自治原則に基づく準拠法指定の自由には，全く制限がないわけではない。特に，法廷地からみて外国の法が契約準拠法として指定されている場合に，為替管理や輸出入規制に関する法律のように，法廷地の公序をなす一定の強行法規が契約準拠法に優先して適用されうるということは，一般に認められてきた。最近では，これに加えて，法廷地法でも契約準拠法でもない第三国の強行法規であっても，事案

キ

との密接関連性や当該法規の適用意思など
を要件として，同様に契約準拠法に優先し
て適用されうるという考え方（絶対的強行
法規の特別連結理論）も有力化している。
契約債務の準拠法に関する2008年のEU規
則（ローマⅠ規則）第9条も，同様の発想に
基づき，「ほんらいの契約準拠法にかかわら
ず適用されるべき」法規定を「優越的強行
法規」（overriding mandatory rules）と定め，
規則は法廷地国のそれの適用を制限しない
ほか，債務履行地国のそれが債務の履行を
違法とする場合，「その性質，目的及び適用・
不適用の結果を考慮」して効力を認めうる
という。

　また，消費者契約や労働契約といった一
定類型の契約については，当事者による準
拠法指定にもかかわらず，弱者保護のため
に，一定の強行法規の適用が国際私法に
よって義務付けられることがある。このよ
うな考え方を反映したものとして，法の適
用に関する通則法第11条，第12条は，消費
者や労働者がその適用を主張する場合，裁
判所は，消費者契約については消費者の常
居所地法，労働契約についてはその最密接
関係地法（通常は労務給付地法）上の特定
の強行法規を適用しなければならないと規
定している〔⇨EU〕。（中野俊一郎）

強制通用力（法定通用力）　mandatory circulating power
　貨幣において，金銭債務の弁済手段とし
て用いることができる法的効力を指し，法
定される（日本では日本銀行法46条と通貨
の単位及び貨幣の発行等に関する法律7条
参照）。強制通用力を有する通貨のことを**法
定通貨**または**法貨**（legal tender）という。強
制通用力を認められた貨幣による決済は，
契約で別段の定めをしなければ本旨弁済と
なり，受け取る相手方は通常はこれを拒否
できない。しかし，貨幣の実際の通用力は
人々がそれを受容するか否かに従い，貨幣
が急速に価値を失う場合（例:戦間期ドイツ
のハイパーインフレーション）もあり，国
家が法律のみで管理しきれるものではな

い。（久保田隆）

競争法
　〔⇨独占禁止法〕

協調融資
　〔⇨シンジケート・ローン〕

協定税率　conventional tariff/ agreement tax rate
　二国間または複数の国との協定や条約に
基づいて特定品目に定められた関税率であ
る。各国には，国定（基本）税率〔⇨暫定
税率〕というそれぞれの国の事情に合わせ
て定められた関税率があるが，FTAやEPA
による交渉の中で関税譲許を協定した場
合，WTO（GATT時代を含めて）締約国相
互に関税率を適用する場合，関税定率法別
表関税率表，関税譲許表（schedule of concessions）明示の税率を優先して適用すること
になる。
　WTO非加盟国であっても，最恵国待遇
〔⇨最恵国待遇〕条項を含む二国間通商条
約，FTAを締結している国や便益関税制度
の対象国に対しては協定税率が適用される
〔⇨関税三法，原産地証明書，関税率，WTO，
GATT，FTA〕。（河野公洋）

共同海損　general average
　海損（average）のうち，単独海損（particular
average）に対する用語である〔⇨海損，単
独海損〕。海上における損害は，その損害の
所有者のみが負担する損害か，共同で負担
する損害かによって単独海損と共同海損に
分けることができる。共同海損とは，船舶
と積荷が海難に遭遇した場合，共同の危険
を免れるために，故意にかつ合理的に船舶
または積荷を犠牲にすることによって生じ
た海損をいう。例えば，浅瀬に乗り上げて
身動きがとれない船舶が離礁できるように
船脚を軽くするために行う投荷などがそれ
にあたる。その基本的な考えは，危険が待
ち受ける海に出た以上，船舶と積荷はとも
に運命共同体であり，共同の財産を共同の

危険から助けるためにそれにかかった費用や犠牲は，助かった割合に応じて相互に分担しあうというものである。共同海損はその精算に関する原則を定めた国際的規則たるヨーク・アントワープ規則（York-Antwerp Rules）に基づいて精算される〔⇒ヨーク・アントワープ規則〕。この精算を行う専門家を共同海損精算人（GA Adjuster）と呼ぶ。（田口尚志）

共謀罪
　　〔⇒米ドル・コルレス口座管轄〕

拒否権付き株式
　　〔⇒黄金株式〕

緊急関税
　　〔⇒セーフガード〕

緊急特恵停止措置
　　〔⇒エスケープ・クローズ〕

銀行取引約定書　agreement on bank transactions

　銀行取引約定書とは，銀行の顧客に対する与信取引に関する基本約定書をいう。

　銀行取引約定書ひな型は，全国銀行協会（全銀協）により昭和37年8月に作成された。

　その後，昭和52年4月に，顧客による歩積・両建（歩積とは顧客が手形割引代り金の一部を預金として積み立てることであり，両建とは顧客が借入額の一定割合を借入銀行に預金することをいう）解消のための逆相殺（顧客が自己の預金と借入金とを相殺することをいう）規定の新設，期限の利益喪失（一定の事由が生じた場合に，顧客が約定の借入期限前に返済をしなければならなくなることをいう）規定の合理化，判例の変更や消費者の保護を踏まえた改定が行われた。

　この銀行取引約定書ひな型と同趣旨の約定書が，信用金庫や信用組合においても作成され，実質的に全金融機関において全銀協のひな型が採用された。

　しかし，この銀行取引約定書ひな型を業界全体が使用することは，**カルテル**に当たるとの意見もあり，各金融機関が独自に銀行取引約定書を作成する動きもある中，全銀協は，平成12年4月18日付通達により，ひな型を廃止した。

　これにより，各金融機関は独自の判断と責任により，自行の特性を勘案した銀行取引約定書を作成するようになった。

　しかしながら，銀行取引約定書が与信取引に関する基本約定書であるという本来の性質から，各金融機関が独自に作成した銀行取引約定書の内容も従来の銀行取引約定書ひな型と大きく変わるものではなく，期限の利益の喪失条項，割引手形の買戻（一定の事由が生じた場合に，手形の割引依頼人が，手形期日到来前に，割引手形を買い戻さなければならないことをいう）条項，**相殺**（一定の事由が生じた場合に，銀行が自己の貸出金と顧客の預金とを相殺し，または顧客が自己の預金と銀行の貸出金とを相殺することをいう）条項などがコアとなっている。

　なお，銀行取引約定書は，与信取引に関する基本約定書であるため，顧客の国際取引業務に関連する輸出為替手形の買取取引，輸入信用状取引，保証取引，外国為替予約取引などの取引については，銀行取引約定書の約定内容ではカバーしきれない特殊な約定が必要である。したがって，銀行は，取引先との間で，銀行取引約定書のほかに，それぞれの取引の特性に対応した，①外国向為替手形取引約定書，②信用状取引約定書，③支払承諾取引約定書および④先物外国為替取引約定書などを取り交わしている〔⇒信用状取引約定書〕。（平野英則）

銀行振込の法的性質　legal nature of bank transfer

　銀行送金には**振込**（送金人が指図して銀行の預貯金口座に金銭を払い込む方法）と**振替**（受取人が指図して銀行の預貯金口座から金銭を引き落す方法）がある。**振込依**

頼人から国際送金の依頼を受けた**仕向銀行**が**中継銀行**を経て**被仕向銀行**に送金する際，中継銀行の破産等で振込金が喪失した時，その損失は振込依頼人と仕向銀行のいずれが負うか？　日本の通説・判例では，銀行振込を委任または準委任と解し（請負と解する有力説もある）振込依頼人の負担となる。しかし，1992年UNCITRAL国際振込モデル法は仕向銀行が無過失責任を負う**資金返還保証責任（money-back guarantee）**を定め，米国UCC4A編やEU決済サービス指令（2007/64/EC）も同責任を法定し，振込依頼人を保護している〔⇨UCC，EU法〕。（久保田隆）

銀行保証状　bank guarantee

　保証人がある契約の債務者の債務履行を実行するために発行し，保証人が連帯責任を負うものを**保証状**という〔⇨保証状〕が，保証人が銀行の場合にこう呼ばれる。銀行は，①一般の保証状を発行した場合は主たる債務者が債務を履行しない場合に従たる債務者となるが，②**プラント輸出**や国際入札の**入札保証（bid bond）**，**契約履行保証（performance bond）**，前受金返還保証（surety bond）等の貿易関連保証について，**国際商業会議所（ICC）**が制定した**請求払保証統一規則（URDG: Uniform Rules for Demand Guarantee）**に準拠する文言がある場合は，原因となる契約とは別個の独立した保証として取り扱われる〔⇨ICC〕。（久保田隆）

金銭

　〔⇨貨幣〕

金融安定理事会（FSB）　Financial Stability Board

　2009年のG20ロンドン首脳会談で設立された国際組織（主要25か国・地域の金融当局，主な国際機関・組織で構成し，BISに事務局を置く）で，1999年創立の金融安定化フォーラム（FSF）を強化・拡充したもの。FSBは，G20首脳合意を受けて国際金融に関する措置・規制・監督等の詳細を決定し，

職種別の国際組織（銀行監督の**バーゼル銀行監督委員会**，証券監督のIOSCO，保険監督のIAIS，分野横断的課題のJoint Forum等）やテーマ別の国際組織（AML/CFTのFATF，企業統治・税制等のOECD，支払決済のCPMI，預金保険のIADI，会計のIASB，監査のIFAC等）に具体的な基準策定を指示する。各国当局はこうした基準を導入し，その遵守状況の評価をIMF・世界銀行が担ったり（FSAP: 1999年導入の金融セクター評価プログラム），FSBまたは国同士の相互審査で行っている〔⇨G20，国際決済銀行，証券監督者国際機構，AML/CFT，金融活動作業部会，OECD，国際財務報告基準（IFRS），IMF〕。（久保田隆）

金融活動作業部会（FATF）　Financial Action Task Force

　金融活動作業部会（Financial Action Task Force－FATF）とは，1989年のG7アルシュ・サミット経済宣言に基づき同年**経済協力開発機構（OECD）**傘下に設立された政府間会合である（本部はパリ）。2020年4月時点のFATFメンバー及びオブザーバーの合計は40であり，その内訳は（G20メンバーを中心とした）38の国/地域と2地域共同体（EU及び，GCC）である。FATFはAML/CFT（資金洗浄・テロ資金対策）に関する国際基準「**40の勧告（FATF勧告－The FATF Recommendations）**」の策定や，四半期ごとにAML/CFTに関する調査報告として，FATF声明（Public Statement）を発出している。また，FATF非メンバー国に対する，AML/CFT体制整備の支援や，AML/CFTに非協力的な国・地域（2020年2月時点では，イラン，北朝鮮の2か国）の指定を行う。「40の勧告」に基づき，各国に設置された，**資金情報機関（Financial Intelligence Unit－FIU）**は，所管官庁として国内法制の整備（わが国においては，**犯罪収益移転防止法**等）や，金融機関を始めとする特定事業者に対して，顧客の本人確認，疑わしい取引報告を始めとする具体的な措置を求めている。FATFは，「40の勧告」に対

する各国の遵守状況を評価するために，**相互審査**（Mutual Evaluations）を実施している。わが国に対しては，2019 年に第四次対日相互審査が実施されている〔⇨ AML/CFT，40 の勧告，犯罪収益移転防止法，G20，G7，OECD，EU〕。（花木正孝）

金融制裁　financial sanction

　金融制裁とは，国際法規の違反国に対して課せられる金融的手段による制裁を指す。制裁手段には，資産凍結，投融資禁止，特定活動に寄与する資金移転禁止，銀行のコルレス関係や支店開設等の規制，**SWIFT**等の通信の遮断，制裁違反を行った外国銀行の自国金融市場からの排除等があり〔⇨スウィフト〕，その種類には，①**国連安全保障理会決議**による場合（国連憲章 41 条），②安保理決議がない場合やこれを補完する目的で国際協調による有志連合が行う場合，③単独で行う場合がある（**外為法 16 条 1 項参照**）〔⇨国連安全保障理事会決議，外国為替及び外国貿易法〕。対イラン制裁では，イランの核開発問題が 2002 年に発覚後，何度か国連安保理決議が出たが効果がなく，EU・米国が強固な単独制裁を行い，イランや米国の政権交代も影響した結果，2013 年に漸く包括的共同行動計画（JCPOA）が成立し制裁が解除されたが，2018 年に米国が離脱し，混迷している。

　金融制裁は日本では外為法と国際テロリスト財産凍結法で規律される。一方，米国では米国国際緊急経済権限法（IEEPA，合衆国法典 50 編 35 章）を主な根拠法令とし，その下に法令（CISADA など），大統領令（外国金融機関を規制する EO13622 号など），連邦規則があり，主管官庁の OFAC が制裁対象者（SDN: Specially Designated National）をリスト指定して SDN 資産を凍結する。日本法と米国法の相違は，第一に，日本の外為法は規制要件が硬直的（居住者・非居住者の区分，船舶等の資産凍結が困難，SWIFT 接続遮断の根拠規定が不在等）だが，米国は IEEPA1701 条の要件が包括的（any unusual and extraordinary threat …to the national se-

curity, foreign policy, or economy of the United States）で，きめ細かな対応が可能である。第二に域外適用に関して，外為法は日本法人の外国支店の行為の一部（米国や EU は全部）を規制する（外為法 5 条）が，米国はさらに非米国人の米国外での行為も規制する（二次的制裁。例えば CISADA）。第三に罰則に関して，日本は懲役 3 年以下罰金 100 万円以下（目的物の価格の 3 倍が 100 万超なら当該価格の 3 倍以下。外為法 70 条等）なのに対し，米国 IEEPA は「民事罰で 25 万ドルか違反取引額の 2 倍の高い方が上限，刑事罰で禁固 20 年以下罰金 100 万ドル以下」とし，OFAC は業務改善命令や罰金，民事制裁金を課し，各種連邦・州当局も罰金を科すため，巨額になり易い（例: 仏 BNP パリバ銀行事件では 89 億ドル（1 兆円））。

　2005 年の米国による北朝鮮に対する **Banco Delta Asia**（BDA）事件以来，金融制裁は強固な経済制裁手段として有効視されてきたが，今後は不透明である。その実効性には国際政治力学が物を言うほか，制裁される側も物々交換（例: イラン・中国間の**カウンタートレード**）や暗号資産（仮想通貨）・ブロックチェーン・闇サイト等を利用した匿名取引など，様々な対抗手段を編み出しており，今後もいたちごっこが続くであろう〔⇨カウンタートレード，暗号資産，ブロックチェーン〕。（久保田隆）

金融政策　monetary policy

　中央銀行が物価の安定や完全雇用の達成などの目標を金融調節手段を用いて達成していくこと。日本の中央銀行である日本銀行は，物価の安定を図ることを通じて国民経済の健全な発展に資するため，通貨および金融の調節を行うこととされており（日本銀行法第 1 条，第 2 条），調節にあたっては，公開市場操作（オペレーション）などの手段を用いて，長短金利の誘導や，資産の買入れ等を行っている。

　日本銀行の金融調節方針の変遷についてみると以下の通り。かつて日本銀行は，準

備預金制度における準備率や公定歩合を変更することにより，金融緩和や引締めを実施していたが，1994年に金利自由化が完了し，1995年からは，短期市場金利を誘導する公開市場操作（オペレーション）を通じて金融市場調節を行うようになった。特に1998年以降は，「無担保コールレート（O／N＜オーバーナイト＞物）を誘導目標として具体的に定めるようになり，1999年から2000年にかけては，いわゆる「ゼロ金利政策」が実施された。

2001年には「量的緩和政策」が開始され，金融市場調節の主たる操作目標は，無担保コールレートから日本銀行当座預金残高に変更された。2006年に量的緩和政策が解除されると，金融市場調節の操作目標は再び無担保コールレート（O／N物）とされた。

2010年に開始された「包括的な金融緩和政策」のもとでは，金融市場調節方針は金利の操作目標とは別に「資産買入等の基金」を通じた，資金の貸付および資産の買入れが実施された。

2013年には「量的・質的金融緩和」が開始され，金融市場調節の主たる操作目標は，無担保コールレート（O／N物）からマネタリーベースに変更され，具体的な増加ペースが定められた。また併せて，資産買入れの方針が定められ，長期国債の買入れについて，保有残高の具体的な増加ペースが定められたほか，CP，社債，ETF，J−REITなどの買入れも継続された。

2016年1月に導入された「マイナス金利付き量的・質的金融緩和」のもとでは，こうした金融市場調節方針や資産買入れ方針が維持されたほか，補完当座預金制度が改正され，政策金利として日本銀行当座預金のうち「政策金利残高」に▲0.1％のマイナス金利を適用することが決定された。

2016年9月には，従来の「量的・質的金融緩和」，「マイナス金利付き量的・質的金融緩和」を強化する形で，新たな金融緩和の枠組みである「長短金利操作付き量的・質的金融緩和」が導入された。主な内容は（1）金融市場調節によって長短金利の操作を行う「イールドカーブ・コントロール」，（2）消費者物価上昇率の実績値が安定的に2％の「物価安定の目標」を超えるまで，マネタリーベースの拡大方針を継続する「オーバーシュート型コミットメント」である。（田中誠和）

金利スワップ
〔⇨スワップ〕

クォータ
〔⇨IMF協定〕

クラウド（コンピューティング） cloud computing

オン・デマンドで，柔軟かつどこでもアクセス可能なコンピュータ・リソースを提供するサービス。このサービス（特にインフラ）は仮想化され，他の顧客と共有するのが一般的で，顧客がアクセスする都度，使用したコンピュータ資源の量に応じて従量制で課金されることが多い。①SaaS（Software as a Service，サース：これまでパッケージ製品として提供されていたソフトウェアをインターネット経由でサービスとして提供・利用する形態），②PaaS（Platform as a Service，パース：アプリケーションソフトが稼動するためのハードウェアやOSなどのプラットフォーム一式をインターネット上のサービスとして提供する形態。主に企業ユーザーがPaaS上でサービスを開発），③IaaS（Infrastructure as a Service，イアース：情報システムの稼動に必要な仮想サーバをはじめとした機材やネットワークなどのインフラをインターネット上のサービスとして提供する形態）の3種類があり，主な課題は，①データ・セキュリティの確保と②ネットワーク接続や十分な通信量の確保にある。**国連国際商取引法委員会（UN-CITRAL）**は，2017年にクラウド契約に関するチェックリスト草案（契約締結以前の問題と契約条項の問題を扱う）を，2019年に主要問題の注釈草案を作成した〔⇨UN-CITRAL〕。（久保田隆）

クラウドファンディング
〔⇨シェアリング・エコノミー〕

グラミン銀行
〔⇨マイクロファイナンス〕

グラントバック条項　grant back clause
　グラントバック条項とは、**ライセンサー**（例えば、特許権者）が**ライセンシー**（特許権者から実施許諾を受けた者）に何らかの技術を許諾し、ライセンシーがその許諾技術をもとに改良技術を創作した場合、ライセンサーに無償でそれを実施許諾するということを義務付ける内容の条項をいう。すなわち、ライセンサーのライセンシーに対する使用許諾（**ライセンス**）契約の中に、グラントバック条項を挿入することにより、ライセンサーは、ライセンシーの改良技術を自由に使用することによって、ライセンサーの特許権及びライセンシーの改良技術に関する特許権を共同で所有することができる。なお、グラントバック条項は互いに公平な内容であることが前提であり、**アサインバック条項**（改良技術の特許権をライセンシーから無償ではなく有償で買い取ること）〔⇨アサインバック条項〕に比べ、反競争性が問題になることはない。但し、ライセンシーが多数存在する場合のように、場合によっては、ライセンシー全員の改良発明に対するロイヤルティを無償とするグラントバック条項は、改良発明のインセンティブを著しく阻害するおそれも指摘されている。（高田　寛）

クリアリング
〔⇨ファイナリティ〕

クリアリング・ハウス　clearing house
　金融に関連する清算機関のことで、**手形交換所**（各地の銀行協会等が運営し、約束手形や小切手に関する決済尻の払受け等を実施）、**日本証券クリアリング機構**（JSCC: 日本取引所グループの金融取引商品取引清算機関で〔⇨決済〕、上場株式・デリバティブや取引所を介さないCDS、金利スワップ、日本国債の清算業務を実施。2020年に日本商品清算機構のコモディティ関連の清算もJSCCに統合した〔⇨クレジット・デフォルト・スワップ〕）などがある。JSCCのように複数の取引参加者の相手方として決済を行う清算機関は**セントラル・カウンターパーティー**（CCP: Central Counterparty）とも呼ばれる。なお、公的機関が提供する情報センターもこう呼ばれることがある（例: 情報公開クリアリングハウス）。（久保田隆）

グリーンボンド（環境債）　Green Bond
　企業や金融機関、地方自治体等が発行する債券のうち、調達した資金の用途を気候変動や省エネ対策等の環境関連の事業に限定したもので、調達資金が追跡管理され、債券発行後の報告で透明性が確保される。機関投資家等が近年、環境（Environment）、社会（Society）、企業統治（Governance）要素を考慮した**ESG投資**〔⇨ESG投資〕への選好を強める中で需要が高まった。2007年にEU機関の欧州投資銀行（EIB）が発行したのが端緒とされ、2008年に世界銀行がGreen Bondと名付けて発行、2014年には**グリーンボンド原則**も策定された。日本でも2014年に日本政策投資銀行が初めて発行し、2017年には環境省が**グリーンボンドガイドライン**を策定した。（久保田隆）

クレジット・デフォルト・スワップ（CDS）
credit default swap
　デリバティブのうち、**信用リスク**の移転を目的とする**クレジット・デリバティブ**の1つで、特定の会社や国・地方自治体等が倒産や債務不履行した場合などに、一方当事者から他方当事者に対し、あらかじめ定めた金額を支払う2当事者間の取引を指し、**ISDAマスター契約**に準拠するのが通例。プレミアムの支払と引換えに信用リスクの保障（**プロテクション**）を手に入れる機能を果たすが、参照する信用リスクは個別企業等の場合（シングルネームCDS）、代

表的な数十社の場合（インデックスCDS），CDS契約と担保債券等を裏付けに発行する証券（シンセティックCDO）を取引する場合がある。2000年代に市場規模は急拡大したが，構造が複雑化してリスクの所在が不透明になったため市場参加者の懸念を生み，2007-2008年の世界金融危機以降は市場が縮小し，**クリアリング・ハウス**の設立などの市場整備が進み，日本では**日本証券クリアリング機構（JSCC）**が清算機関としてのサービスを提供している〔⇨デリバティブ，信用リスク，ISDAマスター契約，クリアリング・ハウス〕。（久保田隆）

クレジット・デリバティブ

〔⇨クレジット・デフォルト・スワップ，デリバティブ〕

クローズド・コンファレンス　closed conference

（死語）海運同盟のうち，新規加盟が難しいものをクローズド・コンファレンスといった。英国系船主の影響力の強かった欧州航路の同盟が該当，カルテル効果が強いと言われていた。反対語として，新規加盟船社の加入を拒めないものをオープン・コンファレンスといった。米国は法律がクローズド・コンファレンスを認めず，北米航路の同盟がオープン・コンファレンスに該当した。1980年代になると欧州同盟は，その敷居が低くなり，かつその市場支配力を喪失していったので，この言葉は，事典以外では，全く使われなくなった。（合田浩之）

クローバック条項　clawback clause

一般に取締役の委任契約等で業績連動型の報酬基準を事前に導入し，その基準に誤りがあったり，未達成であったりした場合に，適切な基準に基づき算定をし直したり，既に支払済みの報酬を調整したりして，差額を強制的に回収（clawback）するための条項をいう。

このような条項を定めること自体は**契約自由の原則**〔⇨契約自由の原則〕から有効と考えられるが，取締役の経営判断の原則との関係でその定め方や運用が問題となり得る。明確な不正行為を観念できるような場合に，それを条項発動のトリガーとするのであればともかく，冒険的な取引を行ったとして形式的に条項が発動されれば取締役の経営判断を委縮させる虞もあるため注意が必要である。（川中啓由）

グローバル化　Globalization

国際的な貿易・ビジネス環境において，ヒト・モノ・カネの3大要素が国や地域を超えて自由に往来するようになり，これに加えて技術の進歩，情報通信ネットワークの拡大により貿易，ビジネス，企業経営が世界レベルで交流と結びつきを拡大していることを指す。

日本の代表的な産業となった自動車は，海外生産が国内生産を上回るほどに海外事業展開が進行したという意味でグローバル化が最も進んだ業種である。この自動車産業では，海外事業展開の発展過程が，「輸出→市場確保のための生産移転→海外拠点による海外生産/販売」と3段階で展開してきており，さらに現在では，海外に主要拠点（現地法人）を設立して海外で調達し生産し販売する，というように日本の事業活動拠点から離れて海外で独立した事業活動を展開する新たな段階に発展しつつある〔⇨海外支店・現地法人・事務所〕。

経済・ビジネス活動におけるグローバル化のメリットは，（1）人材/労働力，資源，技術，知識/情報など世界に存在するリソースを活用して，コスト競争力のある製品，比較優位性を持つ製品を生産し販売することができる，（2）現地のマーケット・ニーズに即した製品の開発・生産・販売ができる，（3）為替リスク等の経済リスクを軽減することができる，などである。

しかし，一方では，貿易における自国優先主義，保護主義的な政策，米国のパリ協定脱退，英国のEU離脱，移民・難民の流入阻止など反グローバルな動きが先進国を中

心に顕在化しており，グローバル化と反グローバルな動向との相克状態が発生していることに注意していく必要がある。（美野久志）

グローバルGAP（ギャップ）　Global G.A.P.

G.A.P.，すなわち適正な（Good）農業の（Agricultural）実践（Practice）を認証する事実上の国際基準〔⇨デ・ファクト・スタンダード〕となっている国際的な認証制度。食品安全，労働環境，環境保全に配慮した持続的な生産活動を実践する優良企業に対し，第三者機関が218項目（食品安全99，トレーサビリティ22，作業員の安全・健康28，環境69）の審査を経て認証を付与しており，米国のマクドナルドや日本のイオンが食品の調達基準として採用している。ドイツに本部を置く非営利組織フードプラスが運営し，世界120か国以上に普及しており，国連が定めた「**持続可能な開発目標**」（SDGs: Sustainable Development Goals）にも資するほか，2012年からは五輪で提供される食材の調達基準にもなっている。（久保田隆）

グローバル・コンプライアンス　global compliance

持続的成長のために事業再編やグローバル化を進める企業にとって，グループ・ガバナンスのあり方が課題となりつつある。特に内部統制の重要な柱であるコンプライアンス・プログラムについて，グローバル経営の視点から，国内の法令のみならず海外の主要な法令を含め，遵守すべき規範の範囲を拡大するとともに，それを国内外の子会社，関係会社，代理店等を含む企業グループ全般に展開する仕組みが求められている。このような統制活動をグローバル・コンプライアンスという。

従来のわが国の企業には，国内の法令遵守に重点をおいたコンプライアンス・プログラムが多く見られたが，**SDGs**（Sustainable Development Goals）〔⇨SDGs〕への取り組みが求められる現代の経営環境の下で

は，コンプライアンスの質的充実，つまり法令遵守のレベルにとどまることなく企業活動における誠実さ，高潔さ，真摯さ（インテグリティと総称される）の追求がコンプライアンス・プログラムの目的になりつつある。P.F.ドラッカーが『現代の経営』（1954年）において経営者に知識と魅力が備わっていてもインテグリティが欠けていれば組織は腐敗すると予測した通り，利益のみを重視する経営の下では企業不祥事が繰り返され，インテグリティの組織内での共有がコンプライアンス・プログラムに不可欠の要素であると考えられるに至った。

国際連合は2006年に投資家がとるべき行動指針として責任投資原則を打ち出し，ESG（環境，社会，企業統治）に注力している企業を重点的に選別して投資するように呼び掛けており，こうした潮流はグローバル企業のESGへの取り組みを促進している。法制面では，紛争が絶えないコンゴ共和国とその周辺国の武装勢力から調達された鉱物を自社製品に使用している企業に対して，その情報開示を義務付けた米国ドッド・フランク法およびEU紛争鉱物規則（前記法令と異なり川上企業を規制対象とする），並びに強制労働や人身売買などの現代奴隷の有無について企業のサプライ・チェーンにおける監査と開示を求める英国およびオーストラリアの現代奴隷法などは国際的平和や人権保護の視点から企業に課題への取り組みを求める法規範である。また，各国・地域の環境への意識の高まりは，環境規制を高度で厳格な仕組みに進化させた。

2014年のEU指令（非財務情報・多様性情報についての開示に関する指令）は一定の企業にグループ全体としての環境や社会情報を年次報告書に開示することを内容とする規範であるが，投資家はその投資先の財務報告のみならず上記のような企業グループによるESGの課題への取り組みなど非財務情報にも高い関心を示しており，グローバル・コンプライアンスは，企業グループを超えてその取引先等のステークホル

ク

ダーの行動にも強い影響を及ぼす仕組みに発展しつつある〔⇨EU〕。（阿部博友）

グローバル債
〔⇨外債〕

グローバル・スタンダード（世界標準） global standard

特定の国・地域・企業だけでなく，世界共通に適用される基準や規格のことを指し，国際財務報告基準（IFRS）〔⇨国際財務報告基準〕やISO規格〔⇨ISO〕のように公的団体・組織が採択した標準を**デ・ジュール・スタンダード**（de jure standard），パソコン向けOSのWindowsのように民間企業の定めた規格等が世界的に普及した標準を**デ・ファクト・スタンダード**（de facto standard）と呼ぶ〔⇨デ・ファクト・スタンダード〕。なお, global standardは日本以外ではあまり用いられず，海外では国際標準（international standard）として言及されることが多い。（久保田隆）

グロスアップ gross-up

クロスボーダーのシンジケート・ローン〔⇨シンジケート・ローン〕融資契約においては，非居住者である債権者に対する支払，例えば金利の支払につき債務者が存在する本国の税務当局より源泉徴収税（Withholding tax）を課されることが多い。融資契約において，仮に源泉徴収税その他の控除が行われた場合には，控除後の金額がローン契約において規定された支払金額となるように補填する義務を債務者に課すことをグロスアップ（gross-up）という。（堀口宗尚）

クロス・カレンシー・スワップ
〔⇨スワップ〕

Xtech
<small>クロステック</small>
〔⇨Xtech〕<small>エックステック</small>

クロス・デフォルト条項 cross default clause
国際ローン契約で一般的にみられる条項

で，資金の借手が貸手銀行との本契約では債務不履行事由（**デフォルト事由**: 支払債務不履行，期限の利益喪失，担保権実行等）がなくても，別の貸手との契約でデフォルト事由が生じた場合には，本契約においても同事由が生じたものとする旨の条項。銀行等の国際ローンの貸手からすれば，将来のデフォルト発生に逸早く対応するためにこの条項を備えるが，借手が幾つもの債権者との間に本条項を結ぶと，1つの些細なデフォルトが瞬時に他の契約にも波及して借手を倒産に追い込むため，一定金額以上の債務に限定するなどの制限を付すことが多い。また，ひとたび本条項を発動すれば，国際金融市場全体を破壊する危険（システミック・リスク）も生じるため各国金融当局も目を光らせており，実際の発動例はあまりない〔⇨システミック・リスク〕。（久保田隆）

クロスライセンス条項 cross license clause

クロスライセンス条項とは, ある権利（例えば，特許権）の権利者同士が，お互いに有益な特許を保有している場合，お互いに保持している権利を許諾し合い，無償で利用できることを規定する条項をいう。この場合，ライセンサー（特許権者）がライセンシー（特許権者から実施許諾を受けた者）に特許権の実施権を許諾するが，お互いがライセンサー及びライセンシーとなる。通常，これは，ライセンス契約書に，クロスライセンス条項を挿入することによって行われる。（高田寛）

クロス・レート cross rate

自国通貨ともっとも取引が多く，国際的に受容性が高い通貨との為替相場を基にして，2国間の為替相場を導き出すのに利用される第三国間の為替相場をいう。2つの外国為替相場，例えば米ドルと円，米ドルとユーロの為替相場が成立している際に，この2つの為替相場からユーロと円の間の為替相場を計算することができる。これによって算出される第三国通貨・ユーロと自

ク

国通貨・円の間の為替相場を裁定相場といい，裁定相場を算出する際に用いる，ユーロとドルの相場，つまり相手国通貨と相場のことをクロス・レートという。例えば，1ドル＝110円，1ユーロ＝1.2ドルの場合は，最低相場が1ユーロ＝132円と算出され，1ユーロ＝1.2ドルがクロス・レートである。

ただし，基となる通貨であるドル以外の通貨同士の為替相場を意味することがあり，その場合，裁定為替相場をクロス・レートとよんでいる。この場合，2つの通貨の対米ドル為替相場から計算により決められるものと，実際に直接取引による需給で決まっているものがある。（栁田宗彦）

経営判断原則と善管注意義務　business judgment rule, duty of care, loyalty, and good faith

経営判断原則（business judgment rule）は，経営者の行為は会社利益のために適切に行われたものと推定し，経営者の判断内容の妥当性に関して裁判所は審査しないというものである。米国では防衛策導入が会社に損害をもたらす場合でも経営者の責任（善管注意義務など）が直ちに追及されにくく，防衛策は裁判所では厳密に審査されないまま，容易に承認されてきた。ここで善管注意義務は善良な管理者としての注意義務で，業務を委任された専門家として通常期待される義務を意味する（民法644条参照）。

米国の場合は，受託者責任の中に注意義務（duty of care），忠実義務（duty of loyalty），誠実義務（duty of good faith）などが併存する体系を採るとされるが（3分説），わが国の場合は大きくは善管注意義務の中に忠実義務も包含される（同質説）考え方が採られることが多い。善管注意義務を怠る場合には，過失責任を生じることになるが，米国では経営判断原則などから重過失に限定されるケースが多く見られた時期もある（注意義務のミステリー）。（藤川信夫）

経済連携協定（EPA）　Economic Partnership Agreement

関税・非関税障壁の撤廃などの貿易の自由化に加えて，投資，競争，環境，労働，知的財産，政府調達，人の移動など幅広い分野を対象とする自由貿易協定（FTA）〔⇨FTA〕であり，日本が締結するFTAで用いられる呼称である。世界全体のEPA/FTAの数は増加を続けており，2000年以降，EPA/FTAの対象分野の拡大（例：日本が締結するEPA），地域統合型（例：TPP11〔⇨TPP11〕，RCEP〔⇨RCEP〕）や地域横断型（例：米韓FTA，日欧経済連携協定（日欧EPA））のEPA/FTAの加速化・活発化という傾向が見られる。2018年7月署名，2019年2月発効の日欧EPAは，全23章及び附属書などから構成され，その対象は，物品の貿易，サービス，投資自由化，電子商取引，政府調達，競争政策，補助金，国有企業，知的財産など広範囲にわたる。日欧EPA締結交渉では当初，日本の既存のEPAと同様に，投資規定を含めた協定として交渉されていたが，投資保護や投資紛争解決〔⇨国際投資仲裁〕などを規律する投資条約/投資協定〔⇨投資保護協定〕に相当する部分については，EU全加盟国の議会での承認が必要となることから，早期の協定発効を実現するために交渉の対象から分離された。日本とEUは，2018年から投資交渉の妥結に向けた交渉を行い，2019年3月の会合では意見交換が行われ，引き続き協議していくことで一致している〔⇨EU〕。（岩瀬真央美）

継続的契約　continuous transaction contract

売買等の一回的契約とは異なり，長期間継続される契約類型。例えば，継続的な物品供給契約，代理店契約，**ライセンス契約**や**フランチャイズ契約**などが挙げられる。法制審議会民法（債権関係）部会では，継続的契約の定義として，「契約の性質上，当事者の一方又は双方の給付がある期間にわたって継続して行われるべき契約」から，「総量の定まった給付を当事者の合意によ

り分割して履行する契約（分割履行契約）」を除いたものをいうとする考え方が示された。契約の終了の場面を中心として継続的契約をめぐる法的紛争が生ずることが少なくないにもかかわらず，民法は，契約の継続性に着目した一般的規定を置いていないことから，継続的契約の終了に関する規定が中間試案に盛り込まれた。しかし，継続的契約は多様であり一律に適用される規定を設けるべきではないこと等の理由により，立法化は見送られた。(小野木尚)

契約　contract

契約とは，2人以上の当事者が，自由意思に基づき，将来において自らを法律的に拘束する約束を行うことを意味する。日常用語の取引は，契約とほぼ同意である。契約締結に向けた両当事者による意思表示は，申込み (offer) と承諾 (acceptance) と呼ばれ，それらが合致して契約が成立する〔⇨申込み，承諾〕。両者の内容が細部まで完全に一致しなければ契約は成立しないとする伝統的な考え方を鏡像の原則と呼ぶことがある。

契約には様々な分類がある。例えば，民法典や商法典が定めたものを典型契約と呼び，それ以外を非典型契約と呼ぶ。当事者の合意のみで成立する契約を諾成契約（売買・交換・賃貸借・雇傭等）と呼び，合意に加えて物の引渡が行われなければ成立しないものを要物契約（消費貸借・使用貸借・寄託等）と呼ぶ。

英米法における契約では，当事者双方の義務の間に対価性 (consideration) が必要とされる（捺印証書を作成する場合は例外となる）〔⇨約因〕。したがって日本で契約とされている贈与・使用貸借・寄託などは，英米法では契約ではない。また医師・患者間の関係等も対価的関係とは捉えられないため契約ではなく，主として衡平法によって規律される〔⇨コモン・ロー〕。(齋藤彰)

契約自由の原則　freedom of contract

個人の生活領域に関する決定は，強行法規又は公序 (public policy) に触れない限り，個人の意思に基づいて自由に行われなければならないとする近代法の原則をいう。私的自治の原則あるいは当事者自治の原則ともいわれ，国際商取引においても基本的に妥当する。

具体的な内容として，まず，当事者は，相手方を自由に選択し，契約を自由に締結することができる（契約締結の自由）。これは契約関係に入るか否かを自由に決定できることを意味しているので，契約を締結しないこともまた自由であるとされる。

また，当事者は，その契約の内容も自由に決定することができる（契約内容決定の自由）。もっとも，現代社会においては，いわゆる附合契約における約款のように契約締結が事実上自由になされないことも多く，また契約自由の原則を貫くことにより経済的弱者が保護されない場合もあることから，例えば独占禁止法で私的独占又は不当な取引制限が禁止されるように様々な規制がなされている〔⇨独占禁止法〕。

なお，沿革的には同原則の一内容として契約方式の自由についても挙げられるが，法律上一定の方式を要求されたり，保証契約のように書面の作成を要求される契約類型も多く，必ずしも原則が徹底されているわけではない。(川中啓由)

契約準拠法　governing law of contracts

国際私法上，当事者は契約に適用される法（契約準拠法）を自由に指定することができる（当事者自治の原則）。当事者による準拠法指定がない場合，法例第7条第2項は行為地法によるとしていたため，それがもたらす不都合な結果を回避するべく，学説・判例は，当事者の黙示意思の探求に力を注いできた。これに対して，法の適用に関する通則法は，第7条で当事者自治の原則を維持するとともに，第8条において，当事者による準拠法選択がない場合，「当該法律行為に最も密接な関係がある地の法に

ケ

よる」とした〔⇨準拠法〕。国際契約の場合，事案の重点が一国に収束せず，最密接関係法の認定に困難が伴うことも予測されるため，第8条第2項は，いわゆる特徴的給付理論の考え方により，「法律行為において特徴的な給付を当事者の一方のみが行う」場合，当該当事者の常居所地法を最密接関係地法と推定している。但し，不動産契約や労働契約についてはこの考え方によらず，不動産所在地法（第8条第3項），労務給付地法（第12条第3項）を最密接関係法と推定するほか，消費者契約において準拠法合意がない場合，常に消費者の常居所地法によるとされている（第11条第2項）。他方，消費者契約・労働契約については，特定の強行法規の適用により弱者保護を図る必要性が高いことから，第11条，第12条に特則が置かれている。（中野俊一郎）

契約締結上の過失　negotiations in bad faith

契約交渉を経てLOIやMOUなどの**予備的合意**には至ったものの〔⇨予備的合意〕，一方当事者がその後の交渉を一方的に打ち切った場合，たとえ契約は未成立で予備的合意に法的拘束力が認められないとしても，他方当事者がすでに契約成立に向けて商品を調達する等の準備を開始していた場合には不測の損害を被ってしまう。そこで，他のドイツ法系諸国と同様に，日本ではこの法理により一定要件下で信義則上の義務を負わせている（例えば，最三判昭和59年9月18日判時1137号51頁）。この趣旨の規定が**ユニドロワ国際商事契約原則**2016年版2.1.15条に存在する〔⇨ユニドロワ国際商事契約原則〕。（久保田隆）

契約の解釈　interpretation of contracts

契約の当事者が如何なる合意をしたかを確定することを指す。まず，当事者意思が明確である場合はそれを重んじ（**意思解釈**），契約内容が契約書に明確に書かれている場合はそれに従う（英米法ではplain meaning ruleと呼ばれ，一般に大陸法よりも契約書の文言を重視する傾向にある）。次に，契約内容や当事者意思が不明瞭・不明確であったり，契約書には何も言及していない事態が生じた場合には，当事者意思を客観的な事実に基づいて合理的に確定させる（**合理的意思解釈**）か，適用法令中の**任意規定**により契約条項を**補充**する。なお，契約書に規定されていても，適用法令の**強行法規**に反したり，公序良俗違反となるときは無効となる場合がある。また，法律の解釈で条文中の語句や文章の文法的意味に拘わる手法を「文理解釈」，意味を補正したり他の条文との整合性を重んじる手法を「論理解釈」と呼ぶが，契約解釈とは別物である。（久保田隆）

契約履行保証

〔⇨銀行保証状〕

CASE　Connected Autonomous/Automated Shared Electric

CASEとは，自動車の次世代技術やサービスに関する戦略を示す英語の頭文字4つをつなげた造語である。2016年のパリモーターショーにおいて，ダイムラーAG・CEOでメルセデス・ベンツの会長を務めるディエター・チェッチェ（Dieter Zetsche）が発表した中長期戦略の中で用いたのが始まりである。

トヨタ自動車株式会社の豊田章男社長は「100年に一度の大変革の時代を迎えているが，その変化を起こしているのはCASE」と話し，CASEの重要性について説明している。そこでは，これからのクルマは，あらゆるサービスとつながることによって社会システムの一部になるといった考えを示している。（長沼　健）

ゲートキーパー

〔⇨格付け〕

決済　settlement/ payment

決済とは，商品の売買など経済活動に伴って生じる債権・債務を対価の支払いをもって解消することを指す。なお，**電子決**

済とは決済を電子的に行うことを指す。本来は経済用語であって法律用語としては存在してこなかったが，今や倒産法の一部にも用いられている。決済を実現する仕組み（**決済システム**）のあり方を巡る政策論に用いられてきたが，法律用語としては弁済や相殺等を含む支払単位の移転を総称する概念として捉えられている。決済システムは，**支払（ペイメント：payment），清算（クリアリング：clearing），最終決済（セトルメント：settlement）** へと至る仕組みとして理解され，全銀システムや日本証券クリアリング機構は**清算機関（クリアリング・ハウス）**〔⇨クリアリング・ハウス〕，日本銀行や証券保管振替機構は最終決済機関とされる。また，金融界では，取消不能で無条件に決済が完了し，倒産法等の否認権行使のように遡及効をもって支払が取り消されることのない状況を**ファイナリティ**（finality）のある決済と呼び，決済システムの安全性を測る尺度として用いてきた〔⇨ファイナリティ〕。決済手段には，①**物々交換**や，②現金のような**強制通用力**を持つ**金銭の支払**（通貨の給付），③**クレジットカード**，電子マネーや暗号資産（仮想通貨）等によることも可能だが，多くの場合は，④**銀行送金による決済**（全体の6割程度）や⑤**荷為替信用状**（全体の2割程度。対中国・中東などが多い）や**荷為替手形**を用いた決済による。その他，⑥複数の債権債務がある場合には**相殺やネッティング**によることも多い〔⇨カウンタートレード，強制通用力，暗号資産，国際送金，信用状，荷為替手形，ネッティング〕。

金銭債務の弁済提供の法的効果を生じるには，①各国が法律上，**強制通用力**を定める**法定通貨**（法貨：Legal Tender）であるか（例：日本円ならば，貨幣は通貨の単位及び貨幣の発行等に関する法律，紙幣は日本銀行法で法定）と②契約・約款により**代物弁済**または本旨弁済としての効力が与えられているか（例：日本法ならば民法482条），③当該手段をもって弁済に充てることが慣習（法）として認められる必要がある〔⇨強制

通用力，代物弁済〕。

銀行を仲介とする代金の決済方法には送金方式（振込）と取立方式（振替）がある〔⇨銀行振込の法的性質〕。**送金方式**とは，支払人の依頼に基づき，送金依頼を受けた銀行が受取人所在地の銀行に対して受取人への支払を指図し，その支払指図に基づいて受取人に支払が行われる，いわば支払人起動型の資金移動方法である（例：銀行振込による送金や小切手による支払）。一方，**取立方式**とは，代金を受領する受取人の依頼に基づき，取立依頼を受けた銀行が支払人所在地の銀行に対して支払人からの取立を指図し，その取立指図に基づいて支払人から代金を取り寄せる，いわば受取人起動型の資金移動方法である（例：銀行引落による電気・水道料金等の支払や荷為替手形）。(久保田隆)

決済完了性
　　〔⇨ファイナリティ〕

原産地規則　RoO: Rules of Origin

ある物品の原産地を決定するためのルールをいう。関税政策を活用しようとするに際し，その政策の適用・不適用が物品の原産地に基づく場合が存在するため，原産品であることを認定するための基準や税関への証明・申告手続等に関する原産地決定のためのルールが必要となる。原産地規則は特恵原産地規則と非特恵原産地規則に大別される。特恵原産地規則には，経済連携協定（Economic Partnership Agreement; EPA）に基づく特恵税率を適用するための規則（EPA原産地規則）と，開発途上国を対象とした一般特恵関税（Generalized System of Preferences; GSP）を適用するための規則がある。一般特恵関税制度は，開発途上国を原産地とする物品に対して一般の関税率よりも低い関税率（特恵税率）を適用する制度である〔⇨一般特恵制度〕。一般特恵関税を適用するための原産地規則は，関税暫定措置法施行令および施行規則に規定される。他方，特定国に特恵待遇を与える措置

以外（例えばWTO協定税率の適用のため等）に用いられる原産地規則は非特恵原産地規則という〔⇨原産地証明書〕。（田口尚志）

原産地証明書　Certificate of Origin

　貿易商品が，特定の国の製品，生産物であることを証明する書類である。貿易取引上は，荷為替決済書類や運送書類の一つとして，売買契約あるいは信用状により提供を求められる書類である。輸入通関に際し，（1）WTOに定める**一般特恵関税制度**（GSP=Generalized System of Preferences）〔⇨一般特恵制度〕や（2）**経済連携協定（EPA）**〔⇨経済連携協定（EPA）〕または**自由貿易協定（FTA）**〔⇨FTA（自由貿易地域／自由貿易協定）〕に基づく軽減税率である協定税率の**適用**を受けるために必要とされる証明書である（関税法施行令第61条）。（1）は，開発途上国起源の製品，生産物に対し，特別の便益として関税をゼロとするか，低率の関税を課すことにより，そのような国・地域の貿易振興をはかり，経済発展を促すことを目的とし，特定の国・地域の輸出品に一般特恵関税または特別特恵関税が適用される（この適用国・地域については，税関のHP参照）。この場合には，GSP Form Aが使用される。（2）は，上記の協定国との取引に必要なもので，特定原産地証明書と呼ばれる。協定に定める基準および関税法基本通達による基準（合わせて非特恵原産地規則という）を充たすことが必要であるが，原産地認定基準が完全生産基準に適合する場合は別にして，実質的変更基準の適用はやや複雑で，各協定間に調和が見られず，いわゆる**スパゲッティ・ボール現象**という複雑な構造となっていて，その調和の課題は容易でない状態にある。

　発給機関は，日本への輸入の場合は，輸出地にある日本の在外公館，輸出国の税関等の官公署，もしくは商業会議所等で税関長が適当と認める者であり，日本からの輸出の場合には，法律（「経済連携協定に基づく特定原産地証明書等に関する法律」）によ

り商工会議所が指定されているが，（2）については，経済産業大臣から認定を受けた認定輸出者が自ら作成する。商工会議所に企業登録し，原産品判定審査を受けた後，発給審査に合格すると，この証明書が交付される。

　なお，（1）については，輸入増加により国内産業に及ぼす影響が大きい場合において，「緊急に国内産業を保護する必要が認められると，その適用が停止されることがある（これは，いわゆる**エスケープ・クローズ**〔⇨エスケープ・クローズ〕である）〔⇨原産地規則〕。（椿　弘次）

原子力供給国グループ（NSG）　Nuclear Suppliers Group

　1974年，印の核実験を契機に創設された，原子力関連の物資・技術の供給国による原子力関連物資・技術の輸出管理に関する国際枠組〔⇨安全保障貿易管理制度〕。2019年末現在の加盟国は日米英仏独伊露中韓加豪を含む48か国。NSG参加国間では，法的拘束力を持たない指針（NSGガイドライン）に基づく輸出管理が行われる。NSGガイドラインは，原子力専用品及び技術の移転に関する「パート1」と原子力関連の汎用品及び技術の移転に関する「パート2」で構成されており，日本政府は，このガイドラインに基づき，規制対象となる品目（貨物）を輸出貿易管理令（別表第1第2項）において定め，また提供や移転が規制の対象となる技術について外国為替令（第17条及び別表第2項）において定めている。（竹内舞子）

原則立脚型交渉（ハーバード流交渉術）　principled negotiation

　ハーバード大学ロースクール故Fisher教授らが1981年に著書「Getting to Yes」で提唱した，立場や感情に流されない合理的な望ましい交渉スタイル。その骨子は，①人と問題を分離する，②立場でなく利害に焦点を合わせる，③行動の前にあらかじめ双方に有利な選択肢を数多く考え出してお

く，④交渉の結果はあくまでも客観的基準（法律・慣習・専門家意見等）によるべきことを強調する，⑤不利な交渉結果に追い込まれないように自分の BATNA（Best Alternative To Negotiated Agreement: 不調時代替策）を認識しておくことにある。

さて，原則立脚型交渉を核とする Fisher 教授らが提唱した交渉術を**ハーバード流交渉術**と呼び，世界的に広まった。この交渉術では，他にも①自分と交渉相手の相互の BATNA に囲まれた領域を**合意可能領域**（ZOPA: Zone of Possible Agreement）と呼び，②単一論点で ZOPA が存在しなくても，論点を複数化することで，ある論点では譲歩し別の論点では譲歩されるという形で行う交渉（**統合型交渉**）も呈示する。なお，ハーバード流交渉術に対しては，証拠に基づく学問的成果とは言えない，感情を込めた交渉の方が強力な場合も多い等の批判もあり，ハーバード側からの再反論もなされてきた。（久保田隆）

現代貨幣理論
〔⇨MMT〕

現地調達　local sourcing
歴史的には，必要な物資，例えば食糧などを自前で戦地に運んでこずに，派遣先から徴収することを意味した。旧日本陸軍には，抽象的な精神論に基づいて，このような兵站を無視した作戦を立てる者が多かったことが批判されている。現代においては，現地調達は，例えば自動車産業における現地生産に際し，その国自体で製造した部品を採用すること，を意味する。現地国産化比率指定や対象部品指定などの規制は国により異なるが，どの国も国産化を強力に促し，資本と技術を導入するために，完成車，部品輸入に高関税を課すなど，厳しい規制が実施されてきた。しかし，現地調達部品の比率は現地の技術水準により品質，コストの制約も多い。主要構成部品（エンジン，トランスミッション，シャシー，ボディなど）を生産するためには高い品質精度が要

求され，機械装置，型，治工具類に多額の投資が必要となるため，現地サプライヤーにはハードルが高い。そのため，当初は輸入により主要構成部品の供給を受ける段階からスタートするが，徐々に現地製に切り替えられて，国産化率を上げていくのが一般的である。（小倉隆）

現地法人
〔⇨海外支店・現地法人・事務所〕

権利不放棄条項　no waiver clause
欧米の契約書みられる定型的条項（ボイラープレート条項）のひとつである no waiver clause を意味する。契約上の権利や救済手段が，当事者の不行使という事実に影響を受けずに，いつでもその文言通りに行使できるようにする目的で契約条項として挿入される。例えば，「契約上有する権利や救済手段を行使しないことは，それらを放棄するものとはならない」等である。契約違反後の時間の経過や，遅滞した履行の受領などにより，権利を放棄した，あるいはもはや行使しないと思われるような状況が生じる可能性があるが，そのような解釈が相手方はもちろん，裁判所からもなされないようにするために，契約書に規定されるものである。しかしながら，英米における裁判例によれば，この条項の効力は限定的であり，裁判上その効力を否定されることがある。（久保田隆）

Coincheck 事件
〔⇨暗号資産〕

合意可能領域（ZOPA）
〔⇨原則立脚型交渉〕

（株式）公開買付け（TOB）　takeover bid
公開買付けとは，株式等の買付け期間，買取り数，価格等を公告して，不特定多数の者から市場外で株式等を買い集めることである。公開買付けは，支配権の獲得・維持等の目的のほか，上場廃止を目的とした

コ

マネジメント・バイアウト（management buyout）や自社株買いでも用いられる。

　もとより上場会社の株式等は，誰でも取得することができ，外国人・外国法人でも外資規制等の枠内で，株式等を買い進め，株主総会の議決権の過半数を取得することにより会社の支配権を獲得することが可能となる。しかし，これが恣意的かつ無制限に行われると，対象企業の上場廃止で投資家の利益に不測の損害を被らせる等，証券取引の秩序を害する様々な弊害が生じる恐れがある。そこで，資本市場を有する法域では，支配権の異動にかかる情報開示，株主平等の原則の確保，コントロール・プレミアムの平等分配等の趣旨から，公開買付けに関するルールが設けられている。法域によって，公開買付けが規制又は強制される範囲，内容，手続等が異なる。

　なお，英語のtakeover bidから，日本では公開買付けがTOBと略されるが，英語圏ではbidとか，（public）tender offer等と表現される。（浜辺陽一郎）

航海上の過失　act, neglect, or default in the navigation or in the management of the ship
　航海または船舶の取扱いにおける過失を航海上の過失という。船荷証券統一条約〔⇨船荷証券統一条約〕4条(1)(a)は，船長，海員，水先人その他運送人の使用する者の航行または船舶の取扱いに関する行為によって生じた運送品の滅失または損傷については，運送人は責任を負わないとする（国際海上物品運送法3条2項参照）。航海上の過失免責は，条約作成当時の法と実務を踏まえ，運送人の実効的な管理の及ばない航海中に，船長，船員などの行為によって生じた損害について運送人の免責を定めたものであり，通信技術の発達した現代においてはその合理性を疑う声が強い。1978年の海上物品運送に関する国連条約（ハンブルク・ルールズ），2008年の全部または一部が海上運送による国際物品運送契約に関する国連条約（ロッテルダム・ルールズ）は，航海上の過失免責を定めていない〔⇨国際海上物品運送法〕。（増田史子）

航海傭船契約　voyage charter
　傭船契約の一種〔⇨傭船〕で，特定の港から港までの航海を単位として，特定の船舶により傭船者が船積みする物品を運送することを運送人が引き受け，これに対して傭船者が傭船料（freight）を支払うことを約する運送契約である。不定期船による運送の典型的な形態である。単一の航海を引き受けることもあれば，連続して複数回の航海を約することもあり，後者は連続航海傭船（consecutive voyage charter）という。傭船料は船積みした貨物の数量，重量等に基づき支払われる。船積み，荷揚げ，船内荷役は傭船者が行うことが多く，約定の碇泊期間（laytime）を超過した場合，傭船者は約定の料率により滞船料（demurrage）を支払う。代表的な標準書式として，BIMCOの制定したGENCONがある。日本法は「船舶の全部または一部を目的とする運送契約」を「航海傭船契約」としているので（商法748条1項参照），コンテナ定期航路において船社間で船腹の融通のために期間建てで締結する契約（スペース・チャーター，スロット・チャーター）も，商法上の航海傭船契約に該当する〔⇨海上コンテナー〕。（増田史子）

航空運送状
　〔⇨運送状〕

航空保険　aviation insurance
　航空機に関連して生じる損害の塡補を目的とする保険の総称であり，物保険である機体保険，装備品・予備部品保険，賠償責任保険である乗客損害賠償責任保険（モントリオール条約50条に基づき付保が義務付けられる〔⇨モントリオール条約〕），第三者賠償責任保険，航空機搭乗者傷害保険，貨物賠償責任保険などがある。捜索・救助費用保険，航空機使用不能損害保険など，機体保険の特約として任意に付保するものもある。民間定期航空会社は通常，個別の

保険種類ごとではなく包括的な形で保険契約を締結している。なお，航空貨物の滅失・損傷の危険については，通常は外航貨物海上保険が利用される〔⇨外航貨物海上保険〕。

保険は，大数の法則を利用して事故発生率を予測し将来に備える仕組みだが〔⇨保険〕，航空保険では危険の巨大性に比して対象案件が限られるため統計的安定性を確保することが困難で，再保険による危険の分散が図られている。日本では，日本航空保険プールの対象となる保険をプール会員である損害保険会社が引き受けた場合，プールに引受額全額を出再し，各プール会員会社があらかじめ定められた割合で責任を負担する。会員の消化能力を上回る額は，ロンドン市場など海外で再保険を行う〔⇨再保険〕。日本航空保険プールは独占禁止法の適用を免除されており（保険業法101条1項1号，102条），プール物件の保険料・料率は日本航空保険プールが決定する。2001年9月11日の米国同時多発テロの際には，保険者の支払能力が悪化して保険金額，損害填補額の大幅な引下げなどが行われ，各国政府の支援措置により航空輸送の安定が図られた。（増田史子）

広告代理店　advertising agency

広告代理店（advertising agency）とは，広告を出したい企業（広告主）とテレビ局や新聞社など広告を載せるメディアを持った企業（媒体社）の間に立ち，両社の代理として広告に関する様々な仕事を行う会社のこと。かつては広告主に代わって（代理して），新聞・雑誌などの媒体に広告主が希望するスペースを確保することが主な役割であったため広告「代理店」と呼ばれたが，現在では仕事の中心が広告制作に移ってきているため，「広告会社」と呼ばれるようになってきている。この点，欧米では，メディアのみを扱う広告会社としてメディア・エージェンシーがあり，それとは別に制作を担当する広告会社であるブランド・エージェンシーも制作専門会社として成立して

いる（もっとも，同じ広告会社グループになっていることもある）。（田中誠和）

公序（公序良俗）　order public/public policy

「公の秩序又は善良の風俗」（öffentliche Ordnung und gute Sitten）の略称。以下，民法上の公序，国際私法上の公序，国際民事訴訟法上の公序に分けて説明する。

民法上の公序は，国家・社会一般の利益・秩序・道徳観念を意味する。わが国の民法第90条は，これに反する事項を目的とする法律行為を無効としている。公序の内容は，具体的に強行規定に反映されている場合もある。

国際私法上の公序は，準拠外国法を具体的事案に適用した結果が内国の基本的な法秩序や法理念に反するときに，その適用を排除するものである。例えば，わが国の「法の適用に関する通則法」第42条（旧法例第33条）は，「外国法によるべき場合において，その規定の適用が公の秩序又は善良の風俗に反するときは，これを適用しない」と規定する。

これは，具体的な法の内容を考慮せずに連結点を通じて準拠法を選択する国際私法の原則（いわゆる「暗闇への跳躍」）の例外である。事案の内国関連性に鑑み，内国の基本的な法秩序や法理念の維持のためにやむを得ない場合に限定的に発動されるべきものである。したがって，国際私法上の公序は，国内民法の公序より狭く，より中核的な法観念であると解されている。例えば，一夫多妻制は，民法の公序に反するとしても，それを内容とする外国準拠法の適用は，事案の内国関連性の程度や具体的事件への適用結果の妥当性に照らして，排除されない場合がありうる。わが国の判例で公序違反とされた例は少なくなく，例えば，離婚の禁止，養子縁組の禁止を定める準拠法の適用結果が公序違反とされた事件がある。

国際民事訴訟法上の公序は，外国裁判所の判決の承認要件の1つとして，各国法上広く認められており，わが国の民事訴訟法第118条も，外国判決の内容および訴訟手

続が日本の公序に反しないことを承認要件の１つとしている。承認要件が執行要件を構成している場合（例えば，わが国の民事執行法第24条第３項）には，執行要件でもある。判決が適用した準拠法自体ではなく，判決を承認した場合の結果が公序違反となること，および基本的な法秩序や法理念の違反が明らかであることを明文上または解釈上求める法制が多い。また，実質再審査を禁止する原則も広く認められているため，訴訟手続の相違，準拠法の選択や適用の相違，事実認定の相違は直ちには公序違反とはされにくい。もっとも公序の具体的内容は国によって一様ではない。

わが国の判例には，懲罰的損害賠償を命じた判決や，わが国の判決に矛盾する判決の承認が公序違反となるとされた事件がある。比較法的知見によると，その他に公序違反とされる可能性があるものには，独立性ないし中立性が欠ける裁判所による判決，偽造証拠の提出や証拠隠匿により詐取された判決がある。（高橋宏司）

交渉
〔⇨相対交渉，原則立脚型交渉〕

口頭証拠排除原則　Parol Evidence Rule

最終的な合意として，契約書以外の証拠を排除する英米法の実体法法理のこと。排除されるのは口頭証拠に限定されない。この法理があるため，英米法を準拠法とする契約では，当事者間の合意はできるだけ契約書書面に記載しようとするインセンティブが働く。この根拠を当事者の意思解釈に求め，当事者が合意を当該文書の事柄に限定していたと解される場合に認められるという考え方が有力であるが，これでは循環論と批判され，また多くの例外があるため（例えば，UCC〔⇨UCC〕第２−202条で，説明や補充のために，取引や履行経過や商慣行を持ち出すことを認める），確立した法理といえるか疑問が残る。そのため実務では，同じ目的を達するため，契約書に**完全合意条項**〔⇨完全合意条項〕を入れる。（杉

浦保友）

購買力平価説　PPP; Purchasing Power Parity

二国間の為替相場は各通貨の購買力が等しくなる水準で決まるという為替相場決定理論の一つをいう。スウェーデンの経済学者 G. カッセル（G. Cassel, 1866-1945）が1921年に唱えた理論である。絶対的購買力平価説と相対的購買力平価説の２つがある。前者の絶対的購買力平価説は，一物一価の原則を前提として，同じ製品を同じ価格で購入できる各国の物価水準から為替相場を求めるものである。例えば，ある商品が日本では110円，米国では１ドルで売られているとき，為替相場は１ドル=110円になることをいう。後者の相対的購買力平価説は，自国通貨建て為替相場変化率は自国と外国のインフレ率格差に等しくなるという考え方に基づいて為替相場は決定される。（田口尚志）

合弁
〔⇨ジョイントベンチャー〕

公法・私法　public law, private law

法は公法（public law）と私法（private law）に分類されるが，分類基準につき諸説がある。第一の有力説は，法律関係の性質に着目し，権力主体（国家・公共団体）相互間の関係および権力主体と私人の関係を規律する法を公法，私人間の関係を規律する法を私法とする。この説の前提は，命令・服従の関係＝公法関係，対等な当事者間の平等・公平な関係＝私法関係である。しかし，国家間の対等な関係を前提とする国際法や，必ずしも平等な関係ではない親子関係などの説明が困難と批判される。そこで公権力の発動に関する法を公法とする第二の有力説が登場する。いずれの説も，憲法・行政法・刑法などを公法，民法・商法・国際私法などを私法とし，国家が私人と同様の資格で私人と結ぶ関係は私法関係とする。他方で，対等でない私人間の関係に対して弱者保護のために権力主体の強行的介

入を認める労働法，経済法，消費者法など
は，法律関係の性質からは私法，公権力の
発動の点からは公法とされる。福祉国家で
は，公法・私法の混合領域が増大しており，
公法・私法の区別は旧来の伝統的な意味を
失いつつある。結局，区別する目的に応じ
て問題となる場面ごとに検討せざるを得な
い（なお，どのような事項を公法・私法と
するかは国ごとに異なる点にも注意を要す
る）。

国際商取引との関係上，公法・私法の区
別は，どの国の法が適用されるかという場
面で意義を有する。各国は，一般に，私法
関係については**国際私法**〔⇨国際私法・抵
触法〕を介して外国法の適用を認めるが，
公法関係については常に自国法を直接に適
用する（外国公法の不適用・公法の属地的
適用）からである。例えば契約については，
ほとんどの国の国際私法が当事者自治の原
則を認めているため，当事者が外国法を準
拠法として合意する場合には，通常，当該
外国法が適用される。実際，日本企業を一
方当事者とする国際契約でも，米国ニュー
ヨーク州法や英国法などを準拠法とするも
のがある。これに対して，輸出入規制法，
為替規制法，関税法などの公法は，その適
用範囲内の事項である限り，各国は常に自
国法を適用する。それゆえ国際商取引の当
事者は，関係国（輸出国・輸入国など）そ
れぞれの公法に留意する必要がある。

国際民事手続法の場面でも，公法・私法
で異なる扱いがされる。例えば，私法関係
につき外国裁判所が下した判決は，一定の
要件（民事訴訟法118条参照）を満たせば日
本で承認されるが，公法関係に関する外国
判決は承認されない〔⇨外国判決の承認・
執行〕。また，外国国家は，主権的行為に
ついては原則として日本の裁判所での民事訴
訟に服しない（**裁判権免除**〔⇨主権免除〕）
が，私法的な行為についてはこの限りでな
い（外国等に対するわが国の民事裁判権に
関する法律を参照）。（高杉　直）

合理的意思解釈
〔⇨契約の解釈〕

港湾運送事業法　Port and Harbor Transportation Business Act

港湾運送に関する秩序を確立し，港湾運
送事業の健全な発達を図り，もって公共の
福祉を増進することを目的（第1条）とす
る法律を港湾運送事業法（昭和26年法律第
161号）という。この法律で「港湾運送事業」
とは，営利を目的の如何に問わず港湾運送
を行う事業をいう（第2条2項）。港湾事業
は国の許可制で，港湾労働者も港湾労働法
により定めにより働くことができない。港
湾運送事業には，次に掲げる種類がある（第
3条）。

① 一般港湾運送事業: 港湾における船積・
陸揚貨物の受渡しと，それに関わる船内荷
役（ステベ/ステベドア, stevedore）〔⇨ステ
ベドア〕，はしけ（艀:多くはエンジンを積
んでいないため自力で航行することはでき
ず，タグボート（tugboat:トウボート tow-
boat）により牽引あるいは推進されながら
航行する。barge/lighter）運送，沿岸荷役お
よびいかだ運送を一貫して行う。

② 港湾荷役事業: 港湾における船舶への貨
物の積込または船舶からの貨物の取卸，お
よび港湾においてする船舶もしくははしけ
により運送された貨物の上屋（shed）その他
の荷さばき場への搬入等を行う事業。

③ はしけ運送事業: 港湾における貨物の船
舶またははしけによる運送，国交省令で定
める港湾と港湾または場所との間における
貨物のはしけによる運送または港湾もしく
は指定区間における引船によるはしけもし
くはいかだのえい航を行う事業。

④ いかだ運送事業: 港湾もしくは指定区間
におけるいかだに組んでする木材の運送ま
たは港湾において水面貯木場への搬入等を
行う事業。

⑤ 検数事業: 船積貨物の積み込み・陸揚げ
の際に，貨物の個数や損傷の有無などにつ
いて確認する職務（検数）を行う事業者
（tallyman）。

⑥ 鑑定事業: 船積貨物の積付や損害に関する証明・調査・鑑定をする事業〔⇨サーベイヤー〕。

⑦ 検量事業: 船積貨物の積み込み・陸揚げの際に，貨物の重量や容積の計算や証明をする事業 (sworn measurer: 公認検才人)。(河野公洋)

コーポレート・ガバナンス　Corporate Governance

　コーポレート・ガバナンスとは，一般に「企業統治」と訳されるが，明確な定義がある訳ではない。

　具体的に，①株主総会，取締役会，監査役会等の組織構成，②取締役会，常務会，監査役会等の組織の構成員の選任方法，③取締役，監査役等に対する報酬の決定方法，④監査の仕組み，⑤ディスクロージャーの仕組みやあり方を意味してきたが，目的としての①企業不祥事を防ぐ，②企業の収益力を強化をいうことが多くなった。広義には内部統制〔⇨内部統制〕のことであるが，企業の巨大化および多国籍化により，「企業の所有者は株主である。株主利益が最優先されるべきである」と，「会社はステークホルダー（利害関係者）全体の利益のために存在する」という2つの命題のバランスは各国によって，企業によって違いが鮮明となっている。(河野公洋)

コーポレート・ファイナンス　corporate finance

　コーポレート・ファイナンスは企業財務と訳されることもあるが，企業がどのように資金を調達し，また使っていけばよいのかを，株主や債権者といった資金提供者(投資家)の立場からみて考えていく経営学の一分野である。コーポレート・ファイナンスにおいては，価値とは**将来キャッシュフローの現在価値**（将来キャッシュフローの期待値を分子に割引率を分母にしてDCF法により算出する）のことであり，**企業価値**とは企業が生み出す将来キャッシュフローの現在価値の総和とされる。そしてこの**企業価値の最大化**こそが企業の目的であると考えて，経営上の判断,意思決定を行っていくことになる。

　コーポレート・ファイナンスは，①資金調達，②投資の意思決定，③投資家への配分，の三分野から構成される。資金調達については，投資家の期待収益率とされる**資本コスト**，また債権者から提供される借入金・社債と株主から提供される株主資本との構成比率を意味する**資本構成**，また投資の意思決定については，**フリーキャッシュフロー**やNPV (Net Present Value)，**IRR** (Internal Rate of Return)といった評価方法を扱う。投資家への配分については**配当，自社株買い**，**増資**，債務返済，といった企業と株主，債権者との間での資金配分について扱う。(田中誠和)

ゴールデン・シェア
　〔⇨黄金株式（拒否権付き株式）〕

ゴールデン・パラシュート　golden parachute
　高額な役員退職慰労金のことで，敵対的買収の結果として対象会社取締役や上級役員が退任させられる場合，多額の割増退職慰労金を支払うという事前の契約を締結しておく防衛策の仕組みをいう。これに対してティン（ぶりき）・パラシュートは，高額な従業員退職慰労金であり，敵対的買収の結果として従業員が退職する場合，多額の割増退職慰労金を支払うという契約を締結する仕組みである。機関投資家の議決権行使ガイドラインでも，株主承認があればゴールデン・パラシュートに賛成するとしつつ，ゴールデン・パラシュートは業績の悪い経営者が変わる時に多額の給与を与え，すでに正規の給与を得ている経営者にも多額の退職金を与えてしまいかねないリスクがある。ゴールデン・パラシュートによる退職金支給は，買収に対する株主承認よりも買収自体の達成によるべきである，とする内容のものもある。(藤川信夫)

コールド・ウォレット
〔⇨暗号資産〕

小切手の買取・取立　negotiation/ collection of checks

　小切手は，現金の代わりの支払手段として，振出人が作成する有価証券〔⇨有価証券〕である。振出人が，支払人（銀行）に一定の金額の支払いを委託するもので，支払人に預けている資金で支払いをしてもらうことを予定している。実際には，小切手を振り出そうとする者は，取引銀行と当座勘定契約を締結するとともに当座預金口座を開設してもらい，そこに支払資金を準備しておくことになる。

　小切手は，現金の代わりであることから，所持人が支払呈示すれば直ちに支払われ（一覧払。小切手法28条），また呈示期間も10日間と短期に設定されている（小切手法29条）。一方で，支払手段として利用される約束手形は，支払われるまで一定の期間が設定されていることから，現金化したい手形受取人のために銀行が手数料を差し引いた額で買い取ることが一般的に行われている（**手形割引**。銀行の割引依頼人に対する**買戻請求権**付き）。基本的にこのような買取（信用の道具としての機能）は，小切手については行われていない。通常，小切手の所持人は，自ら個々の小切手をそれぞれの支払人である銀行に個別に呈示するのではなく，自己の取引銀行に取立を依頼する。取立依頼を受けた銀行は，一定地域ごとに設置されている手形交換所に小切手を持ち出し，交換により支払銀行が持ち帰り，振出人の当座預金により決済する（手形交換所における小切手の呈示は，小切手法上，適法な呈示である。小切手法31条）。（コーエンズ久美子）

国外送金等調書提出制度（内国税の適正な課税の確保を図るための国外送金等に係る調書の提出等に関する法律－調書提出法）　Act on Submission of Statement of Overseas Wire Transfers for Purpose of Securing Proper Domestic Taxation

　国外送金等調書提出制度（調書提出法）とは，1998年4月の改正**外為法**施行による，外為取引の原則自由化－いわゆる外為ビッグバンに合わせて，調書提出法が施行され，国外送金等調書の提出が開始された。調書提出法の目的は，納税義務者の外国為替取引に際して，対外取引状況及び財産を国税当局が把握し，内国税の適正な課税の確保を図ることである。具体的には，クロスボーダー取引（かつ荷為替手形取引以外の送金取引）に対し，取引金融機関から国外送金等調書を提出するよう義務付けるものである。当初500万円超のクロスボーダー取引が調書提出対象とされたが，2009年4月以降，調書提出基準金額の引下げにより100万円超のクロスボーダー取引が対象となった。また，調書提出法は，独自の本人確認規定を設けており，事実上，わが国**AML/CFT（資金洗浄・テロ資金対策）**の一翼を担う他，12月31日時点で，価額の合計額が5,000万円超の国外財産を有する居住者に対して，国外財産調書の提出も義務付けている〔⇨外国為替，荷為替手形，AML/CFT，外国為替及び外国貿易法〕。（花木正孝）

国際会計基準
〔⇨国際財務報告基準〕

国際海事機関　IMO: International Maritime Organization

　国際的に航海する船舶の安全と海洋汚染防止を目的に，全世界な統一ルール作成のため，1948年国際連合海事会議において，政府間海事協議機関（IMCO: Intergovernmental Maritime Consultative Organization）が採択され1958年にIMCO設立，世界経済の拡大による国際海運の重要性の高まりから1975年国際海事機関条約により1982年に国際海事機関（IMO）と名称変更され現在に至る。本部は英国ロンドン，2020年3月現在，正式加盟国・地域は174，准加盟国・地域は3。

コ

会員総会，理事会および5つの専門委員会（海上安全，海洋環境保護，法律，技術協力，簡易化）から構成される。その役割・内容は協議的および技術的事項を原則に，船舶の安全，海洋汚染防止，海難事故時の対応，船舶構造や設備の安全基準，積載限度に係る技術要件，有害物質・油や排ガス等の排出規制に関する基準規則等を審議作成している。

国際ビジネス事項としては，コンテナ構造強度・保守等の国際的統一基準を定めた1972年CSC条約（コンテナ安全国際条約），SUA条約（海洋航行不法行為防止条約）に関する大量破壊兵器等の輸送行為の防止に資する2005年10月改正議定書，新造船エネルギー効率や効率的運航を促進する2011年MARPOL条約（海洋汚染防止条約）附属書Ⅵ改正などがある〔⇨海上コンテナ〕。（中村嘉孝）

国際海上運送の関連条約　Conventions on International Maritime Transport

現在では信じがたいことではあるが，汽船が国際海運に普及しはじめた19世紀末から20世紀の初め頃は，海運会社，特に英国系の海運会社が，荷主に対して強い交渉力を有していた。それを背景として，運送人は，船荷証券に，様々な免責約款の挿入を行っていた。これに対して，船荷証券の免責約款に対して国際的に制限をかける機運が生じた。

それは，「千九百二十四年八月二十五日にブラッセルで署名された船荷証券に関するある規則の統一のための国際条約（昭和32年条約21号）」（通称「船荷証券規則統一条約」実務では「ヘーグ・ルール」と略称）として結実した。現在でも米国は，ヘーグ・ルールを摂取している。ヘーグ・ルールは，契約自由を謳歌していた海運会社・海運国に規制の導入を認めさせるための妥協として，航海過失免責・火災免責に限り，運送人に有利な免責約款を認めた。

この点は，ヘーグ・ルールを1968年にバージョン・アップしたヘーグ・ヴィスビー・ルール（千九百六十八年二月二十三日の議定書によって改正された千九百二十四年八月二十五日の船荷証券に関するある規則の統一のための国際条約を改正する議定書（平成5年条約3号，略称「一九七九年の船荷証券改正議定書」））も変わらない。このヘーグ・ルールは，世界の主要海運国が支持しており，日本も批准し「国際海上物品運送法（昭和32年法律172号）」として国内法を制定している〔⇨国際海上物品運送法〕。

ところが，運送人に有利な「ヘーグ・ルール」「ヘーグ・ヴィスビー・ルール」に，有力な海運会社を擁していなかった発展途上国が反発し，国連貿易開発会議（UNCTAD）において1978年国連海上物品運送条約（通称: ハンブルグ・ルール）を成立させた。この条約は，発効しているものの，主要海運国は批准していない。

そして，どの条約にも属さず独自の国内法で船荷証券の約款規制を行う国家群（有力国として中国）も存在する。

ゆえに，現時点では船荷証券の約款規制に関しては国際統一化されていないが，このことを憂慮して国連国際商取引法委員会（UNCITRAL）は，2008年「その全部又は一部が海上運送である国際物品運送契約に関する条約」（通称: ロッテルダム・ルール）を成立させた。ロッテルダム・ルールは船荷証券の電子化なども念頭に置かれているが，現時点では未発行であり，日本も未だ署名せず，日本船主協会も注視している段階である〔⇨UNCTAD〕。（合田浩之）

国際海上物品運送法　Carriage of Goods by Sea Act B

国際海上物品運送法（昭和32年法律172号）は，国際海上輸送に関する商法の特別法に位置付けられる。その制定はヘーグ・ルールを日本が批准したことをうけたものである。その後，ヘーグ・ヴィスビー・ルールを日本が批准・摂取したことに呼応して改正がなされた（平成4年）。平成30年の海商法の現代化に伴い，国際海上物品運送法

に規定されていた船荷証券の条項は削除され、それは改正された商法に盛り込まれるようになった。それゆえ、商法に対する国際運送に対する特別法の色合いがより鮮明となった。（合田浩之）

国際貸付　international loan

金融機関が取引先に資金を貸す貸出には、通常、貸付と手形割引があり、貸付には国内貸付と国際貸付がある。国際貸付は、クロスボーダーで、非居住者に対し、あるいは自国通貨以外の外貨でなされるなどの特徴がある。日本法を契約準拠法とするとは限らないのも国内貸付と異なる点であるが、日本法が準拠法であれば、多くは金銭消費貸借契約による。

国際貸付の契約準拠法は、国際金融市場が多い貸出地のマーケットにおいて支配的な英米法に準拠し、ローン契約で行うのが一般的である。英米法に基づくローン契約は、諾成的に行われるが、平成27年改正民法（令和2年4月1日全面施行）によって、民法が消費貸借の成立要件としてきた要物性が修正され、英米法のローン契約に近くなった。外貨で行う場合は、為替変動リスクや金利リスクをヘッジする目的で、各種**スワップ契約**などと組み合わせる国際貸付も多い。

貸付には、担保付きか無担保かの別があるが、国際貸付では、外国に所在する不動産を担保に取ることはあまり一般的ではない。遠く離れた不動産の日常的管理や執行に難点があるからである。人的担保としてのギャランティや日本法の下では債権質に近いサボーディネーションなどに頼るケースが多い。

国際貸付の金利は、代表的国際金融市場における LIBOR（London Inter-Bank Offered Rate）に基づく変動金利によるのが一般的である。しかし、LIBOR は、2021年末以降に公表を停止する可能性があり、既に締結済の LIBOR に基づく国際ローンなどの国際貸付契約には、見直しが必要となった。

国際貸付の借手には主権をもった国家がなることがあり、その場合、巨額の**シンジケート・ローン契約**を締結することが少なくない。

国際貸付は、契約準拠法とは別に外国為替管理に代表されるところの、国や地域ごとの規制（レギュレーション）に服さなくてはならない。税制面においても、各国・地域の税制だけでなく、国際二重課税を防止するために、主に二国間で締結される租税条約の規律にかかる。

国際貸付に関連し、国際的な資金移動についての規制として重要性を増してきたのが、**マネー・ローンダリング規制**である。1989年のアルシュ・サミット経済宣言で設立した政府間会合（FATF）が対策のための協調指導、協力推進などの役割を担っている。（長谷川俊明）

国際技術移転契約　International Technology Transfer Agreement

〔⇨技術移転契約〕

国際共同開発（契約）　International Joint Development（Agreement）

複数当事者が協同で技術や製品開発を行うために締結する契約である。スピード化の要求、テーマの大型化、複合的領域の結合の必要性などから、近年増加しつつある契約形態である。役割分担として、技術・人材・資金・設備などを当事者で分担し、他方、成果の配分について業務分担に応じてその配分がされることが公平であるが、実際には定量的に把握しにくく容易ではない。事前に検討、協議を行い、契約書を作成することが重要になる。具体的条項例としては、開発目標・対象、表明保証、業務分担、費用分担、契約期間、予定、第三者業務委託、変更・中止、成果物帰属・利用、第三者に対する共同利用の制限、秘密保持、解除などが重要になる〔⇨表明保証条項〕。（藤川信夫）

国際協力銀行 JBIC: Japan Bank for International Cooperation

　2012年に株式会社国際協力銀行法に基づき設立された政策金融機関。1950年に設立された日本輸出入銀行をその前身とし，NEXI（日本貿易保険）と並ぶ日本の輸出信用機関（ECA）である〔⇒NEXI（日本貿易保険）〕。

　資源の確保，産業の国際競争力向上，地球環境保全，国際金融秩序の混乱の防止等のために，民間金融機関との協調融資を原則として出融資保証等を行う。

　日本企業が輸出者，事業者，資源輸入者として案件に参画する場合等に，各々輸出金融，投資金融，資源金融を提供する他，出資，保証，ブリッジ・ローン等の幅広いプロダクツを有する。1986年の西豪州LNG案件を嚆矢として行っているプロジェクト・ファイナンス業務は，世界各国の公的金融機関の中でも最も長い部類に属する〔⇒プロジェクト・ファイナンス〕。

　日本政府は2020年に約30兆円のインフラシステム受注を目指して，官民一体で取り組んでいるが，JBICは，国際協力機構（JICA）やNEXI等とともに，金融面での支援の柱である。（堀口宗尚）

国際金融市場 International Financial Market

　国内金融市場との対比で，国境を越えたクロスボーダー取引が行われている状況・市場をさす。1950年代にユーロカレンシー市場が，当該通貨発行国外に所在する金融機関に預けられた資金から生成されたことが契機。

　国内における規制緩和とIT化に代表される技術革新により，現在では資本，資金が瞬時に世界中で取引される状況である。暗号資産にみられるような電子化の急速な進展は規制当局の規制手法にも変容を及ぼす事態となっている。（堀口宗尚）

国際経済法 International Economic Law

　一般に国際経済法とは，国際的経済政策の目的から，私人（主として企業）の国際的な経済活動に介入・干渉する公法を指すとされている。このような目的を持った公法は，各国の国内法のこともあり，二国間あるいは多国間で締結される条約（国際法）であることもある。

　日本を含め各国の経済の国際化，グローバル化がますます進み，それを規律（rule）する私法や規制（regulate）する公法などもますます国際化し，グローバル化しているのが現状である。

　歴史的にみれば，まず1947年に始まった関税交渉に，米国，英国，フランス等の23か国が参加して出来上がった**GATT**（The General Agreement on Tariffs and Trade: 関税及び貿易の一般協定）があり，日本は最大の受益者として自由貿易を享受した。無差別平等主義（最恵国待遇）に基づき参加国に適用される関税率の決定や輸入数量制限の原則的な禁止を骨子とするものであった。そして，GATTは1995年に**WTO協定**（Marrakesh Agreement Establishing the World Trade Organization）に発展的に吸収される形で引き継がれた。今やWTO協定は最も重要な国際条約であり，かつ重要な国際経済法の法源になっている〔⇒GATT，WTO〕。

　日本では，経済法の代表的な法である独禁法（法律の正式名称「私的独占の禁止及び公正取引の確保に関する法律」）が制定されたのは1947年であり，公正かつ自由な競争を促進し，一般消費者の利益確保と国民経済の民主的で健全な発達の促進を目的とし，当時占領軍であった米国の反トラスト法（米国独禁法: 競争法）を母法とするものであった。制定当初は，戦勝国の米国に押し付けられた法律であり，わが国の明治以来の国家主導型ないし官民協調型経済運営とは相容れないものであるとして歓迎されなかった。

　次いで，昭和の終わりから平成の初めにかけて，直接的かつ強力な外圧の下で，**独禁法**の強化が進行したのは日米構造協議（Structural Impediments Initiative (SII) talks）であった。

コ

これにより日本では公的な輸入障壁としての規制の撤廃・緩和（規制改革）と，民間の輸入障壁としての企業間の競争制限的な慣行の廃止に向けた独禁法の強化が進行することになった。間接的な外圧の環境下で，今や独禁法は日本の代表的な国際経済法になったのである。

主要な国際経済法を構成する条約・協定:【通商】WTO, GATT（1994），農業協定，繊維協定，TBT協定（技術的障害），TRIM協定（投資措置），サービス貿易協定，TRIP協定（知的所有権），二国間条約（日米，日中）【通貨・金融・投資】IMF協定，IBRD協定，MIGA条約（多国間投資保証機関），【知的所有権の保護と規制】パリ条約〔⇨ TRIPs, TRIMs, 最恵国待遇〕（絹巻康史）

国際決済銀行（BIS）　Bank for International Settlements

1930年に日英独仏伊ベルギー・スイスの各国が署名してスイス・バーゼルに設立された国際金融機関。現在は日本銀行を含む60か国（世界のGDPの95％）の中央銀行によって所有され，バーゼルに本部を，香港とメキシコシティに事務所を置く。設立当初は第一次大戦後のドイツの賠償支払の円滑処理が主目的であったが，第二次大戦後は，①中央銀行間の協力促進や討議の場の提供，②金融安定化を促進する当局間対話の促進，③金融安定に資する調査や政策分析，④中央銀行間の金融取引決済，⑤国際金融協力の支援，に当たっており，特に金融システムの健全性と安全性を強化する施策の国際的な調整の場として重要な役割を果たしてきた。例えば，G10諸国（1962年にIMFの一般借入取極（GAB）への参加に同意した日英米独仏など10か国。1984年にスイスが新たにGABに加入し，現在のG10は11か国）の中央銀行総裁会議がBISで開催され，1975年にバーゼル銀行監督委員会の設立を決め，事務局もBISに設置した。保険監督者国際機構（IAIS）も事務局をBISに置く〔⇨IMF〕。（久保田隆）

国際航空運送　international carriage by air

他の運送手段に比べ圧倒的なスピード能力を持つ航空機を用いた国際運送をいう。船舶と異なり内陸部まで物品を送ることができるため，世界各地に散在する生産拠点を早くシームレスに接続するのに最も適した運送方法といえる。その運送を担うのが航空運送人であり〔⇨運送人〕，その責任等を律した初めての条約として知られるのが1929年に制定されたワルソー条約である。それ以来，賠償限度額の引上げを盛り込んだ議定書等も数多く生み出されていったが，どの議定書をどの国が批准したのか等適用関係があまりに複雑になったため，それまでの議定書等を整理・統合した結果生まれたのがモントリオール条約（正式名「国際航空運送についてのある規則の統一に関する条約」）である〔⇨モントリオール条約〕。1999年に採択され，2003年に発効している（2019年11月末日現在136か国が批准。わが国は2000年に批准している）。この条約の特徴は，①厳格責任主義の採用，②航空運送状の電子化に荷送人の同意は不要であること，③運送人の責任限度額として貨物の損害17 SDR/1kgとすること（但し，2019年12月28日から22 SDR/1kgとする改正が行われている），④混載の場合には荷主はフォワーダーと航空会社のいずれかに賠償責任の求償を行うことができる点などを挙げることができる〔⇨フォワーダー〕。（田口尚志）

国際航空運送協会
〔⇨IATA〕

国際裁判管轄　international civil jurisdiction

一般には，国際的な性質をもった民事事件について，自国の裁判所が訴訟手続を行う権限を意味する。各国の司法制度はそれぞれ独立しているため，国際裁判管轄に関するルールも各国の法律によって定められる。そのため国際的な統一性はなく，同一事件に対して複数の国家が国際裁判管轄を有する状態（国際訴訟競合）が生じたり，

その結果として同一事件に内容の異なる複数の判決が下されたりすることがある。

こうした状況下では，当事者達は自分に好都合な法廷で訴訟を提起することによって有利な立場を得るために。**法廷地漁り**（forum shopping）と呼ばれる現象が頻発することとなり，それが国際民事事件の司法的秩序を極めて不安定なものにしている。

この問題を解決するには国際民事事件を1つの法廷へと導く必要がある。現在，それを実現するための異なった2つの方法が併存している。第一は，EU内の統一法であるブラッセルズⅠ規則が実現した方法であり，EU構成国が統一された国際裁判管轄規則を共有して，同規則が定める管轄原因が存在する国にのみ国際裁判管轄を認める方法である。ブラッセルズⅠ規則では被告の住所地に一般管轄が認められ，それに加えて事件の法的性質に基づいて不法行為地・契約の義務履行地・労働契約の労務給付地などに特別管轄が認められるため，同一事件に2つの管轄原因が生じる場合があるが，先に提訴された国のみが管轄権を有することになる〔⇒EU〕。

第二は，英連邦諸国では，個々の紛争を，その解決を行う上で最も適切な法廷（proper forum）へと誘導するために，それ以外の国の法廷は自国の管轄権行使を控える方法を採用する。日本の国際裁判管轄規則は民訴法3条の2以下に規定されており，一見ブラッセルズⅠ規則に似ているが，民訴法3条の9は日本に管轄がある場合でも「事案の性質，応訴による被告の負担の程度，証拠の所在地その他の事情」を考慮し，当事者間の衡平や適正・迅速な審理の実現を妨げる特別の事情があるときは訴訟を却下できるため，全体として英連邦諸国の方法に近い。これは最高裁が形成してきた判例法理を引き継いだ規定であり，大陸法国として類を見ない。イングランドの貴族院の重要な判決（Airbus判決 [1999] 1 A.C. 119）において，日本の国際裁判管轄の規律方法が，英連邦の方法と同様の合理性に基づくとのゴフ判事による指摘も存在する。(齋藤彰)

国際財務報告基準(IFRS) International Financial Reporting Standards

国際会計基準審議会（International Accounting Standards Board, IASB）によって設定される会計基準。IASBの前身である国際会計基準委員会（IASC）によって設定された会計基準が，国際会計基準（International Accounting Standards, IAS）であり，IFRS（アイファース，イファース）は，国際会計基準を含む総称として広義で用いられることもある会計基準群の総称となっている。

2005年からEU域内の上場企業に対してはIFRSのうち欧州委員会が認めたもの（EU会計基準）が強制適用とされている。また，EU域内の外国上場企業は，本国の会計基準がIFRSと同等でない場合には，2009年以降，IFRSの適用が強制された〔⇒EU〕。

国際商取引において。取引先企業の財務内容を分析し，どのような取引条件で取引を行うかを決定する必要があるが，そのときに，各国の会計基準が異なっていれば。現実に比較対照することができない。そこで各国が会計基準を統一しようという動きがIFRSを作成し，各国の国内会計基準をこれと一致させようという動きによって導入されている。

IASBは，各国の会計基準委員会が構成メンバーであるが，政府機関の代表で構成される**国際証券監督者機構**（IOSCO; International Organization of Securities Commissions）が支援し，現実の法的背景を与えている。

国際会計基準は，資産負債アプローチをその特徴としており，収益から損失を引いた損益計算書上の利益ではなく，貸借対照表上の純資産の増加額（増減資によるものを除く）が利益である，という包括利益（comprehensive income）という考え方が導入されている。金融商品の時価会計，固定資産の減損会計，棚卸商品の低価法等，資産を対象とする会計基準が取り入れられている〔⇒時価会計〕。(柳田宗彦)

コ

国際私法・抵触法 private international law, conflict of laws

　私法的法律関係がいずれの国の実質法（民法，商法など）によって規律されるかを決定する法。間接規範と呼ばれ，直接に権利義務関係についての結論を導き出す規範ではない。衝突法ともいわれる。基本的には国内法に法源があるが，法分野によっては，国内法を統一する条約がある。わが国では，「法の適用に関する通則法」（法例が改正され，2007年1月1日より施行）を中心に，手形法第88条以下，小切手法第76条以下，遺言の方式の準拠法に関する法律，扶養義務の準拠法に関する法律などが法源である。

　現代の各国の国際私法の最も普遍的なアプローチは，生活関係を単位法律関係（物権，不当利得，婚姻，相続など）に分解し，それぞれについて連結点（国籍，常居所地，行為地，所在地，原因事実発生地など）を設定して，それらを媒介としていずれかの法域に連結する方法である。連結点の選択は，当該単位法律関係に最も密接に関係する法域の法を指定することを基本とするが，一定の実質法的利益（遺言を方式上なるべく有効と認め，人の最終意思を実現しようとする遺言保護，子の利益保護など）の実現も目的とされることがある。

　渉外的事案にも広く法廷地法である内国法を適用しようとする法廷地法主義という立場もあり，そうすると法適用は容易にはなるが，フォーラム・ショッピング（事案との関係での法廷地の適切さに関係なく，自己に有利な法廷地で提訴すること。「法廷地漁り」ともいう）を誘発する弊害が生じるので，現代の国際私法理論は，一般に，内外国法の平等的取扱いを建前としている。但し，法廷地法の最低限の秩序維持を目的として，準拠外国法の適用結果が法廷地法上の公序に反する場合にはその適用が排除されることがある（例えば，法の適用に関する通則法第42条参照）。（高橋宏司）

国際商業会議所 International Chamber of Commerce; ICC

　1919年に創設が決議され翌1920年に設立総会を開催した，パリに本部を置く民間の国際組織（NGO）で，貿易・投資の自由化を推進し，公正な競争を確立して，すべての国が経済的に発展することを目指している。130か国を超える国々（但し，直接加盟国は43か国）から，7千を超える企業や団体が加入し，年に一度，国際総会を開催している。世界の主要都市にその国の国内委員会（2020年現在，92か国）が設けられ，活動の広報を行うとともに，取引社会のニーズや要望を取りまとめ，各国政府等に建言している。日本は，1949年に再加盟が認められ，1951年に国内委員会が再組織化されている。

　国際的には，**国連経済社会理事会（ECOSOC）**の第1級諮問機関であり，国際商取引上のルール作り，IMF，WTOなどの国際機関および先進国首脳会議（いわゆるサミット）に対する政策提言などを行っている。

　パリの本部には12の委員会と5つの特別プロジェクト・グループが設けられ，国際通商政策，国際金融サービス，保険，環境，海事（海賊），知的財産権，課税問題，電子商取引などの課題を検討し，併せて，関係機関や団体への勧告を行い，モデル規則を制定し，憲章を発表している。また，**国際商事仲裁審判廷（ICC International Court of Arbitration）**を設けて，仲裁を通じた国際取引のルール作りにも貢献している〔⇨IMF〕。

　国際商取引上では，企業取引に関する標準規則やモデル約款を制定・発表している点が注目されている。これには，国際売買における取引条件コードの定義である**インコタームズ（Incoterms®）**〔⇨インコタームズ〕をはじめ，**信用状統一規則（UCP 600，eUCP）**〔⇨信用状統一規則〕，その国際標準銀行実務指針（ISBP），**国際スタンドバイ信用状実務規則（ISP 98）**〔⇨スタンドバイ信用状〕，取立統一規則（URC），請求払い保証状に関する規則（URDG），複合運送書類

に関するUNCTAD/ICC規則などの統一規則の他に，特約店契約書，代理店契約書，国際売買契約書，ハードシップ・不可抗力の標準約款などのモデル約款が含まれる。さらに，これらに関して解説書や指針を多数出版して，国際商取引の統一ルールの普及に大きな貢献をしている。特に，UNIDROIT（ユニドロワ）国際商事契約原則〔⇨ユニドロワ国際商事契約原則〕に積極的に言及し，ICC仲裁がその定着に貢献している点が注目される。

日本向けの物資輸送の安全性確保に関連して，国際海事局（IMB）海賊情報センターによる情報提供の貢献は大きい。

なお，日本委員会は日本商工会議所内に置かれ，出版情報などはそちらを通じて入手できる。（椿　弘次）

国際商事仲裁　international commercial arbitration

国際商事仲裁とは，当事者が合意によって選任した仲裁人により，当事者間に生ずる国際的，商事的要素を含む契約上の紛争，また，一定の法律関係の紛争につき当事者が直接的，間接的に選択した法的，実務的標準の手続に従い，最終的に，かつ拘束的に解決する手段である。仲裁は国家裁判所の手続ではなく，当事者自治による私的紛争解決手続である。

国際（International），商事（Commercial）の定義及びその範囲は明確ではなく，各国の仲裁法，条約，**UNCITRAL国際商事仲裁モデル法**（モデル法）により解釈は異なる〔⇨UNCITRAL国際商事仲裁モデル法〕。

モデル法によると，仲裁合意の当事者がその合意時に異なる国に営業所を有する場合，仲裁合意における仲裁地，商事関係の義務の実質的な部分が履行されるべき地，もしくは紛争の対象事項と最も密接に関連する地が当事者の営業所の所在国の外にある場合，または，仲裁合意の対象事項が二国以上に関係する旨を当事者が明示的に合意した場合を，国際的としている。「商事」の定義は，商事的性格のすべての関係から

生じる事項を含むように広く解釈されなければならず，契約から生じるか否かを問わないとしている。（大貫雅晴）

国際消尽　international exhaustion

消尽とは，知的財産権者が自らの意思により知的財産権に係る物を一旦流通に置いた場合に，その物についての知的財産権を失い，その物のその後の転々流通は，知的財産権の侵害にならないという理論であり，用尽ともいう。一国内またはEU〔⇨EU〕のように市場が一体化した地域において，商品が適法に流通に置かれた場合には，知的財産権が国内的・域内的に消尽すると解されている。問題は，並行輸入〔⇨並行輸入〕のように，外国で適法に流通に置かれた**真正商品**について，知的財産権が国際的に消尽し，したがってその真正商品が内国に輸入されることが，内国の知的財産権を侵害せず，知的財産権者がこれを阻止できないかである（**国際消尽**）。日本では，最高裁は平成9年の**BBS事件**判決において，商品の流通の自由は最大限尊重することが要請されているとして，特許権者は，譲受人に対しては，当該製品について販売先ないし使用地域から日本を除外する旨を譲受人との間で合意した場合を除き，譲受人から特許製品を譲り受けた第三者及びその後の転得者に対しては，譲受人との間でその旨を合意した上特許製品にこれを明確に表示した場合を除いて，日本において特許権を行使することは許されないと判示した。（黄　軔霆）

国際送金　international remittance

銀行や送金業者による様々な送金サービスなど，現金の手渡し以外の手段でお金を相手に送ることを送金というが，これを国際的に行えば国際送金となる。国際送金は，国内送金とは異なり，外為法〔⇨外国為替及び外国貿易法〕などの規制を受ける。日本の銀行法は，為替業務を銀行の独占業務とするため（銀行法2条2項2号），従来は多額の資金移動は銀行を介して行う銀行振

込，荷為替手形・信用状などが中心で〔⇨銀行振込の法的性質, 荷為替手形, 信用状〕，送金費用が高止まりしてきた。一方，海外では銀行免許を持たない送金業者（例: Western Union）による少額だが安価な資金移動サービスが拡大したため，日本でもこれを受け入れるべく，資金決済法の制定により，銀行以外の送金業者の送金サービスも認められるようになった。さらに，最近ではブロックチェーンを活用した安価・迅速な資金移動や，ビットコインなどの暗号資産（仮想通貨）による安価な資金移動などが登場し，様々なサービスを競い合う状況が生まれている。（久保田隆）

国際通貨基金

〔⇨IMF，IMF 協定〕

国際的訴訟競合

〔⇨二重訴訟（並行訴訟，国際的訴訟競合）〕

国際的二重課税　international double taxation

税金が課される取引や事実関係（課税原因）に対して，同種の租税が 2 回以上課される状態を二重課税と呼び，国内で発生した課税原因による場合（**国内的二重課税**）と国内と海外に跨る課税原因による場合（**国際的二重課税**）に分類される。国際的二重課税は複数の国家の課税管轄権が競合するので国内的二重課税よりも解決が難しいが，国内法に**外国税額控除**制度を設けたり〔⇨外国税額控除〕，**租税条約**を締結することで一応解決できる。**OECD**〔⇨OECD〕や国連のモデル租税条約の制定等により租税条約の締結が拡がっており，日本も**日米租税条約**をはじめ 135 か国・地域と 75 条約等を締結している（2019 年 12 月現在）。（久保田隆）

国際倒産　cross-border insolvency

従来，日本では，倒産処理手続について厳格な属地主義を採用していたが，国際的な経済活動を行っている債務者に倒産処理手続が開始された場合に，当該外国倒産処理手続の効力を日本国内においても適切に実現し，もって債務者について国際的に整合性のとれた財産の清算又は経済的再建更生を図るべく，UNCITRAL モデル法（UNCITRAL Model Law on Cross-Border Insolvency (1997)）〔⇨UNCITRAL〕に依拠して，「外国倒産処理手続の承認援助に関する法律」（外国倒産承認援助法）が定められている。もっとも，承認援助手続はあくまで外国倒産処理手続の援助にすぎず，それ自体で完結する倒産処理手続とは異なる。

承認援助手続は，外国倒産処理手続において債務者の財産の管理及び処分をする権利を有する外国管財人（外国管財人がない場合には債務者）によって，一定の要件のもとに当該外国倒産処理手続の承認の申立てがされ（承認援助 17 条 1 項），当該外国倒産処理手続につき手続開始の判断がされた場合に，裁判所が，これを棄却する場合を除き，外国倒産処理手続の承認の決定をすることにより開始される（決定承認主義; 承認援助 22 条 1 項）。そして，その効果として裁判所の裁量により援助処分が執られる。

具体的には，承認援助手続の目的を達成するために必要があると裁判所が認めるときに，強制執行等の他の手続の中止命令（承認援助 25 条），処分禁止，弁済禁止その他の処分（承認援助 26 条），強制執行等禁止命令（承認援助 28 条）をすることができ，また，債務者の日本国内における業務及び財産に関し承認管財人による管理命令（承認援助 32 条）を発令することもできる。さらに，裁判所が，債権者の一般の利益に適合し，かつ，競売申立人又は企業担保権の実行手続の申立人に不当な損害を及ぼすおそれがないと認めるときは，担保権の実行手続等の中止命令（承認援助 27 条）の発令も可能である。

なお，上記中止命令等が発令された場合で，裁判所をして必要があると認めるときは，債務者の日本国内にある財産の処分又は国外への持出しその他裁判所の指定する行為をするにあたり裁判所の許可を得なけ

ればならないものとすることもできる（承認援助31条）。

　ところで，承認援助手続はあくまで外国倒産処理手続の援助にすぎないところ，承認要件の不存在や承認棄却事由の存在が明らかになった場合はもちろん，主たる外国倒産処理手続が終了した時には必要的に承認の取消決定がなされる（承認援助56条1項）。

　また，外国管財人が国内の財産を無許可で国外に持ち出したり，承認管財人が報告義務を履践しない場合，裁判所は，裁量的に承認の取消決定をすることができる。(川中啓由)

国際投資仲裁　international investment arbitration

　外国投資家と投資受入国との間の投資紛争の解決（投資家対国家の紛争解決，**ISDS: Investor-State Dispute Settlement**）のための仲裁または仲裁手続であり，「投資仲裁」という語が用いられることもある。投資受入国の国内法や投資家と国家との間の投資契約（国家契約，コンセッション契約）に基づく仲裁もあるが，投資受入国と投資家本国との間の条約〔⇨投資保護協定〕のISDS条項に基づく仲裁（投資協定仲裁あるいは投資条約仲裁）が大多数を占める。ISDS条項で指定される主な仲裁規則には，**投資紛争解決国際センター（ICSID。**国家と他の国家の国民との間の投資紛争の解決に関する条約（ICSID条約）に基づいて設立された世界銀行グループの一つ），国際商業会議所(ICC)〔⇨国際商業会議所〕およびストックホルム商業会議所(SCC)などの仲裁機関の仲裁規則やUNCITRAL仲裁規則〔⇨UNCITRAL〕がある。非ICSID仲裁の場合，仲裁地の法律が適用され，商事仲裁〔⇨国際商事仲裁〕の場合と同様に仲裁手続が進められる。これに対してICSID仲裁の場合には，ICSID条約とICSIDの規則が適用され，条約が規定する手続以外で仲裁判断を争うことはできない。また，公益の観点から，ICSID仲裁やUNCITRAL仲裁では仲裁手

続の公開が認められている。投資協定仲裁の件数は1990年代後半から急増しているが，日本が提訴された例はなく，日本企業が提訴した例はわずかである。近年，国際投資仲裁制度への批判が高まり，EUでは従来の仲裁制度に代わる投資裁判所制度が提案され，UNCITRALではISDS改革の議論が行われている。(岩瀬真央美)

国際取引法　International Business Transaction Laws

　「国際取引法」という名前を冠した法律は存在しない。各国の多くの国際企業が行っている貿易取引や直接投資などの国際取引を規律 (rule) する法の総称が国際取引法である。一方，国際経済法という領域があるが，それは主として条約や協定を意味し，国際取引の法的な枠組みである国家の政策を規制（regulate）する形で存在する法の総称である。

　国際取引の当事者は，取引が安全に行われるために多くの努力をしており，貿易取引を例にとれば，取引当事者が長年積み上げてきたルール（**商慣習法＝インコタームズ**，標準契約約款など）に則れば，安全に取引を行うことができるのを知っている〔⇨商慣習法〕。これらは国際取引法の具体例である。

　ところで，国際取引のほとんどのケースは無事に遂行されるが，時には当事者の誤解や思い込みが原因で，あるいは契約時に想定しなかった事情が発生して，紛争になることがある。多くは当事者間の相対交渉で解決をみるが，国際商事仲裁に付して第三者である仲裁人の判断に従う場合もある。ここまでは当事者の合意が形成される場面である。

　不幸にして，合意が得られず訴訟になれば，裁判官の判断に従うことになる。この場合，判断の基準になる**準拠法**が必要となる〔⇨準拠法〕。しかしながら，現状では，国際的な統一私法が存在しないことから，いずれかの国の法（国内法）を国際私法（これも国内法）のルールにより選択して準拠

法としなければならない。当事者の一方にとっては、外国法に服することになる（これも国際取引法である）。準拠法の違いによって、判決として出てくる結果が異なる。

国際的な統一私法を希求して多くの努力がなされている。国連国際商取引法委員会の手になるウィーン売買条約もその1つである。また、私法統一国際協会（UNIDROIT）が世界各地の取引ルールを調べ、明文化（restate）したユニドロワ国際商事契約原則も説得力のある商慣習法（lex mercatoria）である。これらも国際取引法の代表例である〔⇨ユニドロワ国際商事契約原則〕。

契約が成立しても、例えば国際平和を損なう恐れがある取引に対して、国家は公法である強行法規（外国為替及び外国貿易法など）を適用して履行を阻止するケースもある〔⇨強行法規〕。また、直接投資に際して、条約であるWTO協定に違反している措置があれば、当該国に対して排除を求めるケースもある〔⇨WTO〕。これらも国際取引法の範である。このようなことから、現在「国際取引法」のタイトルで市販されている代表的な図書でも、国際取引法の定義・範囲は様々である。現実のビジネスで適用されている商慣習法を重視しているもの、国際経済法の領域を多く取り込んでいるもの、準拠法の選択に関わる国際私法を重視しているもの、民事訴訟法や仲裁法も国際取引法の中に取り込んでいるものなど多様である。（絹巻康史）

国際ビジネスコミュニケーション　International Business Communication

この用語はInternational Business Communication（IBC）の和訳であるが、これを国際ビジネス（IB）のためのコミュニケーションであると解釈すれば、まずIBについて確認しておく必要がある。

IBは、Bの語源や派生により、国際事業、国際経営、国際取引等の日本語訳がみられる。事業を営む場合、経営、取引をする主体は人であるから、まずビジネスはコミュニケーションをとることから始まることになる。コミュニケーションとは知覚・感情・思考に関する情報の伝達ということであるが、ビジネスコミュニケーションは営利という観点からも見る必要がある。

国際間の取引は、企業を取り巻く経済、社会・文化、さらには自然環境を異にするなかで行われるものである。こうした環境下でのビジネスアリーナ（ビジネス舞台）の主役は人（プレイヤー）であるが、取引を成功に導くには情報収集・分析、ネットワーク作り、コミュニケーション能力、などが求められる。進出国（自国と異なる市場特性、競争環境、慣習、宗教、法律、流通機構など）との交渉・契約の締結、経営にはそれを可能にする言語というツールが必要である。もちろん非言語的要素（ビジネスエチケット、マナーなど）も大事であるが言語に比べると習得しやすいと言える。必要となる言語のレベルは市場進出の方法と大きく関わってくる。貿易取引であればプロ同士であるから無駄のない、要点を押さえた文書を認めることが肝要であるが、海外市場との関わりが深化するにつれ、求められる、いわゆる語学力は話す、書く、の両面にわたって高度なレベルが要求されることになる。ただ、この点も、業種、業界、職種、職位による相違点があることは言うまでもない。もちろんプレイヤーが果たすべき仕事を熟知していることが前提である。

現在、ビジネスの共通言語は英語であると言われているが、国際市場のプレイヤーの英語運用力は千差万別である。Harvard Business Review（2012）によると、英語人口は約17.5億人であるが、ネイティヴはその約22%ほどにすぎなく、圧倒的にノンネイティヴが多い。Braj B. Kachruは、英語を第一言語とする国、英語を第二言語とする国、そして外国語として学習する国に分類しているが、英語がビジネスの共通語であると言っても交渉相手の習得度は異なることがある。異なる言語をもつ者同士の交渉言語はどちらか一方の言語が使用できればいいが、ともに外国語として英語を使用する際

には注意が必要である。このことは相手がネイティヴであっても言葉の持つコンセプトが違うことがあり，誤解の危険性があることを覚悟しておく必要がある。話す場合は，言い直しが許される面があるが，書く場合には慎重の上にも慎重でなければならない。(林田博光)

国際複合一貫輸送　international multimodal transport

　一人の運送人が2つ以上の異なる輸送手段を使い，貨物の引受けから引渡しまで一貫して行う輸送のことをいう。海上での船舶，陸上でのトラック・鉄道，さらに空での航空機を2つ以上組み合わせた輸送となる。わが国では，空と陸の組み合わせも，また，海と空を組み合わせたシーアンドエアー（sea & air）と呼ばれる輸送も行われているが，海上および陸上を組み合わせた国際複合一貫輸送が一般的である。国際複合一貫輸送は**複合運送人**（Multimodal Transport Operator）によって引き受けられる。複合運送人は，荷主に対して当該運送の下発行される運送書類の運送約款に基づく責任を負う。下請運送人として陸・海・空の輸送区間にトラック運送会社・鉄道会社，船会社，航空会社を用いることが多いため，運送品の滅失・損傷が発生した場合の複合運送人の負う責任につき，その滅失・損傷が発生した輸送区間との関係において2つの方式が存在する。すなわち，①運送区間のどこで発生したかにかかわらず単一の責任原則で定める**ユニフォーム方式**と，②滅失・損傷した輸送区間が特定できる場合には輸送手段ごとの下請運送人の運送約款とそれらに強制的に適用される国内法や国際条約に従い，特定できない場合には別途契約で責任原則に従う**ネットワーク方式**が存在する。実務ではネットワーク方式が主に用いられている〔⇨運送人〕。(田口尚志)

国際復興開発銀行（IBRD，世界銀行）協定　IBRD Articles of Agreement

　国際復興開発銀行（IBRD，世界銀行）は条約であるIBRD協定に基づく国際機関である〔⇨世界銀行グループ〕。IMFが為替安定の促進や外為制限の除去などの国家間の支払秩序の維持を主目的とするのに対し〔⇨IMF〕，IBRDは加盟国の経済発展の促進を主な目的とする（1条）。IMFの加盟国は世界銀行の加盟国になることができる（2条1項）。貸付の条件は3条4項に列挙され，189（2019年4月現在）の加盟国から1名ずつ選出される総務（通常は蔵相）で構成し年1回開催される総務会をIBRDの最高意思決定機関として協定や新規加盟の改訂承認等の一定事項を担当し，それを除く一切の権限を25名の理事（5名は5大出資国の任命理事で残りは選挙による選出理事）に委任している（5条）。IBRDの本部はワシントンDCでIMFの斜め向かいにあり，双方とも東京にも事務所を持つ。総務会における加盟国の投票権は，各国に等しく割り振られる基本票（全投票権の5.55%）と出資額に基づく上乗せ票の合計値で決まり，議事は他に定めがなければ票数の多数決に従う（5条3項）。世界銀行が加盟国に貸し付ける事業資金の多くは世界銀行債を発行することで市場から調達するが，世界銀行債は加盟国が返済を保証するので高い格付けを得ている。IBRDにおける投票権の全体に占める割合は，①出身国別の常任理事6名が米国代表15.78%，日本代表7.66%，中国代表4.72%，ドイツ代表4.20%，フランス代表3.89%，イギリス代表3.89%で，②選出理事19名が選出母体の出資額に応じて，オーストリア等10か国代表4.82%，メキシコ等8か国代表4.68%，オランダ等13か国代表4.03%，韓国等15か国代表3.94%などとなっている（2020年現在。適宜見直される）。IMFと同様に，国際機関として財産処分権や契約締結権を持ち収用や課税を免除される（7条）ほか，協定の解釈を巡る紛争はIBRD内部の理事会や総務会で解決する（9条）。(久保田隆)

コ

国際フランチャイズ契約　international franchise agreement

　フランチャイズ契約とは，フランチャイザー（Franchisor）が，フランチャイジー（Franchisee）に対して，①一定の商品やサービスを提供する権利，②経営上・営業上のノウハウ，③所定の商標，サービス・マーク等を使う権利，④経営指導やコンサルティングを継続的に受ける権利等を付与する取引形態である。元来は米国内で開発され，世界中に広がった手法である。これを国際レベルで展開するものが国際フランチャイズ契約と呼ばれる。

　フランチャイズ契約の対象は，フランチャイズパッケージ（franchise package）等とも呼ばれ，フランチャイザーが，フランチャイズの特権等を付与する「本部企業」であり，それらの特権等を付与される者が，フランチャイジー，いわゆる加盟店・加盟者（社）となるところ，フランチャイジーが海外の企業であるケースが国際フランチャイズ取引である。海外のフランチャイジーに独占権を付与して，当該領域で更なるフランチャイズ展開することも考えられ，その場合は元のフランチャイザーからすると，サブ・フランチャイズ契約とも呼ばれる。

　フランチャイジーないしサブ・フランチャイジーは，所定の地域で独占的または非独占的に当該事業を行うことが認められ，その対価として，フランチャイジーはフランチャイザーに加盟店料やロイヤリティ（royalty）等を支払い，フランチャイザーが提供するマニュアルを遵守する等，その指示・指導に従う義務を負う。法域に応じてフランチャイズ事業を規律する法は異なり，代理店保護規制の一環で規制する法域もあれば，競争法等で規制する法域もある。（浜辺陽一郎）

国際連合安全保障理事会決議　UNSCR: U.N. Security Council Resolutions

　国連安全保障理事会（安保理）が採択した公式な意見や意思。安保理は，国連の主要機関の１つであり（国連憲章〔憲章〕第7条），現在は常任理事国（米英仏露中）及び10か国の非常任理事国により構成される。安保理での決定は，手続事項であれば9理事国の賛成投票，非手続事項は常任理事国の同意投票を含む9理事国の賛成投票によって行われる（憲章第27条）。非手続事項については常任理事国が１か国でも反対すれば採択されないと解せられており，これが常任理事国の「拒否権」（veto）と称される。安保理の「決定（decisions）」は国連加盟国を法的に拘束する（憲章第25条）とされるが，決議の内容が法的拘束力を持つかについては個別の条項ごとに判断されるべきとされる。安保理は，平和に対する脅威，平和の破壊又は侵略行為の存在を決定するとともに，国際の平和及び安全を維持又は回復するための勧告，又は憲章第41条に基づく武力を伴わない制裁措置（いわゆる経済制裁）及び憲章第42条に基づく武力制裁措置の実施に関する決定を行う（憲章第39条）。なお，憲章第42条に基づく武力制裁措置は，安保理が，第41条の措置では不十分であろうと認める場合又は不十分であると判明したと認める場合に取ることができる。安保理による制裁が発動されると，商業取引にも影響を及ぼすため，契約にあらかじめ関連の条項を盛り込んでおく等の対策が必要となる。（竹内舞子）

国連国際商取引法委員会
　　〔⇨UNCITRAL〕

国連腐敗防止条約　United Nations Convention against Corruption

　1998年米国FCPA〔⇨FCPA〕改正時に米国議会は米国企業が国際競争上不利にならないよう行政機関に対し国際機関への働きかけを求め，またOECD外国公務員贈賄防止条約（1998年）〔⇨OECD外国公務員贈賄防止条約〕や米州・EU・アフリカ諸国等での国際反贈賄条約制定の流れを受け，2003年の国連総会で国連腐敗防止条約が採択され，2005年に発効している。本条約の特色

は，外国公務員や国際公務員に対する贈収賄禁止（第16条）のみでなく，発展途上国の署名・参加を意識して自国公務員の贈収賄（第15条）・財産横領・不正使用等禁止（第16条）・職権濫用（第18条）・不正蓄財（第20条）等の禁止条項，更に民間部門の贈収賄禁止条項も含まれている（第21条等）。そしてマネーロンダリング防止のため規制・監視制度，疑わしい取引届出制度，情報交換制度も有している（第14条）。なお条約締約国間の国際協力（含む，贈賄禁止のみならず収賄防止努力）に関し，より具体的に実効策が規定されている（第43条，等）他，先進国等による発展途上締約国に対する腐敗行為防止・摘発訓練及び技術援助の規定（第60条2項以降）も含まれている。2020年2月現在，本条約の批准国・地域は全世界のほとんどすべて220か国・地域・国際機構で，執行が行われていないのは朝鮮民主主義共和国・ソマリア・エリトリア・モナコ等12か国，署名後未批准はシリア・バルバドスの2か国にとどまる。日本は，先進国中では最後となる2017年に批准に代わる受諾（天皇の国事行為に当たらない）によって効力を発生させている。日本の批准が大幅に遅れた理由は，本条約及びそれと対をなす「国際的な組織犯罪の防止に関する国際連合条約（2000年）」中に，それぞれ共謀罪処罰規定が含まれている（本条約第23条のマネーロンダリング規定）が日本の旧来の刑法（特に構成要件理論）と合致しないと一部の学者や実務家・野党勢力・マスコミ等が反対したためである。但し，日本では世界の多数国とは異なり法人処罰理論が殆ど不存在の状況で，共謀罪を含めた法人処罰論を欠いたまま導入に反対する問題点については，当時の学会等でも殆ど討議されていない。日本政府は妥協策として，共謀罪という用語を使わない代わりに組織犯罪処罰法を改正し，共謀罪の性格を持つテロ等準備罪を新設し，国連事務総長に受託書を寄託する形で効力を発生させている。なお，この2つの国連条約の執行及び締約国の監視は，国連薬物犯罪事務所（United Nations Office on Drug and Crime, 略称「UNDOC」）が行っている。（内田芳樹）

国連貿易開発会議
〔⇨UNCTAD（アンクタッド）〕

個人情報保護の関連法規　Acts on the Protection of Personal Information

　個人情報保護の法律の類型は，公的部門と民間部門を1つの法律で規定するオムニバス方式（欧州に多い），この両部門を分けるセグメント方式（日本），分野ごとに定めるセクトラル方式（米国）に大別される。各国・地域は互いに保護制度を整合させて個人データの円滑な移転を図っている。

　個人情報を扱う事業者は，利用目的の特定・目的外利用の禁止，適正な取得・取得時の利用目的の通知，正確性の確保，安全管理，従業者・委託先の監督，第三者提供の制限他の義務を負う。

　EUは1995年にデータ保護指令（Data Protection Directive 95）を採択し（1998年発効），2016年に更に厳格な保護を求める一般データ保護規則（General Data Protection Regulation）を制定した（2018年施行）。EUの規制は域外事業者にも適用される〔⇨EU〕。

　日本では1998年にプライバシーマーク制度（JIS Q 15001）が始まり，2003年に個人情報保護法，行政機関個人情報保護法等が制定され，2016年に内閣府個人情報保護委員会が設置された。

　米国では，連邦政府が保有する個人情報の保護に関するPrivacy Act of 1974をはじめ，信用・教育・金融・医療・保険・報道・通信等の分野ごとに法律が制定されている。

　中国では2017年に施行された国家安全保障を主目的とするサイバーセキュリティ法（CS法。インターネット安全法とも称す）の中に法人・個人の権利や社会公共の利益の保護に関する規定がある〔⇨中国サイバーセキュリティ法〕。（齋藤憲道）

国家管轄権
　　〔⇨域外適用〕

国家戦略特区
　　〔⇨スーパーシティ法〕

固定相場制
　　〔⇨ブレトン・ウッズ体制，スミソニアン合意〕

コベナンツ（誓約） covenants
　　一般に「約定」「特約」を意味するが，金融取引においては，銀行等の金融機関が一般企業等に貸出を行う場合の貸付契約等や社債市場で社債を発行する際の社債発行要領等に規定する「債務者（借入人）の義務」のうち，主としてキャッシュフローに関係する重要事項についての義務や制限に関する特約を意味する。一例として，（**銀行取引約定書**〔⇨銀行取引約定書〕が適用されない）**シンジケート・ローン**〔⇨シンジケート・ローン〕等で（担保等ではなく）借入人のキャッシュフローを重視する場合には，債権者は借入人の財産状況をモニタリングしその財産状況に影響を及ぼす事項を借入期間中に管理するため，借入金の使途や事業運営について厳密な義務や制限を契約書に規定することになる。例えば，①モニタリングに関わる報告・情報開示，②格付維持・事業維持・財務制限（純資産維持その他財務諸表上の数字やキャッシュフローに係る制限）等のアファーマティブ・コベナンツ（作為義務の誓約）および③担保制限（**ネガティブ・プレッジ条項**〔⇨ネガティブ・プレッジ条項〕）・資産譲渡制限等のネガティブ・コベナンツ（不作為義務の誓約）である。①は借入人の実態把握に，②と③は借入人の経営の規律に関係する。コベナンツに違反すると事業改善，追加担保や金利の引上げ等を求められることがあり，期限の利益の喪失や契約解除のおそれもあるから，関連する契約書の条件の確認と早期の対応が必要になる。また，例えば，**M&A**〔⇨M&A〕に係わる契約等において，

表明保証条項〔⇨表明保証条項〕が特定の時点での特定の事実の存在や不存在を保証する条項であるのに対して，コベナンツは，将来または一定の期間についての特定の作為・不作為の義務や制限を定め，表明保証条項で規定した事実のその後の変動に関して規定することも多いため，両者の関係にも留意する必要がある。（田中誠一）

コマーシャル・インボイス
　　〔⇨商業送り状〕

コミットメント commitment
　　国際ローン契約において，**表明保証**の遵守や**デフォルト事由**に該当しない等の一定条件（condition precedent: **先行条件**）を満たせば貸付を行う約束〔⇨国際貸付，表明保証条項〕。大陸法の伝統を受け継ぐ日本法では，最近まで，ローンは金銭消費貸借契約となって要物契約（民法587条）となる可能性があった。これに対し，英米法では要物性を要求しない諾成契約となる。このため，国際ローン契約で一般的に行われる**コミットメント・フィー**（commitment fee: 銀行がコミットメントを行う見返りに借手に課す手数料）について，ローンを諾成契約と解する英米法では貸付の実行以前に手数料を支払う実務に違和感はないが，要物契約と解する当時の日本法では説明がつかず，特別法である1999年の**特定融資枠契約に関する法律**の制定により解決した。しかし，債権法改正により民法587条の2（諾成的消費貸借）が新設された結果，日本法の下でも明示的に要物性が緩和された。（久保田隆）

コモン・ロー common law
　　コモン・ローは多義的な概念である。まずは**制定法主義**を代表する大陸法（civil law）〔⇨大陸法〕とともに世界を二分する**判例法主義**を代表する英米法の意味に用いられる。コモン・ローつまり英米法は，大英帝国とその旧植民地の国々をはじめとする諸国が採用しているが，加えて国際契約書

コ

式の多くは英米法方式が採用されている。他方コモン・ローは，英米法における**エクイティ（equity: 衡平法）**と対比される概念でもある。コモン・ローがイングランドの国王裁判所にて蓄積された判例に基づいて発展してきたのに対し，エクイティは，コモン・ローでは認められない救済に関し，国王への請願に基づき大法官（Lord Chancellor）が正義と衡平の観点から処理してきた裁判に由来する。コモン・ローが先例に厳しく拘束されるのに対し，エクイティは，より柔軟に判断ができるのが特徴といえる。例えば特定履行（specific performance）や差止命令（injunction）などのコモン・ローでは認められない救済については，エクイティが補完する役割を有する。コモン・ローとエクイティは，独立した法体系として発展してきたが，現在ではほとんどの法域で統合された。しかしそれぞれの法体系の概念は維持されている。（富澤敏勝）

コルレス銀行（コルレスバンク）　correspondent bank

　外国為替では，内国為替と異なり，共通の**決済システム**（わが国における全銀ネット）や，中央銀行（日本銀行等）のような資金決済機関が存在しない。このため，外国為替取引を行う金融機関は，個別にコルレス契約を締結する。**コルレス銀行**とは，コルレス契約を締結した相手金融機関のことを指し，未締結の金融機関を，ノン・コルレス銀行（Non-Correspondent Bank）と称する。典型的なコルレス契約の内容は，①通信内容の真正性を担保するための，通信暗証（テストキー）及び，署名鑑の交換，②通貨ごとの資金決済方法に関する取り決め，③**コルレス預金口座**開設等である。必要に応じて，金融機関相互に貸出契約等も締結されることもある。現在**SWIFT**が**外国為替**取引に関する通信インフラとして，事実上の標準となっており，コルレス契約実務の多くが，SWIFT上で取り扱われる。なお，コルレス預金口座を預ける相手金融機関のことを，勘定銀行（Depository Bank）と称し，外国為替取引の資金決済を行う場を提供する。このようにコルレス契約によって，外国為替取引を行う金融機関同士で通信内容の真正性と，資金決済の確実性を担保することで，円滑な外国為替取引を行うことが可能となる〔⇨外国為替，決済，SWIFT〕。（花木正孝）

コロナ・ショック　The Corona Shock

　新型コロナウイルス感染症（Covid-19）の世界的流行とともに2020年2月頃に始まった世界的な株価大暴落を指すが，一般には，Covid-19の流行を抑えるために世界各地で外出制限や都市封鎖が行われた結果，経済活動が滞り，観光・宿泊・外食・百貨店・自動車・運輸など幅広い業種が大打撃を受けたことを指すことが多く，**コロナ禍**とも呼ばれる。コロナ・ショックに伴い，各国で様々な経済政策が講じられてきた。こうした中，法的にも国際サプライチェーンに関わる膨大な数の国際契約で債務不履行が生じ得るが，既存契約の**不可抗力条項**ではコロナ・ショックを想定していない場合が多く，個別事情に応じた判断となるので法的予測可能性が低い〔⇨不可抗力条項〕。また，契約準拠法となる各国法の規定内容が異なるので統一的な解決が難しい。日本を含む大陸法諸国が採用する不可抗力免責の範囲は国によって異なり，中国法は独自の不可抗力の証拠として中国国際貿易促進委員会発行の「**不可抗力証明書**」等を法定している（契約法118条）。英米法には不可抗力概念はなく，類似するが若干狭いfrustrationの法理がある。さらに，法的な免責だけでは国際的な**サプライ・チェーン・マネジメント（SCM）**の観点で必ずしも適切とは言えないため，**調停や斡旋**により債務の履行を一定期間猶予したり，**ハーバード流交渉術**などを駆使して当事者間で適切なビジネス交渉を行うことが重要になる〔⇨サプライ・チェーン・マネジメント，原則立脚型交渉〕。（久保田隆）

混載貨物　consolidated cargo

　複数の荷主の小口貨物（少量貨物）を詰め合わせることを混載といい、この詰め合わされた貨物をいう。海上運送される貨物で最低運賃に満たない重量ないし容積の貨物あるいは、運送単位としてのコンテナ、パレット、トラック1台および1貨車に満たない貨物を小口貨物というが、このような貨物は混載貨物に仕立てられて運送が行われる〔⇨海上コンテナー〕。コンテナ運送ではCFS（Container Freight Station：混載貨物専用倉庫）で小口貨物は詰め合わされて混載貨物となる。特に、コンテナ1個に満たない貨物をLCL（Less than Container Load Cargo）貨物という。他の荷主とコンテナを共有することで比較的安価での運送が期待されるが、CFSでの滞留時間が長くなるなどのデメリットもある〔⇨LCL〕。（田口尚志）

コンサイナー（荷送人）　consignor

　consignとは任せる、引き渡すの意で、一般に委託者のことを呼称する。運送人と運送契約を結ぶ当事者、あるいは運送状に記載されている貨物の仕出人を示す貨物を発送する荷送人のことである。consigneeの反意語〔⇨コンサイニー〕。Shipper〔⇨シッパー〕と同義に使われることが多いが、輸送契約を結んだ主体とは別の事業者によって貨物の輸送を依頼するような場合、輸送業者と契約を締結した者がShipperであり、ShipperとConsignorが異なる事業者の場合もある。（河野公洋）

コンサイニー（荷受人）　consignee

　一般に、売買契約では売主の販売を委託された販売受託者のことをいう。これは「受託販売」ともいい、販売受託された会社が販売活動を行う間も所有権は売主にあるため、売買契約書には売主の名前が記載される。反意語としてコンサイナー〔⇨コンサイナー〕。

　国際商取引の運送上では荷物を受け取る者のことである。通関に用いるインボイス〔⇨インボイス〕、貨物発送時のB/L〔⇨船荷証券〕やwaybill〔⇨運送状〕にも記載されている。記名式船荷証券（Straight B/L）の場合には、通常、荷受人として記載された買主が荷受人となる。（河野公洋）

コンソーシアム　consortium

　コンソーシアム（consortium）は、ある目的のために形成された複数の企業や団体の集まりなどの企業共同体、共同事業体を意味する。例えば、Linux（UNIXに似たコンピュータ用オペレーティングシステム）コンソーシアムは、Linux技術の適用分野の拡大を図るため、企業・教育機関・公的機関を含む幅広い層と共同で技術研究・検証・普及・啓蒙を行っている。また、大規模開発事業の推進や大量の資金需要に対応するために、銀行や企業が参加して形成する国際的な借款団や融資団（シンジケート）の意味もある。さらに、単に、協会、組合、連合の意味としても使われている。（長沼健）

コンティンジェンシー・プラン

　〔⇨事業継続計画（BCP）〕

コンテナ船　container ship; containerized ship

　ISO（国際標準化機構）等によって規格化されたコンテナを運送するのに適した構造を備えた貨物船をいう〔⇨ISO〕。コンテナの積載に特化した構造になっているフル・コンテナ船と、コンテナとともに一般貨物も積むことのできる構造になっているセミ・コンテナ船がある。

　コンテナ船の積載能力はTEU（twenty-foot equivalent unit；20フィート・コンテナ1個分を示す）の単位で表現される。例えば10,000 TEUのコンテナ船といえば、20フィート・コンテナを10,000個相当積むことのできる大きさのコンテナ船を表す〔⇨海上コンテナー〕。（田口尚志）

コンテナ・ヤード

　〔⇨CY〕

コントラクティング・アウト（民間委託）

contracting out

　一般には，オプティング・イン（事前に同意を明らかにする方式），もうひとつは，オプティング・アウトとコントラクティング・アウト（同意が推定される方式）という意であるが，民間委託という所有権を維持しつつ運営部分を外注することが，ビジネス用語としてのコントラクティング・アウトである。

　各国の政府機関や公営企業が民営化で成功を収めると，国営企業や政府系企業などの非効率性やコストの高さ，低サービスが問題となった。民営化の主流は，国営企業の閉鎖，政府系企業株の段階的な上場，民間企業への売却等であったが，コントラクティング・アウト（民間委託）方式を採用するところが増えてきた。政府の利点として，所有権を維持しつつ，固有資産は維持できる。高い技術力や高度なサービスを保持する企業は，グローバル化の一環として，この方式で技術を提供し，買収や合併などによるリスクを伴う進出形態でなく，技術供与の一環として利益創出ができる。

　しかし開発途上の国では，コントラクティング・アウトを進めても，運営が外国資本であるため，高度な技術を自国に取り込めない部分や，運営益を上げられない可能性もある。特に資源開発やインフラ建設の場合のコントラクティング・アウトはメリットとデメリットのバランスが微妙である。（河野公洋）

コンプライアンス（法令遵守）　compliance

　企業が経営・活動を行う上で，民法や商法をはじめ独占禁止法，不正競争防止法，労働法，消費者保護法，監督官庁の命令・指導などのルール，社会的規範などを守るだけではなく，その実効性を高めるために自主行動基準を設定し，企業倫理を確立し，遵守することである。「法令遵守」と訳されることが多い。元来，国際商取引の側面で，様々な海外活動における外国法の適用について，それぞれの国で問題となることが多かったが，国内でも近年，雪印グループ，テーマパークUSJ（ユニバーサル・スタジオ・ジャパン），そして日本ハムといった企業の不祥事が相次いでいる。牛乳食中毒事件を引き起こした雪印食品は，不祥事が原因で会社がなくなり，それ以外の企業も，経営に大きな悪影響を及ぼしている。このような事態を防ぐために，企業は，全役員・従業員がこうした規則・規範を遵守し，もし違反行為があった場合には，早期に発見・是正できるようなマネジメント体制を構築することが求められる。（長沼　健）

SaaS
〔⇨クラウド（コンピューティング）〕

サーチャージ（割増料，付加料金）　surcharge
　一般に価格に付加される追加料金全般を意味する語。国際商取引では主に物流業者が，基本運賃（base rate）に様々な価格変動のリスクを荷主や顧客に転嫁する付加料金や割増をサーチャージと呼称する。燃料費の高騰分を荷主，乗客に転嫁する割増料金を燃油サーチャージ（Fuel Surcharge, BAF: Bunker Adjustment Factor），特に北米地域で付加される繁忙期サーチャージ（PSS: Peak Season Surcharge），戦争，紛争地域を航行する船舶・航空輸送に関する戦争リスク・サーチャージ（war risk surcharge），アメリカ同時多発テロ以降の航空保険料，保安費用増大への充当を目的に導入され，保安費用だけを指してセキュリティ・サーチャージ（Security Surcharge）など多岐に渡る。為替レートの変動を荷主，乗客に転嫁する通貨変動サーチャージ（CS: Currency Surcharge, CAF: Currency Adjustment Factor）は，航路によっては円高損失補填料金（YAS: Yen Appreciation Surcharge）や，緊急燃料油割増（EBS：Emergency Bunker Surcharge）として，BAFにさらに割増料金を付加することもある。空港税（着陸料，停留料，空港使用料，国際観光旅客税），港湾費用（Handling Charge）も範疇になる。（河野公洋）

サード・パーティ・ロジスティクス　third-party logistics；3PL
　製造業者が自社内で保有していた物流機能を，「荷主企業に代わって，最も効率的な物流戦略の企画・立案や物流システム構築の提案を行い，かつ，それを包括的に受託し，実行する。荷主でもない，単なる運送会社でもない，第三者として物流部門の機能を代行し，高度な物流サービスを提供すること（国交省，総合物流施策大綱の定義）」として外部化するBPR（Business Process Re-engineering）である。国境を越えた形でのサプライチェーン〔⇨SCM〕が構築されると，原材料や部品，デバイス，半製品などが各国から集約され製品となる。いかに効率よく，効果的にするため専門化が進んだ。国際商取引が，Port to Portの貿易から，door to doorに変容する一因でもある。（河野公洋）

サービス貿易　trade in services
　運送・金融・情報通信・流通などのサービスに関する国際取引，すなわち，これらを自国の会社以外の業者を利用して受けた場合のことを指す。サービス貿易の促進を目的にその規律を定めた世界貿易機関（WTO）〔⇨WTO〕の「サービスの貿易に関する一般協定」（GATS: General Agreement on Trade in Services）によれば，サービス貿易は，①ある国のサービス事業者が，自国に居ながらにして外国にいる顧客にサービスを提供する場合（越境取引。例: 外国のカタログ通信販売を利用），②ある国の人が，外国に行った際に現地のサービス事業者からサービスの提供を受ける場合（国外消費。例: 外国の会議施設で会議），③ある国のサービス事業者が，外国に支店・現地法人などの拠点を設置してサービスの提供を行う場合（拠点の設置。例: 海外現地法人が提供する流通・運輸サービス），④ある国のサービス事業者が，社員や専門家を外国に派遣して，外国にいる顧客にサービスを提供する場合（自然人の移動。例: 外国人技師の短期滞在による修理）の４つに分類される。サービス貿易の自由化を巡っては，GATSのほか，経済連携協定（EPA）等の二国間・多国間の取組みも重要である〔⇨経済連携協定〕。（久保田隆）

サーベイヤー　surveyor
　一般的には，公的な第三者検査員のことで，イギリスでは王立の建設事業と不動産事業の調査，鑑定を行う技術者のこと。国際商取引では港湾運送事業法に基づく，クレーム原因調査などの海事鑑定業者，また，貨物数量検定，梱包状況調査などの貨物関連の検定業者，貨物の事故や損害等を荷主と保険会社以外の第三者として検査・調査

を行う鑑定人・海事検査人。貨物の損失・滅失などの輸送後でなく，被保険者が荷姿・梱包など船積前検査を行う場合もある。品質に係る業務の場合 inspector ということもある〔⇨港湾運送事業法〕。(河野公洋)

最恵国待遇　most-favored nation (MFN) treatment

条約締結国が自国の領域内で他の締約国に付与する待遇で，当該他国の国民，物品，サービス，投資，知的財産権その他権利等について第三国の国民や物品等に与えた待遇より不利でないものを保障することを言う。この待遇は，通商航海条約，GATT，WTO 協定，経済連携協定，投資保護協定等に規定される（最恵国条項）〔⇨通商航海条約，GATT，WTO，経済連携協定，投資保護協定〕。最恵国待遇を受ける権利は条約当事国に与えられ，待遇を受ける自然人や法人等はその反射的利益の受益者に過ぎない。一方の締約国が第三国に与えた恩恵が自動的に他の条約締結国に及ぶ（均霑される）。産業革命以降欧州各国の締結する通商航海条約等を通じて最恵国待遇は自由貿易体制の確立に重要な役割を果たした。GATT では無条件の最恵国待遇が規定され，内国民待遇とともにその基本原則とされている（無差別原則）が，自由貿易協定や経済連携協定，一般特恵制度等の例外が認められている〔⇨内国民待遇〕。WTO 協定では，物品貿易だけでなくサービス貿易と知的財産権についても保障されている〔⇨サービス貿易，知的財産〕。もっとも，サービス貿易と知的財産権についてはそれぞれ広範な例外が認められている。近年の投資保護協定では，投資設立後の投資関連活動だけでなく投資設立前にも保障されているが，国際投資仲裁を含む紛争処理規定もその対象となるか争いがある〔⇨国際投資仲裁〕。(濱田太郎)

債権　claim

独仏日など大陸法諸国における私法上の概念で，物（モノ）を直接的に支配する権利（例:所有権，担保物権）である物権に対し，特定の者（ヒト）に対して特定の行為を請求する権利（例: 金銭債権）を指す〔⇨物権〕。物権と債権は共に財産権（財産的価値を持つ権利の総称）である。債権者の相手方を債務者と呼び，債務者から見た債権は債務と呼ばれる。また，詳細は別項目に譲るが，有価証券である船荷証券は債権的効力と物権的効力を共に有する一方，有価証券でない運送状は債権的効力しか有しない〔⇨有価証券，船荷証券，運送状〕。(久保田隆)

債権譲渡禁止特約

〔⇨譲渡担保〕

裁定相場

〔⇨直物為替相場と先物為替相場〕

裁定取引（アービトラージ）　arbitrage

異なる市場で取引されている同一商品（例: 東京市場とシンガポール市場の日経225 先物）または類似商品（例: 現物と先物）に生じる価格差を利用して鞘取りを行うことで，リスクを取らずに収益を上げる取引を指し，デリバティブ証券市場の発達や規制緩和，仲介手数料等の取引コスト低下に加えて，コンピュータ技術の発達に伴い，大量・迅速な情報処理が可能になった結果，多種多様な裁定取引が活発に行われている。ハイリスク・ハイリターンを追求する投機取引（スペキュレーション）〔⇨投機〕や価格変動リスクを回避するヘッジ〔⇨ヘッジ〕と並んで，デリバティブ〔⇨デリバティブ〕の主要な取引目的の 1 つとなっている。(久保田隆)

裁判（訴訟）　legal proceedings (suit, action)

紛争が発生したときの解決方法の 1 つである。裁判の他には仲裁を含む ADR がある〔⇨裁判外紛争解決〕。裁判においては，当事者は訴訟を提起して国家の力による判決を求める。判決によって得られる執行力をもとに，権利を実現するために民事執行を

サ

して満足を得るのが，多くの場合その目的である。権利関係の存在または不存在を確認する判決を求めることもある。所有権の確認，債務の不存在の確認などである。

国際取引がこれほどに増えた現代にあっても，裁判に関する超国家的な民事手続法はないし，また国際的な民商事事件を処理するための，特定の国に属さない裁判機構もまだない。つまり当事者の属する国や地域，取引の行われる場所が複数にわたるにもかかわらず，訴訟制度はそれぞれの主権国家における一国の法制度として存在するだけである。ヨーロッパにおいては，**ブリュッセルⅠ規則**や**ルガノ条約**のおかげで，民商事的な裁判にかかる**国際裁判管轄**および判決**執行**について，国家を超えた解決が図られているが，これとて局地的な解決でしかない。

国際訴訟には課題も多い。例えば日本で国際的な訴訟をする際に，日本の裁判所に裁判権があるかどうかという**直接的な裁判管轄権**の問題，その裏返しとして外国でなされた裁判が執行のために日本に持ち込まれたときに，その外国の裁判権を認めてよいのかという**間接的裁判管轄権**の問題，外国の被告に適法に訴状を送達するにはどのようにすればよいのかという問題，証拠調べにおける外国との共助，同一事件について外国と内国の手続が競合したら，どちらが優先するかという**国際的訴訟競合**の問題，外国判決の国内における効力などの問題が山積している〔⇨二重訴訟〕。一例として外国の確定判決の効力をみてみる。わが国の民事訴訟法118条は，どのような要件のもとにわが国でそれを認めるかに関して規定している。今のところ中国は日本の裁判所の判決を承認，執行しない。すると同条第4号の「相互の保証」要件を充足しないことになるので，中国の判決も日本では承認，執行されない。

実務で裁判というときには，**仮差押**，**仮処分**といった手続も大事な意味を持つ。保全すべき権利を確定させるための予備的な手続が，実際には紛争解決をもたらすこと

も少なくないからである。相手方を交渉の場に引き出すために，船舶を差し押さえるといった例もある。(中村秀雄)

裁判外紛争解決(ADR)　ADR: Alternative Dispute Resolution

一般に裁判以外の当事者の合意に基づき第三者が関与する紛争解決手続のことをいう。ADRはAlternative Dispute Resolutionの略称である。ADRは，文字どおり，「代替的」紛争解決ということであり，何に対して「代替的」であるかによって意味が変わる。わが国では，「**裁判外紛争解決手続の利用の促進に関する法律**」(平成16年法律第151号)が，「訴訟手続によらずに民事上の紛争の解決をしようとする紛争の当事者のため，公正な第三者が関与して，その解決を図る手続」を「裁判外紛争解決手続」と定めており(1条)，**仲裁**〔⇨仲裁〕もADRの手続の1つとされているが，仲裁が訴訟と共通し訴訟と並ぶ紛争を終局的に解決する手続であることから，仲裁を含めずに使われる場合もある。ADRに共通する特徴として，手続の柔軟性，迅速性，専門性，非公開性などが挙げられる。ADRのうち**調停**〔⇨調停〕は，訴訟，仲裁と比べて，手続に要する時間や費用が少なくて済み，また，訴訟，仲裁と違い，勝ち負けを決めるのではなく，当事者が納得し，満足のいく解決を得ることが可能であり，近時，国際ビジネス紛争の解決方法として注目されている。(中村達也)

裁判管轄条項　forum selection clause/ choice of forum clause/ jurisdiction clause

国内土地管轄(民事訴訟法11条1項)または**国際裁判管轄**(同3条の7第1項)に関し，**契約**の当事者があらかじめその合意により法定管轄と異なる定めをすること，またはその契約条項。裁判管轄約款，管轄の合意ともいう。法定管轄のほかに管轄を追加する付加的合意(prorogation)と，特定の裁判所(1つに限らない)の管轄だけを認め，その他の裁判所の管轄を排除する専

属的合意（derogation）とがある。実務上は，国内の管轄裁判所に関する合意と国際裁判管轄の合意とが分けて規定されずに，例えば，管轄裁判所を「東京地方裁判所」とする旨の契約条項が置かれる場合もある。

外国の裁判所を専属的な管轄裁判所とする国際裁判管轄の合意は，それが一定の法律関係に基づく訴え（法定専属管轄に関する規定の適用がある訴えでないこと。民事訴訟法3条の10）に関し，かつ，書面（電磁的記録を含む）によってされたものであり（同3条の7第2項・3項），合意された外国の裁判所が法律上または事実上裁判権を行うことができない場合でない限りは（同4項），原則として有効である。これに加えて，消費者契約に関する紛争および個別労働関係民事紛争を対象とする国際裁判管轄の合意については，消費者・労働者保護のための特則が置かれている（民事訴訟法3条の7第5項・6項）。但しいずれの場合も，合意が「はなはだしく不合理で公序法に違反するとき」は無効となる余地がある（最判昭和50年11月28日民集29巻10号1554頁）。（種村佑介）

裁判権免除

〔⇨主権免除〕

再保険　re-insurance

再保険とは，保険会社が再保険会社に付保する保険〔⇨保険〕である。保険会社は保険引受けに伴う事業リスクがあり，このリスクを管理する手段として用いられている。特に，巨額な損害が発生した場合，元受契約を引き受けた保険会社の財務状況が著しく悪化する危険がある地震や人工衛星事故による賠償責任などのように発生確率は極めて低いが，一度発生すると巨大な損失額に至るリスクが存在する場合も再保険の対象として使われており，これらの巨大損害に対処するためなどに，保険会社が再保険契約を締結している。

保険契約者は再保険とは直接関係しない。しかし，保険会社より再保険会社から

の指示で保険金が払われない場合，事故査定を再保険会社指定の鑑定人と共同して行う場合など，保険契約者が再保険会社に影響される場合もある。

日本において保険業を営むためには日本の保険業免許が必要である。しかし，再保険の場合は海外において再保険を行う免許を持っていれば，日本からの再保険を引き受けることができる。また，日本において再保険を営むためには，損害保険事業の免許が必要となる。（栁田宗彦）

在来船　conventional vessel（ship）

コンテナ船が登場する以前から存在していた船という意味でこのように呼ばれる。

コンテナの積載許容範囲を超える貨物（重量物・鋼材等）やバルク貨物の運送に対応できる貨物船のこと。荷役機器が備えられている船舶が多いため，港湾施設が十分整っていない港を含む貨物運送に利用されている〔⇨海上コンテナー〕。（田口尚志）

差額関税　Price differential duty

特定の品目について政策的な一定の基準価格を設け，その価格と輸入品の価格との差額につき課税するという徴税方法またはそこに発生する関税をいう〔⇨関税〕。当課税方法は，輸入品の価格が一定の水準を下回った場合，同様の商品がその水準以下で国内市場に出回ることを防ぐ効果がある。また，その品目の輸入価格が上昇すれば税負担が軽減される特徴を持つ。そのため，国産品の保護と価格安定を図ることができるが，低価格品の輸入が抑制されるという面もある。現在は，豚，豚肉およびその調整品等について当制度の適用がある。

当制度は，豚肉の輸入自由化が始まった1971年に国内の畜産農家を保護する目的で導入されたものであるが，豚肉を輸入する際，輸入価格を実際の取引価格より高く見せかけて意図的に関税負担を抑え，関税逋脱（ほだつ）を行う業者もいた。国内産より安価な外国産豚肉を輸入した際，国内価格を参考にした基準価格との差額を関税

として課税するため，基準価格より安い豚肉を輸入するほど関税は高くなる。現在でも基準価格より高い肉と偽って輸入申告を行い，関税を免れている不正行為が時折，見受けられる。(三倉八市)

詐欺防止法 Statute of Frauds

　英米法上の法理で，土地売買，債務保証，履行期間が1年を超える契約など，一定の場合に契約を書面化することを要求する内容。元々イギリスの詐欺防止法という古い成文法に由来し，英米法圏の様々な法律の条文に受け継がれている。例えば，**アメリカ統一商法典**(UCC)2-201条は，5,000米ドル(2003年改正以前は500米ドル)以上の動産売買契約に書面化を要求している〔⇨UCC〕。これに対し，日本法や大陸法，**ウィーン売買条約**(CISG)では，**方式自由の原則**に従い，契約は書面でなくても口頭でも有効に成立する(但し，仲裁法13条2項など，書面化を要求する規定も一部には存在)〔⇨UCC，ウィーン売買条約〕。(久保田隆)

先物為替相場と直物為替相場

　　〔⇨直物為替相場と先物為替相場〕

先物取引 futures trading

　ある商品(原資産)を，将来の決められた期日に，取引時点(契約時点)で決めた特定の価格で売買することを約束する取引の総称で，デリバティブ取引の1つ〔⇨デリバティブ〕。このうち，取引所に上場されたものを取引所規則(例: 履行日の決済を担保する目的で**証拠金**を預託し，評価損益を**値洗い**)に従って取引する場合(通常は反対売買による差金で決済する**差金決済**による)を**先物**(futures: さきもの)**取引**，当事者の相対で行う相対取引の場合(満期日に全額を直接受け渡す決済による)を**先渡**(forward: さきわたし)**取引**として使い分けることも多い。先渡取引が主に外貨の獲得や為替変動リスクのヘッジを目的とするのに対し，先物取引は**ヘッジ**だけでなく**スペ**

キュレーションやアービトラージの目的でも行われる〔⇨ヘッジ，投機，裁定取引〕。先物の元祖は18世紀大阪堂島の米市場における取引(現在は廃止)に遡ると言われ，現在ではシカゴ商業取引所などで大規模に取引されている。取引所は清算機関(クリアリング・ハウス)を設置し，契約の一方当事者が債務不履行になった場合でも他方当事者が損失を被ることのないように，取引決済の履行を保証している〔⇨クリアリング・ハウス〕。(久保田隆)

差金決済

　　〔⇨外国為替証拠金取引〕

サプライ・チェーン・マネジメント

　　〔⇨SCM〕

サムライ債

　　〔⇨外債〕

サレンダードB/L

　　〔⇨サレンダーB/L(サレンダードB/L，元地回収船荷証券)〕

サレンダーB/L(サレンダードB/L，元地回収船荷証券) Surrender Bill of Lading

　サレンダーB/L(Surrender Bill of Lading)とは，日本をはじめとするアジア近海航路で広く活用されている商慣行・実務慣行である(もしくはそこで使用される"Surrendered"等と表示された船荷証券原本のコピーそのものを意味することもある)。具体的には，運送品の積地港(Loading Port)において運送人が荷送人から船荷証券を回収し(その際に，運送人は"Surrendered"もしくは"Accomplished"などと表示された船荷証券コピーを荷送人に渡す)，荷受人は船荷証券を呈示することなく揚地港(Discharging Port)で運送品を受け取るという仕組みを指している。船荷証券の元地回収，Telex Release，そしてサレンダードB/L(Surrendered Bill of Lading)とも呼ばれている。

　サレンダーB/Lは法律には規定がない商

慣習であるために，代替物となる**海上運送状（Sea Waybill）**が法律で規定されることで，徐々にその使用率が減少していくと考えられている（海上運送状に関する規定が設立された「商法及び国際海上物品運送法の一部を改正する法律は2019年4月1日から施行されている）〔⇨国際海上物品運送法〕。一方で，サレンダーB/Lがビジネス環境に柔軟に適応し変化している様子から，当分，サレンダーB/Lが残っていくという考え方もある。（長沼　健）

三角合併・三角株式交換　triangular merger/stock swap

吸収型の組織再編では**対価の柔軟化**が認められることに伴って，ある国内での組織再編に海外の企業も関与する三角合併等が可能となっている。対価の柔軟化とは，吸収合併の場合，消滅会社等の株主等に対して，存続会社の株式を交付せず，金銭その他の財産を交付することを認めるものである。同様に，吸収分割の場合にも，分割会社やその株主に対して，承継会社の株式を交付せず，金銭その他の財産を交付できる。さらに，株式交換の場合にも，完全子会社となる会社の株主に対して，完全親会社となる会社の株式を交付せず，金銭その他の財産を交付することができる。いずれの場合にも，再編時の対価として合併時に消滅会社の株主に払う対価として，新たに外国会社株も交付できるので，外国の親会社株を渡すことによって，当該外国の親会社が，その海外子会社を通じて，現金等の資産を支出しないで，当該国の会社を実質的に吸収することが可能となる。

外国の会社との間で，直接に合併等の組織再編ないし企業統合ができるかどうかは，それぞれの会社法の規律によって異なり得るが，それが認められなくとも，外国の会社が当該対象国に現地法人を設立して，その全部ないし過半数の株式を握ることが可能なので，その子会社を利用して，対象となる法域における子会社がターゲット企業を吸収する組織再編ができる。例え

ば，外国企業X社が日本に完全子会社Y社を保有している場合，Y社は他の日本の会社Z社を吸収合併できるので，Y社が，Z社の株主に，親会社X社の株式を交付することにより，X社は，現金等を支払わずに，Z社をY社の吸収合併によって飲み込んでしまうことができるスキームが，3つの会社が関係するため「三角合併」と呼ばれる。日本では，2007年，シティの子会社が受け皿になって，株式交換をすることで，親会社のシティ，日本の子会社及びその傘下に吸収される日興コーディアルとで三角株式交換が成立したケースが有名である。（浜辺陽一郎）

三国間貿易
〔⇨仲介貿易〕

暫定税率　temporary rates/provisional tariff

基本的な税率とは別に法や政省令によって暫定的に決められた税率。国際商取引では関税に係る税率のことで，国内産業・経済などの事情や政策上の必要性により一時的に基本税率を修正する必要が生じた場合に，期間を定めて，基本税率に代わって適用される税率。関税暫定措置法〔⇨関税三法〕により定められる。関税には様々な種類があるが，基本税率と暫定税率が，国定税率である。〔⇨関税〕（河野公洋）

CIF（運賃保険料込み）　Cost, Insurance and Freight

CIF は "Cost, Insurance and Freight" のコードで，「運賃保険料込み」規則のこと。CIF のC は "Cost" の略語で，Cの価格はFOBに相当するため，FOBに海上運賃と海上貨物保険料を上乗せした価格がCIF価格に相当する。FOBかCIFかどちらが売買当事者にとって都合がよいのかは，海上運賃と海上保険料をどちらが負担するのかによって取引価格が異なることになるが，その決定は売買契約による〔⇨FOB〕。

インコタームズ2020によると〔⇨インコタームズ〕，CIF規則は，売主の約定貨物に

シ

関する危険は指定船積港に碇泊している本船上に貨物が置かれたとき終了するが，費用は仕向港まで海上運賃（Ocean Freight）と貨物海上保険（Marine Insurance）を売主が負担する条件（規則）としている。そのため，これらの費用だけでなく，輸出国内の輸送料，通常の包装費用，輸出通関など，本船上に載せるまでに発生する諸費用は売主の負担となる。海上運賃を仕向港まで売主が負担することから，貨物の危険も仕向港まで売主が負担すると考えている実務者が少なからずいるが，CIF規則には危険は仕出港の本船上，費用は仕向港までと2つの異なる分岐点があることに注意する必要がある。

定期船の場合，本船への積込みは運送人が行い，売主が本船に積込みを行うことはできない。もし定期船でCIF規則を利用すると，船積前に運送人に貨物を引き渡しても本船に載せるまでの間，運送人の過失で事故が発生した場合，この責任は売主が負うことになる。貨物の物理的な引渡しが完了していても，危険は引き続き継続しているという矛盾が生じてしまうため，通常の貿易取引である個品運送には対応できず，本来は傭船契約や不定期船にしか利用できない規則であることも認識しておくことが重要である。

また，当規則はトラック，鉄道，航空輸送等には利用できないため，在来船やコンテナ船など定期船を利用する通常の貿易取引においては，貨物を運送人に引き渡したときから危険が買主に移転し，またどのような運送手段にも対応できるCIP規則を使用すべきである〔⇨海上保険，海上コンテナ〕。（三倉八市）

CIP（輸送費保険料込み）　Carriage and Insurance Paid to

CIPは"Carriage and Insurance Paid to"のコードで，「輸送費保険料込み」規則のこと。FCA価格に仕向地までの運賃と貨物保険料を上乗せした価格がCIP価格となる。インコタームズ2020によると〔⇨インコターム

ズ〕，約定貨物に関する売主の危険は仕出地で運送人に物品を引き渡すことによって終了するが，費用については指定仕向地までの運賃と貨物保険料を負担することが義務付けられている。運賃を仕向地まで売主が負担することから，貨物の危険も仕向地まで売主が負担すると考えている実務者が少なからずいるが，危険は仕出地で費用は仕向地の契約した地点と，2つの異なる分岐点があることに注意する必要がある。

定期船では，本船への積込みは運送人によって行われている。定期船を利用する場合，CIF規則は運送人に対して引渡しが行われた後，本船上に物品を置くまでの間に発生した事故は売主が責任を負う〔⇨CIF〕。しかし，CIPは運送人に引き渡したとき売主の危険も終了するためこのような矛盾も生じない。通常の貿易取引で利用されている定期船や運送手段の種類を問わず利用できるため，CIFに代わって利用できる貿易条件（規則）として期待されている。（三倉八市）

Sea Waybill（SWB）
〔⇨運送状〕

CSR（企業の社会的責任）　Corporate Social Responsibility

企業は，収益を上げ配当を維持し，単に法令を遵守するだけでなく，人権に配慮した適正な雇用・労働条件，消費者への適切な対応，環境問題への配慮，地域社会への貢献を行うなど，企業が市民として果たすべき責任があることを示す。CSRは，企業の信頼を構築し，競争力を向上させる他，株価の上昇にも影響を与える。CSRの視点から企業価値を評価し投資する動きを「社会的責任投資（Socially Responsible Investment）」という。

ちなみに，2001年，国際標準化機構（ISO）は，国際的なガイドラインとして，理事会の決議でCSRの検討に入ったが，社会的責任は企業のみではなく，より包括的なものであるという議論を経て，2011年11月〈社

会的責任 SR: Social Responsibility〉に関する国際規格 ISO26000 を発効させた。この規格には＜企業統治＞＜人権＞＜労働慣行＞＜環境＞＜公正な事業慣行＞＜消費者に関する課題＞＜コミュニティーおよび開発＞の７つの中核主題が掲げられている〔⇨ISO〕。（小倉　隆）

CSV　Creating Shared Value

　M・ポーター（Michael Porter，1947年5月23日－）らが2011年に提唱した「共通価値の創造」などと訳される考え方。CSR〔⇨CSR〕は，経済活動によって社会にもたらす影響に企業が責任を持ち，環境対策やコンプライアンス（法令遵守），フィランソロピー（社会貢献的活動）を行うものであるが，CSRだけで新たな価値を創造することはもはや難しいとして登場した用語。但し，CSV＝儲けるCSRといった短絡的なものでなく，事業とは別ものとして行われる善行はCSR，ビジネスとして社会的課題に取り組むことがCSVといった分類がされる。CSRが「社会的に存在する上での果たすべき責任」，CVSは「社会と共有の価値を創造していくこと」として，社業によりSDGs（持続可能な開発目標），サーキュラー・エコノミーを達成する方策として捉えられている〔⇨SDGs〕。（河野公洋）

CFR（運賃込み）　Cost and Freight

　CFR は "Cost and Freight" のコードで，「運賃込み」規則のこと。FOB価格に仕向港までの海上運賃を上乗せした価格がCFR価格となる〔⇨FOB〕。従来，C&Fが利用されていたが，キーボードの種類によっては "&" のキーがなかったり，印字についてはシフト・キーを押す必要があり厄介であったりしたため，インコタームズ1990年版からCFRに代わっている〔⇨インコタームズ〕。危険の移転はFOB規則と同様に本船上に物品が置かれたとき，費用の負担はFOB価格に仕向港までの海上運賃が加算された価格がCFR価格となる。海上運賃を売主が負担することから，危険も仕向港ま

で売主が負担すると考えている人が少なからずいるが，CFRには危険と費用の2つの分岐点があることに注意が必要である。
　定期船では，本船への積込みは運送人によって行われている。定期船を利用した場合，CFRは運送人に対して引渡しが行われた後，本船上に物品を置くまでの間に発生した事故は売主が責任を負う。そのため，通常の貿易取引においては，物品の物理的な引渡しが完了しているのに危険は未だ継続しているといった矛盾のないCPT規則を利用すべきである〔⇨CPT〕。（三倉八市）

CMMA（税関相互支援協定）　Customs Mutual Assistance Agreement

　各国の税関当局間で相互協力をすることを定めた国際協定で，不正薬物・銃砲等の水際取締り，セキュリティを脅かす兵器，知的財産侵害物品の取締り等についてや通関手続の簡素化・調和化等の取決めがされている。このほかに，関税法令に反する（又はその疑いのある）者，物品，輸送手段等に対する情報提供及び監視を行う協定もある〔⇨関税，税関，EPA，AEO〕。税関相互支援に関する枠組みの形式としては，政府間協定（CMMA，EPAなど）当局間取決め等があり，34の国・地域との間で協定等が締結・署名されている。（2020年5月現在）（河野公洋）

CLS銀行　CLS Bank

　CLS銀行（CLSとは，Continuous Linked Settlement の頭文字）は，時差リスク（通貨ごとに金融市場の決済システムの稼働時間帯が異なることによるリスク）を避けるために，国際間の外為決済過程に介在し，取引2通貨（受渡し通貨と買受け通貨）の相手方への引渡しの同時履行を連続的に保証する多通貨決済システムである。参加する決済メンバーはCLS銀行に口座（取扱通貨別に管理可能）を保有し，一方，CLS銀行は各中央銀行に口座を保有する。各国の中央銀行は，取引のつど，1件ごとに決済を行う「即時グロス決済システム」をとる。CLS

シ

銀行は外為取引を行ったメンバー双方から資金の受領を確認できた時点において，同時に決済を実行する。

2001年に米ドル，ユーロ，円，英ポンド，スイス・フラン，豪ドル，カナダ・ドルの7通貨でサービスを開始し，その後にスウェーデン・クローネ，デンマーク・クローネ，ノールウエイ・クローネ，シンガポール・ドル，香港ドル，ニュージーランド・ドル，韓国ウォン，南ア・ランド，イスラエル・シュケル，メキシコ・ペソ，および，ハンガリー・フォリントを追加し，現在は合計18通貨となっている（これで世界の外為決済の94％を占める）。CLS銀行と参加行の間のデータ授受にはSWIFTの通信網が利用される。このシステムを運営するのはCLSサービシズ（CLSS）である。（平野英則）

GGAP
〔⇨グローバルGAP〕

CCP
〔⇨クリアリング・ハウス，ネッティング〕

G-SIFIs
〔⇨システミック・リスク〕

CIETAC（中国国際経済貿易仲裁委員会）　CIETAC: China International Economic and Trade Arbitration Commission

China International Economic and Trade Arbitration Commission（中国国際経済貿易仲裁委員会）の略称。中国の代表的な国際商事仲裁機関である。

日中間では裁判判決の相互承認と執行に関する条約を締結していないため，日本の裁判所が下した確定判決は中国で承認・執行されず（1994年6月26日最高人民法院法[1994]第17号参照），中国の人民法院が下した確定判決も日本では承認・執行されない（大阪高判平成15年4月9日判時1841号111頁参照）。

したがって，日中間の紛争解決条項については，裁判を選択せず，両国が加盟している1958年の「外国仲裁判断の承認及び執行に関する条約」（ニューヨーク条約）に基づき，仲裁を選択することが一般的であり，CIETAC（シータックと読む）を指定仲裁機関とすることが多い〔⇨外国仲裁判断の承認及び執行に関する条約〕。

CIETACは1956年4月に設立し，本部所在地は北京市にある。華南・上海・天津・西南・浙江・湖北・福建・四川・山東に分会を，天津国際経済金融・福建自貿区・香港・江蘇・シルクロード仲裁センターを設置している。

以前，CIETACは北京本部と華南及び上海分会で組織されていたが，2012年に両分会は本部の仲裁規則改正に反対し，この組織から独立した。

現在，旧華南分会は華南国際経済貿易仲裁委員会又は深圳国際仲裁院（South China International Economic and Trade Arbitration Commission 又は Shenzhen Court of International Arbitration, SCIA）に，旧上海分会は上海国際経済貿易仲裁委員会又は上海国際仲裁センター（Shanghai International Economic and Trade Arbitration Commission 又は Shanghai International Arbitration Center, SHIAC）へと名称を変更し，CIETACとは別の仲裁機関として機能している。（鴎田えみ）

CDS
〔⇨クレジット・デフォルト・スワップ〕

GDPR（欧州一般データ保護規則）　EU General Data Protection Regulation

EU General Data Protection Regulation（EU一般データ保護規則，略称「GDPR」）は，ヨーロッパ共同体（EU）域内の加盟国の個人情報保護を規定する2018年施行のEU規則である。なおEU規則は，すべてのEU加盟国に同時に効力を発生するEU議会制定法とほぼ同等の効力を有し加盟各国法に対し優先適用される。また加盟国での個別の立法が必要とされるEU指令よりはより一

律であることで強力である。しかしGDPR
の条文上は，各国当局に実施監督機関設置
を委託し，また個別の立法を認めている
（例，未成年者の定義）部分もあり，GDPR
の各国での実際の施行時期は異なってい
る。GDPR以前のEU個人情報保護指令
（1995年，略称「EU個人データ保護指令」）
は，加盟各国に一定の立法を要請したもの
である。これは当初は，OECDの1980年個
人情報保護ガイドラインの要請に基づくも
のであったが，EUでは「人権＝個人情報保
護」と捉える人が多く，EU個人データ保護
指令はその内容が上記OECDガイドライ
ンより充実しており，日本を含む世界各国
の個人情報保護法のモデルとされた。但し，
日本の**個人情報保護法**（2005年施行）は，
EU個人情報保護指令に比して罰則が弱い
等の理由で，EU個人データ保護指令では，
EU域内の個人情報を日本国内企業に提供
することは禁止されていた。その後，新た
なGDPRも意識して日本が違反者に対する
罰則等を強化し，更に日本とEU間相互の
円滑な個人データ移転の枠組みを運用可能
とした改正個人情報保護法を施行（2018
年）したため，2019年にEU日本間の個人
データ移転はEUでその十分性が認定さ
れ，相互に個人情報伝達が可能となった。
　GDPRは，2000年に起草され，欧州の憲章
を整理した2009年**リスボン条約**発効時か
ら法的拘束力を有した「**EU基本権憲章**」を
反映し，EU個人データ保護指令より厳しい
罰則条項を有している。例えば，個人情報
の処理を適法に行わなかった場合や個人
データの移転条件に従わなかった場合等
は，当該企業の全世界売上高の４％又は
2,000万ユーロのいずれかの高い方の罰金
が科される。また記録保持義務を怠ったり，
監督機関へ協力しなかった場合等は，当該
企業の全世界売上高の２％又は1,000万
ユーロの高い方の罰金となる。個人データ
の定義も改正個人情報保護法とは多少異な
り，また「**忘れられる権利**」の一部と言え
る自己に関する個人データの消去権を認め
る，あるいはData Portability（GDPR§20）

と称する個人がある電子処理システムから
別のシステムへ移動する権利が認められる
等，日本の制度とは異なる点もある〔⇨
EU〕。（内田芳樹）

G20，G7（G5，G8），G10　Group of Twenty,
Seven (Five, Eight), Ten
　G20とは，主要国首脳会議（G7）に参加
する7か国（日本，イギリス，アメリカ，
ドイツ，フランス，イタリア，カナダ。EU
も会議には参加）に，ロシア，EU，新興国
11か国（中国，インド，ブラジル，メキシ
コ，オーストラリア，韓国，トルコ，イン
ドネシア，南アフリカ，サウジアラビア，
アルゼンチン）の計20か国・地域からなる
グループを指し，世界のGDPの90％，貿易
総額の80％を占める。定期的に首脳会合
（G20 Summit）や財務相・中央銀行総裁会議
（IMF・世界銀行等の国際機関も参加）を開
催し，そこで決められた内容の詳細は金融
安定理事会（FSB）が詰める〔⇨金融安定理
事会〕。なお，G7はもともとG5であったが，
1986年にイタリアとカナダが加わってG7
となり，1998年から2014年まではロシアが
加入して一時G8となった後，ロシアの資
格停止に伴い，G7に戻った。一方，G10と
は1962年にIMFの一般借入取極（GAB）へ
の参加に同意した日英米独仏など10か国
を元々指しており，1984年にスイスが新た
にGABに加入した結果，現在のG10は11
か国となっている〔⇨IMF〕。G10中央銀行
総裁会議が**国際決済銀行（BIS）**の場で**バー
ゼル銀行監督委員会**の設立を決めた〔⇨国
際決済銀行〕。（久保田隆）

CPT（輸送費込み）　Carriage Paid To
　CPTは"Carriage Paid To"のコードで，「輸
送費込み」規則のこと。FCA価格に約定し
た仕向地までの運賃を加算した価格がCPT
価格となる。貨物保険は買主が必要に応じ
て手配する〔⇨FCA〕。危険の移転は仕出地
で運送人に貨物を引き渡したとき，費用は
約定した場所まで運賃を売主が負担する。
運賃を仕向地まで売主が負担することか

シ

107

ら，危険も仕向先まで売主が負担すると考えている人が少なからずいるようであるが，当規則には2つの異なる分岐点があることに注意が必要である。

CPTと比較される規則にCFRがあり，CFRは定期船には利用できない〔⇨CFR〕。CFRは，運送人に対して物品の引渡しが行われた後，本船上に物品を置くまでの間に発生した事故は売主が責任を負うことになる。しかし，CPT規則の引渡しは運送人に貨物を引き渡したときであるためこのような矛盾はなく，定期船や不定期船，傭船契約，さらにはあらゆる運送手段にも適合できるため，CFRの代わりに複合運送型のCPT規則を利用すべきである〔⇨インコタームズ〕。（三倉八市）

CBDC
〔⇨デジタル通貨〕

CY Container Yard
国際商取引でコンテナを用いて輸送される貨物には，コンテナ1個分を満たしたFCL（Full Container Load）貨物と，1個分を満たすには足りない小口貨物であるLCL（Less than Container Load）貨物（＝混載貨物）がある。フルコンテナ単位で輸出する場合のコンテナの蔵置保管，受渡しをするコンテナ・ターミナル，コンテナ・ヤード施設のことをCYと呼称する。

LCL貨物の場合CFS（Container Freight Station）を利用する。輸出は，仕向地ごとにバンニング（vanning/van）（コンテナへの積込（英語圏ではloading/loadやstuffing/stuffと呼称））する。輸入の場合デバンニング（devanning/devan）（コンテナからの取り出し（英語圏ではunloading/unloadと呼称））を行う施設である。〔⇨保税制度〕（河野公洋）

シェアリング・エコノミー sharing economy
モノや場所，お金等の資産やサービスを共有したり交換したりして有効利用する経済行動のこと。**カーシェアリング**（登録した会員間で特定の自動車を共同使用するサービスで，レンタカーよりも短時間の使用を想定），**民泊**（旅行者等が対価を払って一般の民家に宿泊するサービスで，2018年に施行された住宅宿泊事業法で規定），**クラウドファンディング**（商品・サービス等の自身のアイデア実現のため，インターネット上で不特定多数の人＜crowd＞から比較的少額の資金提供を募り，資金を集める＜funding＞方法），家事・育児代行，ブランド品のレンタル等が挙げられる。（久保田隆）

シェアリング条項 sharing clause
シンジケート・ローン〔⇨シンジケート・ローン〕において，特定のレンダーが，他のレンダーの参加割合を超える例外的かつ偏頗的な債権回収（自発的か否かを問わず，また直接弁済のみならず相殺や強制執行・許容担保権以外の担保権の実行による回収等も含まれる）を行った場合に，レンダー間の権利の公平性を維持するために，参加割合に応じた**プロラタ**（*pro rata*）〔⇨プロラタ条項〕での分配をして調整（シェアリング）する条項をいう。具体的には，直接的な金銭の授受により調整をする方法もあり得るが，債権譲渡によりプロラタを実現する方法が採られることが多い。（川中啓由）

JAFIC（日本） Japan Financial Intelligence Center
犯罪収益移転防止対策室（Japan Financial Intelligence Center－JAFIC）とは，わが国の資金情報機関（Financial Intelligence Unit－FIU）として警察庁に設置されている。犯罪収益移転防止法（犯収法）に基づく，①疑わしい取引に関する情報の集約，整理及び分析並びに捜査機関等への提供，②外国FIUに対する情報の提供，③犯罪収益移転状況の調査及び分析並びに犯罪収益移転危険度調査書の作成，④特定事業者による措置を確保するための情報の提供や行政庁による監督上の措置の補完，の他，**AML/CFT（資金洗浄・テロ資金対策）**の法制度や犯罪

収益対策推進要綱等の各種施策の立案・調査，国際的な規範の策定に対する参画等の業務に当たる〔⇨AML/CFT，FATF，40の勧告，犯罪収益移転防止法〕。（花木正孝）

JSCC
〔⇨クリアリング・ハウス，日本証券クリアリング機構〕

J -SOX法
〔⇨SOX法・J -SOX法〕

時価会計　Fair Value Accounting
時価会計とは，企業会計の計算などにおいて，所有する金融資産を決算時の市場価格（時価）で評価する会計をいう。定期的に行わずに，一時的に行う場合は資産再評価として異なる概念となる。貸借対照表に計上される資産の額は原則取得原価とする原価主義であった。

時価会計においては，株式や債券，金融派生商品（デリバティブ）などの金融商品を期末時点の時価で評価される。時価評価はディスクロージャー制度を充実させるために米国で採用されたことから始まり，国際財務報告基準（IFRS）においても導入〔⇨国際財務報告基準（IFRS）〕，その後日本でも一部で採用されている。銀行や証券会社などの金融機関のトレーディング勘定について1997年度から有価証券取引の時価会計処理が導入された。有価証券について保有目的に応じて異なる評価を行うこととして，2000年度からは金融機関以外でも「売買目的有価証券」に時価会計が導入され，2001年度からは持ち合い株など「その他有価証券」も貸借対照表上の時価評価が義務付けられるようになっている。

会計情報の機能としては，株主と債権者との間における利害調整機能と，投資家に対する投資意思決定情報提供機能の2つがあげられるが，後者の機能に着目した場合，企業の現状把握という観点からは，過去の取引時の価格を意味する取得原価を基本とした情報よりも，現在の価格に置き直した

いわゆる時価情報のほうが有用であるといわれている。

売買目的有価証券およびその他有価証券に対する時価法の適用や，棚卸資産に対する取得原価と時価とを比較して時価が低い場合には時価で評価する方法（低価法）の強制適用，固定資産の収益性（回収可能価額）が低下した場合にはその含み損を減損として計上するいわゆる減損会計の導入などは，同様に時価ベースの評価の適用を指向した基準といえる。（栁田宗彦）

直物為替相場と先物為替相場　spot exchange rate and forward exchange rate
外国為替取引において，日本の場合，売買契約成立後2営業日まで（銀行間取引は翌日に受渡し，対顧客取引は当日に受渡し）に為替取引の引渡し・受取りが実行される取引を**直物為替**と呼び，その直物為替に適用される為替相場（異なる通貨の交換比率）を**直物為替相場**と呼ぶ。これに対し，直物為替以外の将来の特定日や特定期間内に為替取引を実行して決済する取引を**先物為替**と呼び，その先物為替に適用される為替相場を**先物為替相場**と呼ぶ。そして，直物為替と先物為替の差を**スプレッド**と呼ぶ。為替相場には，**基準相場**（米ドルに対する各国通貨の相場。例：1ドル＝109円），**クロス・レート**（米ドルに対する他国通貨の基準相場を投資元通貨からみた場合の呼び名），**裁定相場**（基準相場とクロスレートから計算された為替相場。例：1ユーロ＝122円）がある〔⇨クロスレート〕。さて，外国為替外貨の売買は，銀行間では常時行われるが，一般顧客と銀行の間では，銀行が午前10時頃の銀行間取引の為替相場（仲値：TTM）を参考にして対顧客相場（従来は輸出者向けの相場TTBはTTMマイナス1円，輸入者向け相場TTSはTTMプラス1円であったが，現在は銀行手数料の自由化により値引きも可能）を公表し，終日その相場を適用する。但し，為替相場が大きく動く場合には取引額の抑制や停止を行う〔⇨TTB，TTS〕。（久保田隆）

事業継続計画（BCP） business continuity plan

　企業が自然災害，大火災，テロ攻撃，システム障害，不祥事などの緊急事態に遭遇した場合に備えて，事業資産の損害を最小限にとどめつつ，中核となる事業の継続あるいは早期復旧を可能とするために，平常時に行うべき備え（例: 地震に備えた耐震補強）や緊急時における事業継続のための方法,手段（例: バックアップセンターの確保，通信ネットワークの多重化，非常参集要員の指定）などをあらかじめ取り決めておく計画のこと。緊急事態に遭遇すると経営資源が通常よりも限られるため，業務停止が経営に及ぼす影響を考慮し，守るべき業務や水準をあらかじめ明確に定める必要がある。（久保田隆）

資金決済法 Payment Services Act

　「資金決済に関する法律」の略称で，近年の情報通信技術の発達や利用者ニーズの多様化等の資金決済システムをめぐる環境の変化に対応し，①前払式支払手段，②資金移動業，③資金清算業（銀行間の資金決済の強化・免許制）を内容として2010年に施行され，2016年改正で④仮想通貨交換業が加わり，2019年改正で仮想通貨を暗号資産と改名するなど更なる法整備を行った。

　資金決済法は当初，為替業務を銀行以外の送金業者にも解放することを目的の1つとして制定された。日本では，預金受入れと資金貸付けを併せ行う営業と為替取引を行う営業は，銀行以外は営業できず，違反すると処罰対象となる（銀行法2,4,10,61条）。この**為替取引**は「顧客から，隔地者間で直接現金を輸送せずに資金を移動する仕組みを利用して資金を移動することを内容とする依頼を受けて，これを引き受けること，又はこれを引き受けて遂行すること」と広く解され（最判平成13年3月12日刑集55巻2号97頁），主に**地下銀行**（銀行等の免許を持たずに不正に海外送金する業者）の処罰に用いられてきた。一方，為替取引に外形的に類似する**収納代行**（銀行法10条2項9号）などは銀行以外でも営業で

き，コンビニ等の収納代行事業が長らく発展してきた。収納代行はそのままで一応合法だが，為替取引規制に抵触する可能性もゼロではないと考えられており，規制を完全にクリアするには，資金決済法に基づく登録や届出を行う必要がある。（久保田隆）

資金洗浄

　〔⇨ AML/CFT〕

資金返還保証責任

　〔⇨銀行振込の法的性質〕

資産担保証券

　〔⇨証券化，ABS〕

事情変更の原則 clausula rebus sic stantibus

　契約締結の前提となった状況に大きな変化が生じたため，契約を元のまま維持することが当事者の衡平に失する場合に，契約内容を修正したり，契約を解消したりすることを認めるための法理論である。日本ではドイツ法の影響により，大正末期頃から学説により主張されてきた。信義則を根拠に，事情変更による契約の解除や改定を認めた下級審判決が存在するが，最高裁は抽象論としてこの原則の存在を認めつつも，その具体的な適用を肯定した判例は現在まで存在しない。

　最近では，継続的契約などの実務から生まれたハードシップと呼ばれる制度が，ユニドロワ国際商事契約原則等に明文で規定され，フランス民法等も採用したことから，注目を集めている〔⇨ユニドロワ国際商事契約原則〕。契約締結時に考慮できなかった事情が当事者間の権利義務に重大な不均衡をもたらす例外的場面において，当事者間に再交渉の義務を設定し，合理的期間内に合意できなかった場合には，裁判所や仲裁廷による契約内容の改訂や解消などの契約内容への介入を認めるものである。継続的で複雑な契約がビジネスにおいて用いられる場面が増加していることから，こうした制度の必要性が広く認識されてきた結果で

あると考えられる。（齋藤　彰）

至上約款　paramount clause

　至上約款とはParamount Clause の訳。用船契約（法律用語だと傭船契約）やB/Lの裏面約款に挿入され，用船契約やB/Lが船積国の国際海上物品運送法またはヘーグ・ルール立法（日本はヘーグ・ヴィスビー・ルール）に従うことを明確にする約款を言う〔⇨国際海上運送の関連条約〕。用船契約では船主に対して本来は「絶対的な保証責任であるはずの堪航性保持義務」を「航海前のおよび開始時に船舶の堪航性を確保するために相当な注意を払う義務」に軽減する意義がある。B/Lの場合，ヘーグ・ヴィスビー・ルールと国内法の微妙な相違等の重要な論点が存在する。松井孝之・黒澤謙一郎編著『設問式船荷証券の実務的解説』成山堂書店（2016）設問23（佐々木政明弁護士執筆）193−198 頁を参照。（合田浩之）

CISG
<small>シスグ</small>
　〔⇨ウィーン売買条約〕

システミック・リスク　systemic risk

　決済システムに参加している金融機関が，信用リスク，流動性リスク，オペレーショナル・リスク，ヘルシュタット・リスク（通貨交換に特有のリスクで，自分の引渡しを終えた後で，相手方の引渡しが時差に伴ってずれる間に相手方の支払不能が生じて受け取れなくなるリスク）等の発現により決済不能となった場合，その金融機関からの資金や証券等の受領を見込んで受払を予定していた別の金融機関もまた決済不能になり，決済システム内の債権債務の持合い構造を通じて，こうした決済不能が連鎖的に波及する結果，決済システム全体が機能不全に陥るリスク〔⇨決済，信用リスク，流動性リスク，オペレーショナル・リスク〕。一旦システミック・リスクが発現すると経済に壊滅的な打撃を与えるため，金融当局や中央銀行は，金融界と連携して様々な規制や指導を行ってきた。例えば，

ヘルシュタット・リスク対策として異なる通貨間の受渡しを同時に行うCLS銀行を創設したり〔⇨CLS銀行〕，日銀ネットなど中央銀行が運営する資金決済システムに即時グロス決済（RTGS）を導入したりしてきた。また，世界金融危機後の2011 年以降は，金融安定理事会（FSB）が世界の金融システム安定に欠かせない大規模金融機関をG-SIFIs（Global Systemically Important Financial Institutions）に指定（日本の三菱UFJ，みずほ，三井住友の3メガバンクも含まれる）し，バーゼル合意に基づく自己資本比率規制以外の新たな資本規制であるTLAC（Total Loss-Absorbing Capacity: 総損失吸収力）を課している〔⇨金融安定理事会〕。（久保田隆）

次世代電力網
　〔⇨スマートグリッド（次世代電力網）〕

実質法　materielles Recht［独］，droit matériel/droit substantiel［仏］

　民法や商法のように，法律関係を直接に規律する法律（直接規範）のこと。事項規定（Sachnorm）ともいう。法適用規範（間接規範）である国際私法・抵触法によって指定される法律であり，具体的に権利義務関係を定めるものであるから，民事訴訟法のような手続法も実質法に含まれる〔⇨国際私法・抵触法〕。

　ある実質法が国際私法・抵触法によりなんらかの要素（国籍や常居所など）を連結点として渉外的私法関係に適用されるべく指定された場合，この実質法を準拠法と呼ぶ。そしてこの準拠法によって法律効果の存否が決まることから，これを効果法（lex causae, Wirkungsstatut）と呼ぶこともある〔⇨契約準拠法〕。（種村佑介）

実体法と手続法　substantive law and procedural law

　民法や商法のように権利義務の具体的内容を定めた法律を実体法と呼び，対照的に，民事訴訟法のようにその権利義務を実現す

シ

るための手続を定めた法律を**手続法**と呼ぶ。但し、何を実体法とし、何を手続法とするかは法域によって若干異なり、例えば、大陸法でいう相殺や損害賠償額の算定は大陸法では実体法に属するが、イングランド法では手続法とされてきた。また、倒産法上の否認権のように、形式上は民事訴訟法に属するが、権利義務の具体的内容に関わる場合、その部分については倒産実体法と呼ばれることもある。国際取引では、実体法の準拠法は法廷地の**国際私法**の定めに従い、手続法の準拠法は「**手続は法廷地法による**」(lex fori) という不文の原則(法典化はされていないが、世界中で受容されてきた原則)により一般に法廷地法が適用される。この結果、例えば倒産法上の否認権の準拠法については、手続問題と解して「手続は法廷地法による」原則に従って法廷地法を適用するのが伝統的な通説であるが、実体問題と解して国際私法の定めによるとする有力説もある。(久保田隆)

実定法 positive law

　一定の時代に一定の社会において実際に行われている法を「実定法(positive law)」という。対立概念である「自然法(natural law)」は、人為と関係なく時代を超えて普遍的に妥当すると考えられる法をいう。実定法の特徴は、人為性(人が定立)、実効性、可変性の点にある。法実証主義は、自然法の存在を否定し、実定法だけを法とする。実定法は、制定法や判例法だけでなく、**慣習法**〔⇒商慣習法〕の形式でも認められる。

　実定法が国ごとに異なることは、国際商取引の障害となる。国際取引社会に妥当する法(統一法)を定立することが理想であるが、世界的な立法・司法機関のない現状では、完全な法統一の実現は困難である。(高杉　直)

シッパー shipper

　シッパー(Shipper)とは、国際海上物品運送法2条3項に規定する「荷送人」に該当する。この条文では「運送を委託する者」

とある。そして、同法が準用する商法758条は、船荷証券の記載事項として、「四　荷送人又は傭船者の氏名又は名称」とある。

　素直に考えれば、荷送人とは運送人と運送契約を締結した者になるが、日本の判例では、船荷証券に記載される荷送人について、フォワーダーを介する実荷主の氏名・名称を記載することも認めている〔⇒国際海上物品運送法、フォワーダー〕。(合田浩之)

シッパーズ・ユーザンス shipper's usance

　輸出者(シッパー)が輸入者(バイヤー)を信用し、輸入貨物の代金支払に関する一定期間の猶予(ユーザンス)を輸入者に与える輸入金融の一方式をいう。一般のユーザンスにおいては金融機関が支払猶予を与えるのに対し、この方式では輸出者が輸入者に対して直接、支払猶予を与える点に特徴がある。したがって、初めての取引などで用いられることは少なく一定の信頼関係のある者の間の取引などで用いられる。ユーザンスが与えられると、輸入者は、ユーザンス期間内に輸入品を国内販売して代金を得てから輸出者に支払うことが可能となる(輸入貨物を引き取る際に代金を輸出者に支払う義務はない)。但し、この場合、輸出者は、輸出に掛かった資金の回収が、輸入者に与えたユーザンス期間遅れることになり、銀行借入が必要となる場合が生じ得る。輸出者にとってはユーザンス金利分をあらかじめ取引価格に織り込んでおくか、金利の一定部分を輸入者に負担させる特約を事前に結んでおくなどの工夫が必要である。(田口尚志)

実用新案権 utility model

　国際的には特許より簡易な手続(審査不要)で小発明に法的に保護(比較的短い権利期間)を付与する制度をいい、特許制度で保護されない「小発明」の保護や特許登録までの暫定保護の機能を持つ。例えば、日本では「特許」は発明に対し出願日から20年の保護を与えるが、「実用新案」は考案

（物品の形状，構造，組み合わせ）に対し，審査不要で登録でき出願から10年間保護される。但し権利行使（使用料の請求，侵害訴訟の提起等）には技術評価書（実質的な審査で特許庁が発行）が必要である点で制約がある。国際的には，欧州大陸，アジア，大洋州，中東，アフリカ，中南米に「実用新案」相当の制度が存在する。他方，アメリカ合衆国，カナダ，英国，アイルランド，アイスランドでは相当の制度が存在しないので，すべて特許に法的な保護を求めることになる。「実用新案制度」の歴史が最も古い（1891年）ドイツでは，「特許制度」で保護されない小発明の保護を目的としていたため，進歩性が特許より緩和され三次元物体の保護に限定されていた。同じ「実用新案制度」であっても，各国で実体審査の要否や権利保護期間で相違が見られる。日本，中国，ドイツでは登録に実体審査は不要だが，韓国やマレーシアでは必要である。権利期間も一律10年間でなく，マレーシアでは原則10年に5年の延長が2回可能で最長20年（特許と同じ）となる。（牧野和夫）

自動運転　self-driving

運転の一部支援または運転すべてを代行するシステム。車に搭載されたカメラやGPS等とAIを組み合せ，周囲を把握することでブレーキやハンドル操作を自動で制御する〔⇒人工知能〕。米国自動車技術者協会（SAE）は自動運転を0～5の6段階にレベル分けし，レベル0はドライバーがすべてを操作，レベル1はシステムがハンドル操作かアクセル・ブレーキ操作の片方を実施，レベル2はシステムがハンドル操作とアクセル・ブレーキ操作の両方を実施する段階。レベル3は一定条件化ですべての運転操作を自動化するが，システムから要請があればドライバーは運転に戻る必要があり，レベル4は一定条件化ですべての運転操作を自動化してドライバーは戻る必要はなく，レベル5はすべての条件下ですべての運転操作が自動化された段階となる。現在の日本では，レベル2までの車が販売されている。（久保田隆）

シニョリッジ
〔⇒貨幣〕

司法管轄権　Judicial Jurisdiction

国家主権の発現態様としての国家管轄権のうち，司法作用に関するものをいう。国家管轄権は，立法管轄権・司法管轄権・執行管轄権の3つに分類されるのが一般である。しかし，司法権の担い手たる裁判所が法を解釈・具体化して行う公権的判断と，立法機関がその遵守を違反に対する制裁措置でもって担保可能なものとして行う立法行為とには，ともに広義の「規範」定立に携わるという類似点がある。さらに，裁判所の役割の中には，法の物理的・強制的実現（執行）にかかわる部分も存在する。したがって，司法管轄権と立法管轄権の境界も，司法管轄権と執行管轄権の境界も，常に明快に分けられるとはいい難い。そこで，国家管轄権を立法管轄権と執行管轄権との2つに分類し，裁判所の役割はこの両者にまたがるものと考える立場もある。

国家の司法管轄権に限界があるか否かは，対物的な側面と対人的な側面に分けて議論されている。まず，対物的な限界については，国際法違反とされた実例が知られておらず，限界の有無自体につき学説上争いがある。一方で，限界があるとする立場は，法廷地国と事件との間の何らかの関連性が必要とする。この立場は，公法分野での国家の立法管轄権行使についても，「対象との一定の関連性」という制限を認める。他方，判決執行等による物理的強制力が生ずる以前の段階では領域外の事象に司法管轄権が行使されたとしても抽象的な効果を及ぼすにすぎないとして，「執行」に至る前の段階で対物的限界を観念することを疑問視する立場もある。

次に，対人的には，外国国家や外交官等に対する「裁判権免除」が司法管轄権の限界の例とされる。近年，この裁判権免除の

シ

113

範囲については，諸国の国家実行等において，絶対免除主義から制限免除主義への変遷がみられる〔⇨主権免除〕。

なお，「司法管轄権」，「裁判権」，国際民事訴訟の訴訟要件としての「国際裁判管轄（権）」などの概念については，論者の専門分野により，また，いかなる国の用語法を参照するかにより，概念相互の関係の理解の仕方に若干違いがあるようである。現在のわが国の国際私法学説の多数は，司法管轄権ないし裁判権の存在を国際裁判管轄の前提と捉える。この立場からは，国家は前者の範囲内で後者を行使すべきことになる。自制的な国際裁判管轄行使は原則として国際法上問題ないが，裁判拒否にあたるほどに制限的な国際裁判管轄行使は，国際的に認められた人権（裁判を受ける権利）を侵害するものとして国際法に抵触すると解される余地がある〔⇨国際裁判管轄〕。(的場朝子)

シャドー・バンキング
〔⇨ヘッジファンド〕

Surety Bond
〔⇨銀行保証状〕

収納代行
〔⇨資金決済法〕

主権免除　sovereign immunity
裁判権の行使は主権の行使の一態様であり，ある国が他国に対して裁判権を行使することは，原則として国際法上認められず裁判権が免除される。これを裁判権免除あるいは主権免除という。かつては，国家が自発的にそれを放棄する場合などのごく例外的な場合を除き，原則として主権は免除されるとの絶対免除主義が主流であったが，国家が商取引の当事者となっているなど，私人と同じような行為を行っている場合に裁判権を免除するのは，取引の安全や相手方の権利保護の観点から許されるべきではなく，現在では，業務管理的行為や商

業的行為のような非主権的行為については，主権免除を認めないとする制限免除主義が主流である。条約として国及び国の財産の裁判権免除に関する国際連合条約（2021年2月時点で未発効），国内法として外国等に対するわが国の民事裁判権に関する法律があり，いずれも制限免除主義を採用している。しかし，制限免除主義においても，主権免除が認められる基準について必ずしも明らかではなく，国家との契約を締結する場合に，この点の疑義を避けるために主権免除放棄の意思を明らかにする主権免除放棄条項を定めることもある。(長田真里)

出願優先権　priority claim based on patent application
出願優先権には，大きく2つの意味がある。1つは，国内優先権であり，もう1つがパリ条約で規定する国際出願における優先権である。国内優先権とは，先にした特許出願に新たな内容を付加して新たな特許出願をした場合に，先にした特許出願の内容についての新規性・進歩性等の要件判断を，先にした特許の出願の日を基準に判断してもらう権利をいう。但し，先にした特許の出願の日から1年以内に，国内優先を主張して新たな出願をしなければならない。パリ条約に基づく優先権と区別するため国内優先権と呼ぶ。

一方，国際出願における優先権とは，パリ条約の特別取り決めである特許協力条約（PCT）に基づくもので，各国の特許登録を，簡便かつ容易にするためのもので，ある加盟国（第1国）で特許出願（国際出願）したものと同じ内容の出願を，第1国の出願日から1年以内に他の加盟国（第2国）に出願した場合，第2国の出願の審査に関しては，出願日を第1国で出願した日とするものである。日本も含めて，140か国以上が加盟しており，日本では特許協力条約に基づき，「特許協力条約に基づく国際出願等に関する法律」が定められている。(高田　寛)

シ

準拠法　governing law/ applicable law

　私法上の実体的法律関係を規律する法として，国際私法によって指定されるいずれかの国の**実質法**（民法，商法など）。例えば，契約関係を規律する法として当事者が指定した法，物権関係を規律する法として目的物の所在地法，相続関係を規律する法として被相続人の本国法などが準拠法となる。これに対して，公法上の法律関係については，各法規は，国際私法を介さず，立法者が想定した地理的適用範囲で適用され，原則として，制定国の領域内において生じた事象に適用（属地的適用）され，例外的に**域外適用**される。また，訴訟手続に関する問題については，国際私法を介さず，**法廷地法**（lex fori, law of the forum），すなわち訴訟地法によるとする原則が一般に認められている。

　ある国の実質法が準拠法として適用されるということの意味は，契約分野における抵触法的指定と実質法的指定の区別に端的に表れる。**抵触法的指定**とは，ある国の実質法を準拠法として指定することであるのに対し，**実質法的指定**とは，あたかも法令集をそのまま引用するかのように，ある国の実質法の内容を契約条項として取り込むために指定することである。指定された法に改正があれば，抵触法的指定の場合には，当該法の時際法に従って，改正前後の法律の適用関係が決まるが，実質法的指定の場合には，特段の合意がない限り，契約時の法内容が適用されることになる。また，実質法的に指定された法の規範は，準拠法上の強行規定に照らして許容される範囲でのみ効力を有する。〔⇨契約準拠法〕（髙橋宏司）

ジョイント・ベンチャー　joint venture

　ジョイント・ベンチャー（**合弁事業**）とは，複数の企業が共同で行う事業のことをいう。特に事業の海外進出において，資源開発や製造・販売の拠点づくりなどを円滑に行うために，受入国の企業の協力を得るのを狙いとして合弁事業形態を採用するこ

とが多い。単独進出ではなく合弁事業を選択するメリットには，①受入国の人的・物的資源の活用，②受入国の規制や貿易摩擦への対応，③受入国の税務上の優遇策などの享受および④合弁当事者間のコスト分担・リスク分散などがある。他方，①合弁当事者間の意思統一の問題および②相手方合弁当事者への技術流失などのデメリットがある。

　合弁事業の形態は，契約による合弁とビークル（合弁当事者と事業とを結ぶ組織，会社形態のほか非法人の**パートナーシップ**（Partnership）〔⇨パートナーシップ〕も節税目的などのために英米系企業ではよく利用される）を組成する合弁とに分かれる。

　契約による合弁は，その創設，強制および解消について契約一般の原理が働くが，会社型の場合は，契約履行の強制の局面において，合弁当事者が第三者たる合弁会社に履行を強制しうるか，また会社法の規律への抵触のおそれなどもあり，格別な問題が生じる。会社型の**合弁契約**（Joint Venture Agreement）においては（合弁契約を締結せずに**株主間契約**（Shareholders' Agreement）などによることもある），合弁会社の設立・経営・解消に関する出資者としての権利行使に関する規定や合弁会社と合弁当事者との権利義務（合弁会社からの製品購入や合弁会社への原料供給，技術・資金援助など）に関する規定が置かれる。

　合弁会社は共同事業であるから，その成否は，合弁当事者間の信頼と協力にかかっており，信頼関係の醸成が重要である。折半出資による合弁会社の運営はデッドロックに陥る可能性があるのに，案外，順調な実例も少なくないのは，この点に成功しているからといえよう。そのための基礎となるべき合弁契約においては，①合弁当事者間の出資比率，②企業統制の方法（例えば取締役や業務執行役員の選定方法），③責任分担と収益の配分方法，④合弁解消方法や残余財産（負の財産の場合が少なくない）の配分方法などについて，個別具体的な事案に応じた規定を契約書に組み込んでいく

シ

ショウ

必要がある。合弁事業の要となる信頼関係が崩れた場合は事業継続の基礎がなくなるので、解消・離脱せざるをえないであろうから、その具体的な方法についての規定も欠かせない。(富澤敏勝)

商慣習 mercantile custom, trade usage

　一定の取引集団(業界)にあって、取引に従事する商人(企業)が長年にわたって築き上げたルールがあり、そのルールに従えば安全に取引を行うことができる場合、そのルールを商慣習という。それが法化されたものと認識することから商慣習法(lex mercatoria)と表現してもよく、取引の現場では、商慣習と商慣習法を区分する実益はない。

　例えば、貿易取引とは、近代国家成立以前から領域を越えて行われた商品の移動と対価の移転である。そこには安全に取引が行われるための一定のルールが存在した。近代国家の法が形成されるのに先立って、領域(後に国家)の意識は希薄であり、それらを乗り越えて安全な取引のための共通のルールが発生した。これが領域横断的なルール(trans-province rule)であり、商慣習であり商慣習法でもある。近代国家が成立した後に、各国はそれらを法典化した。しかしながら、商慣習ないし商慣習法は、取引の変化とともに日々自生的に形成されるものであり、必然的に国家制定法の欠陥を補う宿命にある。商法学者によっては、慣習に「法的な信認(legal recognition)」が付与されれば、慣習法になるとする説を唱えるが、信認(recognition)のような主観的な判断がルール形成に関わるのは容認し難い。また、何よりも信認という主観的な判断が取引の安全を左右するのは、多用性や反復性に支えられた慣習の事実性(デ・ファクト・スタンダード、defacto standard)を損なうことになる〔⇒デ・ファクト・スタンダード〕。

　具体的には、現在ではインコタームズの中のFOB、CFR、CIFの3条件や、穀物取引のNAFTAやGAFTA、石油取引に使用され

ている国際的標準契約約款が代表的なものである〔⇒インコタームズ、FOB、CFR、CIF〕。(絹巻康史)

商慣習法 lex mercatoria[羅]、law merchant[英]

　近代国家成立以前の11〜12世紀のヨーロッパは、商業ルネッサンスの時代にあり、各地の海法、ローマ万民法(ius gentium)などが領域を越えて行われる取引を規律する法源を提供した。14世紀までにヨーロッパ各地で開かれた定期市(markets and fairs)では、各地から集まった商人達が自らのルール(慣習法)により商取引を規律するようになった。この市場取引を通じて、イタリアを中心とする地中海地方の商慣習法がヨーロッパ各地、英国、小アジア、北アフリカに伝播していった。この商慣習法の特徴は、領域横断的(trans-province)であり、取引慣習(usage)を源泉とした衡平(equity)を旨としたものであった。

　翻って国際取引を規律するルールである国際的な統一私法は未だ存在していないのが現状である。したがって、準拠法については、いずれかの国の法(国内法)を選択して、それを準拠法とせざるを得ず、当事者の一方にとっては外国法になる。したがって国際取引では、実際の商取引から自生したルールである商慣習法(lex mercatoria)が説得性を持つことになる。

　領域制国家が条約締結権を有した時(17世紀)を近代国家の成立時とするならば、それぞれの国家はそれまでの慣習法を法典化して独自の法規範(国家法)とするようになった。いったん法典化(文章化)されると改廃変更に手間がかかり、一方その後、国際取引の進展と変化との間にズレが生じてきた。国権の象徴として国家法が優位に立ち、それにつれて国家法は、次第に国家横断的(transnational)な性格を失った。

　17〜18世紀にかけて英国の海外貿易は進展をみせ、商人法(law merchant)が発達し、19世紀には貿易慣習といわれるFOBやCIFの取引条件が多用された〔⇒FOB、

シ

116

CIF〕。

第一次大戦後の戦後復興期に，貿易慣習（定型取引条件）の解釈が各地で異なっていることが判明した。その結果，民間団体である国際商業会議所（ICC）が調査に乗り出し，1936年にインコタームズとして発表した。最新のものはINCOTERMS2020であり，国家法でもなく国際条約でもなく，この中の11条件のうち多用性と利便性のあるFOB, CFR, CIFの3条件が商慣習法に相当する。信用状統一規則も商慣習法である〔⇨FOB, CFR, CIF, 信用状統一規則〕〔⇨巻末付録1〕。

また，国際的な私法の統一を目指して1988年に発効したウィーン売買条約（国連動産売買契約条約: CISG）には世界各国の国際取引の実態が反映されており，すでに70か国以上が批准（国内法化）している。これと同様の意図から，動産売買に限定することなく現実の国際取引に適用されているルールを明文化（restate）した**ユニドロワ国際商事契約原則**が，私法統一国際協会（UNIDROIT）により1994年に発表され，広く国際商事仲裁で適用されている。このユニドロワ原則は，典型的な lex mercatoria（商慣習法）である。また，国際的な穀物取引や石油取引に使われている取引約款自体も商慣習法である〔⇨ユニドロワ国際商事契約原則，インコタームズ，国際商業会議所〕。（絹巻康史）

商業送り状　commercial invoice

輸出者が輸入者向けに作成する商品明細書のことを指す。その内容は，商品名・価格，数量，荷印，船積時期，船積港，陸揚地，その他の取引条件等も詳細に記載されているので，単なる商品明細ではなく，請求書，納品書の性格も併せ持っている。通関時にも必要になる書類（仕入書と呼称される）で，貿易取引において重要な位置を占める書類である。（高砂謙二）

証券化　securitization

証券化の対象となる資産（原資産）の生み出すキャッシュフローを裏付けとして有価証券を発行して債権流動化や資金調達を実現する手法。例えば，A国の借手企業Xに対してローン債権αを持つB国の貸手銀行Y（原債権者またはオリジネーターと呼ぶ）が，この債権αを売却して資金調達するケースを考える。まず，**特別目的会社（SPC: Special Purpose Company）**または**特別目的事業体（SPV: Special Purpose Vehicle）**と呼ばれるペーパーカンパニーや**信託**スキームであるZを設置する。次にYはZにαを債権譲渡し，Zはαを見合いに有価証券（社債，株式）を発行し（これを**資産担保証券**と呼ぶ），それを投資家のPやQが購入する。すると，PとQがZに支払った有価証券の元本の代金はZがYに支払う債権譲渡の代り金に充当され，借手Xの利払い分はZからPとQに対する有価証券の利払い分として支払われるので，キャッシュフローが滞りなく循環する。証券化は原資産の信用力が維持されることを前提に機能するため，証券化を組成する際にはオリジネーターその他の倒産によって原資産が影響を受けないようにすること（**倒産隔離**）が最も大切である〔⇨倒産隔離〕。例えば，オリジネーターからSPCへの原資産の譲渡が**真正売買**（true sale）と認定され，管財人や裁判所が譲渡資産をSPCの資産として扱うようにする対策が契約書作成の鍵となる。なお，証券化を用いた不正経理事件に**エンロン事件**がある〔⇨エンロン事件〕。（久保田隆）

証券監督者国際機構（IOSCO）　IOSCO: International Organization of Securities Commissions

世界各国・地域の証券監督当局や証券取引所等から構成される国際組織で，証券監督に関する原則・指針等の国際的なルールの策定等を行っており，IOSCO（イオスコ）と略称される。IOSCOでは，①投資家保護，公正かつ効率的で透明性の高い市場の維持，**システミック・リスク**への対処に向けて，規制・監督・執行に関する国際基準を遵守するために協力すること〔⇨システ

シ

ミック・リスク〕，②不正に対する法執行や市場監督を巡る情報交換を通じて投資家保護を徹底し，証券市場に対する投資家の信頼を高めること，③市場インフラの強化や適切な規制の実施に向けて情報交換すること，の３つを目的としている。（久保田隆）

条件不一致

〔⇨ディスクレパンシー〕

商号　trade name of a company

商号（しょうごう）とは，商人の営業上の名称である。商号は名称であるから，文字をもって表示することができ，かつ呼称し得るものでなくてはならない。したがって，図形，紋様，記号などは商標とはなり得るが，商号とはならない。商号は商人の名称であるから，協同組合や相互保険会社など，商人ではない者の名称は商号ではない。

どのような商号を選定するかは商人の自由であるが，会社はその会社の種類に従い，商号中に合名会社，合資会社，合同会社又は株式会社の文字を使用しなければならない。また，会社でない者は，その名称や商号に会社であると誤認されるおそれのある文字を使用してはならない。銀行や保険会社の商号にも同様の規制がある。

商号は商人の同一性を示すほか，社会的経済的にみれば，営業そのものの同一性を表示する名称として機能し，営業の信用の標的となっている。そこで商号を公示させるべく，商号は商業登記簿に登記される。自然人たる商人の場合，商号登記は任意であるが，会社の場合，商号は絶対的登記事項として設立登記の際に必ず登記しなければならない。

商号は顧客吸引力を有することから財産的価値を有し，譲渡することができる。商号が社会的経済的には営業の名称たる機能を有し，その信用の標的となるものであることから，公衆を誤解に陥れることを避けるため，営業と切り離した単独での譲渡は認められず，営業を廃止する場合並びに営業とともにする場合に限って譲渡すること

ができる。（久保田隆）

証拠調べ　investigation of evidence

民事裁判手続については，「手続は法廷地法による」の原則に基づき，裁判所の所在する国の法律に従い行われるが，証拠が外国に所在する場合に法廷地法に従って証拠調べをすることは証拠所在地の主権との抵触が問題となり，原則としては認められない。この問題を解消するために民事訴訟手続に関する条約（民訴条約）や民事または商事に関する外国における証拠の収集に関する条約（証拠収集条約）が存在している（日本は前者のみ批准）。また，英米法には，ディスカバリーやディスクロージャーと呼ばれる非常に広範囲な証拠開示方法が存在していることに注意が必要である。（長田真里）

承諾（アクセプタンス）　acceptance

契約を成立させるために，申込み（offer）に対してなされる意思表示が承諾（acceptance）である。国際物品売買条約（CISG）18条(1)は，申込みに対する同意を示す相手方の言明その他の行為を承諾と定め，行為による承諾も容認する。貿易取引においては，決済条件がユーザンス付きの場合，買主が自国にて（荷）為替手形や船積書類を引き受ける（accept：承諾，引受け）することをいう。この承諾が行われると，買主（引受人）には手形の支払い義務が発生する（cf. 手形法28条）。

承諾の効力発生時期につき各国法に相違がある。多くの国は申込者への承諾の到達時に契約を成立させる到達主義を採るが，承諾通知の発信時を基準に契約を成立させる発信主義を採る国もある。CISGは到達主義を採り，承諾期間の定めがある場合はその期間内に，ない場合には合理的期間内の到達を要する旨を定める（18条(2)）。日本もまた2017年民法改正で到達主義を採用し，期間内に承諾通知が到達しない場合はその効力を失う旨の規定を新設した（523条２項）。承諾の内容は申込みの内容と一致

する必要があり，申込みに変更を加えた承諾はその申込みの拒絶とともに反対申込みとなる（CISG19条(1)，民法528条）。（中村進）

譲渡担保　mortgage by transfer

　民法が定める担保権（典型担保）ではなく，判例上，認められてきた非典型担保の1つ。債務者が債権担保の目的で，債権，動産，不動産等の財産権を形式上，債務者または物上保証人から債権者に譲渡し，債務の弁済がなされた場合には，その財産権が債務者等に再び戻るという担保形式。一体をなす複数の物（集合物）や債権（集合債権）の譲渡担保も認められる。弁済がなされない場合は，債権者が財産権を取得するのではなく，あくまで担保として清算処理され，債権者の債権額を超える剰余額は債務者に返還されるが，債権者が第三者に対して優先権を主張するには，担保物が債権ならば債権譲渡登記，動産ならば引渡し，不動産ならば不動産登記が必要になる。なお**債権譲渡禁止特約**が付いた債権が譲渡担保に付された場合，従来は債権譲渡が無効となったが，債権法改正により原則有効となり，元の債務者は，①悪意・重過失の譲受人（譲渡担保の債権者）からの弁済請求を拒んで譲渡人（譲渡担保の債務者）に弁済するか（民法466条3項），②譲受人が仮に善意・無過失であっても供託に付せば良い（民法466条の2）ので引き続き保護され，譲渡担保による資金調達が円滑化された。（久保田隆）

商標

　〔⇨知的財産，TRIPs〕

情報銀行　information bank

　個人との契約に基づき，個人データの蓄積・管理および第三者への提供制御を行うシステム（いわゆるPDS: Personal Data Store）を利用して個人データを管理し，個人に代わって妥当性を判断の上，該当する個人データを第三者に提供する事業をいう。個人データを活用し，ニーズに合わせたサービスの提供や地域医療連携システム構築，IoTデータを他社と連携した新サービス検討など様々な場面での活用が期待されている。また，個人データの流通により他事業者と連携した新規事業（オープンイノベーション）を行いやすくなるというメリットも期待できる。一般的なビジネス形態としては，個人がデータを提供した場合，データを受け取った企業から当該個人に手数料が支払われるモデルである。（渡邊崇之）

ショーグン債

　〔⇨外債〕

書式の闘い　Battle of Forms

　国際契約においては，特定の当事者との長期契約や大規模な取引で綿密に交渉がなされて個別に作成される契約書と異なり，日常的に大量になされる典型的な取引については，通常，安全かつ画一的に処理するためにどのような取引にでも対応できる，ある程度の普遍性を備えた定型的な契約書式が用いられている。この場合，一般取引条件（General Terms and Conditions）〔⇨標準契約書〕が裏面約款に小さな文字で細かく印刷されるが，契約の締結にあたり，両当事者が自社の標準契約書の書式を相手方に送付して契約を結ぼうとすると，それぞれの書式に印刷された裏面約款の齟齬があり，条件の一致を見ない。そこで生じる契約の成否または契約内容の確定の問題が書式の闘いである。海外では，Battle of forms として知られ，日本では，書式の闘い（戦い）や書式戦争などと訳されることもある。

　このような場合に，申込みと承諾にかかる当事者の意思が鏡を合わせたように合致することで契約が成立するとする伝統的な鏡像原則（mirror image rule）に従って契約を一律に不成立とするのは現実的ではなく，国際取引の安全も損なわれる。すなわち，書式の闘いは，契約はどのような場合に成立するのか，そして成立するとすれば

119

その契約内容が何であるかの問題である。まず、契約の成否の問題については、契約を実質的に変更するものではないならば、契約の成立を認める解決が多い。その上で、何が実質的な変更となるかの解釈が問題となるが、これについては、例えば国連の国際物品売買条約（CISG）19条3項には、特に代金、支払、物品の品質および数量、引渡しの場所および時期、当事者の責任の範囲、紛争解決の方法〔⇨紛争解決条項〕に関する条件が例示列挙されている。次に契約内容の確定の問題について、従来は、イギリス法などを中心に最後に送付された書式が契約内容となるとする last shot rule の解決が有力であり、CISG19条2項もこれを採用する。近年は、2003年改正の米国統一商法典2-207条やユニドロワ国際商事契約原則2.1.22条のように、両当事者の書式の契約条項で共通する条件のみを契約内容とする knock-out rule の考え方が採用されている〔⇨ユニドロワ国際商事契約原則〕。

なお、書式の闘いの問題の解決は、CISGの適用外の国際契約においては、原則として契約の成立の問題として契約の準拠法〔⇨契約準拠法〕による。しかし、準拠法として指定される国家法には、日本の民法528条のように書式の闘いの問題への明文の解決を定めていない国が少なくない。(松永詩乃美)

所有権の移転　transfer of ownership

単体商品（製品、資器材、農産物など）の輸出入取引とヒト、モノ、カネ、技術の一括移転あるいは BOT（Built, Operate, Transfer）契約と言われる**プラント輸出契約**との2つに分けて理解する必要がある〔⇨BOT型、プラント輸出契約〕。次に、所有権の移転の時期（引渡つまりモノに対する支配権と引渡の時期）についても、物権的解釈と債権的解釈の2つの立場があり、各国の法（民法）も大きく二分され、日本、フランス、イタリア等では、当事者の意思さえあれば引渡しが完了する。一方、所有権の移転の時期について、何らかの形式を要

求するドイツ、オランダ、スペイン等がある。英米は多くの判例法に基づき多様である。

しかし、国際貿易では、国際取引法と言う名の法律は存在せず、現実の取引における価格設定やリスク、所有権の移転の時期等については、ICC（国際商業会議所）が定める FOB や CIF 等のインコタームズ（IN-COTERMS 2020）の11種類の規則を中心に**慣習化**された商慣習法（Lex Mercatoria）が存在する〔⇨国際商業会議所、FOB、CIF、インコタームズ〕。INCOTERMS 2020 は、FOB, CIF 等を含め11種類の規則を明記しているが、INCOTERMS が定めている基本的な規則は、取引当事者の義務、リスク（危険）、費用についてである〔⇨インコタームズ〕。

貨物に対する所有権（支配権）の売主より買主への移転については、契約法（債権法）的な考え方、つまり所有権の移転を売買契約の効果の問題とするのである。そして、現実の貿易取引では、商慣習として、例えば FOB でも CIF でもともに決済方法は荷為替手形による扱いによっている〔⇨商慣習、FOB、CIF、荷為替手形〕。つまり、貨物に対する支配権（所有権）を化体した船荷証券を担保とする荷為替手形で実施されているのである。権利証券である船荷証券（B/L）の運送者による裏書（通常の船積であれば船長による貨物の受取りを証明する B/L に裏書きされる）がなされ、売主に手渡しされれば、売主の所有権の移転の意思が示されたことになる〔⇨船荷証券、裏書〕。

なお、**荷為替手形**とは、売主が買主を名宛人とし、売主の取引銀行を名指人（受取人）として振り出した為替手形に船荷証券を担保として添えられたものである〔⇨荷為替手形〕。このような売主の取引慣行は、買主の黙示の委任による手配として実施されている。つまり、単体商品の貿易取引では、権利証券である船荷証券の裏書・引渡があれば、特段の約束がなければ、所有権移転の意思が示されたものとしてよい。

INCOTERMS では FOB、CIF 等11種の規

則を定めているが，①当事者の義務（例え
ば，FOB: The Seller's Obligation, FOB A2: The
seller must deliver the goods either by placing
them on board the vessel nominated by the buy-
er at the loading point, 一方 The Buyer's Obli-
gation, B2: The Buyer must take delivery of the
goods when they have been delivered under
A2)，②危険，③費用の3つの分野の規則が
重要であると明記している。

単体商品以外のBOT（Built, Operate,
Transfer）契約と言われるプラント輸出契約
では，資機材の受渡，次いで組立・建設ごと
に危険（リスク）や所有権についての時期を
取り決め，試運転完了後にプラント全体とし
ての引渡（Transfer）＝所有権移転を取り決
める必要がある。（絹巻康史）

白地慣習　in blank practice/ usage

商取引において契約内容を標準化・定型化
された「普通取引約款（定型約款）」を用いる
ことは，多くの契約関係を円滑に処理するた
めの効率性と合理性を持っている。特に国際
商取引において，異なる言語，異なる法制の
企業同士が取引する場合には合理的である。

取引が一般的約款により，別段の事情や合
意がない限り，当該取引における契約は，
「約款による」という慣習法または事実たる慣
習が存在するものとし（民法92条），当事者
はこれに拘束されるとする国際的な法理論を
白地慣習説・商慣習法理論という。なお，約
款にこのような法的拘束力を認めても，公序
良俗（民法90条）に反する約款の条項は無効
であるとも規定されている〔⇨公序〕。また
定型約款に該当するかしないかというビジネ
スについては論議がある。（河野公洋）

シンガポール国際商事調停条約

〔⇨調停〕

シンガポールの紛争解決制度　Dispute Reso-
lution Mechanisms in Singapore

シンガポールは経済的生存戦略の一つと

して紛争解決制度の発展を重視してきた。シ
ンガポールに関連する事件だけでなく，世界
で起きる国際商事事件の紛争解決ハブになる
ことで，法律家とそれを取り巻くサービス業
を呼び込むためである。

1986年にニューヨーク条約を批准して以
降，1991年にシンガポール国際商事仲裁セン
ター（SIAC）が設立，2010年に政府が紛争解
決施設としてマックスウェルチャンバースを
設立，**コモン・ロー**が適用される安定した
法秩序とシンガポール裁判所の国際仲裁への
協力的な姿勢を背景に，シンガポールは国際
仲裁ハブとして大きな成長を遂げた〔⇨外国
仲裁判断の承認及び執行に関する条約，コモ
ン・ロー〕。

また，1997年の司法制度改革では効率的で
迅速な紛争解決が目指され，ADRの利用推進
が掲げられた。2014年にシンガポール国際調
停センター（SIMC）が新設，SIACとの協力
関係のもと，SIACで仲裁開始後SIMCの調停
に移行，和解成立の場合はSIACで和解に基づ
く仲裁判断を作成，和解不成立の場合にはSIAC
の仲裁手続に戻ることができる〔⇨裁判外紛
争解決〕。

国際仲裁に並ぶ新たな紛争解決制度とし
て，2015年に国際商事事件を専門的に扱うシ
ンガポール国際商事裁判所（SICC）が設立。
シンガポール出身裁判官に加え，コモン・ロー
や大陸法出身の国際裁判官を登用。SICCを利
用することで，仲裁の問題点である時間・費
用の軽減，判断者の倫理確保，国際商事事件
の判例蓄積が可能となる。（齋藤光理）

信義則（信義誠実の原則）　good faith〔英〕
bonne foi〔仏〕

民法第1条の2がこの原則を定めている。
人は社会共同体の一員として，信頼を守り誠
実に行動すべきであるとする原則であり，契
約に関連する様々な場面で適用されてきた。
大陸法系において信義則は契約解釈の一般的
な指針であり，一定の場面では当事者間の権
利義務をも創設する。日本の判例は，契約準
備段階での当事者間の義

務や事情変更の原則などを信義則を根拠に認めてきた〔⇨契約締結上の過失，事情変更の原則，大陸法〕。

これに対し英米法では市場型契約を母型として契約法が形成されたため，契約上の義務は厳格に履行すべきとの立場が強く，信義則に対して懐疑的であった（伝統的に英米法では衡平法という柔軟な法体系を用いて当事者間の実質的正義を考慮してきた）〔⇨コモン・ロー〕。こうした感覚の差異は，国際的な契約法統一作業でも摩擦を生じてきた。例えば，CISG では，契約解釈に対してのみ信義則を考慮できるとの妥協が図られた（第7条第1項）。しかし継続契約なども適用対象とするユニドロワ国際商事契約原則では，権利義務にも作用する大陸法型の信義則が規定された（1.7条）〔⇨CISG，ユニドロワ国際商事契約原則〕。また最近では，アメリカの統一商事法典でも信義則が明文で規定され，英米法でも受容に向けた変化が見られる〔⇨アメリカ法〕。(齋藤　彰)

新協会貨物約款
〔⇨協会貨物約款〕

人工知能
〔⇨AI〕

申告納税制度　self duty assessment system
輸入貨物に対して課せられる関税額の確定方式の一つである。納付すべき税額または納付すべき税額がないことが，原則として納税義務者の行う申告によって確定する方式である。通常，納税義務者の行う申告は関税法第67条の規定に基づく輸入申告書に，輸入しようとする貨物に関する課税標準となるべき数量および価格，関税率表の適用上の所属区分，税率，税額等の必要な事項を記載して，税関長に提出することによって行われる。但し，申告納税方式が適用される貨物であっても，納税義務者の行う申告がない場合や納税義務者の行う申告に関する税額に誤りがあり税関長の調査

したところと異なる場合には，税関長の処分により納付すべき税額または納付すべき税額がないことが確定する〔⇨関税〕。(田口尚志)

シンジケート団
〔⇨シンジケート・ローン〕

シンジケート・ローン　syndicated loan
シンジケート・ローンとは，複数の金融機関が貸手となり，単一の借手との間で締結するローン契約を指す。融資額や与信リスクが大きく，1つの貸手だけでは扱えない場合に，複数の貸手が一緒になって貸し付けることで，資金需要を賄うのである。シンジケート・ローンの特徴は，①貸手の数だけ各々独立したローン契約（日本法で言えば金銭消費貸借契約）が存在し，各々独立したものとされる一方，②契約書の内容は全く同じもので統一され，貸手は集団で行動する点にある。すなわち，ローン契約の法形式は個々独立であるが，その内容は取引条件を均一化し，多数決原理や按分分配原理を定めることで，貸手の統一行動を確保する内容となっている。なお，ローン・パーティシペーションは，機能はシンジケート・ローンと全く同じだが，法的な貸手は単一である点が異なる。

例えば，A国の借手企業（X）がB国の貸手銀行（Y）に100億円の融資の相談を持ちかけ，シンジケート・ローンを組む場合，Yは他の金融機関に対し，融資概要やXの財務状況を示した資料（**インフォメーション・メモ**: 有価証券で言う目論見書）を示して融資への参加を募り（招聘），これに応じた銀行Pと銀行Qは，銀行Yとともに**シンジケート団**（協調融資団）を組成し，ユーロ市場から資金調達し，Yは40億円，Pは30億円，Qは30億円の貸付をXに対して行うこととなったとする。その際,各々のローン契約は法的には別個に成立するが，融資条件は同一内容で統一され，貸手間の収益・債権の分配は貸付金額の割合に応じて按分し，貸手の意見が分かれた場合には多数決

に従う原則が書かれる。融資が実行されるまでの間，Yはシンジケート団の幹事として，インフォメーション・メモの作成，参加金融機関の募集・割当調整，統一契約書の作成・調整等の業務を行うが，こうした者を**アレンジャー**（arranger）と呼ぶ。貸手と借手は双方とも商売のプロ同士なので「契約自由の原則」が広範に認められ，その法律関係（後述）はシンジケート・ローン契約書に基づく。しかし，Yが全く責任を負わない訳ではなく，裁判例をみると，Yが借手Xの重要な信用情報をPやQに漫然と提供しなかった結果，損害を与えた場合，英米法ではfiduciary duty（信認義務）に基づき〔⇨フィデューシャリー・デューティー〕，日本法でも不法行為責任（信義則上の義務違反）に基づいて，情報提供義務違反を認めた例（最判平成24年11月27日判時2175号15頁）がある。その後，融資が実行されると，Yは通常はシンジケート団の代理人としてXに対するPやQの窓口となり，融資実行後のXの元利金受払等の事務やXの決算情報等の情報開示の手助けといった業務を行うが，こうした者を**エージェント**（agent）と呼ぶ。アレンジャーとエージェントは同一銀行が担うのが通例で，委任または準委任関係に基づく善管注意義務を負う。（久保田隆）

真正売買
〔⇨証券化〕

シンセティックCDO
〔⇨クレジット・デフォルト・スワップ〕

信託　trust
特定の者が，一定の目的（専らその者の利益を図る目的を除く）に従い，財産（金銭，有価証券，金銭債権，動産，土地，建物，知的財産権など財産の種類に制限はない）の管理又は処分及びその他の当該目的達成のために必要な行為をすべきものとすること（信託法2条）を指し，信託契約か遺言か一定の方式による意思表示（自己信託）のいずれかを信託行為として成立する。信託をする者を委託者，信託により管理・処分される財産を信託財産，信託財産の管理・処分の義務を有する者を受託者，受益権を持つ者を受益者という。例えば，ある人（**委託者**）が信託行為（例: 信託契約）によって信頼できる人（**受託者**）に対して財産（例: 金銭債権）を移転し，受託者は委託者が設定した信託目的（例: 受益者への支払）に従って信託受益権を持つ者（**受益者**）のために，その財産（**信託財産**）の管理・処分を行う。金融の様々な局面で活用されている。〔⇨暗号資産，証券化，フィデューシャリー・デューティー〕（久保田隆）

信用格付け
〔⇨格付け（信用格付け）〕

信用状　Credit, L/C: Letter of Credit
信用状（Credit）とは，充足する呈示に対してオナー（支払い）することの発行銀行の確約である（UCP600第2条第8フレーズ）。**充足する呈示**とは，信用状条件，UCP600の適用条文および国際標準銀行実務に合致した呈示（同規則第2条第5フレーズ）をいう。信用状により発行銀行から支払いを受ける輸出者は，輸入者が倒産等により支払能力を喪失した場合であっても，発行銀行が信用状条件を充足する書類の呈示に対する支払いを確約しているので，輸入者の信用リスクを回避することができる。信用状の法源は，**国際商業会議所（ICC）**が作成した**信用状統一規則（UCP）**であり，現行の同規則は2007年改訂版のUCP600である〔⇨国際商業会議所，信用状統一規則〕。信用状取引には，**独立抽象性の原則**および**書類取引の原則**という2つの重要な基本原則がある。
　独立抽象性の原則とは，発行銀行のオナー（支払い）することの確約は，発行依頼人（輸入者）と受益者（輸出者）の間の売買契約および発行依頼人（輸入者）と発行銀行の間の信用状発行契約から独立した抽象的債務であるという原則である

シ

（UCP600第4条）。したがって，発行銀行
は，売買契約に不備があっても，輸入者が
倒産しても，オナー（支払い）債務を履行
しなければならない。

　書類取引の原則とは，信用状取引は書類
取引であり，その書類が関係する物品など
を取り扱うのではないという原則である
（UCP600第5条）。したがって，銀行は，書
類が充足した呈示となっているか否かを書
類のみに基づいて決定するのであって
（UCP600第14条a項），実際に船積された
物品を調査することはない。

　信用状の主な種類をあげると次のとおり
である。

・荷為替信用状とクリーン信用状: 船積書
　類の呈示を要求するのが荷為替信用状，
　船積書類ではなく金銭の受領書（または
　陳述書）のみを要求するのがクリーン信
　用状。
・取消不能信用状と取消可能信用状: 前者
　は受益者（輸出者）・確認銀行の同意がな
　ければ条件変更も取消も不可である。後
　者は事前通知なしで条件変更または取消
　可能，ただし他行で支払・引受・買取が
　実行された後は不可となる。しかし，現
　在の実務上，取消可能信用状は極めて稀
　である。
・確認信用状: 確認を行う銀行が，発行銀行
　と同じ責任を受益者に対して重畳的に負
　担する。
・回転信用状: 使用した信用状金額を一定
　期間ごと，一定金額以下になった場合な
　どに自動復活させる。
・譲渡可能信用状: 受益者が信用状の全部
　または一部を他社に譲渡することを認め
　る。譲渡は一回限りが原則。
・レッドクローズ信用状: 発行銀行が輸出
　前貸を授権する。（平野英則）

信用状確認（確認信用状） Confirmed L/C
　確認信用状とは，発行銀行の信用力のみ
では，代金回収に不安が残る場合や，発行
銀行が発行した**信用状**の信用力を，更に高
めたい場合等に，有力な他の銀行に確認（支

払確約）を求める信用状である。**確認銀行**
は，発行銀行と同様に独立して**信用状**の責
任を負うこととなる。**信用状確認**は，**オー
プンコンファメーション**，**サイレントコン
ファメーション**の2種類に分類できる。前
者は，発行銀行がUCP600に基づき，通知銀
行等に対して**確認**を依頼することで，**アド
コン**（Add Confirmationの略称）ともいう。
後者は，買取銀行が，UCP600に基づかず，
輸出者と個別に**確認**契約を締結する。発行
銀行に知らせず**確認**を行うため，金額や期
間等，輸出者のニーズにフレキシブルに対
応できる〔⇨信用状〕。（花木正孝）

信用状統一規則　UCP: Uniform Customs and
Practice for Documentary Credits
　商慣習，法律，言語，社会制度などの異
なる国に所在する売主・買主間で取引が行
われる場合に，支払手段として信用状〔⇨
信用状〕が重宝される。信用状統一規則は，
信用状の基本的性質やその取扱い，用語の
解説，呈示書類の受理条件などにつき画一
的基準を定める目的で，民間団体である**国
際商業会議所（ICC）**が制定した国際規則で
あり，国際条約ではなく，国際商慣習法で
ある〔⇨国際商業会議所，商慣習法〕。第一
次大戦後に信用状取引が急増し，信用状の
取引慣行につき関係者の理解に混乱が生
じ，その紛争や訴訟に悩んだ米国の主導に
より，1933年に初めて制定された。その後，
1951年，1962年，1974年，1983年，1993年，
2007年に改訂されている。1933年当初は大
陸法系諸国が採用するのみであったが，
1951年改訂で米国の銀行が，1962年改訂で
英国の銀行も採用するに至った。信用状統
一規則は，コンテナ運送の普及，航空貨物
運送の増加など，運送手段の発展と情報処
理技術の進歩による取引実務の変化に適応
して改訂が重ねられてきた。現行の信用状
統一規則は，2007年改訂版（UCP600）であ
る。統一規則は信用状取引に関する最重要
の法源である。
　信用状面に，この統一規則に従う旨を明
示することで，信用状統一規則は契約の一

部となり，関係者を拘束する。現在，わが国では統一規則に準拠しない信用状は発行されていない。信用状取引が統一規則に準拠することは商慣習であると認めた判例もある（東京地判昭和62年5月29日金法1186号84頁）。関連して国際商業会議所（ICC）は次の規則を策定している。

① 「荷為替信用状に基づく銀行間補償に関する統一規則（URR725: ICC Uniform Rules for Bank-to-Bank Reimbursements under Documentary Credits，2008年）：銀行間の補償につき規定する。

② 「『荷為替信用状に関する統一規則及び慣例』への電子呈示に関する追補（第1.1版）」（e-UCP: Supplement to the Uniform Customs and Practice for Documentary Credits for Electronic Presentation (Version 1.1)），2007年7月発効。電子記録のみ，または紙と併用した貿易書類の電子呈示を認める。

③ 「荷為替信用状に基づく書類点検に関する国際標準銀行実務」（ISBP: International Standard Banking Practice for the Examination of Documents under UCP600, ICC Pub No.745, 2013年）。UCPに規定された書類点検のための銀行実務をめぐる議論・紛争を回避する目的で129項目にわたり論点を整理・明確化したもの。UCPの補足物であって，修正するものではない。（平野英則）

信用状取引約定書 agreement on letter of credit transactions

信用状取引約定書は，発行依頼人と発行銀行との間の信用状取引に関する権利義務を定める約定書である。

各金融機関は，全国銀行協会が昭和63年11月に制定した「信用状取引約定書（ひな型）」を参考に，概ねこのひな型と同様の信用状取引約定書を作成し，現在でもこれを使用している。

全銀協ひな型は，信用状取引が発行依頼人を委任者とし発行銀行を受任者とする委任契約であるとした上で，信用状の発行から決済に至るまでの一連の信用状取引における両者間の権利義務を規定している。

この約定書の主な内容は以下のとおりである。

① 発行銀行が信用状条件を充足する書類の呈示を受け対外決済をした場合には，発行銀行が輸入依頼人に対し輸入代金の支払い請求権を取得すること。

② 発行依頼人に債権の保全を相当とする事由が発生した場合には，信用状条件を充足する書類の呈示を受ける前であっても，発行依頼人が輸入代金を支払うこと。

③ 付帯荷物や付属書類が発行銀行に担保として譲渡されること。

〔⇨銀行取引約定書〕（平野英則）

信用調査 credit inquiry

取引先に関する，沿革，資本力，収益力，技術力，財務状況，経営者，銀行取引状況，風評などについて，契約を結ぶ前に行う調査のことを指す。国際商取引では，取引先が海外にあるため，納期，商品の品質や受渡場所・方法，代金決済などトラブルが生じる可能性は高く，その解決に多大の労力を要し，結局不測の損害を被ることも少なくない。それを事前に防止する重要な意味を持つ信用調査の方法には，取引銀行を通じて相手の取引銀行に照会する銀行照会（bank reference），同業者を通じて調査する同業者照会（trade reference），信用調査を専門に行う商業興信所（credit bureau）に依頼する方法がある。米国のダン・アンド・ブラッドストリート社（Dan and Bradstreet, Inc.）は国際的に多く使われる興信所の1つである（ダン・レポートの略称で多用されている）。（高砂謙二）

信用リスク credit risk

取引相手の倒産等に伴う債務不履行や取引相手国のカントリーリスク（戦争・革命・事業国有化・国際収支悪化・外貨準備不足・為替管理強化等により債権が回収できなくなるリスク）の発現により，債権が回収できなくなるリスク。取引相手の一時的な資金不足により，債権が回収できなくなるリスク〔⇨流動性リスク〕とは異なり，時間

シ

125

が経過すれば債権回収できるとは限らない。金融機関同士のように債権債務が交互に緊密な相互依存関係にある場合は，ある取引における信用リスクの発現が別の取引での流動性リスクを惹起し，更にはシステム全体が機能不全に陥る**システミック・リスク**〔⇨システミック・リスク〕に至ることがある。（久保田隆）

スウィフト　Society for Worldwide Interbank Financial Telecommunication s.c.r.l.:SWIFT

SWIFT は 1973 年に欧米 15 か国の 239 銀行により設立されたベルギーの協同組合法に基づく法人で（本部 La Hulpe, Belgium），国際取引にかかわる銀行間資金付替・顧客送金・証券関連取引などのデータ伝送を担う国際通信組織である（決済機構ではない）。1977 年 5 月に稼働，日本の接続は 1981 年 3 月で，現在最も安全で信頼性の高い金融情報ネットワークとされる。2019 年現在，全世界の 200 以上の国および地域で，11,000 以上の銀行，証券会社および事業法人などがスウィフトに参加している。

銀行等は，スウィフトのデータ通信機能を利用し，送金，証券取引，資金付替，外国為替，デリバティブ，取立，シンジケーションおよび信用状等に関する標準化された金融メッセージを相互に交換している。

また，銀行等は，スウィフトの提供する KYC（Know Your Customer）Registry に代表される金融犯罪法令遵守サービスを利用することにより，制裁と KYC に関するデータ収集に要する時間とコストの削減を図り，効率的な意思決定を行っている。（平野英則）

スウィフト・コード　SWIFT CODE－BIC

スウィフト（SWIFT）では，参加金融機関等に対して，銀行識別コード（Bank Identifier Code－BIC）を与えている。**BIC** は，SWIFT CODE, SWIFT ADRESS, SWIFT BIC 等とも呼ばれる，英数字からなる固有の金融機関識別符号であり，貿易取引における取引銀行情報として重要な情報となる。1

～ 4 桁目は **BANK** コード（銀行を特定），5，6 桁目は **COUNTRY** コード（国を特定），7，8 桁目は **LOCATION** コード（SWIFT 端末の所在地を特定），9 桁目は TERMINAL コード（端末を特定），10～12 桁目は BRANCH コード（支店を特定）となっており，通常 BIC は，TERMINAL コード（9 桁目）を除いた 8 桁（BRANCH コードがあれば 11 桁）を指す〔⇨スウィフト〕。（花木正孝）

スーパーシティ法　Super City Initiative Act

2020 年 5 月に成立した国家戦略特区法の改正法のことで，スーパーシティの**国家戦略特区**（限定された事業分野につき，全国的な法令・税制等の規制を緩和し優遇される地区）に認定された都市につき大胆な規制緩和を推し進め，住民と競争力のある企業が協力し，**AI** や**ビッグデータ**の活用により都市全体を丸ごとデジタル化し，カナダ・トロントの Sidewalk Toronto プロジェクトや中国・杭州の天曜（テンヤオ）計画などの海外先進事例を参考に，世界最先端の未来都市を創出しようと試みるもの。本法は，複数のサービスの規制改革を同時かつ一体的に進める手続を定め，①更地から住民を集めて未来都市を築く**グリーンフィールド型**，②活用済みの区画を未来都市に創り替える**ブラウンフィールド型**の 2 種類がある。また，データ連携基盤の整備を担う事業者は国や自治体が持つデータの提供を求めることができるとするため，個人情報の事業者への提供が住民のプライバシー侵害となり得る点が懸念されている。なお，スーパーシティとは，①移動，物流，支払，行政，医療・介護，教育，エネルギー・水，環境・ゴミ，防犯，防災・安全の 10 領域のうち少なくとも 5 領域以上をカバーして生活全般に跨り，②2030 年頃に実現される未来社会での生活を加速実現し，③住民が参画し，住民目線でより良い未来社会の実現がなされるようネットワークを最大限に利用するという 3 要素を満たす都市を指す。（久保田隆）

スタッガードボード（期差任期制取締役会）
staggered boards

　取締役の任期をずらすことで取締役の過半数の交替をしにくくする仕組みであり，平時の買収防衛策の1つである。米国においては取締役任期は3年であり，3分の1ずつ任期をずらせば敵対的買収者が取締役会の過半数を支配するのに2年も要することになる。かかる期差任期取締役制度は**ライツプラン（ポイズンピル）**など他の防衛策と併せ導入されることも多くなされ〔⇨ポイズンピル〕，ライツプラン導入企業の多くは期差任期取締役制度を導入しているといわれる。**委任状合戦（プロキシーファイト）**〔⇨委任状合戦〕などにも有効に抵抗できることになることから，取締役の期差任期制は年に1回取締役を選任する株主の権利を減じてしまい，長期的企業価値を向上させる取引を抑制するものとして，機関投資家は概ね導入には否定的とされている。委任状合戦のコストを上げる防衛策には，スタッガードボードの他にも取締役の解任制限（任期途中の解任には正当理由を付与する条項）もある。（藤川信夫）

スタンドバイ信用状　stand-by credit; stand-by L.C

　もともと米国では銀行の保証状発行が禁じられていたため，それを回避する目的で発行されたクリーン信用状の一種であり，法律的には請求払保証と同じである。スタンドバイ信用状の規範法としては，①ICC信用状統一規則（UCP600,2007年），②ICC請求払保証統一規則（URDG758,2010年），③米国統一商法典改正第5編信用状（1995年），④独立保証およびスタンドバイ信用状に関する国連条約（1995年），⑤ICC国際スタンドバイ規則（ISP98; International Stand-by Prectices,1998年）がある〔⇨信用状，信用状統一規則〕。スタンドバイ信用状の主な種類は次のとおり。①履行スタンドバイ（Performance Stand-by: 発行依頼者が非金銭的債務の履行に失敗したとき，合意された金額の支払義務を担保する），②前払スタンドバイ（Advance Payment Stand-by），③入札保証スタンドバイ（Bid Bond／Tender Bond Stand-by），④逆スタンドバイ（Counter Stand-by），⑤金融スタンドバイ（Financial Standby），⑥直接払スタンドバイ（Direct Pay Stand-by: 債務不履行と関係なく，支払期日が到来したとき，受益者は直ちに直接支払を要求できる。地方自治体の公債，民間企業のコマーシャル・ペーパーの起債などに利用），⑦保険スタンドバイ（Insurance Stand-by），⑧商業スタンドバイ（Commercial Stand-by: 物品代金など不払の際に，その支払義務を担保する）。（平野英則）

スチュワードシップ・コード　stewardship code

　本コードは，機関投資家が，顧客・受益者と投資先企業の双方にとって，**責任ある機関投資家**として，**コーポレート・ガバナンス**の実効性を高め，**スチュワードシップ責任**を果たすための有用な諸原則を定める〔⇨コーポレート・ガバナンス〕。

　本責任では，機関投資家が，企業の持続可能性を考慮して，建設的な「目的を持った対話」などを通じ，企業価値の向上を促し，顧客の投資リターンの拡大を図る。

　本コードは，①責任を果たすための方針の策定と公表，②議決権行使と結果の公表など8つの原則からなり，3年ごとに見直される（2014年策定，2017年改訂，2020年再改訂）。

　本コードは，英国版をモデルとして，「**プリンシプルベース・アプローチ**」（原則主義）とされ，「**コンプライ・オア・エクスプレイン**」（原則を実施するか，実施しない場合には理由を説明するか）の手法を採用する。（伊達竜太郎）

ステイブル・コイン
　〔⇨デジタル通貨〕

ステベドア　stevedore

　ステベドア（ステベはその略）とは，Stevedore に由来し，港湾運送事業において船

内荷役及びその作業員をいう。船内荷役とは，本船と岸壁の間，本船と艀の間での貨物の揚げ積みをいう。他方，岸壁とその背後の上屋（倉庫）との間の貨物の搬出入・荷捌きを沿岸荷役という。在来貨物船時代は，船内荷役と沿岸荷役は峻別されていたが，コンテナ化以降，その境界は曖昧となり，港湾運送事業法でも，昭和59年以降，両者を統合，港湾荷役とした。今では，港湾荷役とその作業員という意味でステベ，ステベドアと呼ぶ人も多くなった〔⇨海上コンテナー〕。（合田浩之）

スプレッド
〔⇨直物為替相場と先物為替相場〕

スペキュレーション
〔⇨投機〕

スポーツ仲裁　sports arbitration
スポーツに関連する紛争の解決のための**仲裁**〔⇨仲裁〕のことをいう。取り扱われる紛争は，競技者等がスポーツ団体の行った決定に対する不服を争う垂直的当事者間の事案と，契約上の義務の履行請求などの水平的当事者間の事案に大別される。前者の例は，競技大会に出場する代表選手の決定や競技者等に対する制裁処分（アンチ・ドーピング規則違反に対する制裁も含む）に対する不服申立事案，後者の例は，**選手契約**に基づく報酬や**スポンサー契約**に基づく対価の支払いを求める事案である。

国際レベルのスポーツ関連紛争を取り扱う代表的な仲裁機関は，スイス・ローザンヌに本部を置く**スポーツ仲裁裁判所（CAS: Court of Arbitration for Sport）**である。CASでは，プロサッカーに関する紛争，オリンピックスポーツに関する紛争，アンチ・ドーピング規則に関する紛争が大半を占める。

国内レベルのスポーツ関連紛争については，専門の仲裁機関が取り扱う国と，商事紛争も取り扱う一般の仲裁機関がスポーツ関連紛争も取り扱う国がある。前者の例は，英国の Sport Resolutions やカナダの Sport Dispute Resolution Centre of Canada（SDRCC）。後者の例は，ドイツの Deutsche Institution für Schiedsgerichtsbarkeit（DIS），米国の American Arbitration Association（AAA）。

日本では，2003年に設立された**公益財団法人日本スポーツ仲裁機構（JSAA: Japan Sports Arbitration Agency）**がスポーツ関連紛争専門の仲裁機関である。（杉山翔一）

スマートグリッド（次世代電力網）　smart grid
情報通信技術を駆使して電力需給を制御する電力供給網のことを指し，次世代電力網とも呼ばれる。従来は発電所で発電した電気を企業や家庭に届ける一方向の電力供給が主流であったが，現在では企業・家庭が太陽光などの再生可能エネルギーで発電した電気を電力会社に売電するなど双方向の電力供給がなされるようになってきた。そこで，**スマートメーター**（デジタルで電力使用量を計測し，通信機能を備えた電力計。人力による検針を自動化し，即時処理が可能。日本では電力小売の全面自由化が開始された2016年4月以降に普及が加速した）を用いて，電力会社が企業や家庭での電力使用状況をリアルタイムで把握・制御し，需要予測や節電に役立て，安定的・効率的な電力供給を行うものである。（久保田隆）

スマート・コントラクト
〔⇨ブロックチェーン〕

スマートメーター
〔⇨スマートグリッド〕

スミソニアン合意　Smithsonian Agreements
1971年12月に**G10諸国**（1962年にIMFの一般借入取極（GAB）への参加に同意した日英米独仏など10か国〔⇨IMF〕。1984年にスイスが新たにGABに加入し，現在のG10は11か国）の蔵相が多国間の為替相場調整について合意した内容（為替相場のド

ル安調整，変動幅の拡大）を指し，会合場所のワシントンDCのスミソニアン博物館に因んでこう呼ばれる。1944年のブレトンウッズ会議で確立した**固定相場制**は，1971年のニクソンショック（米国が米ドルと金の交換停止）で終結したため，本合意で各国は米ドルに対して自国通貨を増価させた（**スミソニアン体制**）。しかし，長くは続かず，1973年2月には日本が**変動相場制**に移行し，同3月には欧州諸国も移行したため，この体制は崩壊した。（久保田隆）

スワップ　swap

　スワップとは，二当事者間であらかじめ定めた将来時点に，特定のキャッシュフローを交換する（swap）**デリバティブ**を指し，一般に取引所には上場せず，店頭（OTC）取引となる。スワップは金融実務の中で発展してきたが，その起源は不明である〔⇨デリバティブ〕。大規模なスワップ・ディーラーがニューヨークとロンドンに多いことから，契約準拠法はニューヨーク州法かイングランド法になることが多い。ある通貨で支払う当事者と別の通貨で支払う当事者が債務の支払を交換し合う取引のうち，金利の交換を伴わない場合を**為替スワップ**（例えば，1ドル＝110円のときに，日本のXが米国のPに対して持つ1ドルの債務と，米国のYが日本のQに対して持つ110円の債務を交換）と呼び，金利の交換を伴う場合を**通貨スワップ**（クロス・カレンシー・スワップ）と呼ぶ。これに対して，同じ通貨同士で金利を交換する場合を**金利スワップ**（例えば，固定金利払いと変動金利払いを交換）と呼ぶ。（久保田隆）

税関　Customs Office/Customs House

　税関は，国際貿易における「関所」の機能を果たしている。その機能は，大きく税務と**貿易管理**にわたり，適正かつ速やかな**通関**を目指す官署である。明治維新以前に発足した最も歴史的に古い官署であり，財務省関税局の管轄に属する。その根拠法は，関税法，同法施行令，関税定率法，同法施行令である。これらに対する暫定的特例が，関税暫定措置法及び同施行令である（これらを「**関税三法**」という）〔⇨関税，関税三法〕。貿易は，関税法第2条および同法施行令第1条に定める**開港**（open port）および**税関空港**（customs airport）に税関官署が設けられ，そこを通じてのみ輸出入ができる。全国を8税関（函館，東京，横浜，名古屋，大阪，神戸，門司，長崎）および1地区税関（沖縄）の計9区域に分けて管轄している。内部組織は，総務部，監視，業務，調査の4部体制である。監視部が，外航船や国際航空機の監視・取締りを含む貿易の監視，取締り，旅具通関，輸出入検査，保税を担当し，業務部は，輸出入審査，許可，および承認，関税評価，分類・分析，原産地規則，**知的財産**などの業務を担当している。調査部は，事後調査，反則調査，密輸情報などの分析・管理を行い，併せて，外国貿易統計を作成している。これらの業務は，前記の三法により規律され，貿易の管理面において外国為替及び外国貿易法（**外為法**）の適用も受ける〔⇨外国為替及び外国貿易法〕。

　適正かつ迅速な通関を推進するため，監視部，業務部の職務の多くは電子化されている（すなわち，税関手続の電子情報処理組織（**NACCS**）が，1970年代末から順次拡張され〔⇨NACCS〕，現在ではほぼ100％に近い通関の電子化が達成され，日本を代表する貿易情報の出入り口＝National Single Windowとなっている）。これにより，貿易量の著しい増大にもかかわらず，AEO（＝Authorized Economic Operator）制度の導入による通関手続の簡素化・申告官署の自由化とともに〔⇨AEO〕，貿易の簡易化（例，WTOのTFA＝貿易の簡易化協定）の進展により〔⇨WTO〕，通関に要する時間の大幅な短縮が可能になっている。貿易の自由化による関税負担の著しい低下が見られ，他方で，税関の「関所」としての機能が重視され，監視部，調査部の重要性が高まっている。また，税関は，WTOおよび**自由貿易協定（FTA）や経済連携協定（EPA）**の実施

セ

機関でもあり，特に，世界税関機構（WCO）の有力メンバーとして，税関手続きの簡易化，調和および統一，国際貿易の安全確保と円滑化に尽力している〔⇨FTA，経済連携協定，世界税関機構〕。

なお，税関手続は，やや専門的で通関士が扱うのが普通である。行政改革，情報技術（IT）の発展，国際物流の革新などを反映して，この手続は，しばしば，改定，改正されており，税関のHP（http://www.customs.go.jp）を随時閲覧して，最新の情報を得ることが重要である。（椿　弘次）

請求払保証統一規則

〔⇨銀行保証状，スタンドバイ信用状〕

税効果会計　Tax Effect Accounting, Accounting for Income Taxes

税効果会計とは，会計上の利益に見合った税金費用が計上されるように，『企業会計』と『税務会計』の違い（期ズレ）を調整し，適切に期間配分する会計処理をいう。具体的には，法人税等の額を適切に期間配分することにより，税引前当期純利益と税金費用（法人税等に関する費用）を合理的に対応させる。なお，会計上の利益が生じない場合には，それに見合った税金費用は計上されないことになる。

企業会計上と税務会計上の資産および負債の評価が同じ場合には，税効果会計は不要である。日本においては，資産負債法に基づき税効果会計を適用するため，企業会計上と課税所得計算上の資産ないし負債の額が相違する場合において税効果会計を適用する。なお，専ら会計側からのアプローチであり，適正な税引後当期純利益を表示する調整であるので，納税額に影響はなく，節税効果とは無関係である。

日本における税効果会計に関する会計処理は，1998年10月に企業会計審議会から公表された「税効果会計に係る会計基準」に基づいて行われている。（栁田宗彦）

製造小売

〔⇨SPA〕

製造物責任　Product Liability

製品の欠陥によって，特定の製品の消費者その他第三者が生命・身体または財産に被害を被った場合，その製品の製造・販売に関与した事業者が，被害者に対して負うべき法律上の損害賠償責任を**製造物責任**（PL: Product Liability）という。多くの国・地域に同様の法令があるが，責任の範囲等がそれぞれ若干異なるので，その異同を理解して経営する必要がある。

製品に安全問題が生じた場合，事業者は事実確認・原因調査・行政等への届出・消費者への注意喚起・リコール・再発防止措置等を迅速かつ適切に行う。これを怠ったとして高額の損害賠償を行い，行政処分を受け，役員・従業員が刑事罰を科され，企業価値を大きく毀損した事業者は多い。［日本］1994年に製造物責任法が制定される以前は，事業者側に製造上の過失があったことを被害者が立証して損害賠償請求する必要があった（民法709条）が，同法の施行後は，被害者が自分の手元にある製品の欠陥，損害の発生，欠陥と損害の間の因果関係を立証すれば足りる。同法は「欠陥」を，製造物の特性，通常予見される使用形態，製造業者等が製造物を引き渡した時期その他の製造物に係る事情を考慮して，製造物が通常有すべき安全性を欠いていることをいう，と定義している。「欠陥」には，設計上の欠陥，製造上の欠陥，指示・警告上の欠陥の3類型があり，事業者は「設計」段階でISO12100（機械類の安全性－一般原則）の手法の導入，「指示・警告」に関してISO3864（国際）・ANSI Z 535（米国）等の表示又は警告の規格等の採用，「製造事業所」においてISO9001（品質マネジメントシステム）の認証取得，等を行う〔⇨ISO〕。

一方，一般消費者の生命・身体に対する危害防止を図る消費生活用製品安全法は，製造（又は輸入）事業者に，自らの製品に係る重大製品事故の発生を知ったときから

10日以内に国に報告することを義務付け，特に，ガス・石油機器の事故については製品欠陥でないことが完全に明白でない限り，直ちに消費者庁が事業者名・型式・事故内容等を公表する。

「製品が通常有すべき安全性を欠いている」か否かの判断は，製造物責任法では製品出荷時点，消費生活用製品安全法では事故発生時点を基準にして行う。

［米国］PL法の理念は，1963年に米国カリフォルニア州最高裁判所が，**Greenman vs Yuba Power Products**,Inc.事件において無過失責任（厳格責任 strict liability）に基づく損害賠償責任を認め，それがAmerican Law Institute の Restatement (Second) of Torts Sect. 402A（1965）に採択して米国に定着し，世界に広がった。

［EU］1985年にEC閣僚理事会が採択した「製造物責任についてのEC指令」に基づいて各加盟国で製造物責任法が整備された。

〔中国〕製造物責任に関する基本的な法律は製品品質法（産品質量法）であり，国家質量監督検験検疫総局が所管する。（齋藤憲道）

制定法・成文法　statute/　statute, written law

裁判所の判決やその集積によって成立する判例法に対し，立法府によって作成され，条文の形式をとる法を制定法という。また，慣習法・条理・法の一般原則・自然法とは異なり，文書の形で書き表された法を成文法または制定法という。

前者の意味の制定法のうち，一定の広がりをもった法分野につき体系的に編纂・整備したものを法典(code)と呼んで区別することがある。わが国には，民法典，刑法典などがある。コモン・ロー諸国の制定法は，伝統的に，特定の具体的な法律問題に絞って作成されるため，法典としての性格が稀薄であり，条文の類推適用(mutatis mutandis application)がなされることは，ほぼない〔⇨コモン・ロー〕。（高橋宏司）

政府開発援助
〔⇨ODA〕

誓約
〔⇨コベナンツ〕

セーフガード　safeguard

セーフガードとはある特定の産品・サービスの輸入が急増することにより国内産業に損害を与えることを防止するために，輸入国が条約上の義務等から一時的に逸脱して緊急に適用する輸入制限措置をいう。緊急関税とも呼ばれる。歴史的には1943年の米国・メキシコ貿易協定で初めて導入されたと言われ，**GATT，WTO協定，経済連携協定**，一般特恵制度等でも規定されている。セーフガードの発動条件，措置内容・期間，対抗措置や代償の有無は制度ごとに異なるが，WTOを例にとると，GATT第19条及びセーフガード協定により規律され，すべての産品について関税譲許の撤回（関税の引き上げ）や輸入数量制限が認められる一般セーフガードと，農業協定に基づき特定の農産品について一定の関税引き上げが認められる特別セーフガードがある。国内権限当局による調査を経て一般セーフガードは発動される。一般セーフガードは原則として輸入源のいかんを問わず無差別で適用され（選択適用の禁止），その発動期間は原則4年間で，延長可能だが最長8年で撤廃しなければならない。遅延すれば回復し難い損害を与えるような危機的な事態が存在する場合，暫定セーフガード措置を発動できる。暫定セーフガードの発動期間は最長200日である。サービスに対するセーフガードに対する規律は現在交渉中である（サービス貿易一般協定第10条）。これらと区別して経済連携協定に基づくセーフガードを二国間セーフガードと呼ぶことがある。わが国は，ねぎ・生しいたけ・畳表に対し暫定セーフガードを発動したが，一般セーフガードを発動したことはない。**不当廉売関税（アンチダンピング関税）と相殺関税**とを合わせ貿易救済措置（通商救済措

置）と呼ばれる〔⇨不当廉売関税，相殺関税，ダンピング〕。（濱田太郎）

世界銀行グループ　World Bank Group

　1945年，第二次世界大戦後の復興のために設立された国際復興開発銀行（IBRD）を中心とするワシントンに本部を置く国際開発協会（IDA），国際金融公社（IFC），多数国間投資保証機関（MIGA）等の諸機関から構成される〔⇨国際復興開発銀行協定，ブレトン・ウッズ体制〕。

　IMF国際通貨基金と並んで，ブレトン・ウッズ体制と称される現在の国際金融体制・秩序の基である〔⇨IMF（国際通貨基金）〕。

　IFCは途上国でビジネスを行う民間企業に対する出融資やアドバイザリーを行う。ADBと同様に，自己勘定で行うAローン，民間資金動員のためのBローン等がある〔⇨アジア開発銀行〕。

　MIGAは途上国向けの民間直接投資を促進するために，戦争・テロ・収用・送金規制等のポリテイカルリスク発生時における保険・保証を行う。（堀口宗尚）

世界金融危機　Financial Crisis of 2007-2008

　アメリカの住宅バブル崩壊を契機に，2007年から低所得者向け住宅ローン（**サブプライム・ローン**）の焦げ付きや株価の大暴落が始まり，米系証券会社 Bear Sterns が経営悪化し（NY連邦準備銀行が緊急融資し，2008年に米系 JP Morgan Chase が救済合併），2008年9月には米系証券会社 Lehman Brothers の倒産に至った**リーマン・ショック**（2007年～）と，それに連鎖して2008年に欧州を中心に世界各国に拡がった一連の国際的な金融危機を指す。危機の中心は，銀行以外の金融仲介機関（証券会社，証券化商品発行会社，**ヘッジファンド**など）で成り立つ**シャドー・バンキング・システム**における**流動性リスク**の顕現化（短期金融市場から調達した資金を引き揚げられた）にあり〔⇨証券化，ヘッジファンド，流動性リスク〕，巨額の公的資金が投入され，

バーゼルⅢや米国ドッド・フランク法の制定など金融規制の大幅な見直しが図られた〔⇨バーゼルⅢ〕。日本の金融機関はサブプライム・ローン関連の投資額が少なかったので当初は影響が軽微であったが，世界経済の冷え込みの煽りを受けて大幅な景気後退に見舞われた。（久保田隆）

世界税関機構　WCO: World Customs Organization

　世界税関機構（WCO）は，各国の税関制度の調和・統一及び国際協力の推進により，国際貿易の発展に貢献することを目的として，1952年に設立された国際機関である（本部：ブリュッセル（ベルギー））。

　WCOの主要任務としては，(1)関税分類や税関手続に関する諸条約の作成や見直し，これらの統一的解釈を示すこと，(2)国際貿易の安全確保及び円滑化等に関するガイドライン等の作成や推進をすること，(3)WTO（世界貿易機関）〔⇨WTO〕が主管する関税評価及び原産地規則に係る協定の統一的解釈及び適用のための技術的検討，及び，(4)不正薬物及び知的財産侵害物品等の監視・取締りの国際協力，関税技術協力の推進を行うこととなっている。

　2020年2月現在，183か国・地域がメンバーとなっており，わが国は1964年に加入している。

　わが国は**WCO**の主要政策課題を検討する政策委員会，及び財政事項を検討する財政委員会におけるメンバーであり，現在の事務総局長は，わが国の出身者で三期目となっている。（河村寛治）

世界貿易機関
　〔⇨WTO〕

石油輸出国機構
　〔⇨OPEC〕

セトルメント
　〔⇨ファイナリティ〕

ZEB（ゼブ）　Zero Energy Building

　オフィスビルや商業施設等において，省エネ性能の向上，エネルギーの面的利用，オンサイトでの再生エネルギー活用等により，年間一次エネルギーの収支が正味ゼロとなる建築物。**国際エネルギー機関（IEA）**が2008年洞爺湖サミットでG8各国に対しZEB普及への取組みの加速化を勧告し導入目標の設定を求めた。日本では，2020年までに新築公共建築物等で，2030年までに新築建築物の平均で，ZEB実現を目指すことが2014年エネルギー基本計画で示され，2015年にZEBロードマップが，2018年にそのフォローアップが取りまとめられた。各国でZEBの実現・普及に取り組んでいるが，その定義は若干異なる。ZEB推進は，CO2削減と世界のZEB市場拡大に資するといわれている。（花田敏幸）

先願主義・先発明主義（センガンシュギ・センハツメイシュギ）　first-to-file system, first-to-invent system

　先願主義とは，先発明主義に対する用語で，最初に特許庁に特許出願を行った者(出願日が早い方）に対して，優先的に特許権を与える制度をいう。例えば，同一の発明をした者が2人以上いた場合，どちらが先に発明したかにかかわらず，出願日を基準として，先に特許庁に出願した者のみが特許を受ける権利を有する制度である。後の出願は，後願として拒絶されることになる。これは実用新案登録出願と競合したときも同様である。なお，同一の発明について同日に出願があった場合には，出願人の協議により定めた一の出願人のみがその発明について特許を受けることができる。

　これに対して，先に発明した者が特許を受ける権利を有することを**先発明主義**という。米国では，従前，先発明主義を採用し，先に発明した者に特許権を与えていたが，ほとんどの国が先願主義を採用していたこと，先に発明した者の特定の困難さやパテントトロールのような問題も起きていたことから，米国は，2006年，国際会議において先願主義の採用に同意し，米国特許法改正が2012年から段階的に行われ，2013年3月16日から先願主義を採用している。（高田　寛）

船籍　ship registration

　船舶の登録を認めた国（本国と特別の自治制度を持つ地域を含む）が船舶に与えた国籍を船籍と呼ぶ。船籍を付与した国（船籍国・旗国）は，自国の船籍を持つ船舶及びその乗組員に，自国法・自国が加入した条約を実施して管理する。船籍を付与する条件は，船籍国の制定する国内法に基づき，それはどう制定されようとも（特に，当該国の法人の株主がすべて外国人・外国法人であることを許しても）その国の自由である。そして船籍国が有効に，自国籍船を管理している限り，国際法上の非難の余地は全くない〔⇒便宜置籍船〕。（合田浩之）

セントラル・カウンターパーティー（CCP）

　〔⇒クリアリング・ハウス，ネッティング〕

船舶保険　hull insurance

　船舶保険は，沈没，座礁，火災，他船との衝突といった海難事故により船舶が被る物的損害の塡補を目的とする海上保険である〔⇒海上保険〕。船舶衝突により相手船に生じた財産損害についての賠償責任も，船舶保険の対象である。なお，海難によって船舶が稼働できないことにより生じる損害の塡補を目的とする保険として，船舶不稼働損失保険がある。

　船舶保険には，特定の航海を保険期間とするもの（航海保険）もあるが，一般的には，1年間などの一定の期間を保険期間とする定期保険契約（普通期間保険）が利用されている。約款としては，日本法を準拠法とする和文約款，ITC(Institute Time Clauses (Hulls))とよばれるイギリス法準拠の英文約款などがある。船舶保険は，船舶の運航・管理を実際に行っている者（所有，運航形態に応じ，船舶の所有者，裸傭船者，船舶管理会社)が締結する〔⇒裸傭船契約〕。

被保険者は保険事故が生じた場合に損害を被る者であるから，船舶の所有，運航形態に応じて異なり得る。このため，実務上は被保険者欄に必要に応じて船舶所有者のほか，裸備船者，船舶管理会社を加えておき，全損の場合は所有者，分損の場合は裸備船者に保険金を支払う等の合意を行っている。保険価額は，法律上は保険期間の開始時における価額であるが（商法818条），通常は当事者間で協定している。担保危険については，和文約款は包括責任方式，ITC は列挙責任方式をとる。（増田史子）

送金方式

〔⇨決済〕

総合商社　general trading company

　総合商社とは，世界で日本のみに存在する企業形態である。歴史的にみれば，明治時代以来太平洋戦争の終結まで存在した三井財閥の商事部門であった三井物産，三菱財閥の三菱商事がある。戦後一度は財閥解体で分割解散されたが，数年後に再編成された。一方財閥ではないが，戦後に繊維部門の大手である大阪の大建産業の商事部門を二分割して伊藤忠商事と丸紅が誕生し，さらに住友商事が新発足し，現在五大総合商社と言われている。

　それ以外に工業部門（鉄鋼: 神戸製鋼所，造船: 石川島播磨造船）にまで手を広げた神戸の鈴木商店が存在したが破産し，戦後に日商として再生し日綿実業（ニチメン）と合併し双日として復活している。その他東洋綿花（トーメン），江商，岩井産業，高島屋飯田等が存在したが，合併や吸収を経て社名は消えている。

　総合商社を理解するには，まずその営業部門を見るのが手っ取り早い。取扱商品や活動分野ごとに，幾つかの営業分野に組織化している。繊維部門（原料，製品），機械部門（プラント，造船，単体機械），金属部門（鉄鋼，非鉄，鉄鉱石），エネルギー（石油，電力），食糧（原料，製品），土木建設（発電所や公共事業団地造成）等である。

　各部門は，製造業ではないがモノの売買（輸出入，国内売買）にとどまらず，内外に投融資も行い製造業にも介入している。例えば，A国に投資をして紡績業を起こし，繊維資材（糸，布等）を生産し，それをB国に輸出してそこで繊維製品にして，C国に輸出する等，投資・製造そして貿易（三国間貿易）も行っている。

　次に，代表的な総合商社の営業実績を見てみよう。2019年の例では，売上高順位で三菱商事16.1兆円，伊藤忠商事11.6兆円，丸紅7.4兆円，三井物産6.95兆円，住友商事5.33兆円となり，経常利益では，三菱商事3,861億円，伊藤忠商事3,070億円，住友商事2,632億円，三井物産2,127億円，丸紅1,412億円となり，年々順位は前後して変わっている。

　営業部門以外に管理部門を組織化して経営を手広く行っている。列挙すれば，審査部（取引相手の財務状態のチェック），業務部（部門間の調整），法務部（国際的法務関係の調査），財務・経理部（資産運用），運送・保険部（国際運送業務），人事部などがある。

　海外に目を移すと，現地法人（例，米国会社・イラン会社など独立法人），支店（シンガポール支店等），出張所（カイロ出張所等）など，営業・財務の利便性や現地の法制を考慮して海外支店網を整備している。日本から本社員を派遣したり，現地人を採用したり多種多様である。（絹巻康史）

相殺　set-off

　当事者が相互に相手方に対して同種の債権を持っている場合に，双方の債権を対当額だけ消滅させる行為。決済を簡略化し，弁済を確保する手段として利用できる（相殺の担保的機能）。例えば，XがYに3万円，YがXに2万円の金銭債権を持ち合う場合，相殺後はXがYに1万円の金銭債権を持つ形に変わる。法律上の任意規定（民法505条）に基づく**法定相殺**と，当事者間の契約に定める**相殺条項**に基づく**約定相殺**がある。二当事者間の同種の債権同士であれば，

ソ

法定相殺も約定相殺も有効であるが，当事者が３以上ある多数当事者間相殺や円貨債権と外貨債権のような異種通貨間相殺では，約定相殺は契約当事者間で有効だが，法定相殺は対立する同種の債権でないので難しい。しかし，法定相殺が可能でないと，契約当事者以外の第三者には対抗できない。このため，多数当事者間相殺ではセントラル・カウンターパーティー（CCP）を置いて二当事者間相殺に置き換え，異種通貨間相殺では代用給付権を介して法定相殺を実現可能にすることがある。なお，相殺類似の決済方法にネッティングがある〔⇨代用給付権，ネッティング〕。（久保田隆）

相殺関税　offset duty

補助金の交付を受けた産品の輸入により国内産業に損害が発生することを防止するために，当該補助金の効果を減殺する目的で賦課する特別の関税をいう〔⇨関税〕。GATT及びWTO協定は，こうした補助金による不公正貿易を規制しつつ相殺関税の濫用を防止するために一定の規律を設けている〔⇨GATT，WTO〕。補助金の金額を超えない相殺関税を課すことができるが，相殺関税の代わりに，輸出者に対し補助金の与える損害を除去するに足りる価格の修正を約束するよう求めることもある。輸入国は，調査を通じて，補助金の存在と額，国内産業に対する損害，輸入と損害の因果関係を証明しなければならない。その発動期間は原則５年間であるが，相殺関税の賦課を継続する必要性につき正当な理由がある場合見直しを行いその結果必要と認められればさらに５年間発動できる。緊急関税（セーフガード）と不当廉売関税（アンチダンピング関税）と合わせて貿易救済措置（通商救済措置）と呼ばれる〔⇨緊急関税，不当廉売関税，ダンピング〕。多くの紛争がWTOの紛争処理手続で係争されているが，その発動条件が厳格であるため多くの事例で発動国が敗訴している。わが国も韓国ハイニックス社製DRAMに対し課した相殺関税がWTO協定に違反すると認定された。

（濱田太郎）

相殺条項
〔⇨相殺，ボイラープレート条項〕

送達　service

送達とは，裁判上又は裁判外の文書を名宛て人が内容を知りうる状態におき，それにより法律上一定の効果を生じさせる行為である。民事裁判手続については，「手続は法廷地法による」の原則が妥当し，当事者が外国にいる場合の送達手法も基本的には法廷地法に従うが，領事条約や多国間条約の締約国間では条約の定めに従い送達を行うことになる。多国間条約として民事訴訟手続に関する条約や民事又は商事に関する裁判上及び裁判外の文書の外国における送達及び告知に関する条約がある（日本はいずれも批准）。国際的に，送達に関しては職権送達主義と私送達主義とが対立しており，特に私送達主義の国からの直接郵便送達が問題となることが多い。（長田真里）

ZOPA（合意可能領域）
〔⇨原則立脚型交渉〕

属地主義・属人主義
〔⇨域外適用〕

ソサエティー5.0　Society 5.0

日本の内閣府が提唱する概念で，狩猟社会（Society 1.0），農耕社会（Society 2.0），工業社会（Society 3.0），情報社会（Society 4.0）に続く新たな社会で，「サイバー空間（仮想空間）とフィジカル空間（現実空間）を高度に融合させたシステムにより，経済発展と社会的課題の解決を両立する，人間中心の社会」。モノのインターネット化（IoT: Internet of Things）により，すべての人とモノが繋がり，様々な知識や情報が共有され，今までにない新たな価値を生み出すことで，社会的な課題や困難を克服するものとされている〔⇨IoT〕。（久保田隆）

組織犯罪処罰法（組織的な犯罪の処罰及び犯罪収益の規制等に関する法律） the Act on Punishment of Organized Crimes

　組織犯罪処罰法とは，反社会的勢力による組織的犯罪防止と，国際的な組織犯罪の防止に関する国際連合条約（パレルモ条約）の実施を目的に，組織的犯罪への処罰強化，犯罪収益の隠匿等に対する処罰，犯罪収益の没収等について定めたものである。また，1996年のFATF改訂「40の勧告」に基づきAML/CFTの前提犯罪を従来の薬物犯罪から「一定の重大犯罪（2002年にはテロ行為も追加）」にも拡大した。更に2017年同法の一部改正に伴い，**テロ等準備罪**が制定された〔⇨FATF，「40の勧告」，AML/CFT〕。（花木正孝）

SOX法（米国企業改革法）・J-SOX法（日本版SOX法） SOX: Sarbanes-Oxley Act

　SOX法は，米国上場会社の会計の信頼性を高め，内部統制を強化し，管理・点検体制を整えることなどを義務付けた企業改革法（連邦法）である。

　米国では，2001年以降，エンロン社などの粉飾決算が相次いだ。投資家保護を目指し不正会計を防ぐためのSOX法は，2002年に米国の議会で成立し，法案を提出した議員の名前をとった「Sarbanes-Oxley Act」の略称である。

　SOX法では，CEOやCFOに年次報告書などの適正を宣誓させ，財務報告に係る内部統制の有効性を評価した**内部統制報告書**の作成，独立取締役で構成する**監査委員会**の設置，会計監査人の内部統制監査，内部告発者の保護などを義務付けている。報告書などに虚偽記載をした者は，20年以下の禁錮や500万ドル以下の罰金が科せられる。

　日本では，2004年以降，カネボウなどの粉飾決算が相次いだ。J-SOX法は，米国のSOX法を参考に，日本の上場会社などに，内部統制の強化と会計監査制度の充実を求める法規制の総称である。主に，**内部統制システム**に関連する**会社法**と**金融商品取引法（金商法）** の規定がある〔⇨内部統制〕。

　会社法では，2006年から大会社などに内部統制システムの構築義務を課している。金商法では，2008年から上場会社に**内部統制報告書**の提出を義務付け，会計監査人による内部統制監査を求めている。内部統制報告書に虚偽記載をした者は，5年以下の懲役や500万円以下の罰金が科せられる。（伊達竜太郎）

ソフトロー soft law

　ある規範に法的拘束力がある（例えば，違反すれば裁判に訴えられるか）か否か（あるいは強いか弱いか）を巡り，それがある法律・条約等を**ハードロー**，それがないか弱い行為規範等を**ソフトロー**と分類するのが一般的理解である。伝統的にはソフトローは国際法に関して用いられ，①国連憲章に基づく決議・宣言，②枠組み条約（目的と一般的原則のみを定めた条約の一形式。細目は後に別個の附属書や議定書で定める）における議定書等，③行動計画（例：FATF勧告，アジェンダ21），④その他の条約に基づかない義務を指し，国内法に関して多用されるに至ったのは最近である。このため，今や確立した厳密な定義はなく，多義的な概念でもある。このため以下，幾つかの場面に応じて説明する。

　まず，法規範の形式に着目する場合があり，国家が策定・形成し，最終的に国家による強制的な実行（エンフォース）が保証されている法的拘束力を伴う規範（例：法律，判例法等）をハードローと呼ぶのに対し，ハードローではないが現実社会で様々な拘束力を有する諸規範をソフトローと呼んでいる。例えば，①国家が策定するが，国家がエンフォースしない規範（例：労働法上の努力義務規定・各種通達・ガイドライン等は，従わないと評判低下等の不利益が拘束力として機能する），②国家以外の民間団体が策定するが，国家がエンフォースする規範（例：**会計基準・商慣習法**等は，従わないと市場での評判を落とし，法的拘束力も受ける），③国家以外が作成するが，国家

がエンフォースしない規範（例: 社会規範・企業倫理・CSR等は，従わないと評判低下等の不利益を被る）はソフトローに属する。経済活動の進展に伴い，特に企業の商取引分野を中心に，ハードローによる解決の弊害（取引実態との乖離，長引く裁判，商取引の萎縮等）を補い，柔軟・迅速な解決に繋がる可能性のあるソフトローの規範全体における比重が高まってきた。

次に，規範の変容可能性に着目する場合があり，**国連国際商取引法委員会（UNCITRAL）**や**私法統一国際協会（UNIDROIT）**等の国際団体が起草する**モデル法**や**モデル原則**を，ハードローである条約と対比してソフトローと呼ぶことがある。各国の取引法を国際統一する際，条約を制定するならば，各国は同じ条文を国内法化する必要があるため条約締結の国内合意が得にくくなる。これに対して，モデル法は各国が受容する際，自国の実情に応じて多少の変容を加えた形で国内法化することが許されているため，円滑・柔軟な統一に資することができる〔⇨UNCITRAL〕。

さらに，国際金融の分野で典型的にみられるが，ソフトローを組み合わせたエコシステムに着目する場合がある。国際金融を巡る国際組織は，条約（ハードロー）で設立された**IMF・世界銀行・OECD**に加え，首脳等の合意（ソフトロー）で設立された**G20，金融安定理事会（FSB），バーゼル銀行監督委員会（BCBS）**，証券監督者国際機構（IOSCO），保険監督者国際機構（IAIS），**FATF（金融活動作業部会）**などの組織を階層的に組み合わせ，そこに国家が関与することで，全体として機能してきた（図表参照）〔⇨IMF，OECD，G20，金融安定理事会，FATF〕。（久保田隆）

ソブリン・ウェルス・ファンド（SWF） Sovereign Wealth Fund

投資ファンドのうち，政府が国家の金融資産（石油・ガスなど一次産品の輸出収入＜アブダビ投資庁，ノルウェー政府年金基金，サウジアラビア通貨庁，クウェート投資庁，ロシア連邦安定基金・国民福祉基金などの場合＞や外貨準備金や財政剰余金の一部＜中国国家外国為替管理局・投資有限責任公司，香港金融管理局，シンガポール政府投資公社・テマセクホールディングス，カナダ年金制度投資委員会などの場合＞）を直接的または間接的に管理して投資し，運用する政府系ファンドのこと。資金の大半を株式や国債等で運用することが多いが，不動産等に投資対象を広げる場合もある。運用規模が巨大で，世界の金融市場に及ぼす影響が大きい。（久保田隆）

【図表】金融監督規制に関する国際組織の階層構造

議題設定：G20（首脳会議）
⇨FSB（詳細決定）

基準策定
（職種別）BCBS（銀行監督），IOSCO（証券監督），IAIS（保険監督），Joint Forum（銀行・証券・保険の分野横断的課題に対応）
（テーマ別）FATF（資金洗浄・テロ対策），OECD（企業統治・税制等），CPMI（支払決済），IADI（預金保険），IASB（会計），IFAC（監査）

基準導入：各国当局 ← 遵守状況評価：IMF，世界銀行，FSB，相互審査

ソ

対抗訴訟　countersuit

　ある給付訴訟の被告が，当該訴訟に対抗し，原告を相手方として提起する訴訟。国内では反訴または別訴として提起される。なお，外国で提起された給付訴訟に対抗して，被告が，内国裁判所に反対の趣旨の消極的確認訴訟を提起する場合や，外国訴訟で争われている内容を前提とする訴訟を提起する場合などには，**国際的訴訟競合**やそれに類する問題が生じる。（小野木尚）

対抗立法

　〔⇨域外適用〕

第三者割当増資

　〔⇨ホワイトナイト〕

代物弁済　payment in substitute

　弁済することができる者が，債権者との間で，債務者の負担した給付に代えて他の給付をすることにより債務を消滅させること。この旨の契約をした場合に弁済者が代物弁済をした場合には，債務者の負担した給付の弁済（**本旨弁済**）と同一の効力を有する（民法482条）。例えば，甲が乙から商品を購入し，乙への代金支払を日本円で行う契約をした場合，法定通貨（法貨）である現金（紙幣，貨幣）での支払は本旨弁済となるが，銀行振込による場合や商品券等を給付する場合は代物弁済となり，債権者である乙の承諾を要すると解するのが法学の伝統的理解である。（久保田隆）

太平洋同盟　Pacific Alliance

　2015年に枠組み協定が発効した，ラテンアメリカ4か国（メキシコ，コロンビア，ペルー，チリ）の域内経済統合と域外自由貿易を掲げる貿易ブロック。域外との**自由貿易協定（FTA）**の締結を通じて自由貿易体制を4か国以外にも拡張する動きにあり〔⇨FTA〕，2019年現在，オブザーバー国は日本をはじめ米中英独仏韓など59か国あり，うち7か国（オーストラリア，カナダ，ニュージーランド，シンガポール，コスタ

リカ，エクアドル，パナマ）は準加盟国に向けて交渉中である。なお，日本はメキシコ，ペルー，チリとはTPP11協定の加盟国同士であるほか，**経済連携協定（EPA）**を締結（コロンビアとは交渉中）している〔⇨経済連携協定〕。（久保田隆）

TIBOR <ruby>TIBOR<rt>タイボー</rt></ruby>

　〔⇨変動金利指標（と改革）〕

代用給付権　payment by currency of the place

　外貨金銭債務について，内国債務者の保護や内国通貨流通の保護を目的として，債務者が外貨の給付に代えて内国通貨の給付を行う権利。民法403条やユニドロワ国際商事契約原則2016年版6.1.9条に規定がある〔⇨ユニドロワ国際商事契約原則〕。民法403条は債務者に円貨で弁済できる代用給付権を付与するが，判例（最判昭和50年7月15日民集29巻6号1029頁）により債権者にも円貨で請求できる代用給付権が認められている。私法上の任意規定と捉え，抵触法的指定を経て適用されるものと考えるのが通説的見解であるため，契約で別途定めがあればそちらが優先する。なお，円貨と外貨の**異種通貨間相殺**について，契約に基づく約定相殺ではなく民法の任意規定に基づく法定相殺の場合は，円貨はカネ，外貨はモノとなり民法505条にいう「対立債務の同種債権性」がないとする見解が有力であるが，それでも代用給付権を介して外貨を円貨に変換することで，異種通貨間相殺が可能になる。（久保田隆）

大陸法　civil law

　大陸法は，**判例法を代表する英米法**〔⇨コモン・ロー〕に対し，**制定法を代表する**概念であって，ヨーロッパ大陸諸国で発展した法体系である。大陸法は，ローマ法を淵源とし，法主体間の平等を原則とするローマ市民の法（civil law）を核として発展してきた。日本は基本的に大陸法を継受した。両体系を比較すると，①英米法系が訴訟中心主義であるのに対し，大陸法系は実

体法を中心とする理論的体系であり，②英米法系は近似性が強いのに対し，大陸法系はEU諸国のような統一化もみられるが，法域による独自性が強く，③英米法系が法曹一元制をとっているのに対し，大陸法系は職業裁判官による制度を採用しているという特徴がみられる。（富澤敏勝）

代理店　agent/agency

国際商取引は隔地でのビジネスであり，本人が直接取引するよりも他者に委任して行うことが多い。これを代理人・代理店ビジネスと呼称する。**代理店**は，法的には独立の実体（商人）であるが，他企業と自己の利益のために取引を斡旋し，代償として手数料（コミッション）を受け取る者をいう。**本人**（principal）のために，契約その他の法律行為を行い，その本人と第三者との間に契約上の法律関係を制定する権能を与えられているのが代理店である。本人に対しては従属的な関係に立ち，取引の結果である利損益は，すべて本人に帰属する。代理店の商行為は，すべて本人の代理として行うので，販売活動の経済的危険は本人の負担となる。

代理店契約（agency agreement）は委任の一種である。通常，本人と代理店との双方の間で成立する諾成契約（consensual contract）によって成立し，本人が代理店を任命（appointment）する形式をとることが多い。代理権の内容や範囲については，明確に規定する必要がある。契約書に記載すべき条項は，①契約当事者の名称と所在地，②契約の効力発生日，終了期間または期限，③契約品目，④販売地域，⑤一手販売権，⑥最低媒介成約量または金額，⑦本人と代理店の権利および義務，⑧手数料率および送金期間，⑨契約解除条件および更新条件，⑩取引一般条件と準拠法〔⇒貿易取引の基本条件，準拠法，契約準拠法〕，⑪紛争解決条項〔⇒裁判外紛争解決，オンライン紛争解決〕などが挙げられる。

また，下代と上代の差額をそのまま利益とすることができる形態を販売店（Distributor）と呼称するが，この場合，売買契約の契約当事者となり，販売活動の経済的危険は販売店のものとなる〔⇒代理店〕。（河野公洋）

代理人　agent

代理人（任意代理人）とは，**本人**（principal）が授権した権限の範囲で，本人のために行うことを示した上で，本人に代わって行為（日本の民法の場合には契約（法律行為））をする者をいい，その効果は本人に帰属する。

代理人が無権限で行った契約は本人が追認しない限り，本人に対してその効力を生じないのが原則であるが，本人が（実際には授権していないにもかかわらず）代理人に代理権を授与した旨を第三者（third party）に対して表示をした場合や以前に授権していたものの現在は代理権が消滅している場合のほか，代理権の範囲を超えるときであっても，一定の要件の下で効果が本人に帰属する場合がある。（川中啓由）

多国籍企業　multinational corporation

企業活動の一部を本社のある一国だけではなく，様々な国で展開し，国境を越えて経営を行う企業のこと。国際的に展開する活動は生産・調達・研究開発・販売・経営管理など多岐にわたる。国外での事業活動の母体となる現地子会社や関連会社は，現地の法人格を持つ独立した企業ではあるが，本社の経営陣で意思決定された世界戦略のもとで共通の目的を追求するのがふつうである。本社と各国にある国籍の異なる現地法人から構成される企業グループ全体を一つの統合的経営単位とみなすために多国籍企業という。

多国籍企業は，産業革命を契機として原材料や食料の確保と，生産品・製造品の販売市場を求めて海外進出を本格化させた19世紀の英国企業にその起源をたどることができる。1832年に中国広州に設立された貿易商社ジャーディン・マセソン商会は香港に本店を移し，その後も上海や横浜に

タ

拠点を延ばした。同社は，茶や生糸の買い付けなどの他にも船舶を所有して運輸業に従事し，さらには建設や銀行業にも進出した。同社は現在においても Jardine Matheson Holdings Ltd. の社名で，多角的事業を行う多国籍企業として世界戦略を展開している。

多国籍企業という用語（Multinational Corporation）は，米国のリリエンソール（David E. Lilienthal）が 1960 年に初めて使い，その後米国の経済雑誌『ビジネス・ウィーク』で紹介され，学会やビジネス界で広まった。その後，この用語をめぐり海外子会社数・企業規模・海外活動の比率の適正数値や経営戦略などに関する研究が進んだ。具体的に「大手製造業で 6 か国以上の国に製造子会社を所有する米国の巨大企業 187 社」を多国籍企業とする説もあったが，この定義では，子会社の立地が 6 か国未満の製造業および第一次・第三次産業が除かれ，商社・銀行・保険・海運・旅行などは含まれないという矛盾がある。

国連経済社会理事会は 1973 年に「多国籍企業とは，資産を 2 ないしそれ以上の国において統括するすべての企業」と定義し，国連貿易開発会議は，国外に議決権株式の 10％以上を保有する子会社や関連会社を所有し支配する企業を多国籍企業とした。意思決定を本社が行う本国志向型・現地に任せる現地志向型・地域に任せる地域志向型・世界全体で行う世界志向型に分ける説もある。代表的な多国籍企業には 100 か国以上に 3 万店以上の店舗を有するスターバックスやマクドナルド・進出先が 200 か国以上のコカコーラなどがある。次世代多国籍企業とも呼ばれる Google・Amazon・Facebook・Apple は税制やその他の規制面で国家との間に摩擦を起こすことが増えている。（亀田尚己）

多国籍企業ガイドライン（OECD） OECD Guidelines for Multinational Enterprises

OECD は，参加国の多国籍企業に対して，1976 年に行動指針（OECD Guidelines for Multinational Enterprises）を採択した。法的な拘束力はないが CSR（corporate social responsibility: 社会的責任）を求める指針で，①一般方針，②情報開示，③人権，雇用及び労使関係，④環境，⑤贈賄・贈賄要求・金品の強要の防止，⑥消費者利益，⑦科学及び技術，⑧競争，⑨納税等の幅広い分野における企業行動に関する原則と基準を定めている〔⇨ OECD，CSR〕。企業に対して期待される責任ある行動を自主的にとるよう，世界経済の発展や企業行動の変化などの実情に合わせ，1979 年，1984 年，1991 年，2000 年，2011 年に改訂されており，持続可能な開発目標〔⇨ SDGs〕と併せて企業のグローバルな展開に重要な指針となっている。さらに，リスク管理の一環として，企業は自企業が引き起こす又は一因となる実際の及び潜在的な悪影響を特定し，防止し，緩和するため，リスクに基づいたデュー・ディリジェンスを実施すべき等の規定「OECD デュー・ディリジェンス・ガイダンス（OECD Due Diligence Guidance for Responsible Business Conduct）」を行動指針の補足文書として採択している。（河野公洋）

タックス・プランニング tax planning

税負担はコスト（費用）であることを前提として，経済取引を行う上で，取引当事者が選択可能な複数の法形式のうち，取引の当事者の目的や経済的成果の獲得を達成すると同時に税負担の軽減を図ることのできる法形式を採用することや検討すること。具体例として，特定の不動産を入手する上で，譲渡所得に対する税負担を踏まえ，補足金付交換契約ではなく，各別の売買契約と各売買代金の相殺という法形式を採用する場合（東京高判平成 11 年 6 月 21 日判時 1685 号 33 頁），子会社の資金調達において，子会社の法人税の計算上，支払配当が損金とされない株式ではなく，支払利子が損金される借入の活用を検討する場合が該当する。

なお，タックス・プランニングは，税法上，罰則の対象である脱税とされる取引や

夕

行為ではなく，**節税**と判断される場合がある。ただ，当該プランニングに関連する税法上の規定が明確でない場合，当該プランニングが不当な税負担の回避や軽減である**租税回避**に該当するとして，課税当局による更正処分等の対象となること，あるいは，税法上の新たな規定の創設等（例えば，過少資本税制や過大支払利子税制の創設等）により，当該プランニングの採用や検討が事実上制約されることがある。（野一色直人）

タックス・ヘイブン　tax haven

概して，法人の所得等に対する租税負担がゼロあるいは極端に低い国・地域（軽課税国）。経済活動の国際化に伴い，他の先進国の企業と同様，内国法人や個人が税率の低いタックス・ヘイブンに子会社を設立し，当該子会社を投資の経由地や所得の蓄積等に利用し租税負担の不当な回避や軽減を図る事例が見られた。このような事例は，租税負担の公平の観点から問題であるとして，経済合理性があると認められる子会社を除き，タックス・ヘイブンに所在する子会社に留保された所得のうち，内国法人等の当該子会社に対する持分に対応する部分を内国法人や個人の所得に合算して課税する制度である**外国子会社合算税制**（タックス・ヘイブン対策税制）が昭和53年度税制改正により設けられた（租税特別措置法66条の6等）。

外国子会社合算税制の適用対象となる外国の子会社として，内国法人等が直接又は間接に株式等の50％超を保有する等の外国関係会社のうち，事務所等の固定施設を有しない等の**ペーパー・カンパニー**とされる会社，有価証券や貸付金等が総資産の50％超の**キャッシュ・ボックス**とされる会社，あるいは，租税に関する国際的な情報交換への協力が著しく不十分とされる国や地域に所在する会社が特定外国関係会社として規定されている。また，外国関係会社のうち，事業活動の内容，独立した企業として事業の管理等を自ら行っていること，事業活動を主として，所在地国で行っている等の経済活動基準のいずれかを満たさない対象外国関係会社が適用対象となる。ただ，租税負担割合が30％以上の特定外国関係会社や租税負担割合が20％以上の対象外国関係会社は外国子会社合算税制の適用外とされる等が規定されている。

なお，近年，各国において法人税が引き下げられており，また，ケイマン，バミューダやシンガポール，香港等の国・地域が日本等のOECD加盟国（先進国）との間で銀行秘密を容認しない等の租税に関する**情報交換協定**や**租税条約**を締結していること，情報交換協定等の締結の有無が外国子会社合算税制の適用要件の一つとされていることから，先進国の法人等が投資の経由地等として利用する国・地域がタックス・ヘイブンと分類されるか否かについては，租税負担（税率）の低さのみならず，租税に関する情報の交換に関する国際的な取組みへの協力が著しく不十分であるか否かとの点も重要な要素とされている。（野一色直人）

建値〔たてね〕　quotation/ estimate

市場ないし取引所において，一定の基準に従い，費目別に計算して顧客または取引相手方に見積価格を提示する行為と相場（rate）を意味する。外国為替相場，商品取引所の基準相場がその代表例である。

個別具体的な国際商取引の場合には，FCA，CPT，CIPなどの定型取引条件に基づく見積値段（quotation）であり，引合い段階における参考価格を意味し，「相場変動により変更することがある =subject to market fluctuation」，「弊社による最終確認を前提に =subject to our final confirmation」などの留保条件が付記される〔⇒定型取引条件〕。文書（または電子メッセージ）としては，試算送り状（Pro-forma Invoice），見積書（estimate），価格表が用いられる。

輸入者が，海外の取引先から見積りを出させるときは，CIP，CIF条件を指定して建値を提出させ，輸入原価の比較に用い，国内の製造業者や工場が，輸出者の求めに応

じて納品価格を見積もるときは，なじみの薄い国際物流経費が含まれない FCA や FOB 条件が好まれる。傭船貨物の場合は，CIF，FOB，CFR などがベースになる。定期運送の個品の売買の場合の建値は，運送品の運送人による受取りを基準に取る積地渡し売買条件（FCA，**CPT**，**CIP**）か，仕向地における運送品の荷主への引渡しを基準にとる仕向地渡し売買条件（DAP，DPU）かのいずれかを基準に，見積り（計算）されるのが一般的である。特に，Incoterms® 2020 の第 9 項の「費用の分担」に留意すべきだろう〔⇨巻末付録 1，FCA，FOB，CIF，CFR，CPT，CIP，DAP，DPU〕。

　商品取引所における建値は，所定の取引単位（commercial unit）および品質格付け（grade, class），直物か先物か，FOB，CIF などの標準取引条件（trade terms）などを基に計算され，取引が成立した相場を意味することもある。例えば，原油の場合には，産地および油種ごとに建値が成立している。

　事業（project, service）に対する見積りは，発注者側で定めた条件を基に経費計算が行われ，建値は入札価格にもなる。(椿　弘次)

WCO
〔⇨世界税関機構〕

ＷＴＯ（世界貿易機関）World Trade Organization

　世界貿易機関の英文略称。ガット〔⇨GATT〕の第 8 回多国間交渉であるウルグアイ・ラウンド（1986〜94 年）の交渉の結果作成された世界貿易機関を設立するマラケシュ協定に基づき設立された国際機関。世界の主要国が加盟し加盟国は現在 164 か国・地域（国家だけでなく独立関税地域も加盟でき，台湾，香港，マカオが加盟）。
　同協定は WTO 協定と呼ばれる。WTO 協定は，前文，本文 16 か条（WTO 設立協定とも呼ばれる），末文，注釈及び附属書からなる。附属書 1A は物品貿易に関する多角的協定と呼ばれ，**1994 年のガット**，農業協定，衛生植物検疫措置協定（SPS 協定），貿易技

術的障害協定（TBT 協定），貿易関連投資措置協定（**TRIMs 協定**）〔⇨ TRIMs〕，1994 年のガット第 6 条実施協定（**アンチダンピング協定**），1994 年のガット第 7 条の実施協定（関税評価協定），原産地規則協定，補助金協定，**セーフガード協定**等からなる。附属書 1B は**サービス貿易一般協定（GATS）**，附属書 1C は知的財産権協定（**TRIPs**）〔⇨TRIPs〕，附属書 2 は紛争解決了解，附属書 3 は貿易政策検討制度からなる。附属書 4 は複数国間貿易協定と呼ばれ，民間航空機貿易協定と政府調達協定からなる。複数国間協定を除きすべての WTO 加盟国は先進国・途上国を問わずすべての義務を実施する義務を負う（一括受諾方式という）。複数国間協定は一括受諾の例外で一部の WTO 加盟国しか加盟していない。紛争解決了解は，**米国通商法**による一方的な対抗措置の濫用を牽制するためガットの紛争処理手続を大幅に強化したもので，いずれかの加盟国が一方的に付託でき，小委員会（パネル）及び上級委員会の二審制。発足来約 600 件の紛争が付託された。これらの報告書が紛争解決機関（DSB）の勧告として採択されれば，被申立国は履行するか代償を提供するかを迫られ，いずれにも応じない場合申立国は DSB に対抗措置の承認を求めることができる。DSB は，小委員会の設置，小委員会及び上級委員会の報告書の採択，対抗措置の承認についてはネガティブコンセンサスに基づき決定するため，1 か国（例えば申立国）が賛成するだけで決定され，事実上自動化されている（もっとも，上級委員の任命等のこれら以外の意思決定はコンセンサスに基づく）。対抗措置の承認に至るまで自動化され他に類を見ない強力な国際紛争解決手続であるが，米国が上級委員の任命に反対し 2019 年 12 月以降上級委員会は新規紛争案件の審理ができない状態にある。
　また，貿易政策検討制度や各理事会・委員会による各加盟国の通報審査を通じ各加盟国の履行状況が継続的に監視されている。2001 年 11 月のドーハ閣僚会議で鉱工業

品市場アクセス（NAMA），農業，サービス等7つの分野で多国間交渉を開始することが合意された（ドーハ開発アジェンダ）。WTOの意思決定はDSBでの上記以外はすべてコンセンサス方式に基づいているため，加盟国間の激しい意見対立から交渉期限の再三の延期，交渉中断と再開を経て，近年は交渉が停滞しその成果は貿易円滑化協定等の限られた先行合意のみにとどまる。主要国はWTOを見限り，**経済連携協定**〔⇨経済連携協定〕等の地域経済連携を重視している〔⇨不当廉売関税，ダンピング〕。（濱田太郎）

単独海損　particular average

海損（average）のうち，共同海損（general average）に対する用語である〔⇨海損，共同海損〕。海上保険において，船舶または積荷の一部に被る損害たる分損のうち共同海損でないものをいう〔⇨海上保険〕。換言すれば，その損害が被害者である被保険者の単独の負担となる分損である。船舶や積荷に分損が発生した場合，単独海損か共同海損のいずれかに該当する。例えば，甲板積みされた積荷が，荒天に遭遇し，船舶の沈没を避けるため船脚を軽くするために故意に投荷した場合の損害は共同海損の損害となるが，それに対して，上記積荷がたまたま起こった高波にさらわれた場合の損害は，海固有の危険による損害であるから単独海損となる。（田口尚志）

ダンピング　Dumping

ダンピング本来の意味は「安値による投げ売り」で，不当廉売を意味する。WTOでは「自国で正常に（normally）販売される価格以下で輸出されること」をいう〔⇨WTO〕。自国の相対的劣位にある社会条件や低賃金労働によるソーシャルダンピング，自国為替レート過少設定による為替ダンピング，有力企業が一定期間損失を被りつつ市場占有率を高めた後，価格を釣り上げて独占利潤を得る侵略的（predatory）ダンピングがある。

アンチダンピング（Anti-Dumping）措置は，輸出国の国内価格より安く輸入国で販売され，輸入国の国内産業に被害を与えている場合，その価格差を相殺する関税を賦課できる，という制度であり〔⇨関税，不当廉売関税〕，その発動要件は，ダンピング輸出，国際産業への損害，これらの因果関係の三要件が満たされた場合とされる。GATT第6条第1項によると，国内価格もしくは構成価格（原産国での生産費と販売経費および適正利潤の合計）以下で販売されている「ダンピングの存在」，輸入国の国内産業に対する「実質的損害の事実」，および「それらの因果関係」が確認された場合，加盟国は同条第2項によりダンピングを相殺・防止するために，正常価格と輸出販売価格との差額（ダンピング・マージン）を上限とするダンピング防止（AD: Anti-dumping）税を課すことができる。

AD税については，GATT第6条で規定があり，その実施のため「1994年GATT第6条の実施に関する協定（AD協定）」が定められている〔⇨GATT〕。AD協定はケネディ・ラウンド（1967年調印，1968年発効）で制定の後，東京ラウンドおよびウルグアイ・ラウンドでの改正を経て現在に至っており，AD賦課申請，調査開始決定，仮決定，暫定措置，重要事実の開示，最終決定という手続が定められている。AD措置はGATTおよびWTO協定上，不公正な貿易に対抗するために認められており，最恵国待遇の例外であるため特定国企業などへの発動がされやすい傾向にある〔⇨最恵国待遇〕。わが国ではAD措置として，関税定率法第8条（不当廉売関税），同政令，およびその手続に関するガイドラインが定められている。

近年，経済活動のグローバル化の進展により，生産コストの安い開発途上国への生産設備の移転や海外生産の増加などがより一層活発になっており，当該開発途上国から第三国への輸出が，本国からの迂回行為と判断される可能性もあり，生産販売活動のグローバル展開におけるリスクとして認

夕

143

識する必要がある。（中村嘉孝）

担保　security

　UNCITRAL（国連国際商取引法委員会）が採択した**動産担保モデル法**（Model Law on Secured Transactions）（2016）がある〔⇨UNCITRAL〕。債権を担保とする取引については，国連債権譲渡条約（2001）（未発効）と同一の内容となっている。UNCITRALの意図としては，動産担保物権の**国際的登録制度**を構築しつつ，動産担保取引の実質法及び国際私法の国際的調和を目指す野心的な試みである。株式・社債等の証券が間接保有される場合，担保取引についても，ヘーグ間接保有証券準拠法条約の規律に委ねる。

　上記モデル法の実質法部分について，わが国の民法として採用されるという情勢にはない。モデル法の目的は，特に，担保法制度が未発達である開発途上国における法整備を支援し，売掛債権や在庫等の動産担保による担保金融の発達を促す点にある〔⇨動産担保融資（ABL）〕。

　わが国の**法の適用に関する通則法**上，担保取引に関する特則はなく，契約（7,8条），物権（13条），債権譲渡（23条）等に関する条項を解釈する必要がある。通則法13条は，物権について目的物の**所在地法主義**を採用している。しかし，動産については，条約ないし諸国の法において必ずしも所在地法主義によっている訳ではない。通則法立法時の議論において，**移動中の物**，船舶・航空機等の**走行性動産**，**運送証券**，及び法定・約定担保物権について特則を置くことが見送られ，解釈に委ねられた。上記モデル法が有体財産と無体財産の種々の動産ごとに詳細な国際私法規定を有している点で参考になる。（不破　茂）

担保（一般）　collateral, security

　貸手（債権者）から借手（債務者）が融資を受ける際，返済（債務の履行）を確実にするために予め提供される事物。債務者以外の第三者（連帯保証人）の返済を確保

する場合（人的担保）と特定の物や権利等の財産で返済を確保する場合（物的担保）があり，返済（債務の履行）が困難になった場合は，債権者は担保にかかる権利（**担保権**）を実行して債務の弁済を行う。人的担保には保証や連帯債務がある。物的担保には，民法典に物権として規定される典型担保（担保物権）とそうした規定のない非典型担保（例: 譲渡担保）があり，担保物権のうち留置権と先取特権は法律により自動的に成立し，質権と抵当権は設定契約を行うことで生じる〔⇨譲渡担保〕。なお，上記の意味のほか，契約目的物の瑕疵に責任を負うこと（例: 瑕疵担保）を指す場合や債務の履行を確実化する仕組みを指す場合もある。（久保田隆）

地域的な包括的経済連携
　　〔⇨RCEP〕

地下銀行
　　〔⇨資金決済法〕

知的財産　intellectual property

　発明・考案・意匠・著作・商標など，法的に保護される情報のことをいう。一般に，情報という無体物は模倣が容易である。そこで，一定の情報についてはその社会的有用性に鑑み，情報創作者ないしは創作への投資者に，他者による当該情報の無断使用を禁止する権利を認め，創作に対するインセンティブを高める必要が生じた。その法目的のためにあるのが，特許法・実用新案法・意匠法・著作権法・商標法などの一連の知的財産権法である。このうち，例えば特許法と著作権法とは，同じく創作法といわれるが，規律対象が産業的創作（発明）なのか主に文化的創作（著作物）なのかという違いがあり，さらに，権利の成立に際して登録を要する（特許権）のか否（著作権）かという違いがある。また，商標法については，標識の利用行為を規律するものとして，創作法ではなく標識法であるという分類がなされることが多い。しかし，商

チ

標法も，究極的には，標識に化体する営業上の信用等を創り出す動機づけと関連するのであり，そのような意味では他の創作法との類似性が認められる。

知的財産の規律という点では，①知的財産権法の他に，②一般の不法行為法（民法），③不正競争防止法，④独占禁止法も一定の役割を果たす。知的財産権法（①）は知的財産に対して権利を付与するという方式の規律であり，権利を登録して譲渡等を行うことを可能とし，権利者が創作に要した投資の回収を容易にするメリットがあるとされる。但し，特に特許権のように成立要件として設定登録が要求される場合，登録のための費用，審査手続に要する時間や情報公開によるリスク等，権利を取得するためにはコストも伴う。不正競争防止法（③）は，設定登録されうる権利を付与するものでない点で知的財産権法と異なる。一方，「著名商品等表示の無断使用」等の不正競争行為の行為者に対し，損害賠償請求権のみならず差止請求権をも法定する点で，知的財産権法と同様に，一般不法行為法（②）の特則ともいえる。独占禁止法（④）は，民事規制に分類される知的財産権法と異なり，行政規制を中核とする規律手段である。

なお，知的財産権については，その権利の根拠となった法が属する国家の領域内でのみ権利が認められる等として，権利の属地性が説かれる。しかし，少なくとも，真正品の並行輸入事例における輸入差止めの可否などは〔⇨並行輸入〕，「属地主義」という概念のみで判断できる問題ではないし，外国法上の知的財産権侵害に基づく損害賠償請求訴訟について，内国法上は当該知的財産権が存在しないからという理由で内国の国際裁判管轄が一概に否定されるべきものでもない，と解するのが，近年の学説の多数である〔⇨独占禁止法〕。（的場朝子）

中央銀行デジタル通貨
〔⇨デジタル通貨〕

仲介貿易（三国間貿易） the third country trade
外国間貿易ともいう。貿易取引の当事者（売主・買主）の所在する国は，日本あるいは外国であることを問わないが，取引対象の商品が日本を経由せずに外国間を移動する取引であり，日本の本社から見てこのような言い方をする。世界に類をみない日本独特の産業である**総合商社**が得意とする取引形態である〔⇨総合商社〕。

三国間取引には，いろいろなケースがあるが，日本企業の場合，その動機から以下のようなカテゴリーに分けることができる。

a）輸出で培ったルートの活用
日本製品の国際競争力の低下に対応するために，例えば台湾の造船所に輸出していた日本製の鋼板に代えて，コスト優位にあるブラジル製の鋼板を納入する。

b）輸入用の供給余力の活用
日本の総合商社は米国産のコーンや穀類を日本向けに輸入するために，ニューオーリンズやポートランドに本船への効率的な積込用のカントリー・エレベータを常備している。日本の需要動向と米国での作柄・供給状況により，供給余力があった場合，日本以外の国の需要を満たすために取引に応じることがある。

c）国際競争力の補強
プラント輸出などで常態化している第三国調達が顕著であり，例えば発電設備のすべてを日本製にて整えれば，高価なものになり，受注競争に勝てないことになる〔⇨プラント輸出契約〕。そこで，海外のメーカーとコンソーシアム〔⇨コンソーシアム〕を結成したり，サブ・コントラクターに起用して，設備のうちの一定のユニットを発注し，現地（サイト）に直送・組立をする取引形態である。

d）企業内貿易によるもの
多国籍企業が海外へ生産拠点を移転し，そこで出来上がった製品を他の海外の子会社に輸出するケースが増加している。例えば，マレーシアにあるパナソニックの現地法人が，自社製品を米国にある同じパナソ

チ

145

ニックの現地法人に売却（輸出）する場合がこれに相当する。パナソニックの日本本社からみれば，三国間取引になる。

e）国際調達によるもの

多国籍企業では，世界的観点から，世界各地の経営資源（ヒト，カネ，モノ，技術）の最適活用を目指して市場拡大を図り，工場立地を決定している。その際，資機材の調達にあたっては，日本本社傘下の工場も一供給拠点に過ぎず，最適な経営資源を求めて海外子会社間でも直接取引を実行している。（絹巻康史）

中国国際経済貿易仲裁委員会
〔⇨CIETAC〕

中国サイバーセキュリティ法　Cybersecurity Law of China

中国国内においてネットワーク（＝コンピュータ又はその他の情報端末及び関連設備により構成される，一定の規則及びプログラムに従い情報の収集，保存，伝送，交換及び処理を行うシステム）を建設，運営，保護及び使用する上で関連当事者が遵守すべき義務等を規定する中国の法律。2017年6月1日施行。「ネットワーク安全法」「インターネット安全法」と呼ぶこともある。本法律上の義務を負う主要な主体はネットワークの所有者，管理者及びネットワークサービスの提供者（＝ネットワーク運営者）である。なお本法律によれば，**基幹情報基礎施設**（＝一旦機能の破壊若しくは喪失又はデータ漏洩に遭遇した場合には国家安全，国家経済・人民生活，公共利益に重大な危害を生じうる基幹情報基礎施設。本法律上，公共通信及び情報サービス，エネルギー等一定の重要な業種及び領域が例示されているが，具体的範囲は国務院が別途定める）の運営者は，中国国内における運営中に収集及び発生した個人情報及び重要データを中国国内に保存しなければならず，業務上の必要により，国外に提供する必要が確実にある場合には，関連規定に基づき安全性評価を実施しなければならない。上記国内保存及び国外提供制限に関する各種義務の具体的な適用範囲は，関連規定の内容次第では拡大する可能性がある。（小林幹雄）

中国製造2025　Made in China 2025

2015年5月8日中国国務院が公布，同年5月19日発効し，李克強国務院総理が提案した製造業の政策であり，中国政府が包括的な「製造強国」戦略を実施するための，最初の10年計画である。

本政策では，①次世代情報技術（半導体，5G（第5世代移動通信システム）），②高度なデジタル制御の工作機械・ロボット，③航空・宇宙設備（大型航空機・有人宇宙飛行），④海上エンジニアリング・ハイテクノロジー船舶，⑤先端的鉄道設備，⑥省エネルギー・新エネルギー自動車，⑦電力設備（大型水力発電・原子力発電），⑧農業用材（大型トラクター），⑨新素材（超電導素材・ナノ素材），⑩バイオ医薬・高性能医療機械といった10の重点分野を掲げて，製造業の高度化を目指している。

政府は「5つの基本方針（①イノベーション駆動，②品質優先，③環境保全型発展，④構造の最適化，⑤人材本位）」と「4つの基本原則（①市場主導・政府誘導，②現実立脚・長期視野，③全体推進・重点突破，④自主発展・協力開放）」に則って，3段階の戦略を設定している。「中国製造2025」は，その第1段階であり，2025年までに「世界の製造強国入り」を目指している。また，第2段階は2035年までに中国の製造業レベルを世界の製造強国陣営の中位に位置させること，第3段階は建国100年を迎える2049年には「製造強国のトップ」になることを掲げている。

なお，2018年米中貿易協議で，米国は中国に対し，関連産業への補助金支援の中止など本政策の抜本的な見直しを要求したが，中国がこれに応じないため，強い警戒感を示している。（鷲田えみ）

中国法　Chinese law

中国法は①憲法（人民民主主義独裁，社会主義国家,民主集中制を基本原理とする）を頂点として，②-a 全国人民代表大会が制定する基本法（刑法，民法典，会社法，刑事・民事・行政の各訴訟法，民族区域自治法など），②-b 全国人民代表大会常務委員会が制定する前掲以外の大部分の法律（対外貿易法，土地管理法，環境保護法，国家安全法など），③行政法規，④省クラス（いわゆる一級行政区），国務院が批准したその他の比較的大きな市の人民代表大会またはその常務委員会が制定する地方性法規，⑤自治条例と単行条例，⑥中央の国務院所属の部や委員会などの行政規則からなる。このほか，中国特有の法源として，最高人民法院および最高人民検察院の司法解釈という文書がある。この司法解釈とは，法院が法の執行過程において法律問題を具体的に如何に適用すればよいかということについて法的効力のある解釈をするものである。1978 年 12 月の中国共産党第 11 期中央委員会第 3 回全体会議において改革開放政策が打ち出され，1993 年の憲法改正では，社会主義計画経済体制から社会主義市場経済体制への方針転換が定められた。1997 年に「中国の特色ある社会主義法体系」を形成するという目標が定められた。1999 年憲法では，「依法治国」（法により国を治める）を実行することが条文に書かれ，現代法整備が進められた結果，2001 年に WTO 加盟を実現した〔⇨WTO〕。2018 年 3 月の憲法改正では，共産党の指導的役割を明記し，国家主席の任期を 2 期，10 年としていた規定をなくした。"依法治国"とは言っても司法も共産党の指導下にある。人民法院は，2007 年 12 月に胡錦濤総書記が全国政法工作会議代表と全国裁判官，全国検察官との座談会の席上で提起した「共産党の事業堅持を至上とし，人民の利益を至上とし，憲法法律を至上とする」という言葉を司法理念として学習しなければならないと述べている。すなわち，法院といえども何より真っ先に「共産党の事業を堅持することを至上」

とするということである。国際商取引関係では，1986 年 12 月に国際物品売買契約条約（CISG）を批准し，1988 年 1 月 1 日から発効している〔⇨ウィーン売買条約〕。CISG に対応すべく，改革開放初期に契約法，渉外経済契約法，技術契約法が制定されていたが，これを整理して 1999 年には「契約法」が制定されている。外国投資者による会社の設立や買収等をはじめとする投資活動を規律する法としては，外資の投資形態別に中外合弁経営企業法，外資企業法，中外合作経営企業法の外資三法があったが，これを一元化した「外商投資法」が 2020 年 1 月 1 日に施行されている。今後は，さらに外商投資法を会社法（公司法）に融合していくことも検討される。2020 年 5 月 28 日には,「民法典」が制定され，2021 年 1 月 1 日に施行される。これまでは，1986 年の民法通則のほかに民商法関連の単行法規はあったが，改革開放後の急速な経済システムの発展過程に追いつかず単行法規間の整合性がとれていないことがあったが，民法典の制定により，契約，物権，担保，不法行為なども体系化された。中国事業展開をする多国籍企業にとっては，その権利・義務関係が明確になるという意義がある。また，IT 技術の急速な発展に伴い，個人情報やプライバシーの保護など新たな課題が生じている中で，公民の人格的自律権や平等な権利主体の相互関係を規律する上で重要な法典となる個人情報保護法の起草も進められている。訴訟・非訟に関連しては,「民事訴訟法」，「仲裁法」，「海事訴訟特別手続法」，「渉外民事関係法律適用法」などがある。近年では，"一帯一路"〔⇨一帯一路〕構想に見られるように中国企業の海外投資が一段と推進されており，これに関して中国企業の海外投資を規律する「企業海外投資管理弁法」（2018 年 3 月 1 日施行）がある。（梶田幸雄）

仲裁　arbitration

仲裁は，紛争当事者の合意に基づき独立，公正な第三者（**仲裁人**）に当事者間の紛争の解決を委ね，仲裁人が下す判断（**仲裁判**

チ

断）に当事者が服従することにより解決する強制的解決手段である。仲裁判断は，当事者間において最終であり，法的な拘束力がある。仲裁人が下す判断は裁判所の確定判決と同一の効力があり，仲裁判断に基づき強制執行もできる。仲裁は当事者自治による解決手段であり，仲裁人の選任，仲裁地，手続言語などの仲裁手続の多くの部分が当事者の合意に基づいて行われる。その手続は原則非公開である。〔⇨調停〕（大貫雅晴）

仲裁合意　arbitration agreement

　仲裁合意とは，すでに発生している紛争，または将来発生するかもしれない一定の権利関係に関する紛争の解決を仲裁人に委ね，かつその判断に服する旨の合意をいう。

　仲裁合意の形式には二種類あり，すでに発生している紛争を仲裁で解決する旨の合意を仲裁付託契約（submission）といい，将来発生するかもしれない紛争を仲裁で解決する旨の合意を**仲裁条項**（arbitration clause）という。

　仲裁合意の方式は，日本の仲裁法のもとでは，当事者の全部が署名した文書，当事者が交換した書簡，ファックス，電報など書面でなければならない。また，電磁的記録によってされた仲裁合意も書面合意に含まれる。通常は，当事者間で交わされる契約書に仲裁条項が挿入される。

　仲裁合意は，当事者間における裁判権排除の性格を有する。仲裁合意の対象となる紛争について裁判所に訴えが提起された場合，被告となる当事者から仲裁合意に基づく訴訟の却下，停止の申立てがあれば，裁判所は訴えを却下または停止しなければならないとされる。これを仲裁合意の**妨訴抗弁**という。（大貫雅晴）

仲裁判断　arbitral award

　仲裁判断は，単独の仲裁人か複数の仲裁人により構成される仲裁廷により下される。仲裁廷は，通常，当事者の証拠の提出，意見の陳述をさせるために口頭審理を行い，当事者の主張，立証を聞いた上で，複数の仲裁人の場合は合議の上，多数決で仲裁判断を下す。仲裁判断は，裁判の判決のように言渡しではなく，書面で作成され仲裁人が署名をして当事者に送付される。仲裁判断は当事者間において最終であり，確定した裁判所の判決と同一の効力を有する。（大貫雅晴）

注文確認書　order confirmation

　売主と買主の売買条件の交渉がまとまり，取引に着手する際の合意内容について再度，文書にて確認するために売主が買主に発送する書類のこと。電話等の交渉だけでは誤解の恐れがあるため，品質，価格，数量，引渡し，決済等の主要取引条件について，再確認する意味で発送される。（中村嘉孝）

長期契約　long term contract

　長期契約と呼ばれる国際取引には，2つの形態がある。1つは，契約の締結から履行の完了までが数年にわたる**プラント輸出契約**のようなものである〔⇨プラント輸出契約〕。2つには，鉄鉱石や石炭の開発輸入契約のように基本契約（親契約）の有効期間が数年から数十年に及び，それに付随する形での有効期間の短い履行契約（子契約）を有する構成になっている契約である。後者の場合の子契約を**継続的契約**と呼ぶこともある。

　いずれにしても民法でいう典型契約の範囲に納まらず，売買，請負，雇用，代理，金融，技術提供などの要素からなる統合契約であり，申込・承諾モデルでは処理ができない国際取引契約である。

　長期契約では契約締結後，年単位の長期にわたって契約が履行されるわけだから，その間に当初に予測ができない，かつ当事者の責めに帰することができない外部の事情（戦争の勃発，クーデターの発生，天変地異など）に遭遇することがある。そのために，契約の履行が困難ないし不能になり，契約履行が中断することもある。その場合，

当事者の利害を均衡させるために，ハードシップ条項などを取り入れた調整条項を設けておくことが重要になる〔⇨ハードシップ条項〕。（絹巻康史）

調書提出法
〔⇨国外送金等調書提出制度〕

調停　mediation/conciliation
一般に当事者が第三者の助力を受けて紛争の友好的解決を試みる手続をいう。**裁判外紛争解決**〔⇨裁判外紛争解決（ADR）〕の１つである。国際ビジネス紛争の解決には**仲裁**〔⇨仲裁〕が広く利用されてきたが，最近では，費用の高額化や手続の遅延化という訴訟と共通する問題を抱える中で，仲裁と比べて利用はまだ少ないが，調停が注目されている。調停は大別して，促進型調停（facilitative mediation）と評価型調停（evaluative mediation）の２つの方法がある。前者は，調停人が紛争解決合意の形成のため，当事者間の話合いを促進させる手続であるのに対し，後者は，調停人が当事者間の争点について一定の法的評価を示し，それに基づき和解を勧める手続であるが，実際の手続では両者が併せて用いられることもある。調停は，訴訟，仲裁と違い，手続に長期間を要せず，手続の迅速性，低廉性というメリットがあるが，紛争の解決は当事者の合意によるため，民事調停などによる場合を除き，その合意に執行力は与えられていない。この執行力について定めた条約として，2018年に作成された調停による国際的和解合意に関する国連条約（**シンガポール国際商事調停条約**）がある。2020年９月12日発効。（中村達也）

懲罰的損害賠償　punitive damages/ exemplary damages
わが国の不法行為法は，不法行為によって実際に生じた，あるいは生じうる損害の賠償（補償的損害賠償）を加害者に命じることにより，当事者間で損害の公平な負担を図ることに主眼を置く。これに対して，不法行為が，加害者による暴行・脅迫や重要事実の意図的隠蔽といった悪質な行為に基づく場合に，判決により，現実に生じた損害の賠償だけでなく，それを超える額の金銭賠償を加害者に命じることを認める法制もある。この制度は，不法行為から生じた被害の塡補にとどまらず，加害者に一種の制裁を科すことにより，一般予防や特別予防といった刑事法的効果をも狙ったものであるため，**懲罰的損害賠償**（または**懲罰賠償**）と呼ばれている。これは英国コモン・ローに淵源をもつ制度であるが，特に米国において，その規模や適用範囲等の点で大きな発展を遂げた。

懲罰的損害賠償は，独占禁止法上の３倍賠償のように，連邦法に規定されたものもあるが，多くは各州の不法行為法に規律されている。州によってはその上限を定めるものもあるが，賠償額の決定は基本的に陪審員の裁量に属するため，きわめて高額の賠償が命じられることも少なくない。そのため，米国内においても，二重処罰の禁止や適正手続の保障といった憲法上の観点から，あるいは企業経営や保険業務に対する悪影響といった経済的観点から，この制度に対する批判的意見が根強く主張されている。しかし，私人による法執行へのインセンティブや高額な弁護士費用塡補の必要性などを理由に，懲罰賠償制度はなお頻繁に利用されている。

そのため，最近では，外国人や外国法人に対して懲罰賠償が命じられ，国際的なあつれきを生むケースも見られるようになった。例えば，カリフォルニア州民法に基づき，日本企業に対して実損額の約３倍に及ぶ懲罰賠償が命じられ，それに基づく日本での執行が求められた事件で，懲罰賠償部分の執行はわが国の公序（民訴法第118条第３号）に反するから認められないとした判決がある（最判平成９年７月11日民集51号６号2573頁［萬世工業事件］）〔⇨公序〕。これに対して，学説上は，外国の懲罰賠償判決は，民訴法第118条が承認・執行の対象とする民事判決に該当せず，したがって，

公序違反性を問うまでもなく，日本で承認されないと説く見解も有力である。日本で不法行為訴訟が行われる場合にも，準拠外国法に基づいて懲罰賠償が請求できるかが問題となりうるが，法の適用に関する通則法第22条第2項は，外国法・日本法上，不法行為となりうる事実についても，被害者は「日本法により認められる損害賠償その他の処分でなければ請求できない」と規定するため，日本において懲罰賠償を求めることはできない。(中野俊一郎)

直接金融　direct finance

貸手と借手の間に取引当事者が介在しない取引で，最終的な貸手が最終的な借手の発行する本源的証券（**株式・社債**等）をそのまま購入する金融手法。例えば，投資家（最終的な貸手）が最終的な借手となる企業の社債を購入する場合が該当し，通常は証券会社が貸手と借手の間に立って仲介するが，取引当事者にはならない。したがって，債権債務は貸手と借手の間で成立し，証券会社との間では成立しない。これに対し，**銀行預金・銀行貸付**のように，最終的な貸手が預金者，最終的な借手が企業であるが，金融機関も取引当事者として介在する場合，すなわち債権債務は預金者・金融機関との間，金融機関・借手企業との間に各々成立する場合には，**間接金融**〔⇨間接金融〕と呼ばれる。(久保田隆)

直接投資　direct investment

投資先企業の経営支配（工場建設や事業など）を目的とする投資（株式取得）を指し，株価等の資産価格の値上がりによる売却益（**キャピタル・ゲイン**：capital gain）や金利・配当収入（**インカム・ゲイン**：income gain）を得ることを目的とする**間接投資**の対概念〔⇨間接投資〕。直接投資のうち，日本企業の海外企業への直接投資を**海外直接投資**（FDI：Foreign Direct Investment，または対外直接投資）と呼び，海外企業による日本企業への直接投資を**対日直接投資**または**対内直接投資**と呼ぶ。海外直接投資には，

既存の企業に投資する場合だけでなく，新規に会社を設立する場合も含まれ，海外直接投資で現地に設立された法人を**現地法人**と呼ぶ〔⇨海外支店・現地法人・事務所〕。(久保田隆)

直接貿易　direct trade/ principal trade

輸出者，輸入者が，第三者を介さずに直接に海外の売手や買手と国際商取引を行うことを**直接貿易**（直貿）と呼称する。特に，わが国の場合，メーカーや流通業が，商社（総合商社）を経由せずに直接に海外取引を行う場合をいう。反意語は**間接貿易**。

輸出は，輸出者が輸入国の輸入業者・買付機関，販売店，代理店，海外子会社・支店などと直接に輸出取引を行い，**輸入**は，海外の輸出業者，販売店，代理店，海外子会社・支店などから直接調達することである〔⇨代理店〕。

日本の貿易は，総合商社をはじめとする貿易専業者に頼ってきた。現在でも，特に中小メーカーや流通業では商社を利用した間接貿易が多く見られる。メーカーや流通業者が海外市場に不慣れであったり，人材に乏しいなどの場合には，間接貿易によるほうが経費も節減され有利である。

直接貿易は，以前から行われてきたものであるが，近年，増加の一途を辿っており，本支店間や親子会社間の貿易は，伝統的なL/Cベースでの決済離れという現象をもたらしている。また，SCMなどの浸透から，従来型のPort to Portの貿易からメーカーや流通業者のDoor to Doorへの商取引形態の変化も起こっている〔⇨SCM, 信用状〕。(河野公洋)

著作権

〔⇨知的財産，TRIPs〕

通貨危機　currency crisis

債務返済能力への懸念等から，ある国・地域の通貨の対外的価値が急激に下落し，その結果として当該通貨が流通する国や地域の経済活動に深刻な打撃を与えること。

通貨危機を説明するモデルとしては，**ファンダメンタルズ**（マクロ経済状況）によって不可避的に起こるとする第1世代モデル，その国のファンダメンタルズがたとえ悪くなくとも，投機家の期待形成と行動（**投機攻撃**）によって自己実現的に通貨価値が下落する可能性を示す第2世代モデル〔⇨投機〕，**金融システムの脆弱性**が通貨危機において果たす役割に着目し，**通貨危機**と**金融危機**の相互作用および同時発生を捉える第3世代モデルがある。**ロシア通貨危機**（1998年）は第1世代モデル，1992年から1993年にかけての**欧州通貨危機**は第2世代モデル，**アジア通貨危機**（1997年）は第3世代モデルにそれぞれ当てはまる。

通貨危機は，はじめに発生した国にとどまらず他国に伝播することもあり，世界経済に大きな混乱を及ぼしうる。通貨危機の発生に備えて，各国の中央銀行は二国間（バイ）あるいは多国間（**マルチ**）で**通貨スワップ協定**（自国の通貨危機の際，相手国の通貨を融通し合う旨を定める協定）を締結する等，IMF〔⇨IMF〕等の国際機関による支援以外の枠組み整備を自発的に進めている。フェイスブックが構想中の**リブラ**（現ディエム）のような**デジタル通貨**が実現した場合，新興国・途上国の通貨が不安定になり，デジタル通貨を逃避先とした通貨危機が発生することを懸念する声もある〔⇨デジタル通貨〕。(渡邊隆彦)

通貨スワップ
〔⇨スワップ〕

通貨スワップ協定
〔⇨通貨危機〕

通貨発行益（シニョリッジ）
〔⇨貨幣〕

通関　customs entry/ clearance
貨物を輸出または輸入しようとする者は，貨物の品名，数量，価格などを税関長に申告（輸出入申告）して，必要な検査を受け，許可（Permit）を得なければならない（関税法第67条）〔⇨税関〕。これを**通関**という。通関申告は，原則として，保税地域に貨物を搬入した後で行われなければならない（関税法第67条の2）。申告に際しては，輸出申告書（Export Entry Form）または輸入申告書（Import Entry Form）に仕入書（Commercial Invoice）を添付する（関税法第68条）。審査は書類審査が大半であるが，必要に応じ現品検査も行われる。現在，通関は電子情報交換システムである NACCS (Nippon Automated Cargo and Port Consolidated System)によって行われている。この場合には，情報のインプットが申告であり，アウトプットが許可となる。

貨物が保税地域に搬入されたあとで輸出入申告を行うのが基本であるが，手続の迅速化等のために，本船扱い，艀中扱い，搬入前申告扱い，コンテナ詰め扱い，臨時開庁，時間外作業，包括事前審査制度，予備審査制などの特別通関手続や簡易通関制度などがある。

原則として，通関手続は輸出入をしようとする者が行わなければならないが，多くの場合，手続の迅速化と適正化のために通関業者に所属する通関士（Registered Customs Specialist）が代理あるいは代行を行う（通関業法第2条）〔⇨貿易管理〕。(長沼健)

通商航海条約　Treaty of Commerce and Navigation
当事国の通商と航海を円滑にするために定める条約で，国家間の経済通商関係の基本を定める。締約国の入国，滞在，居住，営業，動産の取得，領事事項の規定，関税，為替，貨物，船舶往来など通商航海に関する規定。12〜13世紀頃にイタリア等の都市はアラビア諸国との条約で，これら諸国が他の外国人に与えた権利や利益と同じものを自国民にも与えることを約束させたことが広まり，17世紀には一般的となった。通常は，商品の輸出入における許認可・関税等に関する最恵国待遇（most-favored nation

テ

treatment）の供与〔⇒最恵国待遇〕，投資活動における内国民待遇（national treatment）の保証〔⇒内国民待遇〕，貨物や船舶の往来など長期的安定を期するための基本的な事項について定める。（中村嘉孝）

積地契約　shipment contract

　約定貨物の滅失と損傷に係わるリスクにつき，仕出地を履行契約地とする貿易条件（規則）をいい，積地ファイナル，積地条件，積地売買，積地渡条件など多種のいい方がある。揚地契約（arrival contract）はこの対極をなす。インコタームズ2020では，EXW，FAS，FCA，FOB，CFR，CPT，CIF，CIP が積地契約に該当する〔⇒インコタームズ，FCA，FOB，CFR，CPT，CIF，CIP〕〔⇒巻末付録1〕。

　これらの条件のうち，特に CFR，CPT，CIF，CIP については運賃または貨物保険料およびその両方を約定場所まで売主が負担するため，貨物のリスクもそこまで売主が負担していると考えている人がかなり見られるが，リスクについては FOB や FAS，FCA と同様，積地で終了する。EXW は，輸出国内の貨物が蔵置してある場所でその貨物が買主の処分に委ねられたとき，FCA，CPT，CIP においては輸出地で最初の運送人に引き渡されたとき，FOB，CFR，CIF は貨物が本船上に置かれたとき，それぞれ危険は売主から買主に移転する。なお，EXW は輸出入地で非居住者として商行為を行うことがある関係上，属地法の規定により，輸出入取引が困難な場合があることに注意を要する。（三倉八市）

DAP　Delivered at Place

　「仕向地持込渡し」と訳される。**インコタームズ**に定められている定型取引条件のうちの一つである〔⇒インコタームズ〕。売買当事者間で合意された仕向地の指定場所で，荷卸しの準備ができている到着した運送手段の上で，物品が買主の処分に委ねられたときに売主による引渡義務が完了する条件である。売主はそれまでのすべての費用と危険を負担しなくてはならない。但し，売主は輸入通関手続を行う必要も，輸入関税を支払う必要もない。したがって，売買当事者間でこの条件で合意をしながら，買主が輸入通関手続行うことができない場合には，仕向国の指定場所で物品が留め置かれることになるため注意を要する〔⇒巻末付録1〕。（田口尚志）

DFFT
　〔⇒越境データ移転規制〕

TLAC
　〔⇒システミック・リスク〕

TOB
　〔⇒公開買付け〕

TTS　Telegraphic Transfer Selling Rate

　銀行等の金融機関が，顧客に対し，円を外貨に両替するに際して適用する為替相場をいう。電信売相場または対顧客電信売相場と訳される。円を外貨に替える際，顧客の立場からは円を売って外貨を買うことになるが，金融機関の立場からは外貨を売って円を買うことになるため売相場と呼ばれる。各金融機関は，インターバンク市場の取引実勢相場を基準に電信仲値相場（TTM; Telegraphic Transfer Middle Rate）を決定するが，その電信仲値相場に一定の手数料を加算して算出されるのが TTS となる〔⇒直物為替相場と先物為替相場，TTB〕。（田口尚志）

TTB　Telegraphic Transfer Buying Rate

　銀行等の金融機関が，顧客に対し，外貨を円に両替するに際して適用する為替相場をいう。電信買相場または対顧客電信買相場と訳される。外貨を円に替える際，顧客の立場からは外貨を売って円を買うことになるが，金融機関の立場からは円を売って外貨を買うことになるため買相場と呼ばれる。各金融機関は，インターバンク市場の取引実勢相場を基準に電信仲値相場（TTM;

Telegraphic Transfer Middle Rate）を決定するが，その電信仲値相場から一定の手数料を差し引いて算出されるのがTTBとなる〔⇨直物為替相場と先物為替相場，TTS〕。（田口尚志）

DDP　Delivered Duty Paid

「関税込持込渡し」と訳される。インコタームズに定められている定型取引条件のうちの一つであり，売主の負担が最も大きいものである〔⇨インコタームズ〕。売買当事者間で合意された仕向地の指定場所で，売主によって輸入通関が行われ，輸入関税が支払われ，荷卸しの準備ができている到着した運送手段の上で，物品が買主の処分に委ねられたときに売主による引渡義務が完了する条件である。売主はそれまでのすべての費用と危険を負担しなくてはならない。インコタームズに定められている，売主の負担が最も小さいEXWと対照的な条件である。注意すべき点として，売主が輸入通関許可を取得できない場合，DDPは使用するべきではない点があげられる〔⇨巻末付録１〕。（田口尚志）

Deed

〔⇨約束的禁反言の法理，捺印証書〕

D/P・D/A決済　documents against payments, documents against acceptance（draft without L/C）

貿易代金決済方法は，大きく①送金決済，②D/A・D/P（without L/C）決済，③信用状決済，④その他（現金払い，クレジットカード，小切手等）の４つに分類され，送金決済は，前払送金，後払送金の２つに，荷為替手形決済は，D/P決済，D/A決済の２つに，細分される。荷物（モノ）の動きと，代金（カネ）の動きがバラバラであるために，送金決済時に発生する，荷物の未発送リスク（前払送金）や，代金未払いリスク（後払送金）を解決するために，モノの動きと，カネの動きを何らかの形で紐付きにする必要があり，これを実現したのが，

D/A・D/P（without L/C）決済である。輸出者は，輸入者等を支払人とする荷為替手形を振り出し，輸出者の取引銀行（仕向銀行）に持ち込み，仕向銀行はこれに取立指図書を添付し，輸入者の取引銀行（取立銀行）に送付し，その手形の取立を依頼する。取立銀行は，取立指図書に従い，輸入者に船積書類を引き渡すが，①手形代金の支払と引換えに船積書類を引き渡す条件を，D/P条件（Documents against payments），②期限付手形の引受（期日に手形代金を支払う債務を負う）と引き換えに船積書類を引渡す条件を，D/A条件（Documents against acceptance），と称する。一連の手続はICC取立統一規則（URC522）に準拠する。輸入者は，代金の支払または手形の引受をしない限り，荷物を受領することができないため，送金決済特有のリスクを回避できる。また輸入者側の不払いリスクを回避する手段として，信用状，輸出手形保険が利用される〔⇨送金，荷為替手形，信用状，国際商業会議所，貿易保険〕。（花木正孝）

TPP11　Comprehensive and Progressive Agreement for Trans-Pacific Partnership（CPTPP, TPP11）

2018年３月に署名，2018年12月に発効した「環太平洋パートナーシップに関する包括的及び先進的な協定」の略称。2016年２月に参加12か国（日本，オーストラリア，ブルネイ，カナダ，チリ，マレーシア，メキシコ，ニュージーランド，ペルー，シンガポール，アメリカ合衆国及びベトナム）が署名した「環太平洋パートナーシップ協定」（TPP協定）について，2017年１月に離脱を表明したアメリカ合衆国以外の国家間で一部条文を除く内容を実現するための協定。前文，本文７箇条及び文末並びに一の付属書から成る。

協定の内容として，TPP協定の一部を除く規定が，TPP11協定の規定に従い，必要な変更を加えた上で組み込まれ，TPP11協定の一部を成すことを合意する等を定める

（1条）。その他，特定の規定の適用の停止（2条），効力発生（3条），脱退（4条），加入（5条），協定の見直し（6条）及び正文（7条）について定める。また付属書は，第1条によりTPP11に組み込まれる規定のうち，第2条に基づき適用を停止する特定の規定について定める。（小野木尚）

DPU　Delivered at Place Unloaded

「荷卸込持込渡し」と訳される。インコタームズに定められている定型取引条件のうちの一つである〔⇨インコタームズ〕。インコタームズの2010年版のDATが，2020年版において名称が代えられ，DPUの表記が用いられるようになった。売買当事者間で合意された仕向地の指定場所で，到着した運送手段から荷卸しされ，物品が買主の処分に委ねられたときに売主による引渡義務が完了する条件である。売主はそれまでのすべての費用と危険を負担しなくてはならない。但し，売主は輸入通関手続を行う必要も，輸入関税を支払う必要もない。したがって，売買当事者間でこの条件で合意をしながら，買主が輸入通関手続を行うことができない場合には，仕向国の指定場所で物品が留め置かれることになるため注意を要する〔⇨巻末付録1〕。（田口尚志）

DVP

〔⇨リスク〕

T＋1化 ティープラスイチ

〔⇨リスク〕

定期備船契約　time charter

備船契約〔⇨備船〕の一種で，当事者の一方（実務上は船舶の所有権の有無を問わず船舶所有者，船主（shipowner）という）が艤装した船舶に船員を乗り組ませて当該船舶を一定の期間相手方の利用に供することを約し，相手方（定期備船者（time charterer））がこれに対してその備船料（hire）を支払うことを約する契約である（日本法につき商法704条参照）。定期備船者は契約期間を通じて，一定の日数や月ごとに定められた額を備船料として支払う。船舶の事故，修繕，点検などのために一時的に船舶を定期備船者の用に供することができない時間については，オフハイヤー（off hire）条項に基づき備船料の支払が停止される。定期備船契約では，航海の安全にかかわる事項については船主が責任を負うのに対し，配船や運送する貨物など船舶の利用に関する事項は定期備船者が決定し（商法705条参照），船舶の燃料代，港費を負担する（商法706条参照）。代表的な書式として，ニューヨーク・プロデュース書式（NYPE）がある。定期備船契約は船腹の不足を補充する，大口荷主の長期の輸送需要に対応する等，様々な目的で締結され，邦船社の船腹の多くは長期の定期備船契約により調達した外国籍船〔⇨便宜置籍船〕が占める。日本法は定期備船契約を船舶の利用に関する契約と整理しているが，イギリス法では航海備船契約と同様に運送契約として扱われている。（増田史子）

テイク・オア・ペイ契約　take-or-pay contract

オフテイカーが定められた期間中に生産物やサービスを約定どおりに引き取るか，これが難しい場合にはその引き取りに見合う金銭を支払うことを義務付けることをいう。

プロジェクト・ファイナンス〔⇨プロジェクト・ファイナンス〕，とりわけLNGプロジェクトで発達した手法である。巨額な初期設備投資が必要なLNGプロジェクトにおいて，設備投資額を賄うことが可能なLNG販売量・価格でLNGを購入することを購入業者が販売業者に対して約束し，販売業者にLNGプロジェクトを行わしめることを可能とするものである。（堀口宗尚）

定型取引条件　trade terms

言語・文化・慣習・制度・法律などが異なる国々の間で行われる物品売買に表示される価格は，国際商取引特有の各種費用・約上品引渡しの地点や売買両当事者の義

務・負担すべき危険の範囲など各種の要素から構成されている。その売買価格を決定するための基本となる売買条件を通常3文字からなる欧文で表示するものを定型取引条件と呼ぶ。

国際商取引における売買契約の対象となる物品の価格は、海上または航空運送料・同保険料・通関費用・関税など、国内での販売価格を構成するものとは異なる要素を含むのがふつうである。その要素は費用の点だけにとどまらず、売主買主双方の義務はどの範囲にまで及び、運送や約定品の引渡しにおける危険はどの地点で移り、発生する費用や危険は誰がどの範囲まで負担するのか、などにまで至る。そのような広い範囲に及ぶ売買両当事者間の権利義務を、売買契約を締結するたびに取り決め、さらにそれをお互いの誤解が発生しないように文章化するのは至難の業であり、煩雑極まりないことである。

そこで貿易商人たちは長い間にわたり、それらの内容を表す定型化した条件をFree on Board（本船渡し）をはじめとする数種類の用語で表すよう取り決め、さらにそれらの用語をアルファベット3文字の頭字語（FOBなど）で表示するようになった。3文字の記号で売買両当事者の権利義務という複雑な内容を表すことが可能なのは、その記号が一定の条件を表すことを規定している取決めが存在しているからである。かつてはその取決めが1国あるいは1地方だけに通用するものであったために、貿易の量的・地理的な拡大とともに売買両当事者間で誤解が生まれるようになり、20世紀に入り貿易商人間で紛争が多発するようになった。それを防ぐために生まれたのがC.I.F.国際規則（1932年国際法協会ワルソーオックスフォード規則）やインコタームズである。

インコタームズ（International Commercial Terms）は、輸出入当事者の商慣習が地域によって異なることにより発生する取引条件の解釈に対する食い違いや、それに起因する紛争や訴訟を防止する目的から国際商業会議所が1936年に制定した「定型取引条件の解釈に関する規則」である〔⇨インコタームズ、国際商業会議所〕。その後、運送手段の発達に伴う取引慣習の変容とその実態に合わせるため、1953年、1980年、1990年、2000年、2010年、2020年に改訂が行われ、1967年と1976年には新条件が追加されている。（亀田尚己）

ディザスタ・リカバリ（DR: 災害復旧，災害対策） disaster recovery

災害などの不測の事態・被害に対応する対策、または、回復措置、あるいは被害を最小限に抑えるための予防措置など事業継続マネジメント（BCM: Business Continuity Management）における概念で、リスク・マネジメント〔⇨リスク，リスク・マネジメント〕のひとつ。わが国の場合、特にITビジネスの業界で使われている用語であるが、持続可能な経済活動への準備を整えておくこと、特に自然災害だけではなく、大規模停電やテロ、サイバー攻撃、疾病・感染症の蔓延といった様々なdisaster（災害）にあてはまる。DRへの取組みは高コストであると言われてきたが、クラウドの利用などで事業継続計画（BCP: Business Continuity Planning）導入が一般化しており、生産のグローバルな分業におけるSCMに取り組む製造業だけでなく流通業、物流業、金融機関などの様々な産業で、素早く復旧・修復を行うための仕組みや体制構築に高い危機管理意識が必要とされている。〔⇨事業継続計画，クラウド，SCM〕（河野公洋）

ディスカバリ（米国） discovery

米国のディスカバリとは、民事訴訟を提起した後、事実審理（トライアル）に至る前のプリトライアルの段階で相手方当事者に対して事件に関連する証拠の開示をさせる強力な証拠収集手続である。質問状（Interrogatory）、自白要求（Request for Admission）、文書提出請求（Request for Production of Document）、証言録取（デポジション Deposition）等により証拠収集が行われる。近

時は, 電子的な資料・情報にも及ぶeディスカバリ (Electronic discovery, e-discovery) の活用が活発化しており, 訴訟コストをさらに押し上げる要因となっている。

証拠収集の実効性を確保するため, 訴訟の可能性が察知された段階で, 関連資料や情報の廃棄を防止・保全をする**訴訟ホールド** (Litigation Hold, Legal Hold) が求められ, 証拠開示に応じない場合には裁判所侮辱罪等のペナルティもあるほか, 裁判で不利に取り扱われるリスクが高まる。かかる制度は, 民事陪審制度が採用されている中で, 当事者の主張立証に必要な証拠を可能な限り提出させて真相解明に基づいた裁判を行おうとする理念によって発展してきたものであると考えられよう。(浜辺陽一郎)

ディスクレパンシー (条件不一致) DISCREPANCY

ディスクレパンシーとは, 信用状条件と書類間, または書類相互間に不一致が発生した状況のことを指し, **信用状統一規則** (UCP600) 第16条で, 基本的な取扱いを規定している。発行銀行等は, 呈示された書類上に, ディスクレパンシーがあると判断した場合, 充足していない呈示として, その書類を拒絶できる。発行銀行等が, 支払拒絶を行う場合, 一度限りの通告とし, 書類呈示日の翌日から5営業日以内に, 買取銀行等に対して, その旨を通告しなければならない (5 days Rule)。発行銀行等が本規定に従わない場合は, 書類にディスクレパンシーがあると主張できなくなるため, 特に5 days Ruleの遵守は重要である。**国際標準銀行実務 (ISBP745)** では, Internationalに対してInt'lといった, 一般的に容認される省略語の使用はディスクレパンシーとはみなさない (A1段)。また, modelに対するmodleといった, 文章の意味に影響を与えない (本質的な違いではない) ミス・スペリング, ミスタイプは, ディスクレパンシーとはみなさない。但し, model 123と, model 321は, 本質的な違いとみなされ, ディスクレパンシーとなると規定している (A22段)〔⇨荷

為替手形, 信用状, 信用状統一規則〕。(花木正孝)

ディスクロージャー (情報開示・企業内容開示) disclosure

企業が, 株主・投資家や取引先などの利害関係者に, 経営成績・財政状態などの重要な情報を開示することである。日本では, 主に, **会社法**と**金融商品取引法 (金商法)** に規定されている。

会社法上の開示では, **計算書類** (貸借対照表・損益計算書など) と**事業報告**などが, 定時株主総会の招集通知の際に提供され, 会社の本店・支店に備え置かれる。会社は, 貸借対照表の**公告**などを行い, 一定の事項 (資本金の額・発行可能株式総数・取締役の氏名など) を**登記**する。

金商法上の開示では, 上場会社などが, 投資家保護の観点から, 有価証券の発行・流通市場において, 投資判断に必要な情報を提供する。金商法は, 会社法よりも詳細な開示を要求する。まず, 証券発行の際に, 発行者は, **発行市場**において, 有価証券届出書の公衆縦覧と, 投資家への目論見書の交付などの開示を要求される (**発行開示**)。次に, 上場会社などは, **流通市場**において, 有価証券報告書・半期報告書・内部統制報告書などの開示を要求される (**継続開示**)。金商法上の開示書類は, 電子開示制度 (EDINET) が整備されている。

なお, 企業がIR (Investor Relations) 活動の一環として自主的に行う情報開示は規制がなく, 企業が開示方法や内容を決定できる。(伊達竜太郎)

データ・ポータビリティ data portability

個人データはその人自身のものであるとの考えに基づき, 企業等が収集・蓄積した個人データを本人の意思でいつでも引き出し, 他のサービスに移転できること。これを可能にする権利をデータ・ポータビリティ権と呼び, 2018年5月施行のEU一般データ保護規則 (GDPR: General Data Protection Regulation, 2016/679) やアメリカ・カリ

フォルニア州の2018年Consumer Privacy Actで認められている〔⇨GDPR〕。一方，日本では2019年現在，経済産業省・総務省で法制化を含めた検討が行われているが，2020年の個人情報保護法改正では未だ法制化はなされなかった。(久保田隆)

データ・ローカライゼーション
〔⇨越境データ移転規制〕

デカコーン
〔⇨ユニコーン〕

手形交換所
〔⇨クリアリング・ハウス〕

敵対的買収　hostile takeover

企業買収が対象企業の経営陣によって支持・賛成されているケースを**友好的買収**と呼ぶのに対して，その企業買収に対して現経営陣が反対している状況で，株主総会の過半数決議ができるだけの株式を取得することによって企業を買収するケースを**敵対的買収**と呼ぶ。このため，敵対的とは，当該会社自体や当該企業の株主等との対立を意味するのではなく，現経営陣と新たに支配権を取得しようとする株主との対立を意味する。

特に，上場会社の株式等は，誰でも取得することができ，外国人・外国法人でも外資規制等の枠内で，株式市場において上場株式を買い進め，株主総会の議決権の過半数を取得することもできるし，**委任状合戦**〔⇨委任状合戦〕によって多数株主の支持を取り付ける等の方法により，支配権の異動を伴う企業買収が可能となる。日本でも，海外の投資家やファンド等が，国内の企業を買収しようとして敵対的買収に及ぶケースが注目されることがある。

敵対的買収に備えて，現経営陣が各種の買収防衛策を用意することもあるが，それを安易に許容すると，買収防衛のために企業価値を毀損しながら，無能な経営者を温存することにもなりかねないので，各法域

では資本市場法等による買収防衛策に対する規制ないし規律がある。(浜辺陽一郎)

敵対的買収防衛策　hostile takeover defense measures

友好的企業買収は通常，買収側と売り手企業側がwin-winの関係となり，買収契約書を交わすことになる。買収手法としては，株式買取りや合併，株式交換・移転，会社分割などが用いられることが多い。他方，敵対的買収の場合は，買収対象の経営陣は買収交渉を拒否し，防衛策を導入・発動することになるが，防衛策も平時，有事の導入に分かれる。また敵対的と言っても，あくまで買収対象企業の経営陣にとって当該買収は好ましくないものとうつるが，買収対象企業の株主にとってはTOB（公開買付け）〔⇨公開買付け〕などを通じて株価は値上がりし，また買収側がコングロマリット・ディスカウントの解消など企業価値・株主価値向上の方策を提示してくる場合もあって，買収を歓迎する場合もあり得る。その場合には，買収側と買収対象企業の経営陣が株主に対してどちらが有利な経営方針・戦略等を示せるかが，委任状合戦などの勝負の分岐点となる。ここで米国における過剰防衛を淘汰した司法の判断の変遷をみると，1985年デラウェア州最高裁判所が出した「**ユノカル判決**」はユノカル基準と呼ばれ，防衛策の適法性基準を示した判例として確立した内容となっている。ユノカル基準の確立までは，経営者が会社を守るために導入した防衛策に関する司法判断は経営判断原則（Business Judgment Rule）の基準が適用され，経営者による防衛策は裁判所によって厳密には審査がされず，比較的容易に承認されてきた。もっとも防衛策には常に経営者が保身目的で行う可能性があり，ユノカル判決では敵対的買収のように会社支配の脅威が関わる局面においては，防衛策に関わる経営者の判断は，経営者自身の保身のために行われる可能性があり，買収によって企業価値が損なわれる脅威があると信じるに足りる合理的な根拠があるこ

と，講じた防衛策が過剰なものではないことの２点を経営者が立証して初めて適法となるものとされた。また経営者が会社を**ホワイトナイト**（白馬の騎士）〔⇨ホワイトナイト〕等に売却する中で敵対的買収者が現れた場合，売却価格を上げることが取締役の責務となり，ホワイトナイトと提携を有利にする防衛策の導入は過剰防衛とみなされ違法となるとされた（1986年**レブロン判決**）。レブロン基準の場合は会社の継続が前提でなく，競売状態になった場合の取締役の義務に関する判決として重要性を持つが，また近年米国の司法判断では，競売のみならず支配者が交替する局面などにおいても適用可能性が拡大されつつある。(藤川信夫)

テザー
〔⇨デジタル通貨〕

デジタル ID　digital ID
官民のサービスのデジタル化・オンライン化の進展により重要性を増しつつあるデジタル空間での身分証明方法を指し，金融や医療・教育などの官民の広範な分野で個人を一意的に識別可能なデジタル ID で紐付けることにより，様々なサービスを広く社会に行き渡らせる役割が期待される。他方，デジタル ID は機微情報にも紐付けられ得るのでプライバシー侵害や監視社会に対する懸念も残るため，順調に進展し難い場合もある。例えば，2016年に始まった日本の**マイナンバー**（個人番号制度）は上記懸念等により普及せず，対象が制限されている結果，サービスごとに様々なデジタル ID が林立し，期待された効果が得られていない。しかし，世界をみるとデジタル ID が進展している国々（シンガポール，エストニア，スウェーデン，デンマーク，インド＜合憲性が裁判で争われたが，2019年に修正アドハー法で合憲性を確保＞など）もある。(久保田隆)

デジタル課税　digital taxation
情報通信技術の進展に伴うビジネスモデルの変化により可能となった事業活動や事業形態により利益を獲得する企業に対する課税，あるいは，インターネットを介した財・役務の提供である**電子商取引（デジタル取引）**〔⇨電子商取引〕に対する課税。

第一の意味のデジタル課税とは，経済のデジタル化の進展により，従来の国際課税の原則である「**恒久的施設（PE: Permanent Establishment)** なければ課税なし」を修正し，消費者がいる市場国において，多国籍企業が支店等の物理的な拠点を有しない場合でも，事業活動により市場国で生み出された価値を勘案し，当該市場国が当該企業に対して課税することを認める枠組みである。OECD において，2021年内の合意を目指して，①多国籍企業の全世界における所得を市場国に配分する枠組み（課税権の配分ルール）と②多国籍企業に最低限の税負担をさせることを確保するため，軽課税国（タックス・ヘイブン）〔⇨タックス・ヘイブン〕へ利益を移転することへの対抗するための措置が議論されている。

第二の意味のデジタル課税とは，例えば，国境を越える電子商取引（電気通信利用役務の提供）への消費税の課税に関して，平成27年度税制改正により消費税法に創設された，事業者と消費者間の取引における登録国外事業者制度と当該取引に係る仕入税額控除を制限する制度，事業者間の取引における仕入側である日本の事業者に課税するリバース・チャージ（Reverse Charge）制度が該当する。(野一色直人)

デジタル人民元
〔⇨デジタル通貨〕

デジタル通貨　digital currency
紙幣や貨幣等の物理的な法定通貨と類似の性質を持つ電子的な通貨一般を指す経済用語で，論者により，①法定通貨等を裏付けに発行して価格変動を抑えた**ステイブル・コイン**（仮想通貨の一種とも捉えられ

る。例: 1米ドルをほぼ1通貨単位に固定するテザー＜Tether＞やリブラ＜現ディエム＞），その他，法定通貨の裏付けを持つ電子マネー（例: Suica）を指す場合，②これに加えて，法定通貨の裏付けを持たず価格変動の大きい仮想通貨（日本の法令用語上は暗号資産。例: ビットコイン＜bitcoin＞）を含む場合，③さらに銀行預金を含む場合があり，最近は①の意味で多く使われる（なお，ステイブル・コインとデジタル通貨を別概念として分ける論者もいる）。

ステイブル・コインの代表例であるリブラ（後にディエムと改名）とは，SNS運営大手のFacebookが中心となって2019年6月に公表したデジタル通貨構想で，①5つの主要法定通貨（米ドル50%・ユーロ18%・日本円14%・英ポンド11%・シンガポールドル7%）からなる100%の準備資産（リブラ・リザーブ）を持ち，複数通貨のバスケットに価値を固定化（ペッグ），②需要量に応じて発行（なお，ビットコインは発行量をあらかじめ規定），③運営主体であるリブラ協会（スイス法人）のメンバーのみが取引を承認する仕組みのため，多くの取引を迅速に処理可能（なお，ビットコインは世界中のマイナーが承認に参加するので取引に10分程度かかる），④発行したリブラに利子は付さず，リブラ・リザーブは預金や短期国債で運用し，その利子はリブラ協会の収益となる（なお，各国の中央銀行も銀行券を発行する一方で利子は支払わず，資産として保有する国債等には通貨発行益（シニョレッジ: seigniorage）と呼ばれる同様の利子収入が発生する）との特徴を持つ。SNSに参加する世界中の利用者がLibraで瞬時に国際送金できる等のメリットがある反面，世界の統合通貨にもなり得るのにリブラ協会の体制は強固とは言えないため，欧米の金融当局が個人情報流出やAML/CFT，金融システム安定等の面で相次いで懸念を表明した。この結果，リブラに参加予定であった企業数社（Visaやマスターカード，ボーダフォンなど）が脱退し，リブラも2020年4月に方針転換し，①多通貨型のリブラに加えて単一通貨型（米ドルと等価交換できるドル・リブラなど）を追加，②AML/CFT対策を強化，③リブラ・リザーブの安全性強化などの改革を呈示し，2020年中の導入（専門家は困難とみる向きが多数）を目指している。

なお，民間企業が発行し，法定通貨の裏付けを伴うデジタル通貨を銀行デジタル通貨（例: 銀行グループによるUSC構想，IBM社提供のBWW，JP Morgan Chase銀行によるJPMコイン）と呼ぶ。一方，中央銀行が発行し，現金と交換できるデジタル通貨を中央銀行デジタル通貨（CBDC: Central Bank Digital Currency）と呼び，①個人間の小口決済用では，中国のデジタル人民元，スウェーデンのeクローナ，カンボジアのバコン（既に運用開始）など一部で積極的に検討され，②金融機関間の大口決済用ではカナダのProject Jasper，シンガポールのProject Ubin，カナダ・シンガポール間のJasper-Ubin Projectなどが進んでいる。中国やリブラへの対抗もあり，2020年10月に日米欧もCBCDの実証実験や導入検討の方針を示した。また，従来は消極的だった米国も検討を開始した。CBDCは，AML/CFT対策や金融システム安定には資する反面，民間銀行の金融仲介機能の衰退や国家による過剰管理を懸念する声もある〔⇨AML/CFT〕。（久保田隆）

デジタル貿易　Digital Trade

OECDでは，「基本的には国境をまたぐデータの移転を前提としたものであり，消費者，企業，政府が関わる，電子的または物理的に配送される物品やサービスの貿易にかかる電子的取引を包含するものであるとの概念」としているが，その定義は統一されたものが存在しない〔⇨OECD〕。デジタル・コンテンツ（digital contents）の越境取引という狭義のカテゴリー，電子商取引という広義のカテゴリーなど様々である〔⇨電子商取引〕。

サービス貿易〔⇨サービス貿易〕を含む無形（invisible）貿易の伸長，増大化から，

テ

デジタル貿易に関する日本国とアメリカ合衆国との間の協定(Agreement between Japan and the United States of America concerning Digital Trade)が締結(2020年1月発効)されるなど国境を越えた越境電子商取引などへのルールが求められている。日米デジタル貿易協定では，①電子的な送信に対して関税を賦課しない，②情報の電子的手段による国境を越える移転を禁止又は制限してはならない，③消費者保護，④個人情報の保護，⑤知財の保護，⑥SNS自由の原則，⑦安全保障のための例外を規定，⑧信用秩序の維持のための措置の例外規定等多岐に渡った協定となっている。(河野公洋)

デ・ジュール・スタンダード
〔⇨デ・ファクト・スタンダード〕

「手続は法廷地法による」原則(lex fori)
〔⇨実体法と手続法〕

手続法と実体法
〔⇨実体法と手続法〕

デ・ファクト・スタンダード　de facto standard
市場の実勢や実情によって「事実上の標準」とみなされるようになった「業界標準」の規格・製品のことであり，国や国際機関，標準化団体による公的な標準・規格(デ・ジュール・スタンダード(de jure standard))ではない。パソコン向けOSにおけるWindows，インターネット上の通信プロトコルにおけるTCP/IP，LANの接続規格イーサネット(Ethernet)，イヤホンジャック3.5mmプラグ，折る刃式カッターナイフの幅など様々な業界で見られる。国際的なコミュニケーションに英語を用いることもデ・ファクト・スタンダードといえる。「de facto」とはラテン語で「事実上の」という意味。

いったんデ・ファクト・スタンダードが確立した業界においては，スタンダード規格に対応した製品や，スタンダード製品と高い互換性を持つ製品がシェアのほとんどを占めるようになる。また，公的な標準化団体によって，すでにデ・ファクト・スタンダードを確立している規格が公的な標準規格デ・ジュール・スタンダードとして追認されることもある。(河野公洋)

デフォルト(債務不履行)　default
本来の意味は，故意に良くない行為をする，あるべきはずのものがない，行うべき義務を怠るということであるが，国際商取引では，債券(務)の利払いや支払い，償還が約定通りに行われない債務不履行のこと。また，一般企業では借入金の返済や金利払いが不能となること。

債券の発行者が，元本や利息の支払いを遅延したり(「履行遅延」)，停止したり(「履行不能」)，利息のみの支払いなどを履行したが不十分な「不完全履行」などの状況があり，直接投資がグローバルに行われるようになった今日的なリスクとして，企業財務に直接影響がある。〔⇨直接投資，リスク，リスク・マネジメント，カントリーリスク〕(河野公洋)

デュアルカレンシー債
〔⇨外債〕

デュー・ディリジェンス　due diligence
デュー・ディリジェンス(Due Diligence)とは，直訳すると，当然そうあるべき相当の注意・配慮となるが，国際ビジネスの文脈では，いくつかの用法がある。第一に，投資，融資ないしM&A等の取引で，対象企業や不動産・金融商品等の資産を精査することが多い〔⇨M&A〕。第二に，企業の社会的責任の観点から，人権に関する悪影響を認識，防止し，対処するためのプロセスが，人権デュー・ディリジェンスとして注目されている。第三に，債務の返済，赤字解消の努力や改革の実行等を意味することもある。

このうち，上記第一のデュー・ディリジェンスには，業界の専門的見地からの企業組織，生産・販売及び研究開発活動等に関する事業デュー・ディリジェンス(Business

Due Diligence），弁護士等がリーガル・リスクを調べる法務デュー・ディリジェンス（Legal Due Diligence），会計士等が行う財務デュー・ディリジェンス（Financial Due Diligence）のほか，環境デュー・ディリジェンス（Environmental Due Diligence），知的財産デュー・ディリジェンス（Intellectual property Due Diligence），人事・労務デュー・ディリジェンス（HR Due diligence），顧客デュー・ディリジェンス（Customer Due Diligence），IT デュー・ディリジェンス（IT Due Diligence）等，様々な種類がある。この過程で，様々な資料を検証して取引の対象に問題がないかをチェックし，取引を実施することに問題がないか，問題があればこれに対する対策を講じることも考えられ，正式契約における表明保証条項や補償条項等の検討・交渉に影響を及ぼすことも少なくない〔⇨表明保証条項〕。（浜辺陽一郎）

デリバティブ　derivatives

現物取引（通貨，国債，株式，インデックス，商品等。原資産と呼ばれる）から派生する取引であることから派生商品（デリバティブ: derivatives）と呼ばれ，代表的なものに**先渡**（forward），**先物**（future），**オプション**（option），**スワップ**（swap）がある〔⇨先物取引，オプション，スワップ〕。その他，**クレジット・デリバティブ**と呼ばれる信用保険と同様の機能を果たすもの（例: **CDS，シンセティック CDO**）もある〔⇨クレジット・デフォルト・スワップ〕。**デリバティブ**は，元々はリスク軽減を目的とする**ヘッジ**（hedge）取引として用いられてきたが，市場間の価格差を利用してリスクを取らずに収益を獲得する**裁定**（arbitrage）取引やリスクを取って収益獲得を目指すハイリスク・ハイリターンの**投機**（speculation）取引としても使われ〔⇨リスク，デリバティブ，ヘッジ，裁定〕，さらにはデリバティブは決済するまでは未実現で財務諸表に記載されない**オフバランス取引**となることから**会計粉飾**にも悪用された（例: 1995 年の**ベアリングス銀行**事件）ため，ディスクロージャーの

充実など様々な規制も整備された。（久保田隆）

テロ資金対策

〔⇨AML/CFT（資金洗浄・テロ資金対策）〕

電子商取引　Electronic Commerce

電子商取引とは，インターネットを含んだコンピュータネットワークを通じて，製品，サービスや情報の交換や売買を行う概念である。電子商取引に関する代表的な定義として，OECD（経済協力開発機構）〔⇨OECD〕のものがある。そこでは，以下のように定義している。まず，狭義の電子商取引として，「物・サービスの売却あるいは購入であり，企業，世帯，個人，政府，その他公的あるいは私的機関の間で，インターネット上で行われるもの。物・サービスの注文はインターネット上で行われるが，支払いおよび配送はオンラインで行われてもオフラインで行われても構わない」と定義している。また，広義の電子商取引としては，「物・サービスの売却あるいは購入であり，企業，世帯，個人，政府，その他公的あるいは私的機関の間で，コンピュータを介したネットワーク上で行われるもの。物・サービスの注文はこれらのネットワーク上で行われるが，支払いおよび配送はオンラインで行われてもオフラインで行われても構わない」と定義している。

さらに，電子商取引を分類する際には，その取引の関係性から大別して以下の 4 つに分けることができる。それらは，「企業間電子商取引（BtoB-EC）」，「消費者向け電子商取引（BtoC-EC）」，「政府向け電子商取引（BtoG-EC）」そして「消費者間電子商取引（CtoC-EC）」である。ここでは，その中でも代表的な形態である企業間電子商取引と消費者向け電子商取引の現状について紹介する。「令和元年度内外一体の経済成長戦略構築にかかる国際経済調査事業（電子商取引に関する市場調査）」によると，2019 年の日本国内の消費者向け電子商取引の市場規模

は, 19.4兆円 (前年比7.65%増) に拡大している。また, 2019年の日本国内の企業間電子商取引の市場規模も353.0兆円 (前年比2.5%増) に拡大している。このように電子商取引は拡大傾向にあり, 継続して進展していくと考えられる。

日本の電子商取引 (BtoC)

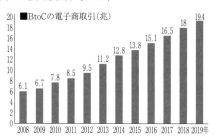

出所:「令和元年度内外一体の経済成長戦略構築にかかる国際経済調査事業 (電子商取引に関する市場調査)」(経済産業省)

日本の電子商取引 (BtoB)

出所:「令和元年度内外一体の経済成長戦略構築にかかる国際経済調査事業 (電子商取引に関する市場調査)」(経済産業省)

(長沼 健)

電子商取引及び情報財取引等に関する準則
Rules for Electronic Commerce and Information Goods Transactions

「電子商取引及び情報財取引等に関する準則」は, 電子商取引や情報財取引等に関する様々な法的問題点について, 民法やその他の関係する法律がどのように適用されるのかを明確にするために, 平成14年3月に策定された (策定時の名称は「電子商取引等に関する準則」)。その目的は, 経済産業省が現行法の解釈について一つの考え方を提示することにより, 電子商取引や情報財取引等に関連した法解釈の指針として機能させ, 取引当事者の予見可能性を高め, 取引の円滑化を実現させることである。

平成14年3月の策定以降, 電子商取引や情報財取引等の実務, 関連する技術の動向, 国内外のルール整備の状況等に応じて, 随時の改訂を行ってきた。2020年現在の最新版は, 令和2年8月の改訂版である。今後, 民法 (債権関係) 改正法施行後に新たな改訂版を公表することを予定している。(長沼健)

電子マネー
〔⇨デジタル通貨〕

店頭取引 over-the-counter (OTC) transactions
OTC取引とも呼ばれ, 取引所取引の対語。非上場株式やスワップ〔⇨スワップ〕などで, 顧客の注文を受けて証券会社等の業者が自ら取引の相手方となり, 自己ポジションで売買を行う取引。取引方法・条件が画一化されている証券取引所等における取引所取引とは異なり, 方法・条件等は顧客と顧客の注文を受けた業者(証券会社等)との相対(あいたい)交渉によって決まるため区々である。(久保田隆)

電力取引 electricity trading
日本政府のエネルギーシステム改革により電力の小売り自由化が進み, 2000年に大規模な工場・デパート・オフィスビルが電力会社を自由に選べるようになり, 2004年, 2005年には中小規模の工場等に拡大し, 2016年4月に電力の小売りが全面自由化され, 家庭や商店を含むすべての消費者が電力会社を自由に選択できるようになった (2017年には都市ガスの小売りも全面自由化)。こうした中, 異業種の新規参入が相次ぎ, 顧客獲得競争が激化している。大規模な発電所を持たない新規参入先は, 日本卸電力取引所 (JEPX) 等から電気を調達する。(久保田隆)

投機（スペキュレーション） speculation

　リスク（この場合のリスクには損失する可能性だけでなく利得する可能性も含む）を取って収益獲得を目指すハイリスク・ハイリターンの取引。**デリバティブ**の主な取引には，①リスク軽減を目的とする**ヘッジ**（hedge）取引，②市場間の価格差を利用してリスクを取らずに収益を獲得する**裁定**（arbitrage）取引，③リスクを取って収益獲得を目指す**投機**（speculation）取引の3つがある〔⇨リスク，デリバティブ，ヘッジ，裁定〕。かつては会計粉飾にも悪用されたため，ディスクロージャーの充実など様々な規制も整備された。1995年の**ベアリングス銀行破綻事件**（行員のデリバティブ取引失敗で同銀行が倒産）では，同行員は当初シンガポールと大阪に上場される日経225先物取引の裁定取引を行っていたが，後に投機取引にのめり込み損失が拡大，粉飾を重ねたが，最終的に莫大な損失に至った。（久保田隆）

統合型交渉

　〔⇨原則立脚型交渉〕

統合型リゾート（IR） integrated resort

　カジノや国際会議場や展示会場，ショッピングモール，ホテル，レストラン，映画館，温浴施設等が集まった複合的な観光集客施設のことで，**IR**と呼ばれる。近年，マカオやシンガポールなどが設置して注目を集め，日本でも国際観光推進の立場から注目された。その際，IR推進の前提として，それまで日本では違法とされてきた**カジノ**の解禁・法制度化が必要と考えられ，カジノを中心にテーマパークや宿泊・商業施設などを一体的に整備するIR設立を推進する議員立法として，2016年12月に「特定複合観光施設区域の整備の推進に関する法律」（IR推進法）が成立した。（久保田隆）

倒産隔離（証券化） bankruptcy remoteness（securitization）

　倒産隔離とは，証券化（Securitization）〔⇨証券化〕に際し，**SPC**（Special Purpose Company）等の**ビークル**（Vehicle）に対して，**オリジネーター**（Originator）の所有する資産を分離して売却することにより，オリジネーターが倒産した場合の影響がビークルに及ばない（ビークル自体が倒産した場合でなければ，投資家がその影響を直接受けることがない）ようにすることをいう。なお，実務的にはビークルの倒産リスクを回避することも重要である。

　証券化をすることによりオリジネーターの所有する高額な資産は小口化され流通しやすくなり，投資家は，オリジネーターの倒産リスクが十分に回避されていることを前提に，当該資産の価値や信用，収益率等を検討した上で，ビークルの発行する小口化された証券に対して投資を実行することになる。（川中啓由）

動産担保融資（ABL） Asset-based Lending

　企業が保有する在庫（原材料・商品）や機械設備，売掛金などの資産を担保とする融資である。従来から，中小企業の資金調達を円滑化する観点から，不動産担保や個人保証に過度に依存した融資ではない資金調達の方法を拡大することが求められていた。2005年の動産譲渡登記制度の創設，2007年の動産担保融資を対象とする信用保証制度の創設などで，融資の担保としての信用力が高まり，不動産を保有しない中小企業でも資金調達が容易になりつつある。

　ABLでは，事業に必要な資産を担保として提供すると，所有権は貸手（金融機関など）に移るが，実際の資産は借手（企業）に残ることで事業を継続でき，担保になった原材料や機械などを利用できる〔⇨譲渡担保〕。

　また，2008年に施行された電子記録債権法に基づき，現在は，多くの金融機関により，電子記録債権がABLに活用されている。

　なお，**UNCITRAL**は，2016年に国内立法へ転用できる**動産担保モデル法**を採択した

〔⇨UNCITRAL，担保〕。本モデル法は，動産担保に関して，新興国を中心に各国の国内担保法の現代化と調和を促進するため，担保権の設定・実行や登記制度などについて，効率的な法的規律のモデルを提供するものである。（伊達竜太郎）

投資家対国家の紛争解決
　　　　〔⇨国際投資仲裁〕

投資仲裁
　　　　〔⇨国際投資仲裁〕

投資保護協定　investment protection agreement
　他の締約国の投資家（外国人投資家）による投資の保護と促進を目的とする条約。従来の二国間投資協定（BIT）は，投資やその収益の保護，投資受入国による投資財産の収用等の禁止，補償，投資設立後の投資関連活動に対する**内国民待遇**や**最恵国待遇**の保障等，投資受入国のいわゆるカントリー・リスクを低減することを目的とする規定が中心であった〔⇨内国民待遇，最恵国待遇〕。1990年代以降は，このような投資財産保護に加えて，投資設立前の内国民待遇や最恵国待遇の保障，ローカル・コンテント要求や技術移転要求等のパフォーマンス要求の禁止，外資規制の漸進的な自由化等の外国投資の自由化を目的とする規定も設けられ，**経済連携協定**〔⇨経済連携協定〕等でも関連規定が設けられるようになったことから，国際投資協定（IIA）と呼ばれる場合もある。いまや約3,000ものBIT/IIAが締結されている。多くのBIT/IIAで外国投資家と投資受入国との間の投資紛争の解決手続（投資家対国家の紛争解決手続（ISDS））（**国際投資仲裁**）が設けられ，多数の紛争が付託されている。（濱田太郎）

トークン
　　　　〔⇨ICO〕

TONA
トーナ
　　　　〔⇨変動金利指標（と改革）〕

独占禁止法　Antimonopoly Law
　日本は1947年，米国の反トラスト法（Antitrust Law）と総称される法を継受して，独占禁止法（「私的独占の禁止及び公正取引の確保に関する法律」の略称）を制定した。かかる法は，一般に**競争法**（Competition law）と呼ばれ，市場における公正で自由な競争の実現を目指す市場経済体制を支える経済憲法として，世界各国・地域に広まっている。このため各国の競争法の域外適用による国際摩擦も生じているが，他方で競争法当局の協定等による国際協調も進んでいる。
　競争法当局は，日本では**公正取引委員会**（Japan Fair Trade Commission）が所管しているが，米国では**司法省**（DOJ: Department of Justice）と**連邦取引委員会**（FTC: The Federal Trade Commission）の2つの組織が所管しており，競合する場面もみられる。
　EUの競争法は，加盟国の国内法とEU競争法（2009年リスボン条約によりECからEUに移行）が併存している。EU競争法と総称される法の多くの規定は，**EU機能条約**（TFEU: The Treaty on the Functioning of the European Union）に置かれている。EU競争法当局は，ブリュッセルの**欧州委員会**（The European Commission）**競争総局**（The Directorate-General Competition）が所管する〔⇨EU〕。
　中国は2007年に独占禁止法を制定し，競争法当局としてかつては3つの組織が併存していたが，2018年全国人民代表大会の決定に基づき**国家市場監督管理総局**（State Administration for Market Regulation）に一元化された。（富澤敏勝）

特別引出権
　　　　〔⇨IMF協定，SDR〕

特別目的会社
　　　　〔⇨証券化〕

特別目的事業体
　　　　〔⇨証券化〕

独立抽象性　independence nature

　独立抽象性とは，信用状の性質のひとつであり，発行銀行と受益者との間の債権・債務が，発行依頼人と受益者との間の契約や発行依頼人と発行銀行との契約とは何の関係もなく，その影響を受けることもないという信用状の性質をいう。

　この信用状の性質に関し，2007年改訂版**信用状統一規則**（UCP600）第4条は，以下のように規定する〔⇨信用状統一規則〕。

　まず，信用状がその基礎となることができる売買契約またはその他の契約とは別個の取引であり，当該契約とは何の関係もなく，それにより拘束されることはないこと（UCP600第4条第1文）。

　次に，発行銀行の支払等の確約は，発行依頼人と発行銀行または発行銀行と受益者との関係から生じる発行依頼人の権利または抗弁により影響されないこと（UCP600第4条第2文）。

　最後に，受益者は，発行依頼人と発行銀行との間に存在する契約関係を援用することはできないこと（UCP600第4条第3文）。

　一般的に，信用状取引は次の①〜③の3つの契約を含むとされ，独立抽象性とは，③の契約が，①および②の契約から独立し，それらの契約やそこに付着している抗弁の影響を受けないという性質である。
① 　発行依頼人と受益者との間の契約
　まず，発行依頼人たる買主と受益者たる売主との間の売買契約のように，信用状の発行の基礎となる契約である。
② 　発行依頼人と発行銀行との間の契約
　次に，発行銀行が発行依頼人の委任により信用状を発行し，受益者がその条件を充足する書類を呈示すれば，これに対する支払事務（委任事務）の処理を約する発行銀行と発行依頼人との間の信用状発行契約である。
③ 　発行銀行と受益者との間の契約
　最後に，受益者が信用状条件を充足する書類を呈示すれば，発行銀行がこれに対するオナー（支払）を確約する発行銀行と受益者の間の契約である。

　この独立抽象性は，次のような機能を有する。

　まず，受益者は，①および②の契約に付着している抗弁を対抗されることなく，発行銀行の支払を受けることができ，次に，発行銀行は，呈示された書類が信用状条件を充足していることを確認すれば，①の契約が完全に履行されているか否かを確認することなく支払っても，発行依頼人に対して支払（償還）を請求することができる。最後に，輸出地の銀行も，書類の信用状条件の充足を確認することにより，発行銀行の支払を受け得るため，輸出者からの輸出為替買取依頼に応じ易くなり，輸出為替金融が促進されることになる。（平野英則）

特許
　〔⇨知的財産，先願主義・先発明主義，TRIPs〕

トラベル・ルール（FATF）　travel rule
　テロリスト等が国際送金サービスを犯罪に利用することを防止するため，**FATF（金融作業部会）**が制定した「40の勧告」により課されたルールで，金融機関や仮想通貨（暗号資産）のサービス提供者（VASP: Virtual Asset Service Provider，仮想通貨取引所やデジタル・ウォレット・プロバイダ等）などに対し，国際電信送金の取引の際，送金人と受取人の顧客情報（その正確性も保証）を収集し互いにシェアすることを義務付けたもの。従来は金融機関に課せられてきたが，2019年6月に勧告15の解釈指針となる FATF Guidance for a Risk-based Approach「Virtual Assets and Virtual Asset Service Providers」（June 2019）の Annex A 7（b）でVASPにも同様に課され，各国の遵守状況は2020年6月から12か月間，FATFが監視することとなった。なお，日本の法令用語では仮想通貨を暗号資産と呼び変えたが，FATFの公式文書ではそのまま仮想通貨という用語を用いている〔⇨FATF〕。（久保田隆）

取立手形　bill for collection

　広義では，取立債務である債権回収のために，債権者が債務者を支払人として振り出す為替手形を指す〔⇨為替手形〕。取立手形は原因となる当事者の債権債務に関連して振り出され，①原因債務の支払に代えて手形が授受される場合（代物弁済または更改）と，②原因債務の支払のため，または支払の方法として手形が授受される場合（原因債権と手形債権は併存する）がある〔⇨代物弁済〕。取立手形に運送証券が担保として添付されたものを荷為替手形と呼ぶ〔⇨荷為替手形〕。

　狭義では，①外国為替において，輸出者など債権者が輸出債権の取立のため輸入者など債務者を支払人とする為替手形を振り出し，銀行に単に手形取立を依頼する場合を指す（B／C）。輸出地の銀行に手形の買取を依頼する買為替手形（Bils Bought）と対比される。取立依頼人と銀行の関係は委任であり，輸出者の代金回収は，輸入者の手形支払後となる（取立為替ともいう）。国際商業会議所（ICC）〔⇨国際商業会議所〕が「取立統一規則」（1995年版URC）を定め，取立手続の国際的な基準を示している。また，②内国為替においては，国内で同一の手形交換所で取り扱えない他所を支払地とする約束手形，小切手など取立に回すものを含む。（平野英則）

取立方式

　〔⇨決済〕

TRIPs（知的財産権の貿易関連の側面に関する協定）　Agreement on Trade-Related Aspects of Intellectual Property Rights

　TRIPs協定とは，「知的財産権の貿易関連の側面に関する協定」（Agreement on Trade-Related Aspects of Intellectual Property Rights）であり，「WTOを設立するマラケッシュ協定」の一部である「付属書1c」である。TRIPs協定は，パリ条約やベルヌ条約などの知的財産権に関する条約の遵守を義務付け，特許権の保護期間など，一部の事項

について，これらの条約を上回る保護を求めている。また，これらの条約では，内国民待遇のみが規定されていたが，TRIPs協定では，WTOの諸協定と同様，最恵国待遇も規定されている〔⇨内国民待遇，最恵国待遇，WTO〕。なお，最恵国待遇とは，通商条約等において，関税など別の第三国に対する優遇処置と同様の処置を与えることを，現在及び将来において約束することである。すなわち，特定国に与えた最も有利な貿易条件は，全加盟国にも平等に適用される。

　TRIPs協定成立の背景としては，1980年代以降の発明・デザイン等の知的財産を伴った商品やサービスの取引が増加したこと，知的財産を保護する実効的な国際ルールの不在により，国際市場が発展するに伴い，偽ブランド商品や海賊版CDなど，国際貿易に甚大な被害を及ぼすケースが増大したことなどが挙げられる。このため，ガット・ウルグアイ・ラウンドでは，新たな分野として知的財産権の保護が検討された。この結果，アメリカをはじめとする先進主要国を中心に，国際ルールに基づいた知的財産権の保護の強化が主張され，1995年1月1日，WTO設立協定「付属書1c」としてTRIPs協定が発効された。なお，その内容は，国際的な自由貿易秩序維持形成のための知的財産権の十分な保護や権利行使手続の整備を加盟各国に義務付けることであり，そのため，加盟各国はTRIPs協定に拘束され，TRIPs協定の内容は各国の国内法に反映されなければならないとしている。

　なお，TRIPs協定は，2017年1月23日に改正され，その内容は，7部から構成されており，第1部は，一般規定及び基本原則，第2部は，知的財産権の取得可能性，範囲及び使用に関する基準，第3部は，知的財産権の行使，第4部は，知的財産権の取得及び維持並びにこれらに関する当事者間手続，第5部は，紛争の防止及び解決，第6部は，経過措置，第7部は，制度上の措置及び最終規定，の全73条から構成されている。また，これに附属書も添付されている。

なお，2017年1月23日現在，受諾国は112か国である。（高田　寛）

TRIMs（貿易に関連する投資措置）　Trade-Related Investment Measures

　貿易関連投資措置の英文略称。投資受入国が行う投資規制の一種で，物品の貿易に関連して行われるものをいう。これらの措置は，**GATT**により**内国民待遇**や輸出入数量制限禁止に違反するものは禁止されていたが，遵守を徹底するためにWTO協定を構成する物品の貿易に関する多角的協定（附属書1A）の1つである貿易に関連する投資措置に関する協定は，①ローカル・コンテント要求（原材料や部品等の現地調達義務），②輸出入均衡要求，③為替制限，④輸出制限を例示して禁止し，違反国は違反措置をWTOに通報し経過期間内に撤廃する義務を負うことを明らかにした〔⇒GATT，内国民待遇，WTO〕。多くの国がこれらの違反措置を撤廃したものの，廃止につき特別の困難がある途上国は経過期間の延長を要請できることから要請に応じて経過期間が再三延長されている。2005年の香港閣僚宣言により開発途上国は通報により新たにTRIMsを導入することが認められた（現在までに実際に通報された例はない）。近年WTOに加盟した新規加盟国（ロシアやカザフスタン）に対して改めて別個の経過期間が設けられた。TRIMsの撤廃は必ずしも徹底されていないと見られている。（濱田太郎）

ドル化　dollarization

　米国以外の国において，米ドルが自国通貨と並存したり，自国通貨に替わって利用される現象を指す。EU以外の国でユーロが，日本以外の国で日本円がそうなる場合をユーロ化（euroization），円化（yenization）と呼ぶこともあるが，現時点ではドル化が顕著で，ユーロ化も少数みられる。ドル化やユーロ化には，外貨・外債・外貨預金等を自国民が大量に保有する非公式な場合（国家の行為ではないので国際法の対象外。例: カンボジア，バハマ）と国家が公式に外貨を法定通貨とする公式な場合がある。公式な場合は，①相手国の合意を得ずに一方的に行う場合（例: エクアドル），②相手国の合意を得て行う場合（例: パナマ），③相手国が立法等で承認しており，特に個別の合意がなくても許可される場合（例: EU加盟前のモンテネグロのユーロ導入），④国連安全保障理事会の決議による場合（例: 東チモールの米ドル導入）がある。上記①の場合，米国の**通貨主権**に関係するので，国際法上の「内政不干渉の原則」（国連憲章2条7項，1970年国連総会決議2625）との関係が問題になるが，Gruson米国弁護士は，米国やEUが「国家実行（state practice）」として異議を行ったか否かによって国際法違反を判断すべきとした上で，当該通貨が国際通貨として幅広い汎用性を持ち，他国のドル化に抵抗していなければ，異議を放棄したと認定できるとし，米国は放棄，EUは放棄していないとした（M.Gruson, "Dollarization and Euroization: An International Law Perspective", European Business Law Review, Vol.13, pp.103-122, 2002）。なお，**中央銀行デジタル通貨（CBDC）**の登場によりデジタル・ドル化（digital dollarization）が進み，例えば東南アジア諸国が中国のデジタル人民元に飲まれてしまう懸念があり，カンボジアではその対抗措置として，デジタル人民元の登場前に逸早く自国CBDCのバコンを運用開始した（宮沢和正『ソラミツ』日経BP（2020年）136頁参照）。一方，バコンは自国通貨リエル以外に米ドルでも発行されており，カンボジア国内で信用創造を伴わない現状は問題ないが，仮に海外利用や付利を行えば米国の通貨主権との関係で問題となり得よう。〔⇒デジタル通貨〕（久保田隆）

トレーサビリティ　traceability

　元々は計測機器の精度や整合性を示す用語として使われてきたが，近年では，食品の安全管理手法として，原材料，生産から流通に至る一連の供給ルートの履歴を追跡

確認することも意味するようになっている。「追跡可能性」ともいわれる。牛海綿状脳症（BSE）問題の発生に対応して，2003年6月，牛肉トレーサビリティ法が成立し，インターネット検索で，牛の履歴がわかる仕組みが構築されている。また，無線ICタグ（RFIDタグ）を利用したトレーサビリティ・システムの実用化は，各業界において進められている。

　また近年，①世界各地の公海上などで，海賊の出現が頻発しており，貨物の盗難などへの対応，②港や空港のハブ＆スポーク・システムの普及により，貨物のトランジットの多様化から，GPSを利用したグローバルなトレーサビリティに期待がかかっている。さらに，port to port といった国際商取引の形態から，door to door の形式で貨物の輸送も変化しており，UPS社，フェデックス社，ヤマト・インターナショナル社などは，ドアからドアまでの貨物のトレーサビリティを確立している。（長沼　健）

内国民待遇　national treatment

　条約締結国が自国の領域内で他の締約国に付与する待遇で，当該他国の国民，物品，サービス，投資，知的財産権その他権利等について自国民や自国の産品等に対して与えているのと同一の待遇を保障することをいう。通常，**通商航海条約，GATT，WTO協定，経済連携協定，投資保護協定**等に規定される（内国民条項）〔⇨通商航海条約，GATT，WTO，経済連携協定，投資保護協定〕。内国民待遇を受ける権利は条約当事国に与えられ，待遇を受ける自然人や法人等はその反射的利益の受益者に過ぎない。GATTでは**最恵国待遇**とともに内国民待遇が規定され，その基本原則とされている（無差別原則）〔⇨最恵国待遇〕。WTO協定では，物品貿易だけでなく**サービス貿易**と知的財産権についても保障されている〔⇨サービス貿易〕。もっとも，サービス貿易や知的財産権では広範な例外が認められている。

　内国民待遇は本来法律上の内外平等を保障し国内産業保護措置を制限するものであるが，例えば外国のサービス供給者に対し内国の同種のサービス供給者と対等に競争できる条件を整備すること等を通じて実質的な競争条件の均等性を保障したと言われる。投資保護協定においては，投資設立後の投資関連活動だけでなく投資設立前に対しても保障されるに至っている。（濱田太郎）

内部統制　internal control

　内部統制（internal control）は，組織の経営者を含むすべての構成員によって実行され，当該組織の統制環境，リスク評価と対応，統制活動，情報と伝達，モニタリング（監視活動）の「5要素」を行うことにより，①業務の有効性・効率性，②財務報告の信頼性，および③法令等遵守の「3つの目的」達成のために「合理的な保証」を提供するシステムである。米国の**COSO**（Committee of Sponsoring Organization of Treadway Commission，トレッドウェイ委員会組織委員会）が，連邦証券取引所法の一部であるFC-PA（Foreign Corrupt Practices Act of 1977, 1977年海外腐敗行為防止法）〔⇨FCPA〕の要請に対応し1992年に公表した「内部統制のフレームワーク」で提唱され，2013年にはその改訂版（上記目的・要素はほぼ同じ）が公表されている。このシステムはまずFDIC（連邦預金保険公社）改革法で付保金融機関にその遵守義務が課され，また連邦量刑ガイドライン（Federal Sentencing Guidelines）及び司法省マニュアル（Justice Manual）で企業の刑事上の起訴・不起訴，量刑の多寡判断基準の1つとして用いられる他，2002年Sarbanes Oxley Act（略称「**SOX法**」）で求められる米国上場企業の内部統制監査の際のSEC（証券取引委員会）の推奨基準でもある〔⇨SOX法〕。他にも日本（会社法，金融商品取引法，等）を含む世界主要国の法制やISO等の民間基準等にも多大な影響を与えている〔⇨ISO〕。なお，企業会計審議会内部統制部会が定めた日本の内部統制の定義では，上記内部統制の定義の「3つの目的」に加え「資産の保全」，5要素に加え「ITへの対応」が追加されている。また，「合理的保証」を提供するため上記の「5要素」にはそれぞれより詳細な整備項目が列挙されており，一般組織では例えば「統制環境」は，「組織の誠実性と倫理観」，「取締役会がガバナンスについての監督責任を遂行することを可能にする指標」，「組織構造および権限と責任の割当て」，「有能な個人を惹きつけ，育成し，かつ，維持するためのプロセス」，ならびに「業務執行に対する説明責任の原動力となる厳格な業績尺度と動機づけ，報奨」から構成される。これらの個別項目を各組織の実態に即して文書化し，第三者による検証を可能にして透明化することにより，組織の問題発生を予防し，また問題発生時もその原因を容易に発見・是正することを容易にできる他，経営の意思決定が適切になる効果も期待される。更に日本基準に限らず，ITの利用が推奨されており，例えばSOX法に基づく内部統制監査で使われる業務の3点セット（業務の記述書，フローチャート，リスクコン

トロール・マトリックス）では，当初より
コンピューター・プログラムの記述方法が
利用される等，IT を活用したシステム整備
が想定される。（内田芳樹）

捺印証書（deed）
〔⇨約束的禁反言の法理〕

NACCS　Nippon Automated Cargo and Port Consolidated System

　NACCS とは，Nippon Automated Cargo and Port Consolidated System の略称で，入出港する船舶・航空機及び輸出入される貨物について，税関その他の関係行政機関に対する手続及び関連する民間業務をオンラインで処理するシステムである〔⇨税関〕。その運営は，輸出入・港湾関連情報処理センター株式会社（NACCS センター）が担っている。
　2008 年 10 月の Sea-NACCS の更改及び 2010 年 2 月の Air-NACCS 更改をきっかけに，Air-NACCS と Sea-NACCS が統合され，統合版 NACCS が稼働した。また，この時期に，国土交通省が管理・運営していた港湾 EDI システムや経済産業省が管理・運営していた JETRAS といった関連省庁システムも NACCS に統合された〔⇨EDI〕。さらには，2017 年 10 月に，新たに損害保険会社を利用者に加えるとともに，国土交通省所管の港湾サブシステムを NACCS に統合した。このように，港湾・空港における物流情報等を総合的に管理するプラットフォームシステムとして重要な役割を果たしている。（長沼　健）

NAFTA（北米自由貿易協定）
〔⇨USMCA〕

荷為替手形　documentary bill
　荷為替手形とは，売主が振り出した為替手形に，当該為替手形の振出原因となった売買取引に伴う運送書類などを添付したものをいう〔⇨為替手形〕。荷為替手形においては，手形金の支払が添付された運送書類（例えば，**船荷証券**や貨物引換証など）によ

り担保され，手形の取得者は手形の支払人により支払が拒絶された場合には，手形上の遡求権のほか，運送書類に表章された貨物の引渡請求権を行使し，その処分・換価（貨物担保権の実行）により，手形金を優先的に回収することができる〔⇨船荷証券〕。
　荷為替手形は売買代金取立の手段として利用され，かつては，わが国でも国内の売買代金の取立手段として利用されていたが，現在では，企業間信用の発達に伴い，送金為替による**決済**が主流となっている〔⇨決済〕。
　これに対し，国際間の売買取引においては，今日でも，荷為替手形が利用されている。また，国際売買取引の荷為替手形は，**信用状付荷為替手形と信用状なし荷為替手形**に分けることができる〔⇨信用状〕。
　一覧払信用状付荷為替手形取引では，発行銀行は対外決済後でなければ**船積書類**〔⇨船積書類〕を輸入者に引き渡すことができないので（UCP600 第 16 条 c 項 iii 号・e 項・f 項参照），輸出者または買取銀行は，貨物（その引渡請求権を表章する運送書類）の引渡しと引換えに，発行銀行の支払を受けることができる。また，輸入者も，発行銀行への輸入貨物代金の支払と引換えに，運送書類を含む船積書類を入手することができ，輸入代金の支払と同時履行の関係で，貨物の引渡しを受けることができる。
　これに対し，引受信用状付荷為替手形の場合は，発行銀行が手形の支払期日（満期）前に輸入者へ船積書類の引渡しができるので，輸出者または**買取銀行**は，手形期日における発行銀行の**信用リスク**を負う。また，発行銀行は，輸入者による期日支払の確約と引換えに船積書類を引き渡すため，輸入者の期日における信用リスクを負う。また，後日払信用状付荷為替手形の場合も，支払期日前に輸入者へ船積書類が引き渡されるため，輸出者または買取銀行および発行銀行は，引受信用状付荷為替手形の場合と同様のリスクを負う。
　信用状なし荷為替手形取引には，船積書類の引渡しが，輸入者による手形金の支払

と引換えになされる支払渡（D/P＝Documents against Payment）条件のもの，および輸入者による手形の引受と引換えになされる引受渡（D/A＝Documents against Acceptance）条件のものとがある（取立統一規則7条参照）〔⇨D/P・D/A決済〕。輸出者は，前者においては，代金を回収できないにもかかわらず，貨物を引き取られてしまうリスクを回避し得るものの，後者においては，輸入者により貨物を引き取られてしまうリスクと手形期日における輸入者の信用リスクを負担する。

　なお，最近では，国際的にも企業間信用が発達し，売買代金の決済方法は，信用状付きから信用状なし荷為替手形に，さらに荷為替手形から送金為替へと移行しつつある。（平野英則）

荷為替手形の買取・取立　negotiation/ collection of documentary bill

　　荷為替手形の買取（negotiation）とは，輸出金融の代表的手法であり，買取銀行が，輸出者が振り出した荷為替手形の交付を受け，対価として代り金を輸出者に支払うことである。輸出手形の買取日からその荷為替手形が決済されるまでの間，買取銀行は，輸出者に対して，為替手形記載の金額を融資することとなる。一般的に信用状付荷為替手形の買取の方が，信用状のないD/P・D/A手形の買取よりも，銀行の与信リスクは小さい。一方，荷為替手形の取立（Collection）とは，取立銀行が，当該荷為替手形の決済された後に，輸出者に対して代り金を支払うものであり，取立銀行には与信リスクは伴わない〔⇨荷為替手形，信用状，D/P・D/A決済〕。（花木正孝）

ニクソン・ショック
　　〔⇨ブレトン・ウッズ体制，スミソニアン合意〕

二重運賃制　dual rate system
　　（死語）海運同盟が，荷主が，海運同盟に加入していない船社（盟外船社）と船積みをしないよう促すため，同盟船社とだけ船積みをする旨の契約を，海運同盟と締結することを促し，そのような契約を締結した荷主（契約荷主）に対してのみ，運賃を割り引く制度を持つ場合があった。この場合，契約荷主と非契約荷主とで，二種類の運賃が存在したことになる。このような運賃システムを，二重運賃制といった。この運賃制は，1984年の米国海事法が禁止するまでは，各国の競争法当局が，各同盟に対して概して許容していた。（合田浩之）

二重課税
　　〔⇨国際的二重課税〕

二重訴訟／並行訴訟／国際的訴訟競合　doubled lawsuit/ parallel litigation/ international litigation conflicts/ dem internationalen parallelverfahren

　　国際的な二重訴訟とは，同一の事件について内国訴訟と外国訴訟が同時に両国の裁判所に係属している状態であり，国際的訴訟競合ともいわれる。

　　日本の民事訴訟法では，矛盾判断の回避や被告の応訴の煩，訴訟経済の観点から，裁判所にすでに係属している事件について当事者がさらに訴えを提起することは禁止されているが（民訴142条），国際訴訟においては，その事案の経緯や訴訟戦略と相俟って，その当否はともかく，内国訴訟と外国訴訟が並行することは十分にあり得る。この点，ブリュッセル条約（Brussels Convention on jurisdiction and recognition enforcement of judicial decisions in civil and commercial matters of 27 September 1968）21条やブリュッセルⅠ規則（Council Regulation（EC）No 44/2001, of 22 December 2000 on jurisdiction and the recognition and enforcement of judgments in civil and commercial matters）27条のように，これを明文で調整する例もあるが，日本法は解釈に委ねており，その処理には諸説ある。具体的には，国際的な二重訴訟を規制すること自体に消極的な見解やフォーラム・ノン・コンビニエンス法

171

理〔⇨フォーラム・ノン・コンビニエンス〕のように適切な法廷地を模索する見解，日本法が外国判決の承認制度（民訴118条）を有している点に着目し，外国判決が日本において承認されることが確実である場合に後訴を不適法とする見解等がある。(川中啓由)

日本証券クリアリング機構（JSCC）

〔⇨クリアリング・ハウス〕

日本貿易保険

〔⇨NEXI〕

入札保証（bid bond）

〔⇨銀行保証状〕

ニューヨーク州法

〔⇨アメリカ法〕

ニューヨーク条約

〔⇨外国仲裁判断の承認及び執行に関する条約〕

ネガティブ・プレッジ条項　negative pledge clause

　無担保貸付ないし債券の発行を行う場合にしばしば定められ，債務者ないし発行者がその資産を他の債務の担保に供することを制限する条項をいう。当然のことながら制限の定め方にはバリエーションがあり，担保提供することを厳格に禁止する方法や原則として担保提供を禁止しつつも，債務者がこれに違反した場合に債権者に同様の担保設定の機会を保障する（あるいは条項違反を条件として担保を設定する）方法，第三者への担保提供を厳格に禁止するものではないが，その場合には債権者に同様の担保設定機会を保障する方法等が考えられる。(川中啓由)

NEXI（㈱日本貿易保険）　Nippon Export and Investment Insurance

　NEXIとは，2015年改正貿易保険法（Inter-national Trade and Investment Insurance Act）に基づき，2017年に設立された政府全額出資の株式会社であり，対外取引において生ずる通常の保険によって救済することができない危険を保険する事業を行うことを目的とする。その起源は，旧通産省貿易保険局に遡り，2001年の独立行政法人化を経て，現在に至る。貿易保険法によって規定される業務は，貿易保険（Trade and Invest-ment Insurance）事業及びその附帯業務，同様の事業を行う国際機関，外国政府，外国法人が負う保険責任に対する再保険の引受業務等が挙げられる〔⇨貿易保険〕。(花木正孝)

ネッティング　netting

　一定の当事者間の債権債務を集約して1本の純額（ネット）の債権債務に置き換える（ネットアウトする）決済方法で〔⇨決済〕，契約条項に定めることで，相殺（民法505条）や交互計算（商法529〜534条）と類似の効果を持ち，取引金額を縮減することで，国際送金の手数料や相手方の支払不能に伴うリスクを減らすことができる〔⇨国際送金，リスク〕。多国籍企業のグループ子会社間で多用される〔⇨多国籍企業〕ほか，銀行間の外国為替取引のように同種の反復取引を何本も抱える場合によく用いられる。

　二当事者間のネッティングをバイラテラル・ネッティング（bilateral netting），三以上の複数当事者間のネッティングをマルチラテラル・ネッティング（multilateral netting）という。二当事者間の外国為替では，取引成立後，同一の履行期・通貨の取引をすべて即座にネットアウトして1本の取引に置き換え（オブリゲーション・ネッティング。日本では講学上の段階交互計算の一種とされる），取引相手方に倒産開始等の一定事由が生じた場合には異なる履行期・通貨の取引も含めて即座にネットアウトして1本の取引に置き換える（一括清算またはクローズアウト・ネッティング。倒産管財人の否認権にかかり無効化する恐れが残るため，

1998年に一括清算法を制定して金融機関の一括清算について第三者に対する法的有効性を確保した）〔⇨一括清算条項〕。一方、マルチラテラル・ネッティングでは，取引当事者間の取引にセントラル・カウンターパーティー（CCP: central counterparty, 中央清算機関）を必ず介在させて行うことにより，実質的にはCCPと取引当事者間のバイラテラル・ネッティングに置き換えることで法的有効性を確保するケース（例: 外為円決済制度）が多い。CCPを伴わないマルチラテラル・ネッティングの場合，債権譲渡を伴う相殺と解されるリスクがあり（倒産管財人の否認権は相殺には及ばないものの債権譲渡には及ぶため），やはり否認されるリスクがあるからである。諸外国ではCCPを伴わないマルチラテラル・ネッティングの第三者に対する法的有効性を立法化した例もあるが，日本ではそうした法律が存在しない。（久保田隆）

ノウハウ　know-how

ノウハウとは，特定の法律に基づく権利ではなく，「工業目的に役立つ技術を完成し，また，その技術を実際に応用する際に必要な技術的知識，方法および資料」（ICC: International Chamber of Commerce, 国際商業会議所による）である。

国際ビジネスを遂行する際に重要な知的財産権に関連してノウハウを位置づけると，ノウハウは知的財産権保護の対象となる。知的財産権保護の国際ルールである世界貿易機関（WTO: World Trade Organization）の「知的財産権の貿易関連の側面に関する協定」（TRIPs: Trade Related Aspects of Intellectual Property Rights）〔⇨TRIPs〕によれば，ノウハウは著作権，商標権，意匠権，特許権，コンピュータ・プログラム，地理的表示，集積回路の配置図とともに，開示されていない情報として知的財産権の範疇に属すると定義されている。

開示されていない経営情報には，2つのものがあり，1つは営業秘密であり，もう1つがノウハウである。TRIPs協定第39条（開示されていない情報の保護）は，「締約国は開示されていない情報を保護する」こと，および「自然人または法人は，合法的に自己の管理する情報が（一定の要件に）該当する場合は，公正な商慣習に反する方法により自己の承諾を得ないで他の者が当該情報を開示し，取得し，または使用することを防止することができる」と定めている。

日本では，工業所有権等の国際条約であるパリ条約およびTRIPs協定の規定を受けて，不正競争防止法において「営業秘密の不正な取得・使用・開示」が行われた場合は，「当事者からの損害賠償請求と差し止め請求を認める」こととしている。この場合，営業秘密に属するノウハウは保護され，また取引の対象となるが，公になったノウハウは保護および取引の対象とはならない。TRIPs協定においても，当該情報が「秘密であることにより商業的価値があること」（TRIPs協定第39条の2）を保護のための要件としており，ノウハウはそれだけでは知的財産権保護の対象とはならず，公開されていないことが保護を受けるための要件となる。中国でも，日本の不正競争防止法に相当する法律により営業秘密は保護の対象となることが明文化されている。

ノウハウが商取引上保護され，また取引の対象となるためには「当該情報を合理的に管理する者により当該情報を秘密として保持するための合理的な措置がとられていること」（同）が必要であり，企業がノウハウをもって営業上の立場を有利にするためには，当該ノウハウの秘密を保持する努力（Trade Secrecy Agreement等）が求められる。（美野久志）

PaaS

　〔⇨クラウド（コンピューティング）〕

バーゼル銀行監督委員会

　〔⇨バーゼル合意，バーゼル・コンコルダート，金融安定理事会〕

バーゼル合意　Basel Accord

　国際金融に携わる銀行の自己資本規制であるバーゼル合意は，**バーゼル銀行監督委員会（BCBS）** が制定し，そのメンバー国が従うべき国際基準を指す。BIS自己資本比率規制とも呼ばれる。銀行システムの健全性強化と銀行間の競争上の不平等軽減（英米による邦銀封込め策とも言われた）を目的に，英米主導で1988年に制定された**バーゼルⅠ**（自己資本÷（信用リスク＋市場リスク）≧８％を要求）が端緒である。以降，リスク管理手法の高度化に伴って銀行保有資産のリスク度に応じてリスクウエイトを掛ける等の見直しが進み，2004年には米国主導で**バーゼルⅡ**が制定された（日本や欧州加豪は2007～８年に導入したが，当の米国は国内の反対で2010年末まで遅れた）。これは３本の柱で構成され，①第一の柱（最低所要自己資本比率）は自己資本÷（信用リスク＋市場リスク＋オペレーショナル・リスク）≧８％を要求し，②第二の柱（金融機関の自己管理と監督上の検証）では，第一の柱で把握できないリスクを銀行が自己管理して必要な自己資本を維持し，金融当局はこれを検証して必要に応じて介入する。また，③第三の柱（市場規律）では情報開示を充実させて市場規律の実効性を高めさせた。

　しかし，**世界金融危機**が起こると，時価会計等の市場規律向上策が金融危機の際に景気を一段と悪化させる副作用，すなわち**プロシクリカリティ**（景気増幅効果。procyclicality: 景気悪化で時価会計に基づいて自己資本が減ると，銀行の貸渋りを招いて景気が更に悪化）が問題視され，金融危機の再発防止や国際金融システムのリスク耐性強化が求められた〔⇨世界金融危機〕。そこ

で，自己資本規制と流動性規制を強化した**バーゼルⅢ**が策定され，2023～28年に段階的に実施予定である〔⇨バーゼルⅢ〕。自己資本規制強化については，第一に自己資本の質と量を厳格化した。従来の資産区分の細目を変更し，質の高い順に①普通株式と内部留保のみで構成するTier1（CET1），②優先株で構成するその他Tier1，③劣後債等で構成するTier2と分類し，自己資本比率全体８％以上，Tier1比率６％以上，CET1比率4.5％以上を要求する。第二に過度に借金が多い状態を規制するレバレッジ比率（Tier1資本÷エクスポージャー額≧３％）やプロシクリカリティに対応して景気変動抑制的な資本保全バッファー（2.5％）を要求し，デリバティブ取引における相手方の信用リスク変動に伴う期待損失である信用評価調整（CVA）の変動リスクを自己資本規制に組み込んだ。第三に，金融システムの安定に重要な大規模金融機関をG-SIFIsに認定し，CET1比率に追加的な損失吸収力（サーチャージ）を上乗せで要求している。一方，流動性規制は，①金融危機が発生しても30日間は銀行が資金ショートしないようにする流動性カバレッジ比率（LCR: 適格流動性資産÷30日間のストレス期間に必要となる流動性≧100％）と②銀行が資金調達が不安定な社債発行等に過度に依存しないようにする安定調達比率（NSFR。安定調達額（資本＋定期預金等１年超の負債）÷所要安定調達額（資産×流動性に応じてウエイト付け）＞100％）を導入した。（久保田隆）

バーゼル・コンコルダート　Basel Concordat

　G10諸国の中央銀行総裁会議により1975年に設立された**バーゼル銀行監督委員会**が，1974年の西独Herstatt銀行倒産を踏まえて1975年に公表したガイドラインで，銀行の海外拠点の監督に関し，受入国の監督当局と母国の監督当局の共同責任とした上で，監督責任分担に関してまとめたもの。共同責任とした結果，母国の監督水準が緩い場合は，受入国に自国銀行の進出を拒否されるリスクが生じる（例えば，ア

メリカは1991年外国銀行監督強化法＜FB-SEA＞で厳しく審査）ため，母国が監督水準を引き上げる誘因となった。Ambrosiano銀行倒産を契機に1983年に改訂し，母国当局の監督責任が強化され，その後，BIS自己資本比率規制（バーゼル合意）に発展していった〔⇨バーゼル合意〕。（久保田隆）

バーゼルⅢ　Basel Ⅲ

　米国のサブプライム・ローン問題に端を発した世界金融危機に対し，バーゼルⅡを導入した欧州が対応しきれなかった反省から，バーゼルⅡ批判が高まった。2009年1月15日にはG30の提言（金融改革～金融安定の枠組み）で，自己資本比率の引上げや資本の定義の見直しなどバーゼルⅡの全面的な見直しが求められ，同様の主張が2月のEU〔⇨EU〕におけるド・ラロジエール報告，3月の英国ターナー報告と続き，バーゼル委員会もバーゼルⅢに向けた検討を開始した。9月のG20金融サミット（ピッツバーグ）では，①G10に代わりG20を国際経済協力に関する第一のフォーラムに指定し，②金融危機対応をリードすべき組織を金融安定理事会（FSB）とし，③バーゼル銀行監督委員会はFSBの下で銀行規制を担当する委員会になった。

　バーゼルⅢは，2023～2028年に段階的に実施される予定である。この内容は，①自己資本比率規制を質の高い自己資本で構成する最低自己資本を4.5%以上，その比率割れを防ぐための資本保全バッファーを2.5%，カウンター・シクリカル・バッファー（好景気の時に積み増しし，景気が悪い時にこれを取り崩して景気変動の影響を抑えるもの）を2.5%，**大規模金融機関（G-SIFIS ＜Global-Systematically Important Financial Institutions＞：システミックに重要なグローバル金融機関で，日本の3メガバンクを含む約30の金融機関を指す）**に対する追加規制の4階建ての資本規制に代え，②資産の総額に対する資本の比率に最低基準を設け（レバレッジ規制），レバレッジ倍率は33倍以内とし，③金融危機時の預金流出への対応のための流動性カバレッジ比率（LCR: 30日分のネットの現金支払に対する流動性の高い資産の比率を100%以上）と長期資産運用に対応した安定調達比率（NSFR: 長期間の固定資産に対する安定的に利用可能な負債や資本の比率を100%以上）の2点から規制する流動性規制を導入した。しかし，①格付け会社による外部格付けの高い企業のリスク量が融資額の20%に軽減される点で，サブプライム・ローン問題の一因として批判された格付け依存が依然解消されず，②銀行の内部モデルを用いたリスク計測の手法を維持している点でバーゼルⅡの課題が解消された訳ではない。

　英米が強力に推進するバーゼルⅢに対し，日本は当初から規制強化に反対していたが，ギリシャ国債のデフォルト懸念から独仏が規制強化に懸念を表明し始め，自己資本の中に繰延税金資産や優先株式の一部など，自国の銀行に有利になるように様々な資産を自己資本に組み入れた。また，日本の銀行が自己資本に組み入れてきた優先出資証券については経過措置で10年間は資本として認められた。しかし，バーゼルⅢで残った抜け穴についてはそれを塞ぐ方向での検討も進んでいる。（久保田隆）

バーゼルⅡ

　〔⇨バーゼル合意〕

バーゼルⅠ

　〔⇨バーゼル合意〕

バーター貿易

　〔⇨カウンタートレード〕

ハード・カレンシー（硬貨）　hard currency

　外国為替市場において，十分な流通量があり，通貨発行国の政治経済が安定していて信用力があり，国際的な銀行で取引可能で，様々な場所で他国通貨と自由に換金可能な通貨を指し，米ドル，ユーロ，日本円，英ポンド，スイスフラン，カナダドルなどが該当する。但し，どこまでをハード・カ

レンシーに含めるかは論者によって異なる。別の呼び名として，国際通貨，決済通貨がある〔⇨基軸通貨〕。上記の条件を満たさないハード・カレンシー以外の通貨（例:フィリピン・ペソ）を**ソフト・カレンシー**または**ローカル・カレンシー**と呼ぶ。（久保田隆）

ハードシップ条項　hardship clause

　契約締結時に予測し得なかったハイパーインフレ等の（不可抗力免責の対象ほど著しくないが激しい）環境変化により，契約の履行が困難になった場合に，当事者に契約条件の改訂を巡る**再交渉義務**を課す条項（交渉を義務化するが，契約改訂を義務化するものではない）。なお，ユニドロワ国際商事契約原則6.2.2条，6.2.3条は再交渉義務を規定している。〔⇨不可抗力条項，ユニドロワ国際商事契約原則〕（久保田隆）

パートナーシップ　partnership

　二人以上の者が，共同所有者（co-owner）として営利活動を行うために，金銭や動産・不動産，その他，労務や技術等を出資して組成する契約関係ないし団体（association）をいい，衡平法に由来する組織形態のひとつである。しばしば**法人**（corporation）と対比され，パートナーから独立した法人格は観念されないが，パートナーシップ・アセット（partnership asset）の概念が認められ，その独自の**商号**（partnership name）をもって，財産を取得したり保有，処分することもできるほか，訴訟上の当事者能力を認められている点に特徴がある。パートナーシップにはいくつかの形態があり，大きく**ジェネラル・パートナーシップ**（general partnership）と**リミテッド・パートナーシップ**（LP: limited partnership）に分けられる。

　ジェネラル・パートナーシップは，わが国における民法上の組合や合名会社に類似するものとされ，その構成員であるジェネラル・パートナーは，共同所有者として業務執行に関与し，パートナーシップの代理人として行為を行うことができる反面で，

パートナーシップの債務について合同・連帯して無限責任を負う。

　これに対し，わが国における合資会社に類似するとされるリミテッド・パートナーシップは，ジェネラル・パートナーとリミテッド・パートナーによって構成されるパートナーシップである。ジェネラル・パートナーと異なり，リミテッド・パートナーは，一定額の財産を出資するものの，それ以上にパートナーシップの債務について責任を負うことはない（有限責任）。

　また，ジェネラル・パートナーシップとリミテッド・パートナーシップの中間形態として，ジェネラル・パートナーシップの変種である**LLP**（limited liability partnership）や，ジェネラル・パートナーの責任をも限定する**LLLP**（limited liability limited partnership）があり，大規模法律事務所や会計事務所はLLPの形態を採っていることが多い。

　このほか，新しい企業形態として，パートナーシップの利点とコーポレーションにおける有限責任の利益を混合した**LLC**（limited liability company）を挙げることもでき，これはパートナーシップとコーポレーションの中間形態として位置づけられる。

　なお，パートナーシップとよく似た形態として**ジョイント・ベンチャー**（JV: Joint Venture）〔⇨ジョイント・ベンチャー〕が挙げられるが，これをパートナーシップの一種として考えるべきか否かについては議論がある。（川中啓由）

ハーバード流交渉術
　　〔⇨原則立脚型交渉〕

排出量取引　carbon emissions trading

　1997年に採択された京都議定書で認められた柔軟性措置の1つで，温室効果ガス（二酸化炭素など）の削減目標を低コストで達成するため，排出量に上限（排出枠）を設け，二酸化炭素の排出に課金し（**カーボン・プライシング**），排出量の超過分や不足分を国同士や企業間で売買することを認める制度に基づく取引。**排出取引**や**排出権取**

引ともいう。日本を含む世界各国で導入が進んでいる。2016年発効のパリ協定が温室効果ガス対策の長期戦略の策定を求める中，日本は温室効果ガスを2050年までに80％削減する目標を掲げてきたが，その達成は困難とみられている。このため，環境省は排出量取引制度の本格的な導入に向けて検討中である。（久保田隆）

白馬の騎士
〔⇒ホワイトナイト（白馬の騎士，第三者割当増資）〕

バコン
〔⇒デジタル通貨〕

裸傭船契約　bareboat charter，demise charter
傭船契約〔⇒傭船〕の一種で，法的には船舶の賃貸借契約である（商法701～703条参照）。船舶賃貸人が船舶賃借人（裸傭船者，bareboat charterer）に対して船舶の占有を移転し，船舶賃借人が船舶の艤装，船員の配乗を行う点で，定期傭船契約〔⇒定期傭船契約〕と異なる。裸傭船された船舶につき修繕の必要が生じた場合は，通常は船舶賃借人が修繕義務を負う（商法702条参照）。裸傭船した船舶による運送を裸傭船者が引き受けた場合，裸傭船者は契約相手方に対して運送人としての責任を負うほか，第三者に対しても船舶所有者と同様の責任を負う（商法703条1項）。傭船期間終了後に傭船者が船舶を買い取る条件を付して締結されることもあり，船舶ファイナンスに利用されている。代表的な標準書式として，BIMCOの制定したBARECONがある。（増田史子）

パックマン・ディフェンス　Pac-Man defense
パックマン・ディフェンス（Pac-Man defense）は，米国における有事の防衛策の1つであり，買収者に対して敵対的TOBなど逆買収提案を行うことで会社を守る攻撃的手法である〔⇒敵対的買収，公開買付け〕。1999年フランスの石油会社トタルフィナ

（業界第1位）が，エルフ・アキテーヌ（同第5位）を買収せんとした際，エルフ側からトタルフィナに対して逆買収提案が行われた事例がある。わが国会社法では買収対象の企業が買収を仕掛ける企業の株式の4分の1を取得すれば，買収を仕掛ける企業が保有する株式の議決権は失われるが，これを利用した買収防衛策でもある。買収対象となっている企業に財務的な余裕があればとられることが多い。また買収者が個人，非公開企業の場合は意味が乏しくなる。（藤川信夫）

パテントプール　patent pool
ある技術に権利を有する複数の者が，それぞれの所有する特許（patent）などのライセンスをする権限を一定の企業体や組織体に集中した枠組み（プール）を構築し，この企業体や組織体を通じてプールの構成員等が必要なライセンスを受けるものをいう。プールを利用できる者以外への排他的な組織であるため，公正取引の確保に疑問があるものの，技術革新が著しい分野においては，新市場の立上げ，需要の拡大のため，自らの規格を策定し標準化することが重要である。様々な知的財産を多数のライセンシー，ライセンサー間で契約すると複雑で，コストや時間が必要となり，市場の迅速な立上げ・商品や製品の投入・需要の拡大を阻害するおそれがあるが，電気・電子等の分野では，グローバルにパテントプールが普及し，仕組みと効果は広く認識され，他の業種への広がりを見せている。〔⇒知的財産，ライセンス契約，ライセンサー，ライセンシー〕（河野公洋）

BATNA
バトナ
〔⇒原則立脚型交渉〕

パナマックス　Panamax
今日では，中型「ばら積み貨物船」のみを示す呼称。2016年6月に拡張される以前のパナマ運河を航行できた最大船型（全幅106フィート≒32m，全長900フィート≒

八

247m）で，伝統的には8万載貨重量トン程度をいう。中型ばら積み貨物船は，日本向けでは発電所向けの石炭・穀物の輸送に使われる。

コンテナ船についても，1988年にAPLが幅32mを超える4,300個積みのコンテナ船を就航させるまでは，パナマックスという表現が存在した。

ちなみに，ばら積み貨物船で，パナマックスより大型をケープサイズ，小型の船をスープラマックスないしハンディーマックス，更に小型の船をスモール・ハンディと呼ぶ。（合田浩之）

performance bond
〔⇨銀行保証状〕

パリパス条項　pari passu clause
パリ・パス（***pari passu***）とは，同じ歩幅ないし順位を意味する語であり，契約文言においては債権などの順位や株式などの地位を同等とすることを意味する。例えば，シンジケート・ローン契約〔⇨シンジケート・ローン〕等において，ある債権者の債権回収の優先順位を他の無担保の一般債権と少なくとも同順位とする旨を定めることが多く，これをパリパス条項という。具体的には"The Borrower shall ensure that the oblgations and liabilities of the Borrower under the Loan Agreement shall rank at least pari passu with all other unsecured and unsubordinated External Indebtedness of the Borrower."というような文言となることが多い。（川中啓由）

バリュー・アット・リスク　VAR: Value at Risk
金融機関が保有している資産のリスクを評価するために考案された手法であり，①過去の一定期間（観測期間）の金利・株価・為替等（リスクファクター）の変動データに基づき，②将来のある一定期間（保有期間）のうちに，③ある一定の確率（信頼水準）の範囲内で，④当該金融資産・負債が被る可能性のある最大損失額を統計的手法により推定するもので，**予想最大損失額**と

意訳される。市場VaRの計測手法は，①分散共分散法，②モンテカルロ・シミュレーション法，③ヒストリカル法，に大別されるが，リスクプロファイルに合った手法を選択する必要がある。（田中誠和）

万国海法会　International Maritime Committee; CMI
国際海事委員会とも呼び，1897年に設立された国際機関である。所在地はベルギーのアントワープ。各国の国内海法会を会員とし，2020年現在，会員海法会の数は52である。

主要な仕事の内容は，海事私法における各国国内法の統一および海事に関する国際条約草案の作成・制定である。万国海法会は，いままで船舶衝突，海難救助，船荷証券などをはじめとする多数の海事に関する国際条約の草案を作成してきた。また，海上保険の実務では国際的に広く採用されている共同海損に関するヨーク・アントワープ規則を制定した〔⇨海上保険，ヨーク・アントワープ規則〕。

近年，海事私法分野の条約の制定作業は，国際海事機関（IMO）や国連国際商取引法委員会（UNCITRAL）で行われるようになったが，万国海法会はなおIMOを通して海事私法条約草案の作成および海事私法の統一に重要な役割を担っている〔⇨国際海事機関，UNCITRAL〕。（中曽根淑芳）

Banco Delta Asia（BDA）事件
〔⇨金融制裁，米ドル・コルレス口座管轄〕

犯罪収益移転防止法（犯収法）　Act on Prevention of Transfer of Criminal Proceeds
犯罪収益移転防止法（犯罪による収益の移転防止に関する法律－Act on Prevention of Transfer of Criminal Proceeds）とは，わが国におけるAML/CFT（資金洗浄・テロ資金対策）の基本法であり，同法が規定する金融機関等の特定事業者に対して，取引時確認（第4条），確認記録/取引記録の作成・

八

保存（第6/7条），疑わしい取引の届出（第8条），コルレス契約締結時の厳格な確認（第9条），外国為替取引に係る通知（第10条）を課す。2003年施行の**本人確認法**は，わが国で初めて金融機関による顧客等の本人確認，本人確認/取引記録の作成・保存を法令上の義務としたが，その後FATFがAML/CFTの対象となる事業者を金融機関以外に拡大したのを受けて，2007年の犯収法成立に伴い，AML/CFTの司令塔である資金情報機関（**FIU**）が，金融庁から，警察庁**犯罪収益移転防止対策室（JAFIC）**に移管された。2008年のFATF第三次対日相互審査結果を受けて，①特定事業者の追加，②取引時確認の導入，③ハイリスク取引対応の3点が強化/新設された2013年改正犯収法が施行された。更に，FATFは，第三次対日相互審査のフォローアップを通して更なる規定強化を求めたため，①リスクに応じた取引時確認，②取引時確認書類強化，③法人取引の取引時確認手続強化，④ハイリスク取引の対象拡大，⑤疑わしい取引の届け出判断方法追加，⑥**コルレス銀行**のAML体制確認，⑦AML体制整備努力義務の7点が強化/新設された2016年改正犯収法が施行された〔⇨AML/CFT，FATF，JAFIC，コルレス銀行〕。（花木正孝）

販売店　distributorship

海外進出を図る場合，通常，その地域内の事業者との間で**販売店契約**（Distributorship Agreement）・**代理店契約**（Sales Agency Agreement）を締結し，それらを通じて営業活動が行われるが，この進出事業者の商品・サービスの販売等を行う現地事業者が販売店・代理店である。**販売店**（Distributor）は，供給者から商品を購入した上で，それを自らが契約当事者となり買主に再販売を行うもので，供給者を仲介して商品を販売し，供給者から報酬を得る**代理店**（Agent）とは異なる〔⇨代理店〕。日本の事業者が外国企業の販売店・代理店になる場合，在庫の不要等の理由から，代理店から開始する方が負担が少ないとされる。

販売店契約では，当事者の名称・所在地，締結日の他に，販売権の賦与，販売商品，販売地域，最低購入量や秘密保持等の販売店の義務，販売店への協力・商標権の使用等の売主の義務，契約期間，更新・延長，終了，終了後の措置，準拠法，紛争解決方法などが合意される。（中村　進）

ハンブルク・ルール
〔⇨国際海上運送の関連条約〕

P2Pレンディング　P2P lending

銀行等の金融機関を介さず，インターネットを通じて，貸手（個人投資家が中心）が借手（個人やスタートアップ企業が中心）に対し比較的少額の融資を行う仕組み。P2P（peer-to-peer）とは，第三者を介さずに当事者同士が1対1で直接結びついている形態を指す。P2Pレンディングという新しい**フィンテック・サービス**が生まれた技術的背景として〔⇨フィンテック〕，情報通信技術の発展によりインターネット上で貸手と借手のマッチングが可能になったこと，従来の金融機関による与信審査では使われていなかった各種データ〔⇨ビッグデータ〕を収集して与信判断に活用できるようになったことが挙げられる。

P2Pレンディングは，**クラウドファンディング**（個人やスタートアップ企業といった借手による，インターネット経由での資金調達）の一類型である「融資型クラウドファンディング」とほぼ同義とされることもあるが〔⇨シェアリング・エコノミー〕，P2Pレンディングと称するときには，借手（資金を必要とするpeer）と貸手（資金を提供するpeer）が直接結びついていることが強調される。したがってP2Pレンディングにおける事業者は，資金を預かることはなく，単なるマッチング・サイトの運営者と位置づけられる。

資金の借手にとっては，インターネット上で手軽に資金を調達でき，調達金利が銀行等の融資よりも低くなる可能性がある反面，希望どおりのタイミングで希望金額を

集められないリスクがある。資金の貸手にとっては，銀行に預金するよりも高い運用利回りが得られる可能性がある一方，借手の返済不能や詐欺等により資金が戻ってこないリスクがある。（渡邊隆彦）

BIS

〔⇨国際決済銀行〕

BIS 自己資本比率規制

〔⇨バーゼル合意〕

P&I 保険　protection and indemnity insurance

　P&I 保険は，船舶の運航，使用，管理に伴い船主が負う民事責任や支出した費用の塡補を目的とする賠償責任保険である〔⇨海上保険〕。P&I クラブのほか，保険会社が引き受けることもある。P&I クラブは，船舶保険では補償されない様々な損害に対する補償を得るために船主が集まって相互に保険を付す仕組みで，世界的には13の主要な P&I クラブがあり国際 P&I グループを組織している〔⇨船舶保険〕。日本では，船主相互保険組合法（昭和25年法律177号）に基づき日本船主責任相互保険組合が設立されている。保険の引受けは，組合の定款とその保険契約規則により行われる。

　補償の対象となる損害・費用は，運送品の損害に関する責任，船舶衝突による第三者賠償責任で船舶保険により塡補されないもの，岸壁や養殖施設など第三者の財産に対する賠償責任，事故によって船舶や貨物が残骸となった場合の残骸物撤去費用，乗組員の人身損害についての責任など，様々である。責任保険には被害者救済の機能もあるため，加害者の保険金請求権に対して被害者の先取特権が認められるほか（保険法22条1項。但し，P&I クラブは伝統的に，被保険者が賠償金を払った場合に保険者の責任が発生するものとしている），国際条約に基づき，被害者に保険者に対する直接請求権が認められている場合もある（船舶油濁損害賠償保障法（昭和50年法律95号）15条参照）。複数の国際条約において，被害者

救済等のため P&I 保険の締結が実質的に義務付けられている。（増田史子）

PFI　Private Finance Initiative

　PFI は1992年11月にメージャー（J.R.Major.1943-）保守党政権下の英国で始まった。従来のインフラストラクチャーの建設は，政府が設計をし，民間がそれに従って建設をして建設代金を受け取り，政府がそのインフラストラクチャーを運営する，というものであった。PFI は，インフラストラクチャーの整備を民間が主導するもので，民間が政府に代わって資金を調達し，設備を建設・運営し必要なサービスを政府にまたは公共に提供し，インフラストラクチャーの代金を回収するものである。PFI の大きな目的は，公共事業に民間資金を使うことにより財政削減を達成させることと，非効率な公共事業や公共サービスに民間企業を参加させてより質の高い効率的なものに変えていくことである。もともと「小さな政府」を目指す英国の公共事業民活化プログラムとして発足したが，日本，米国，欧州（仏），オーストラリア等，他の先進諸国に広まった。ブレア（Tony Blair: 1953-）労働党政権では，公共と民間の長所を生かしつつプロジェクトを進めていく**PPP**（Public Private Partnership）というコンセプトを打ち出した。投下資金に対し最大の効果を生み出す（VFM: Value For Money）ことを追求する。

　PFI には大きく二種類の代金回収方法がある。第一は「自立型」（to charge the public）といわれるもので，日本における有料道路，橋等のように一般の利用者から料金を回収する方式である。第二は「政府払い型」（to charge the government）といわれるもので，例えば道路，橋であればあらかじめ予想交通量を推定しそれに基づいて一定のタリフ（例えば車1台当たりいくら）を決めておいて政府から支払を受ける方式（「shadow toll 方式」と呼ばれる）である。さらに，一部を利用者から，その他を政府から回収するいわゆる「ハイブリッド型」または「ジョ

イント・ベンチャー型」も存在する。(古屋
邦彦・柏木昇)

BOT 型　Build, Operate and Transfer Scheme

　BOT 型とは，石油化学工場，発電所，高
速道路，港湾，空港などプラントやインフ
ラの建設・整備をする大型プロジェクトに
ついて，事業主体となる企業が建設（Build）
し，かつ運営（Operate）して投下資本を回
収した後，政府機関などの発注者に所有権
を譲渡する（Transfer）事業方式である。資
金調達力の乏しい発展途上国向けに多く用
いられるが，政府機関等による民間資金活
用の方式として国内外を問わず用いられる
〔⇨PFI〕。エンジニアリング会社，商社，金
融機関などが事業主体（多くはコンソーシ
アム〔⇨コンソーシアム〕を組成）となる
が，自らあるいは貸手をアレンジして資金
を調達し，原則として当該プロジェクトか
ら生み出されるキャッシュフローのみを原
資として返済に充てる。プロジェクト自体
を対象とした融資方式であり〔⇨プロジェ
クト・ファイナンス〕，返済原資は当該プロ
ジェクトからのキャッシュ・フローとなる
ので，その管理が重要であり，通常は資金
を第三者に預託して〔⇨エスクロ口座〕契
約に規定した通りの資金管理ができるよう
にする。譲渡の方式により，建設後に譲渡
する**BTO（Build, Transfer and Operate）**型，
建設・運営後も譲渡しない**BOO（Build,
Own and Operate）**型などいくつかのバリ
エーションがある。(富澤敏勝)

BOP ビジネス　Business with the Base of the
Economic Pyramid

　BOP ビジネスとは，CSR〔⇨CSR〕の一
環として，世界人口の約 7 割を占める低所
得階層（Base of the Economic Pyramid 層＝
「BOP 層」という）を対象とした事業を展開
する事業活動である。BOP 層が多い領域に
おける，不十分な社会・生活基盤に起因す
る貧困や衛生面の問題等，深刻な課題を解
決するため，BOP 層にも有益な製品・サー
ビスを提供することにより，生活水準の向
上に資することが目標とされている。先進
的な企業には，高機能の製品を中間所得層
（ボリュームゾーン）だけでなく，BOP 層に
対しても展開することによって，様々な形
態のユニークなビジネスを創出する動きが
見られる。BOP ビジネスは，持続可能性に
資する事業活動となるだけでなく，発展途
上国の人口増加と急速な経済成長に伴い，
新たな市場（ネクスト・ボリュームゾーン）
としても有望であると期待されている。(浜
辺陽一郎)

BCP

　〔⇨事業継続計画〕

BDA（Banco Delta Asia）事件

　〔⇨金融制裁，米ドル・コルレス口座管
轄〕

PDS

　〔⇨情報銀行〕

BPR　business process re-engineering

　BPR とは，企業改革において，既存の組
織やビジネスの進め方を抜本的に見直し，
プロセスの視点で職務，業務フロー，管理
機構，情報システムを再設計（リエンジニ
アリング）するという概念である。この考
え方は，1990 年代に M. ハマー（Michael
Hammer）が提唱した概念であり，1993 年に
出版された共著「Reengineering the Corpora-
tion: A Manifesto for Business Revolution」で
世界に広く認識されるようになった。(長沼
健)

PVP

　〔⇨リスク〕

比較生産費説　The Law of Comparative Cost

　イギリスの経済学者リカード（David Ri-
cardo, 1772－1823）が提唱した貿易理論で
あり，貿易の生じる原因を各国の生産技術
の差異に求める。技術的比較優位説ともよ
ばれる。

いま，A国とB国の2国が，それぞれX財とY財を生産しているとする。財1単位当たり必要な生産量（労働投入係数）が，A国の各財についてx_A, y_A，B国の各財についてx_B, y_Bとする。労働投入係数の小ささは技術的な優位（絶対優位）を表すが，貿易パターンは単純な絶対優位で決まるのではなく，各国における労働投入係数の比率の大きさによって決定される。すなわち，(x_A / y_A) < (x_B / y_B) のとき，A国はX財生産に（技術的な）比較優位を持ち，B国はY財生産に比較優位を持つとされる。逆に(x_A / y_A) > (x_B / y_B) ならば，A国はY財生産に比較優位を持ち，B国はX財生産に比較優位を持つ。

各国が比較優位を持つ財の生産を増やし，その財を輸出し，比較優位を持たない（比較劣位）財を輸入する貿易パターンを通じて，両国の厚生水準は上昇する。〔⇨比較優位説〕（海老名一郎）

比較優位説　The Theory of Comparative Advantage

国際貿易のパターンを説明する最も主要な経済理論。**アダム・スミス**（Adam Smith, 1723-1790）による絶対優位の理論と対比されるが，絶対優位の理論は誤りであり，比較優位の理論が正しいとされる。

絶対優位の考えでは，生産技術が優れ，そのために低コストで生産される財（商品）が海外に輸出され，逆に生産技術が劣るために高コストとなる財を輸入する形で貿易パターンが決定される。しかし比較優位の理論では，貿易相手国と比較して技術的な優位がなくとも，他の財に比べ技術や生産条件における劣位の度合いが小さいならば，その財は輸出財となる。

例えば，日本とアメリカの関係において，技術以外の生産条件が同一であり，自動車生産と小麦生産の両方でアメリカの生産技術が優れているとする。このとき，アメリカの自動車生産の優位の度合いが1.5倍，小麦生産の優位の度合いが2倍であるならば，アメリカは日本から自動車を輸入し，

小麦を輸出することになる。

比較優位の生じる原因は，技術によるとする**リカード**（David Ricardo, 1772-1823）の貿易理論〔⇨比較生産費説〕と，生産要素の相違によるとする**ヘクシャー＝オリーン**の貿易理論定理に分けられる。（海老名一郎）

非関税障壁　NTM: Non-Tariff Measures/ NTB: Non-Tariff Barriers

自由貿易を推進するGATTおよびその後継であるWTO（世界貿易機関）は，貿易制限の例外的手段としては，原則として関税のみを認めている〔⇨GATT, WTO〕。これにより，柔軟な価格メカニズムが維持され，加盟国間の多角的交渉（ラウンドと呼ばれる）による関税引下げが行われ，自由貿易の原則が推進できると考えてきた。しかしながら，多角的交渉の外側で，一方的に関税以外の手段で貿易を制限しようとする傾向が顕著になってきた。そのような制限措置を総称して，**非関税措置**といい，公式には**NTM**と称されるが，**NTB**と呼ぶ場合が多い。

非関税障壁の代表的なものは，輸入割当制などの数量制限，品質や衛生などの国内の基準認証措置，貿易投資関連措置，ダンピング認定措置や相殺関税，緊急輸入制限措置，取引慣行などである〔⇨不当廉売関税，相殺関税〕。数量制限は一般的に禁止であるが，対米自動車輸出においては，日本側が自主的に規制する形をとって実施されたことがある（これは，セーフガード協定に当たる）。

WTOは，NTBに関して，多数の付属協定を定め（例: 貿易関連知的財産措置＝TRIPS），その除去に努めているが，農業問題や自国産業の保護などの課題は多角的交渉を通じても解決は容易でなく，絶えず紛争がWTOに持ち込まれ，紛争解決のために設けられるパネルに決定が委ねられている〔⇨WTO, TRIPs〕。しかしながら，その手続は相当の時間を要する過程であり，実効性に欠けることが少なくないようであ

る。（椿　弘次）

引合　Inquiry/Enquiry

　国際商取引において，売主または買主に対して，その取引条件についての具体的な問い合わせのことをいう。通常，貿易取引では，品質，価格，数量，引渡し，決済等の主要条件につき，契約締結を前提とした売主・買主間の具体的な交渉・問い合わせをいう。複数回そうした引合を経て，交渉（申込みに対する承諾）が行われた後，契約が締結される。（中村嘉孝）

ビッグデータ　big data

　コンピュータの高度化とインターネットの普及に伴って生じた膨大なデータ（スマホを通じた位置情報，検索履歴，視聴歴等）のこと。AI（人工知能）技術の発達により，こうした大量のデータを集計・分析することが可能となった結果，精度の高い予測が可能になった〔⇒AI〕。個人の信用スコアの算出にも用いられている。他方で，個人データを安全・安心に活用すべく，EU の GDPR（一般データ保護規則）や日本の改正個人情報保護法など，各国で法整備が進んでいる〔⇒GDPR，個人情報保護の関連法規〕。（久保田隆）

ビットコイン

　〔⇒暗号資産，デジタル通貨，ブロックチェーン〕

bid bond（入札保証）

　〔⇒銀行保証状〕

被保険利益　insurable interest

　被保険者（insured; assured）が保険に付けた保険の目的物（Subject-matter Insured）に対して有する関係をいう〔⇒保険〕。保険の目的物とは，海上危険によって滅失・損傷を受けるおそれのある保険の対象となる物を指す。その保険の目的物と，保険の目的物の滅失・損傷によって経済的損失を受ける者（被保険者という）との間に存在する関係をいう。海上保険等あらゆる損害保険においては，被保険者が被保険利益を有することが，被保険者にとって保険金を得る前提になる。ある者が自ら何ら危険を負わない貨物に保険を付けた場合，保険事故が発生し貨物に甚大な損害が生じても，何ら経済的損失を受けないのであれば被保険利益は有さず，保険金を得ることはできない〔⇒海損〕。（田口尚志）

ヒマラヤ・クローズ　Himalaya Clause

　履行補助者が，主たる契約上の利益（免責約款，責任制限約款，出訴期限など）を享受することができることを定める約款を言う。海上運送に起源をもつものを，事案の船名からとって，このように呼ぶ（Adler v. Dickson(The Himalaya)[1955] 1 Q.B. 158）。

　国際海上物品運送においても，高度に分業化が進み，運送人は各種の運送関連業務（とりわけ港湾運送業務）を履行補助者や独立の請負人（independent contractor）に委託している〔⇒国際海上物品運送法〕。その際，契約関係理論（Doctrine of Privity of Contract）の厳格な適用により，契約上の利益を直接の契約当事者ではない履行補助者などが享受できないとされると，不法行為による責任を荷主から問われ，履行補助者などは実損額の賠償を請求されることになる。

　これでは，国際統一条約で定めた運送人を保護する責任制度の趣旨が，運送人の業務の一部を引き受けた履行補助者には及ばず，公平性が損なわれる結果になる（経済的に弱い立場の者を不利な立場に置く結果になりやすい）。そこで，公正性（justice）の原則と分業による運送サービスを一体的に捉える政策的判断から，約款に明確な文言をもって契約上の利益を享受できる履行補助者や独立の請負業者を特定している場合には，それらの業者にも運送契約上の利益を享受させることができるとする判例法が形成された（Robert C. Herd v. Krawill Machinery Corp. 359 US 297(1959) 参照）。但し，それらの者の行為は，運送人が引き受けた

ヒ

業務の履行のためのものであり，その業務の範囲内に留まるとの条件が付けられた（Akiyama Corp. of Am. v. M.V. Hanjin Marseiilles, 162 F. 3d 571(1998)）。

コンテナによる国際複合一貫運送〔⇨国際複合一貫輸送〕が盛んになるにつれて，この約款の重要性が増し，NVOを含む国際定期海上運送人が結ぶ陸上の下請運送契約にまで適用範囲を拡大する約款が，コンテナ船荷証券（Multimodal Transport B/L）に挿入されることになった（ONE B/L第5条参照）。これに対し，地理的範囲が広すぎ，国際海上物品運送法を陸上運送（例えば，鉄道運送）にまで適用することに対し強い批判が出て，アメリカの連邦裁判所でそのような約款の効力が争われたたが，有効性が連邦最高裁で認められた（Norfolk Southern Railway Co. v. James Kirby, Pty Ltd., 125 S.Ct. 385）。

イギリスでは，契約関係理論や約因理論から，契約責任は直接の当事者関係に限られるとの考え方が残り，これに批判的な判例や学説が展開されていた。1999年契約法（第三者の権利；The Contracts (Rights of Third Parties) Act, 1999）が制定されて，ヒマラヤ・クローズの趣旨は成文化されたので，法的な解決を見た〔⇨海上コンテナー〕。

このようにして，国際物品運送における運送責任が，B/L約款により実務上統一される方向に進んでいる。（椿　弘次）

秘密保持契約　non-disclosure agreeement（＝NDA），confidentiality agreeement

契約の相手方から受領した**未公開の情報**（技術情報，営業情報などすべてのタイプの情報を含む）に関して，その情報を契約の履行（本来の情報受領目的）のためおよび契約で許諾された範囲内でのみ使用し，相手方の承認なくして第三者に開示しないことを約束する契約である。このような秘密性のある未公開情報の提供，受領，交換は，当事者が，売買，請負，技術移転，共同開発，企業買収，合弁会社の設立などの事業上の提携を行う前提として，その提携に入る可否を判断する材料として行われるものである。一方で，各種の契約（上記で述べた各種契約）の中でも，いわゆる一般条項（Boiler Plate条項）の一つとして同様の秘密保持条項が挿入されることも多い。

この契約でまず重要となるのは，秘密保持の対象となる情報の特定であり，情報提供時に秘密であることの指定（ConfidentialまたはProprietaryと記すこと）を行い，口頭またはビジュアル（pptなど）で提供された情報は，後で書面でその秘密性を確認するなどの作業を要することが多い。一方で，秘密保持義務には必ず例外が設けられる。この例外には，受領時に受領者がすでに保持していたもの，**公知**のもの，この契約の違反となることなく第三者から受領したもの，受領者が自ら開発したもの，法律・司法の決定（判決含む）・政府機関の命令によって開示を求められるものなどが列挙され，これらについては秘密保持義務が適用されないことが明記される。

秘密情報の社内管理としては，少なくとも自己の情報に対するのと同程度の注意義務が課せられ，また，社内でその情報を開示・利用する人員の限定，開示者の承認なしにコピーをしないこと，権限のない者がアクセスできないような措置をとること，従業員教育や監査を行うことなどが求められる。

開示された秘密情報は，開示者の合理的要求によっていつでも，また，契約の終了の時には受領者から開示者に**返還**されるか受領者が**破棄**してその破棄の証明書を提出することが求められるようなこともある。秘密保持義務の存続する期間は約定によるが，一般的に，両当事者がそのまま本来の目的たる契約関係に入る場合には，その契約の秘密保持条項に継続，吸収されることになる。なお，秘密保持契約にせよ，秘密保持条項にせよ，その秘密保持義務の性格上，契約終了後も何年間か存続するように規定されることが少なくない（**存続条項**）。（阿部道明）

標準契約書　standard form contract

　一定の取引に一般的に繰り返して適用することを目的に，業界団体や個別企業によってあらかじめ用意された契約条件書をいう。電気，電話，ガスなどの公共サービスの提供がこれによって行われるほか，銀行取引，商品売買，運送，保険，建設工事などの業界で作成されている。個別条項について交渉の余地が少ないため，附合契約（adhesion contract）ともいわれる。

　取引条件の平準化，共通化，定型的取引における個別条件交渉の必要性削減などの長所がある一方で，当事者の交渉力に差があるときには，作成者に有利な条件の押し付けとなるため，公正性に疑問を持たれることがある。国際取引における適用にあたっては，異なる国の間での文化や契約解釈方法などの相違が問題になることもある。（中村秀雄）

表明保証条項　representation and warranty clause

　英米法の下で**表明**（representation）とは，一方当事者が契約前に他方の当事者を契約に誘うために特定事実を示すことをいう。事実が正しいと信じて契約を締結したが，それが間違っていた場合は**不実表明**（misrepresentation）として契約取消しが認められる。一方**保証**（warranty）は，真実性を保証する契約条項であり，違反の場合は損害賠償が認められる。この2つの約束を契約条項としたもの。

　会社買収で必須の条項である〔⇨M&A〕。英米法では買収リスクは買収者が負うとする原則（Caveat Emptor）が適用されるため，買収者は買収対象会社を徹底的に調査をする〔⇨デュー・ディリジェンス〕実務慣習がある。自分も調査するが，売主から必要な情報を入手し，得た情報により買収の是非や買収価格や条件を決定する。売主が表明又は保証した情報が正しくなかった場合でも，契約書に記載がなければ，**口頭証拠排除原則**〔⇨口頭証拠排除原則〕又は，**完全合意条項**〔⇨完全合意条項〕により効力を否定される恐れがある。そのため買収契約では必然的に長い表明保証条項が挿入される。更にその違反に対する補償支払いを容易にするため**補償**（indemnity）**条項**とパッケージで規定されることが多い。

　表明保証対象は，対象会社の事業規模や内容に応じ，会社の登記・組織，会計帳簿，財務，事業，税務，資産，保険，知的財産権，従業員・年金，訴訟の有無など多岐にわたる。

　売主が少数株主，信託の受託者やファンドなどの場合，広い表明保証には消極的で，また保証文言を「売主の知る限り」と留保したり，責任限度額や期限の設定などを要求する傾向がある。（杉浦保友）

ファイナリティ　finality

　この用語は法学・経済学・工学で若干意味合いが異なるので注意を要する。法学では決済完了性ともいわれ，取消不能で無条件に**決済**（商品の売買など経済活動に伴って生じる債権・債務を対価の支払をもって解消すること）が完了し，遡及効を持つ倒産法などにより法的に取消しや巻戻しが生じない状態を指す〔⇨決済〕。当事者間のみに限定した当事者間ファイナリティ，第三者に対する対抗力も視野に入れた対第三者ファイナリティと分けて用いる場合もある。次に経済学では，中央銀行の最終決済を指す場合が多く，決済参加者による決済が完了し，以後，中央銀行は民間銀行とは違って支払不能が生じないことを前提に，経済的には巻戻しが生じない状況を指す（法的には，この状態でも倒産法などの遡及効に係る可能性が残る）。これに対し，工学では確率論的な概念して用い，例えばブロックチェーン技術において，ブロックが何ブロック続けば書換え不能性が何%達成されるかを示す指標として，ファイナリティを用いている〔⇨ブロックチェーン〕。

　なお，**決済システム**（決済を実現する仕組み）は，**支払**（ペイメント：payment），**清算**（クリアリング：clearing），**最終決済**（セトルメント：settlement）へと至る仕組みと

して理解され，全銀システムや日本証券ク
リアリング機構は**清算機関**，日本銀行や証
券保管振替機構は最終決済機関とされる
が，清算機関での処理は未だ法的にも経済
的にもファイナリティのない決済である。
（久保田隆）

ファイナンス・リース
　　　　〔⇨リース〕

5 G　5th Generation
　第5世代移動通信システムと呼ばれる携
帯電話やスマートフォン等の通信規格。
2020年春より商用開始され，4Gに比べて
高速・大容量で（商用サービスは20倍程度
多い），低遅延（遅延は10分の1でよりリア
ルタイムに），多接続（同時接続数が10倍）
の特徴があり，AIやビッグデータ，IoT，自
動運転などを活用してSociety 5.0を実現す
る上でカギとなる技術とみられている〔⇨
AI，ビッグデータ，IoT，自動運転，ソサエ
ティー5.0〕。日本政府は2020年1月に国会
提出した5G整備に向けた新法案で，減税
や融資の対象とする企業の3要件として，
安全性・安定性・開放性を挙げている。な
お，5Gの上をいく6Gの技術も開発中であ
り，これが実現すると伝送容量は最低毎秒
10ギガビット（5G）から毎秒100ギガビッ
ト（6G）へと増加する。（久保田隆）

ファクタリング　factoring
　他人が有する売掛債権を買い取って，そ
の債権回収を行う金融サービス。様々な種
類があり，資金調達目的や売掛金の早期回
収目的でファクタリング会社が買い取って
現金化するもの（**買取ファクタリング**），債
務者の貸倒れリスク回避目的でファクタリ
ング会社が与信判断の上で買い取って顧客
の代わりに債権回収を行い，倒産等で回収
不能になった場合はファクタリング会社が
顧客に保証金を支払うもの（**保証ファクタ
リング**），日本の企業が海外の輸出相手に商
品を輸出する際に輸出債権回収を確実にす
るため，輸出者・輸入者・ファクタリング

会社の間で行う（信用状取引よりも手続が
迅速）もの（**国際ファクタリング**）などが
ある。日本におけるファクタリング業界の
自主規制機関に**日本ファクタリング業協会**
がある。（久保田隆）

FATCA（米国外国口座税務コンプライアンス法）　Foreign Account Tax Compliance Act
　米国人（米国の納税義務者）が国外の金
融機関を利用した脱税や租税回避等の防止
を目的とし，①米国企業から米国外金融機
関への支払に対して，30%の源泉徴収を行
うこと，②当該源泉徴収を免れるためには，
米国外金融機関は，米国人の口座の情報（氏
名，口座残高等）をIRS（米国内国歳入庁）
へ提供することを規定する，IRC（内国歳入
法典）の規定の一部として導入された法律。
　ただ，日本の金融機関からIRSへの報告
等は国内法に抵触する可能性があること等
から「米国のFATCA（外国口座税務コンプ
ライアンス法）実施円滑化等のための日米
当局の相互協力・理解に関する声明」（2013
年6月11日）等において，①口座保有者か
ら同意を得られた情報を日本の金融機関が
IRSへ直接提供すること，②同意が得られ
なかった情報に関しては，**日米租税条約**に
基づき国税庁が日本の金融機関から情報を
入手し，IRSへ提供すること等の枠組みが
日本当局（財務省，国税庁，金融庁等）と
米国財務省との間で合意された。（野一色直
人）

FATF
　　　　〔⇨金融活動作業部会〕

FATF勧告
　　　　〔⇨40の勧告〕

VAR
　　　　〔⇨バリュー・アット・リスク〕

VMI　Vendor Managed Inventory
　「納入業者（ベンダー）在庫管理方式」と
訳される〔⇨ベンダー〕。納入業者側が在庫

を管理・補充するところに特徴がある。IT
の発達により，顧客（バイヤー）側の在庫・
販売・出荷に関する情報を，納入業者側と
共有することが容易になったためそれが可
能となった。理論的には，この方式に基づ
けば，納入業者側はリアルタイムで顧客の
在庫状況に応じた正確な納品が行うことが
できるため販売予測を立てやすく，生産効
率の向上を図ることができる。一方，顧客
側にとっても自らの欲する時に欲する量の
納品が正確に行われるため，欠品による生
産遅延を免れるのみならず，在庫回転率の
向上を図ることができる。（田口尚志）

フィデューシャリー・デューティー fiduciary duty

もとは信認義務と訳されるアメリカ法上
の法概念で〔⇨アメリカ法〕，信託や信頼関
係を通じて専ら相手方のために裁量をもっ
て行動する際の責任内容（例えば，銀行で
あれば，専ら顧客のために専門的知見を前
提に最善を尽くす義務を負う）を表し，日
本法における委任契約の受任者の善管注意
義務（民法644条）や忠実義務よりも広範囲
で，より高度である〔⇨シンジケート・ロー
ン〕。一方，日本では金融庁が2014年以来，
この言葉を顧客本位の業務運営を指導する
概念として金融モニタリングに転用し，金
融機関は，資産を預けている顧客の利益最
大化を目標とし，その利益に反する行為を
行ってはならないとする規範として用いて
きた。具体的には，投資家本位の業務運営
を行うためのプリンシプル（原則）として
盛り込むべき7項目（顧客の最善利益の追
求，利益相反の適切な管理，手数料の明確
化など）を挙げている。（久保田隆）

FinCEN（米国） Financial Crimes Enforcement Network

FinCEN（財務省金融犯罪取締連絡室－
Financial Crimes Enforcement Network）とは，
米国における AML/CFT（資金洗浄・テロ資
金対策）を所管する資金情報機関－FIU と
して銀行秘密保護法（Bank Secrecy Act－

BSA）に基づき1990年に設置されたもので
ある。FinCEN の使命は，不正な取引から金
融システムを保護し，AML/CFT に関する
施策の決定，金融機関との連携による金融
情報の収集，分析，普及を通じて国家安全
保障を促進することである。米国OFAC（財
務省外国資産管理局）同様に AML/CFT 違
反事案に対して，制裁を行う。外国為替取
引においては，米ドル決済時に OFAC とと
もに，その影響を受けることとなる〔⇨
AML/CFT，OFAC，FATF，外国為替〕。（花
木正孝）

フィンテック FinTech

金融を意味する「ファイナンス（Finance）」と技術を意味する「テクノロジー
（Technology）」を組み合わせた造語であり，
金融サービスと情報通信技術を結びつけた
革新的（innovative）あるいは破壊的（disruptive）な動きを指す。

21世紀に入り，インターネットやスマー
トフォンが世界的に普及するにつれ，規制
に守られた金融機関が独占的に提供する横
並びの金融サービスを，情報通信技術の活
用により利用者にとって「安価で，迅速で，
利便性の高い」サービスに変えていこうと
するフィンテックが急速に拡大している。
フィンテックの具体例としては，AI（Artificial Intelligence: 人工知能）を利用した投資
判断（ロボットアドバイザー）や与信判断
および不正取引検知，ビッグデータを利用
した金融商品マーケティングやニュース解
析・株価予測，ブロックチェーンを利用し
た決済・送金サービスや契約管理（スマー
ト・コントラクト），オープンAPI（銀行が
スタートアップ企業等にAPI（Application
Programming Interface）を公開し，顧客の同
意に基づいて銀行システムへのアクセスを
許諾すること）を活用した家計簿アプリ等
が挙げられる〔⇨AI，ビッグデータ，ブロッ
クチェーン，API〕。

また，これまで金融サービスが十分に普
及していなかった新興国や途上国において
も，携帯電話やスマートフォンの爆発的な

普及に伴い，フィンテックによって国民が金融サービスにアクセス可能になる事例が増加している。代表例として，ケニアのモバイル送金サービス M-Pesa（エムペサ）が挙げられる。（渡邊隆彦）

フォーフェイティング　Forfaiting

　フォーフェイティングは，信用状付きの期限付輸出**荷為替手形**のうち，発行銀行等による引受済手形を対象とする**輸出金融手法**の１つで，買取銀行は，買取依頼人に対して手形の遡及権（輸出商の買戻債務）行使を放棄する，**Without Recourse 取引**である。輸出商のメリットは，①不払い事故が発生時に買戻債務を負担する義務がない点，②輸入商／発行銀行の**信用リスク**および，**カントリーリスク**双方のリスクヘッジが可能であるので，高リスク輸出案件等に活用することで販路拡大が可能という点，③Without Recourse 取引であるため，B/Sの売掛債権等を**オフバランス化**可能である点，等である〔⇨信用状，荷為替手形，信用リスク〕。（花木正孝）

フォーラム・ノン・コンビニエンス　forum non conveniens

　受訴裁判所が，法廷地の訴訟法によれば国際裁判管轄を有するにもかかわらず，訴訟の追行に関する当事者や証人の便宜，審理を行う裁判所の負担などの諸利益を衡量して，自身に比較して他国（州）の裁判所で訴えを審理するのがより適切であると判断した場合に，裁量権を行使して，訴えの却下もしくは手続の中止（stay）を命じることができるとする英米法上の法理である〔⇨コモン・ロー〕。また，裁判所は同時に，被告が代替的な法廷地において，債権の消滅時効を援用しないこと，将来の判決に従うことなどの条件を付することがある。日本法では，この法理に近いものとして，いわゆる「特段の事情論」と呼ばれる判例理論がある。これは，平成23年民訴法改正以前に，民訴法の規定する裁判籍のいずれかが日本にあれば，原則として国際裁判管轄が

認められるが，例外的に，日本に管轄を認めることが当事者間の公平，裁判の適正迅速の理念に反する特段の事情があるときは認められない，というものである。上記民訴法改正により，国際裁判管轄規定が明文化されるとともに，「特段の事情論」も民訴法３条の９「**特別の事情**による訴えの却下」において立法化された。（黄　軔霆）

Forex
　〔⇨外国為替証拠金取引〕

フォロワー戦略　market follower strategy

　市場における競争地位（競合他社と比較した自社の経営資源上の強さを示す位置）によって，マーケティング戦略は大きく異なる。フィリップ・コトラーは市場における競争上の地位によって，企業を**リーダー**，**チャレンジャー**，**フォロワー**，**ニッチャー**の４つに分け，それぞれがとるべき戦略を整理した。フォロワー戦略とは，市場シェアが小さく，経営資源の量も質も劣る企業は，リーダー企業やチャレンジャー企業に追随し，模倣や改良を行うことで，開発コストや失敗のリスクを抑え，利益を確保して経営資源の蓄積を目指す戦略のことである。（田中誠和）

フォワーダー　forwarder

　海運貨物取扱業者（**海貨**）〔⇨海貨業者〕は，港湾で貨物を取り扱う専業で，荷主（輸出者や輸入者）の代わりに，貨物の船積手続・引取手続・搬出入・運送・荷役など，様々な業務を担ってきた。貨物を船やコンテナ・ヤードで引き渡すまで運び，船社から**B/L**（船荷証券）を輸出者の代わりに受け取る〔⇨船荷証券〕。また，輸入者から受け取った B/L を船社に提出，**D/O**（Delivery Order: 荷渡し指図書）を受け取り，船社から貨物を引き取る業務を行ってきた。加えて**通関業務**（通関業）〔⇨乙仲〕・運送業務・倉庫業務・梱包業務などの関連業務を兼務するようになった。海貨は，港湾運送事業法に基づく海運貨物のみを取り扱うが，**フォ**

ワーダーは，航空，鉄道，自動車などを利用する利用運送事業者（荷主より貨物を預かり，自社以外の輸送業者の行う運送を利用して貨物の運送を行う事業）のうち国際輸送を取り扱う業者を指す。フォワーダーの中でも海上輸送を担う業者を**NVOCC**（Non Vessel Operating Common Carrier：非船舶運航業者）ともいう。フォワーダーは，貿易が port to port から door to door のビジネス形態への担い手となっている。〔⇨フレイト・フォワーダー，港湾運送事業法，海上コンテナー〕（河野公洋）

賦課課税制度　official duty assessment system

　輸入貨物に対して課せられる関税額の確定方式の一つである。納付すべき税額または納付すべき税額がないことが，もっぱら税関長の課税処分によって確定する方式である。税額を計算しその納付を納税義務者に求めるのは税関となる〔⇨税関〕。税関長はこの方式による関税について賦課決定を行った後，その決定した課税標準または納付すべき税額が過大または過少であることを知った時には，重ねて賦課決定の処分を行うことができる。この方式によりその税額が確定する関税には，入国者が携帯して輸入する貨物や別送して輸入する貨物に関する関税，郵便物（20万円以下の物品または寄贈品）に対する関税，過少申告加算税，無申告加算税，重加算税などがある〔⇨関税〕。（田口尚志）

不可抗力（条項）　Force Majeure（clause）

　もとはフランス語で抗拒不能な強制または抑圧を意味する用語であった。本来は洪水・地震・暴風雨などの天災（vis major あるいは act of God）のような予見または統制不可能な出来事のほか，火災・戦争・暴動・内乱・同盟罷業・工場閉鎖・輸出禁止・貿易制限・船舶徴用，その他これらに類する突発的な非常事態をいい，売主側（買主側の場合もある）が，一般的な注意や予防的措置ではその損害を防止できないことを意味する用語である。

　国際商取引では，不可抗力による貨物の滅失・毀傷・契約の履行不能または遅延などが生じた場合，売主は免責されることになっている。このように，天災・戦争・ストライキなど当事者にとって抗拒不能な事由が生じた場合には当事者は，その義務を免れるという旨を規定する条項を不可抗力条項（Force Majeure clause）〔⇨不可抗力条項〕と呼んでいる。

　act of God も不可抗力または神の行為と訳され，地震・落雷・竜巻・自然死などのように，相当の注意を払っても，予知も予防もできない自然力の発現によって生じる事故をいう。すなわち人為が加わらず，人為によって支配できない自然力による天災地変のような偶発的事故を意味する。この act of God は一般的には Force Majeure よりも狭義であるとされている。同じく「不可抗力」と訳されるラテン語の vis major も自然災害をさすことが多いが，戦時中の政府の干渉のような人為的出来事を含む広い概念として使われることもある。

　不可抗力条項の解釈にあたっては，当該契約（書）の内容や性質を考慮した上で前後の言葉との関連性についても相当の注意を払うべきであるとされる。実際に事故が起こった際には，しばしば当事者間に，当該事故に対する見解の相違が生じ，その結果，紛争となることが多い。そのため，契約書や取引一般条件協定書上では，あらかじめ不可抗力による損害などは免責されること，およびその措置を明記した不可抗力条項を挿入するのがふつうである。

　不可抗力事態が発生した場合には，売買両当事者は次のような選択権を持つことになる。（1）不可抗力事態が継続している期間中は商品の引渡し（買主の場合は商品引渡しの受領）を延長，または本契約の下でのその他の義務の履行の期間を延長すること。（2）本契約の全部または一部を無条件で解約すること。売主（買主）がこのような選択権を行使する場合，買主（売主）は，売主（買主）に対するクレームなしで場合によりそのような期間の延長または契約の

フ

解除を承諾するものとすることなどを明記しておく。(亀田尚己)

不可抗力条項　force majeure clause

不可抗力条項〔⇨不可抗力〕とは，不可抗力を事由として契約上の義務の全部また一部について免れうる機能を有する契約条項をいう。国際契約書式においては**一般条項**(General Provisions)〔⇨ボイラープレート条項〕として標準的に装備されている。日本の改正前民法の下では，不可抗力は当事者の責めに帰すべからざる事由として契約履行責任を免れうると一般に解されていたので，国内契約では不可抗力条項を規定しない，もしくは極めて簡単な条項とすることが多い。国際契約では，不可抗力条項を置くのが普通である。これは国際契約にはこの条項を詳細に規定する英米法型〔⇨コモン・ロー〕の契約書式が採用されていることが多いのが一因である。英米法は無過失責任の原則を採っており，不可抗力事由が生じても契約不履行の抗弁として認められないので，契約に適用される法〔⇨契約準拠法〕が英米法系であれば，不可抗力条項の必要性は高い。また日本法に準拠していたとしても，不可抗力事由を構成する事象や，不可抗力発生時の効果などについて，当事者の相互理解に齟齬をきたさぬために，特に国際契約ではこの条項を置くことに意義がある〔⇨コロナ・ショック〕。(富澤敏勝)

複合運送

〔⇨国際複合一貫輸送〕

複数議決権株式　multiple voting stock

スーパー・ボーティング・ストック（複数議決権株式）について，創業者等の特定の株主が複数の議決権を持つ仕組みである。フランスなど欧州の大陸諸国では，株主総会の承認を得た上で黄金株や複数議決権株式など特殊な株式を用いた防衛策が伝統的に用いられ，フランスでは株式を長期保有する株主には複数議決権を与える仕組み，2割以上株式を取得した株主には15%未満の議決権しか与えない議決権制限株式の制度が種類株式によって導入されている。他方，ドイツでは雇用増大のためのグローバルな資本市場政策を目的として98年ドイツ株式法等の改正により禁止され，2002年企業買収法制定後も複数議決権株式，議決権制限株式は禁止されている。わが国の場合，複数議決権株式は単元の異なる複数の種類株式を活用することにより特定の第三者に発行できる。定款変更が必要で株主総会の特別決議が必要となる。具体的な法的設計としては，友好的第三者に1株で1単元の種類株式，その他の株主には100株で1単元の種類株式を割り当てるといった方策が想定できる。(藤川信夫)

物権　right in rem

独仏日など大陸法諸国における私法上の概念で，物（モノ）を直接的に支配する権利（例: 所有権，担保物権）を指し，特定の者（ヒト）に対して特定の行為を請求する**債権**と対比される〔⇨債権〕。日本では，物は有体物とされ(民法85条: この点，フランスでは要件が緩い)，排他的支配可能性が求められるほか，法律で定められたもの以外の物権を新たに創出できない物権法定主義(民法175条)を採用するため，暗号資産やデジタル通貨の保有者に立法なしに物権を認めることは一般に難しい〔⇨暗号資産，デジタル通貨〕。ただし，信託財産とすることはできる〔⇨信託〕。物権と債権は共に財産権（財産的価値を持つ権利の総称）である。また，詳細は別項目に譲るが，**有価証券**である船荷証券は債権的効力と物権的効力を共に有する一方，有価証券でない運送状は債権的効力しか有しない〔⇨有価証券，船荷証券，運送状〕。(久保田隆)

物々交換

〔⇨カウンタートレード〕

不当廉売関税（アンチダンピング関税） anti-dumping duty

不当に低い価格で輸入され（不当な安売），そのために国内産業が被害を受ける恐れのある輸入品に対して，通常の関税に加えて，正常価格と**不当廉売（ダンピング）**〔⇨ダンピング〕価格の価格差の範囲において，割増関税を付加する制度で，一般に**アンチダンピング関税**，税関では**ダンピング防止税**と呼ばれている（関税定率法第8条）〔⇨関税三法〕。WTOのルールに基づき，提訴，発動される。わが国では原則，国内生産者（申請企業）からの申請に基づき，調査チーム（経済産業省・財務省等）による調査（原則1年）を行い，損害が認定され要件を満たしている場合に発動される。課税期間は原則として5年以内だが，期限内に正当な見直しが行われた場合には延長される。〔⇨関税，相殺関税〕（河野公洋）

船積書類 shipping documents

約定品の積出しが行われるなど，売主によって売買契約上の義務が履行されたことを証する書類の総称をいう。伝統的な貿易代金の決済には，その引渡しが条件となり，荷為替取組みの際は，手形に付帯される重要な書類となる〔⇨荷為替手形〕（手形がない取引では書類そのものが主体となる）。定型取引条件（trade terms）にもよるが，船荷証券（Bill of Lading），海上保険証券（marine insurance policy），商業送り状（commercial invoice）の3つが主な基本書類とされる〔⇨定型取引条件，船荷証券，海上保険証券，商業送り状〕。これらの書類に加え，包装明細書（packing list）や，場合によっては，領事送り状（consular invoice），税関送り状（customs invoice），原産地証明書（certificate of origin），各種検査証明書（inspection certificate）等が含まれることもある〔⇨インボイス，原産地証明書〕。本来，売主は物品を運送人に引き渡すあるいは船積みをすることによって引渡しの基本的行為を済ませたこととなるが，売主は，これらの船積書類を，買主宛に振出した為替手形〔⇨為替手形〕

に添付することによって手形の引受・支払のなされるまで担保権を留保することが可能となり，これによって買主の代金支払をある程度確実にすることができる。一方，買主にとっても，船積書類が契約に合致するか否かを点検し，売主の義務が契約に従って履行されたことを確認した上で，書類と引換えに代金を支払うことができることから，単なる代金前払に比べれば，安全となる。このように船積書類は，隔地間取引の売買当事者の義務履行をある程度確実にし，取引の安全と合理化を図る上で重要な役割を担ってきた。しかし，昨今の貿易取引においては信用状取引を含む荷為替取引の割合が低下し（もっとも一定地域との取引や新規取引先を相手とする場合には依然として使われている），送金方式での取引が主流になり担保面での役割は従来に比せば低くなった〔⇨信用状，決済〕。とはいえ，船積書類は，安全保障貿易管理に代表されるセキュリティ面からは，どのような当事者の間のどのような取引であるのかを詳細に証する依然として重要な役割を担っている〔⇨安全保障貿易管理制度〕。（田口尚志）

船荷証券 Bill of Lading: B/L

貿易取引では，売主が商品（貨物）を船積し国境を越えて買主の手元に到着するまでに時間を要し，売主にとっては代金が確実に支払われるか，一方買主にとっては確実に船積されたか不安である。そこで，貨物に対する支配権を化体（かたい），あるいは表章した船荷証券を船積と同時に運送人が発行し，この船荷証券の所持が貨物そのものを所有とする効力を持たせるようにした。そして，船荷証券を担保にした為替手形（荷為替手形）により代金の回収を行い，また船荷証券自体の譲渡を運送中でも可能にした〔⇨荷為替手形〕。このような船荷証券には，国際海上物品運送法を中心に以下のような性質が規定されている〔⇨国際海上物品運送法〕。

a) 要式証券性

国際海上物品運送法第7条第1項により

191

記載事項が法定されているが，それほど厳格なものではない〔⇒国際海上物品運送法〕。同項1号（運送品の種類），2号（容積もしくは重量または梱包もしくは個品の数および運送品の記号），6号（運送人の氏名または商号）等の船荷証券の有効性にかかわる事項を記載し，署名（第7条第1項）があれば有効である。

b) 指図証券性

国際海上物品運送法第10条，商法第574条により，証券の引渡または裏書による譲渡可能な法律上の当然の指図証券である。

c) 文言証券性

債権的効力といわれているものであり，船荷証券に記載されている運送人の債務の履行を，船荷証券所持人は請求できる。船荷証券の記載が事実と異なる場合，運送人は善意の船荷証券所持人に対抗できないとする推定的効力を認め，証券の流通性を確保している。しかしながら，大量の貨物を即時に処理することを要請されている運送人に対して，抜取検査や目視検査しか実行できない場合，船荷証券の不実記載が運送人の過失に基づかないとの抗弁を常に許さないとするのは疑問が残る。

d) 受戻証券性・処分証券性

物権的効力といわれているものであり，国際海上物品運送法第10条，商法第776条により，船荷証券を発行した時は，船荷証券と引換えでなければ運送品の引渡請求ができず（受戻証券性: 商法第584条），運送品に関する処分も船荷証券によって行う必要がある（処分証券性: 商法第573条）。

ところで，船舶の高速化，コンテナ採用による荷役の効率化により，船荷証券の送達が本船の近隣諸国の仕向港到着後となることが頻発している（**船荷証券の危機**）〔⇒船荷証券の危機〕。このような場合，「**保証渡し**」が慣行として行われている。荷受人が運送人に対し**保証状**（船荷証券と引換えでなく運送品を引渡したことに起因する一切の損害を引受ける）を差し入れて，貨物の引渡しを受けている〔⇒保証状〕。（絹巻康史）

船荷証券統一条約 Hague Rules, Hague-Visby Rules

1924年8月25日にブラッセルで署名された船荷証券に関するある規則の統一のための国際条約（昭和32年条約21号。Hague Rules），その1968年改正議定書，1979年改正議定書（平成5年条約3号）によって改正された条約（Hague-Visby Rules）を，船荷証券統一条約という〔⇒船荷証券，国際海上運送の関連条約〕。

ヘーグ・ルールズは，海上運送人による免責条項の濫用を受けて当時の海運国（主に英国）と荷主国（主に英国の旧植民地諸国）との妥協の産物として成立した条約であり，船荷証券の発行される運送について，特に船荷証券所持人との関係で，運送人が負うべき最低限度の責任を強行的に定めている。コモン・ロー〔⇒コモン・ロー〕上，公共運送人（common carrier）は運送中に生じた運送品の損害について絶対責任を負うとされていたが，定期船輸送が普及しつつあった19世紀後半，海上運送人は契約自由の原則のもと，船荷証券に免責約款を挿入することで責任の軽減を図ろうとし，19世紀末葉には海上運送人は運送賃を受け取る義務以外には何ら義務を負わないとまでいわれるほど広範に，免責約款が用いられていた。これに対抗して，1893年に免責約款の効力を制限するハーター法が米国で制定され，他の荷主国もこれに続いたため，英国が歩み寄り1924年に成立したのがヘーグ・ルールズである。ヘーグ・ルールズは，船荷証券の発行される運送を適用対象とし，船積から陸揚までの期間について運送人に運送品の取扱いに関する注意義務を課し，発航の当時において船舶を航海に堪える状態に置くよう相当の注意を尽くす義務を定めた上で，航海過失免責〔⇒航海上の過失〕，無過失免責を含む免責事由のカタログを設け，運送人の責任を一定の限度額までとする規定を置いている。その後の法の発展とコンテナ輸送の普及を受け，1968年改正議定書（ヴィスビー議定書）によって若干の現代化が図られ，1979年改正議定書

により責任限度額の計算単位が金フランからSDRに変更された〔⇨IMF協定〕。

1978年，船荷証券統一条約は不当に海運国に有利であるとみた発展途上国の支持を受けて，大陸法的な責任体系を採用し責任限度額を引き上げた国連海上物品運送条約（ハンブルク・ルールズ）が制定された。同条約は1992年に発効したが，主要海運国は締約国となっていない。近年は，いずれの条約の当事国にもならず国内法により独自の責任法制を整備する国が増加し，2008年，法の再統一を目指して，全部または一部が海上運送による国際物品運送契約に関する国連条約（ロッテルダム・ルールズ）が作成された。責任限度額の引上げや航海過失免責の廃止，海上運送を含む国際複合運送に適用範囲を拡張するなどの現代化を図ったが，その複雑さや内容の妥当性に対する批判もあり，発効に至っていない。このため，現在でも実務上の標準は船荷証券統一条約であり，日本も国際海上物品運送法（昭和32年法律172号）〔⇨国際海上物品運送法〕と商法の規定（585条，757条〜760条）によりヘーグ・ヴィスビー・ルールズを実施している。なお，各ルールズはルールと単数形で表記される場合もある。(増田史子)

船荷証券の危機　B/L Crisis

貨物の仕向港到着時に船荷証券（Bill of Lading；B/L）が到着せず，貨物の引取りを行うことができず，国際物流の迅速性が損なわれる状況を指していう〔⇨船荷証券〕。「高速船問題（the fast ship problem）」とも呼ばれる。コンテナによる荷役の効率化および技術の発展による船舶の高速化によって，貨物のより迅速な仕向港への到着が可能となった。しかし，決済条件が荷為替ベースによる場合には船荷証券は銀行等を経由して仕向地へ送られるため，貨物が仕向港に到着し荷揚げされてもいまだ船荷証券が到着せず荷受人は運送人から運送品の引渡しを受けることができない事態が頻繁に生じるようになった。このような状況を指し

て「船荷証券の危機」という。この事態に対処するため，実務では幾つかの対処策が講じられている。①船荷証券の代わりに保証状（letter of guarantee; L/G）の提供と引換えに運送品を引き渡す保証渡し，②船荷証券原本1通の船長託送，③船荷証券の荷受人への直送，④海上運送状（Sea Waybill）の利用，⑤元地回収船荷証券の利用の諸策である〔⇨保証状，運送状，元地回収船荷証券〕。④と⑤についてのみ記せば，④の海上運送状は，「海上運送状に関するCMI統一規則」や「信用状統一規則」などの国際規則でも規律され〔⇨信用状統一規則〕，さらにはわが国において2019年4月1日施行された改正商法に定められるに至っている（改正商法第770条）。この海上運送状は荷送人にとっては運送人が運送品を受け取った証拠であり，また運送契約の証拠でもあるが，受戻証券性を有していないため，荷受人は運送人からの運送品の受取時に，運送契約における荷受人として指定された者であることを証明できれば海上運送状を提出しなくても迅速に運送品を受け取ることができるため用いられる。⑤は別称サレンダード（surrendered）B/Lとも呼ばれる〔⇨サレンダーB/L〕。船会社が船積地において発行した船荷証券を発行元地で回収し，船荷証券を全通回収した旨を仕向港にある船会社またはその代理店等に連絡することで，荷受人は仕向港においてオリジナルの船荷証券を提出することなく運送品を受け取ることが可能になるため用いられる。但し，この元地回収船荷証券は，海上運送状と異なり，適用される法律や規則がなく，何らかの紛争が生じた場合にはリスクを伴う。(田口尚志)

腐敗防止法　Anti-Corruption Act

企業がグローバル事業展開を行う中で，海外各国では，腐敗防止法（賄賂防止法（Bribery Act）など各国で呼称が異なる）に抵触し刑事訴追を受けるリスクが非常に高まっており，企業の法令遵守（compliance）対応が急務となっている。「海外事業で政府

フ

認可を早くしてあげるから金銭を払って欲しい」「通関をスムーズにしてあげるから手数料を払って欲しい」「外国公務員の出張費用を会社に負担して欲しい」など金銭や経済的利益などの便宜を要求されることがある。外国公務員の出張費用を会社が負担するという日本では「一見合法と思える行為」でも腐敗防止法違反になる場合がある。特に接待相手の公務員が許認可の決裁権限を有する場合には企業側の費用負担で視察と直接関係ない観光旅行に同伴する等は贈賄のリスクが高くなる。米国の「海外腐敗行為防止法（Foreign Corrupt Practices Act）」（FCPA）〔⇨FCPA〕は、米国外における行為にも広範囲に域外適用されるので、米国司法省による摘発も増加の一途であり、数多くの日本企業が同法違反により多額の制裁金支払いを命じられている。また、**UK Bribery Act**（英国賄賂防止法（2011年7月1日施行））は贈収賄に関して世界で最も厳格・広範な規制といわれており、英国公務員に対する贈収賄に加えて、外国公務員に対する贈賄、さらに（英国外の英国法人子会社を含む）営利企業が対象である。しかも、適用範囲は英国内の違法行為に限らず域外適用が予定されており、民間企業同士の賄賂も規制対象となっている。欧州他国でも厳しい規制があり、2008年にシーメンス社は公共工事契約取得のための贈賄と不正資金の腐敗罪（ドイツ「汚職対策（政治腐敗防止）法」違反）で罰金・不正利益の返還金としてドイツ当局に計6億ユーロ（約700億円）を支払ったのに加えて、米国の「海外腐敗行為防止法（Foreign Corrupt Practices Act）」（FCPA）違反により米司法省と米連邦証券取引委員会に計8億米ドル（約862億円）を支払った。また、中国やブラジルなどの新興国でも腐敗防止法が次々と制定され、厳しい摘発が行われている。なお、多くの新興国で見られる「**ファシリテーション・ペイメント**（facilitation payment）」は通関など定型行政手続を促進（facilitate）する対価として現地公務員が法律の根拠なく支払いを求める少額の金銭をい

うが、賄賂の一種であって金額の多寡を問わず原則違法である認識をしておく必要がある。（牧野和夫）

部分未確定契約　contract with terms left open
　現実のビジネスにおいては、契約条件の1つないし複数の条件が未確定な契約であっても、履行に着手することがある。それは当事者間に契約の成立に向けての基礎が相当に固まっている場合である。逆に、相場商品の価格の乱高下に際して、ある条件について合意をみていないことを理由に契約の無効（有効に成立していないこと）を主張するマーケット・クレームの事態も発生する。
　どの条件について合意をみておれば、契約は有効に成立していると解すべきかのリスク・マネジメントの問題であり、法的には契約の確定性の問題である。日本民法では、契約内容についての一般的有効要件を構成する確定性の明文の規定はなく、当然の要件とされている。米国法では、米国統一商法典UCC（Uniform Commercial Code）Art. 2 .Sales ..2-204.Formation in General. にいう「当事者の意図、適切な救済が得られる基礎」があって、同A 1-102. の good faith, diligence, reasonability and care の規定と合わせることで、部分未確定契約を是認する考え方であると解される〔⇨UCC〕。
　なお、貿易実務では、品質（商品）、数量、価格、決済、積出、保険、保証等の7つが貿易取引の基本条件とされ、顧客との信頼関係や取引の継続性により各条件の取捨選択が行われている。（絹巻康史）

不法行為責任　Torts
　一般には、あらかじめ関係のない当事者間で起こった事故などにより一方が損害を被った場合に、加害者がそれを賠償する制度を**不法行為**と呼ぶ。契約違反や不当利得等と合わせて民事責任と呼ぶこともある。通常は、加害者が不注意（過失）によって事故を惹き起こしたことが必要とされる。一般的な不法行為は民法第709条に規定さ

れており，それは英米法にけるネグリジェンス（negligence）と呼ばれる不法行為の類型にほぼ重なる。

しかし現在法律が定める不法行為には多様なものがあり，責任発生の要件もそれぞれに異なっている。例えば自動車事故による不法行為責任は，無過失を証明して責任を免れることは事実上不可能に近い。また，損害賠償貴任保険制度の存在がその現実的運用に大きなインパクトをもつ。

不法行為責任を理解する上で，刑事責任との区別は特に重要である。刑事責任は，たとえ被害者が動かなくとも，警察が捜査を開始し，検察が起訴することによって刑事裁判が行われる。これに対して不法行為責任を含む民事責任は，被害者が自ら加害者に請求し，状況によって自ら訴訟を提起することも必要となる。（齋藤　彰）

フラグメンテーション　fragmentation

メーカーが製造部門を確保し商品を生産してきた組立産業（製造）から，アセンブリ産業といわれる外部の協力企業から様々な部品を集めて組み立てる産業形態に変化してきた。生産工程が分割され，グローバルに分散，分業していくことを**フラグメンテーション**という。様々な業種の様々な企業が，部品やデバイス製造を外部化していくと，国境を跨いだ形で，断片的（Fragment）に分業していく。部品やデバイス製造の**アウトソーシング**（outsourcing: 外部委託）や**OEM**（original equipment manufacturer: 相手先ブランドによる生産）の進展，内製化する部分の確保という経営判断と，SCM の進化により，生産コスト，生産技術，市場特性，時短，無在庫などのメリットを図りながら国や地域で分業するビジネス形態であり，親子間，本支店間（本社工場・支社工場），高度に提携をした企業同士の供給は，貿易ではなく，国境を越えた社内移動となる。〔⇨SCM，OEM生産，トレーサビリティ，ロジスティクス〕（河野公洋）

プラザ合意　Plaza Accord

1985 年 9 月 22 日に先進 5 か国（**G5**: 日本，アメリカ，イギリス，西ドイツ，フランス）蔵相・中央銀行総裁会議（於: ニューヨークのプラザホテル）で発表された，為替相場を米ドル安に誘導するための為替相場安定化に関する合意の総称。当時のアメリカは膨大な財政赤字と貿易赤字を抱え，日本や西ドイツは貿易黒字を増加させていため，米ドル高是正のための協調介入が合意され，その後，米ドルは主要通貨に対して一貫して下落した。ところが，過度な米ドル安がアメリカ国内のインフレ懸念を増加させる等の弊害が生じ，1987 年 2 月には過度な米ドル安に歯止めをかけて為替相場を安定化させるため，ルーブル合意（Louvre Accord）が結ばれたが，米ドルの下落を止めることはできなかった。（久保田隆）

プラスチックごみの規制　regulation of plastic waste

使い捨てプラスチック製品のゴミが年間約800万トン流れ込み，5 ミリ以下のプラ粒子（**マイクロプラスチック**）となって深刻な海洋汚染をもたらすことから，その使用や製造を禁止する動きを指す。2018 年 6 月の主要 7 か国首脳会議（**G7**）は「**海洋プラスチック憲章**（Ocean Plastics Charter）」を発表（日米以外は署名）し，プラスチックごみ削減の数値目標を定めた。その後，2019 年 6 月の主要20 か国・地域首脳会議（**G20** サミット）では，日米も含め，2050 年までに海洋プラスチックごみによる追加的な汚染をゼロにする目標（**大阪ブルー・オーシャン・ビジョン**）を共有した。日本では，2019 年 5 月に使い捨てプラスチックの排出を累積で25％削減する目標を定め，2020 年 7 月にレジ袋有料化が開始された〔⇨G7，G20〕。（久保田隆）

プラットフォーマー　platformer

Google（検索エンジン等），Amazon（電子商取引），Facebook（SNS），Apple（ソフトウェア開発）といった米系大手 4 社（頭文

字を取って**GAFA**〈ガーファと読む〉と総称される）や YouTube のように，第三者がビジネスや情報配信するための基盤として利用できる製品，サービス，システムなどを顧客に提供している事業者。IoT や AI の普及に伴い，個人の検索履歴等のビッグデータが戦略的価値を持つようになったが，プラットフォーマーはこうしたビッグデータを独占的に収集する問題がある〔⇨ IoT, AI, ビッグデータ〕。また，YouTube 等の動画共有サイトには，数多くの著作権侵害コンテンツが投稿される問題も存在した。このため，2017 年以降はプラットフォーマーによるデータ寡占や著作権保護への取組みを規制する動きが世界中で強まり，EU は 2018 年に**一般データ保護規則（GDPR）**を施行し，2019 年にはインターネット上の著作権保護強化を掲げる **EU 著作権指令**（2019/790）が発効し，日本は 2019 年に公正取引委員会が独占禁止法で規制するための指針案を公表した〔⇨ GDPR, EU〕。（久保田隆）

FRAND 宣言　フランド　FRAND commitment

有償であっても公正で合理的で非差別的（**FRAND**: Fair, Reasonable And Non-Discriminatory）な条件で，**標準必須特許**（SEP）を実施者に許諾する意思を，特許権者が標準化団体に表明することをいう。SEP とは，ある標準規格に準拠した製品の製造等を行う際に，必ず実施することになる特許である。標準規格は，普及や互換性の確保等を目的として標準化団体が定める，統一された基準である。一般に特許権者は，ⓐ特許を侵害する製品の製造等を差止め，または，ⓑ製造等に特許の実施を許諾しその対価として実施料を受け取ることができる。ここで標準規格に準拠した製品が普及すると，SEP の侵害や実施も広域化するから，もし裁判所が差止めや過度に高額な実施料を認めると，市場で大きな混乱が生じる。そこで標準規格を採択する前に，標準化団体は各の IPR ポリシーに基づき特許権者に，SEP の情報を開示させ FRAND 宣言を行わせる。

2008 年頃からスマートフォンが普及し，差止めを武器に高額の実施料を請求する SEP の特許侵害訴訟が世界的に急増した。FRAND 宣言の効力が争われたのだが，判例の傾向は以下の通りである。FRAND 宣言は有効である。特許権者と実施者は許諾につき**誠実交渉義務**を負う。差止めは原則として認められないが，実施者が SEP の許諾を受ける意思を有しない場合等には認められる。合理的な実施料の算定では，ⓐ製品における特許の貢献度等を算定する伝統的な手法を用いて，特許権者の利益を確保する一方で，ⓑ通信分野等の製品は膨大な数の特許を実施することから，実施者のために累積実施料を下げる工夫がなされているが，課題が多い。**サプライチェーン**〔⇨ SCM〕では，ⓐ SEP を実施する部品を組み込んだ高額な最終製品への許諾を主張する特許権者と，ⓑ上流工程で部品への包括的な許諾を FRAND 宣言に依拠して要望する実施者とが対立し，ⓒ特許の**消尽**との関係や，支払った実施料をサプライチェーン内で分担する侵害補償も課題である〔⇨ 国際消尽〕。地域ごとにみると，①米国では，FRAND 宣言は特許権者と標準化団体との**契約**であり，実施者を契約から利益を受ける第三者と位置づける。差止めは，**衡平法**の伝統的な 4 要件を満たさなければ認められない。マイクロソフト対モトローラ事件，サイロ対シスコ事件などがある。②欧州では，競争法を重視して，特許権者のいかなる行為が市場での支配的地位の濫用にあたり濫用を阻止する指針は何かを示す。ドイツのオレンジブック事件，CJEU のファーウェイ対 ZTE 事件などがある。③アジアでも，SEP を取得し活用する特許権者が増えている。**独占禁止法**の実効性が低く，差止めを認めた判決がある。日本には，差止めおよび FRAND 実施料相当額を超える額を権利濫用により否認した，知財高裁のアップル対サムスン事件などがある。④2020 年には特許権者に有利な複数の重要判決が米・独・英で下された。（志馬康紀）

ブランド戦略 branding strategy/brand strategy

　自社の商品・製品やサービスを他社との競合に対して区別するための様々な概念を**ブランド**という。元来，牧場の所有者が自らの家畜と他者のものを区別するために行われたマーキング行為が語源。他者を識別し，競合他社（他者）と差別化することを目的とした，名称，意匠，言葉，シンボル，商標，デザイン，機能などと，それらの組み合わせによって構築される。ブランド価値を高めて消費者に訴求し，競争優位を獲得することを目的に行う戦略で，他社（他者）の製品・サービスとの差異，それを顧客に認識させることによってプライオリティ（Priority）を得る差別化戦略（product differentiation, M.Porter（1947〜））のひとつ。狭義の高級品のブランド価格戦略ではなく，百円均一の商品でも，価値創造（Value Creation），価値獲得（Value Capture）の戦略である。（河野公洋）

プラント輸出契約 contract for plant construction

　先進工業国の受注者（主契約者/prime contractor）が，主に発展途上国の発注者（施主/owner）に対して，石油天然ガス・化学・発電などの産業施設（**プラント**/plant）の建設のために機器や役務を供給し，現地で据付・調整を行い，引き渡す契約をいう。プラント建設のために必要な基本設計，資器材の調達，機器の製作，船積，建屋建設，据付，技術指導，試運転，引渡までの一連の業務のうち，受注者がどの範囲の業務を行うかをプラント輸出契約に定める。

　受注者の業務の範囲によって，①プラントを建設するための機器を供給し，役務契約としての機器の組立と据付にとどまる契約を**FOB型契約**〔⇨FOB〕，②プラントの基本設計，機器設計，機器・資材供給，現地での建屋建設，据付・調整，試運転という一連の工程のすべてを引き受ける契約を**ターン・キー型契約**（試運転まで完了してキーを回せば，プラントが稼働する状態にして引き渡す）に大別される。

　プラント輸出に関連する主要な契約は，①受注者と注文者との間で締結される「主たる契約」（**元請契約**：prime contract），②受注者である主たる契約者（prime contractor）と下請業者（subcontractor）との間で締結される**下請契約**（subcontract），③主たる契約の業務を複数の企業が共同で履行することを目的として締結される**コンソーシアム契約**（consortium agreement）〔⇨コンソーシアム〕，またはジョイント・ベンチャー契約（joint venture agreement）〔⇨ジョイント・ベンチャー〕，④プロジェクトの資金調達を目的とした**ファイナンス契約**（finance agreement），⑤技術移転を目的とした**技術援助契約**（technical assistance agreement）等に大別される。これらの契約は，機器の設計・製作・供給，建設請負，雇用，技術移転，運送，ファイナンス等の内容が複雑多岐に渡っているので，当事者の契約上の権利義務関係を詳細に規定する必要がある。そのため国際機関や民間団体などによって，標準契約書式，ガイドライン等が多数作成されている。

　プラント輸出契約は，契約金額が多額で，通常は長期に渡ってそのプラントを操業して得る製品代金を原資として支払われることが多いので，第三者から資金の融資を受けることが不可欠である。融資者から受注者に対して融資がなされ，注文者から受注者に対して契約代金を延払いで支払うたびに受注者から借入金の返済がなされる方法は**サプライヤーズ・クレジット**（supplier's credit）と呼ばれる。一方，注文者に対して融資がなされ，注文者は受注者に対して契約代金を一括で支払い，その後注文者が融資者に対して融資の借入金を返済する方法は**バイヤーズ・クレジット**（buyer's credit）と呼ばれる。また，プラントを操業する事業主（sponsor）がプロジェクト会社を設立し，プロジェクト会社が融資の借入人となり，プラントを操業して得た収入を返済原資とし，融資者はプロジェクト会社の収入・資産に責任範囲を限定して融資する形態を，**プロジェクト・ファイナンス**（project finance）という〔⇨プロジェクト・ファイナンス〕。（荒井太郎）

振替
〔⇨銀行振込の法的性質〕

振込
〔⇨銀行振込の法的性質〕

BRICS銀行（NDB）　NDB: New Development Bank

2012年のBRICSサミット（ブラジル，ロシア，インド，中国，南アフリカ）において検討が開始され，2014年に設立協定書署名，2015年に設立された。BRICS 5か国が20%ずつ拠出し，本拠地は中国・上海にある。

BRICS 5か国のインフラ開発案件のために，出融資保証，債券取得等の金融手法により，支援を行う。再生可能エネルギー案件を多く取り上げている。New Development Bankが正式名称。（堀口宗尚）

フレイト・フォワーダー　freight forwarder

フレイト・フォワーダーは，最も狭義では，貨物利用運送事業者（第1種・第2種を問わず）のうち，国際海上運送海運・国際航空に関する貨物運送を，荷主に対して引き受ける事業者を意味する。

但し，多くの事業者は，同一企業（同一商号）にて，貨物運送の海運会社への取次，小口貨物の混載，通関業法に基づく通関業者，港湾運送事業法に基づく港湾運送事業者，倉庫業法に基づく倉庫業者を兼ねていることがほとんどである〔⇨国際海上物品運送法〕。

それゆえ，広義のフレイト・フォワーダーとは，国際貿易に係わるあらゆる業務（但し実運送を除く）を引き受けるサービス・プロバイダーと考えることができる〔⇨フォワーダー〕。

「海貨業者」「乙仲（乙種海運仲立業）」といった言葉は，今でも，広義のフレイト・フォワーダーの意味で使う人がいるが，その数は，年々少なくなっている。海貨業・乙仲のいずれも古い時代では法律用語であり，その時代は，国際貿易の中で限定された事業を遂行する事業者であった。（合田浩之）

ブレグジット　Brexit

イギリスが欧州連合（EU）から離脱すること〔⇨EU〕で，外国企業も離脱に伴う影響（欧州拠点のロンドンからの移転など）を懸念している。2016年6月23日の国民投票の結果，51.9%がEUからの離脱を選択したことに端を発し，その後の混迷を招いた。国民投票を実施した残留派のキャメロン首相が退陣し，メイ首相に代わってEUとの離脱交渉を開始したが，議会の支持を度々得られず退陣し，2019年7月にジョンソン首相が就任した。当初は事態を打開できなかったが，2019年12月の総選挙で離脱派の保守党が圧勝し，ジョンソン首相は2020年初頭に離脱を宣言し，離脱した。2020年末には，英・EU間でFTAの締結を合意し，両者の間で関税ゼロの貿易が続く見通し〔⇨FTA〕。なお，EUからの離脱はリスボン条約50条に基づく〔⇨イングランド法，EU法〕。（久保田隆）

ブレトン・ウッズ体制　Bretton Woods system

1944年に第二次世界大戦の連合国45か国がアメリカのBreton Woodsに参集し，戦後の世界経済体制の枠組みについて，**国際通貨基金（IMF）**と**世界銀行**（国際復興開発銀行，IBRD）を設立し，国際通貨・為替相場の安定（各国が保有する米ドルは1オンス35ドルの比率で金に交換することをアメリカが約束し，これに各国通貨がリンクする**固定相場制**を開始）と世界経済の復興・開発を目指す内容で，ブレトン・ウッズ協定に盛り込まれた〔⇨IMF，世界銀行グループ〕。大戦直後にアメリカに集中していた金は，冷戦下の経済協力・軍事費で対外流出したため，1971年に米ドルと金の交換を停止し（**ニクソン・ショック**），1971年の**スミソニアン合意**，1972年2，3月には**変動相場制**に移行した〔⇨スミソニアン合意〕。（久

保田隆）

プロキシー・ファイト
〔⇨委任状合戦）〕

プロジェクト・ファイナンス　project finance
特定されたプロジェクトを対象として，原則として主たる返済原資が当該プロジェクトのキャッシュフローに依拠し，かつ担保が当該プロジェクトの資産に限定されるファイナンスのこと。国内外を問わず，資源・インフラの大型プロジェクトにおいて用いられる資金調達手法である。

調達される資金の使途が特定のプロジェクトに限定されているとしても，返済原資がプロジェクト実施主体の信用力に基づくソブリン/コーポレート・ファイナンスと違い，専ら事業のキャッシュフローを返済原資とするため，**キャッシュフロー・レンディング**とも称される。そのため，潤沢なキャッシュフローを産み出す電力，鉱物，LNG等の分野で多く用いられてきたが，近年では各国におけるPPP（官民連携）制度の導入につれ，運輸，水道・廃棄物等の分野へも広がりをみせている。

更に，資源事業とインフラ事業を連続して行うガス供給・発電（Gas to Power）事業のような新しい事業形態も出てきている。年間の市場規模は約2,000億ドル程度。日本のメガ3銀行が欧州の銀行に代わってメインプレイヤーとなっているが，近年は中国，インド，フィリピン等の地場金融機関による組成も増加している。

対象となるプロジェクトの大型化や，バーゼルⅢ〔⇨バーゼル合意〕等に基づく民間金融機関からの長期資金ファイナンスの困難さ等を背景に，各国の輸出信用機関（日本：JBIC，米国：米国輸出入銀行（US EXIM），ドイツ復興金融公庫（KfW）等）や国際開発金融機関（ADB，IFC等）〔⇨アジア開発銀行〕も積極的に参加している。（堀口宗尚）

プロシクリカリティ
〔⇨バーゼル合意〕

ブロックチェーン（分散型台帳）　blockchain
ブロックチェーンは仮想通貨ビットコインを支える中核技術であり，この技術を他のサービス分野に応用すると約70兆円の市場に影響するとの試算がある。誰がいくら持っているかという取引情報について，中央のコンピュータで一元的に集中管理するのではなく，ブロックチェーンのネットワーク参加者（ノード）の全員が共有し，相互に分散して保管・維持し，参加者相互の合意によって取引情報の正当性を保証する仕組みを指す。すなわち，ブロックチェーンは中央管理型台帳ではなく**分散型台帳**（Distributed Ledger）で取引履歴を管理する点に特徴がある。そして，複数の取引情報を塊（ブロック）にして暗号化して鎖（チェーン）のように繋ぎ合わせていくことから，ブロックチェーンと呼ばれている。

さて，ブロックチェーンには，1つではなく複数のコンピュータで運用するのでコンピュータの1つが故障しても全体に支障は及ばず（可用性が高い），チェーンで繋がれているのでブロックの取引情報の改竄が困難であり（高セキュリティ），従来よりも安価でシステム構築できる（低コスト）といったメリットがある。このため，将来の発展可能性が期待されており，ブロックチェーン上で契約を自動的に実行する仕組みである**スマート・コントラクト（smart contract: 仮想通貨イーサリアム＜Ethereum＞等ですでに実装）**をはじめ，国際送金，証券決済，個人の権利の証明（例: 土地登記，住民票），正当な取引の証明（例: 正規著作物の証明），モノ同士の取引（例: AIやIoTを利用した洗剤を自動発注する洗濯機）等への応用が検討・一部実施されている〔⇨AI，IoT〕。（久保田隆）

プロテクション
〔⇨クレジット・デフォルト・スワップ〕

プロラタ条項　pro rata clause

　プロラタ（*pro rata*）とは"按分比例"や"割合に応じた"という意味の語であり，契約などでそのような処遇を定める条項をプロラタ条項という。債権者の債権額に応じた按分の弁済を定める場合や持分比率に応じた新株の引受けを定める場面などで広く用いられる。例えば，新株発行をするにあたり投資家の持分比率を維持するためにプロラタ条項を定めることが考えられる。このほか，シンジケート・ローン契約〔⇨シンジケート・ローン〕において，特定のレンダーにより例外的な債権回収がなされた場合に，レンダー間のプロラタを実現するための条項としてシェアリング条項〔⇨シェアリング条項〕も参照。（川中啓由）

分散型台帳

　〔⇨ブロックチェーン〕

紛争解決条項　dispute resolution clause

　紛争解決条項とは，契約に何らかの問題が生じた場合にどのように紛争を解決すべきかをあらかじめ契約当事者間で合意をし，その合意内容を契約条項として現したものである。国際契約においては，契約の諸要素が様々な国に遍在しており，どこで紛争解決をすべきかについてあらかじめ合意しておくことが極めて重要である。また，しばしば裁判の信頼性や実効性が問題となる場合があり，その代替手段として利用可能なADR〔⇨ADR〕が複数存在しているため，いずれの紛争解決手段を用いるのかについてあらかじめ合意しておくことも肝要である。

　いずれかの国の裁判所による紛争解決を合意できるのであれば，管轄合意条項（**裁判管轄条項**ともいう〔⇨裁判管轄条項〕を定めることになる。裁判による解決を望まない場合であれば，ADRである仲裁〔⇨仲裁〕や調停〔⇨調停〕を選択することになろう。いずれの紛争解決手段についても一長一短あるため，それぞれの特性を見極めた上で注意深く選択することが求められる。

裁判と仲裁を比較すると，まず，裁判も仲裁も，第三者が証拠等に基づき判断を下すことによって紛争を解決するという点では共通した特徴を有する。他方，裁判では，一般的に判断を下す第三者（裁判官）を当事者が選ぶことはできないが，仲裁では判断を下す第三者（仲裁人）を当事者が選ぶことは原則として認められている。また，裁判は多くの国において原則公開法廷で審理され，その判断も公開されるが，仲裁では，審理も判断も非公開が原則である。さらに，裁判は多くの国で複数審制であり，一審の判断に不服があれば上訴を申し立てることができるが，仲裁は一審制である。最後に，裁判所の下す判決について，EU域内などの例外を除き，他国での承認執行はそれほど容易ではないが〔外国判決の承認・執行〕，仲裁廷の下す仲裁判断については，190か国以上が締約国である**ニューヨーク条約**〔⇨外国仲裁判断の承認及び執行に関する条約〕があるため，外国での承認執行がスムーズである。

　さらに，調停と裁判・仲裁を比較すると，調停は当事者が合意による解決を目指す制度であり，多くの場合，調停人が何らかの判断を下すことはない。調停に関する多くの手続は当事者の合意で決定することが出来，かつ，合意内容についても当事者の自治が広く認められるが，合意執行の法整備は国内，国際いずれの局面においても必ずしも完備されていない。この点を解決するために作成されたのが調停合意に関するシンガポール条約であるが，日本は未だ批准していない〔⇨EU，調停〕。（長田真里）

ベアリングス銀行

　〔⇨投機〕

並行訴訟

　〔⇨二重訴訟（並行訴訟，国際的訴訟競合）〕

並行倒産　parallel insolvency proceeding

　ある法主体が**国際倒産**〔⇨国際倒産〕した場合，日本ではいわゆる外国倒産承認援助法による承認援助手続が用意されているが，この制度はあくまで外国倒産処理手続の援助にすぎず，外国倒産処理手続と日本の倒産処理手続が並行することは許容されているので，このように両倒産手続が並行することを**並行倒産**という。もっとも，日本の**承認援助法**はいわゆる一債務者一手続進行の原則をとっているため，両手続の優先劣後を調整する必要があり，原則として国内手続を優先するものとされている（承認援助57条1項）。そのため，国内手続が先行する場合には，外国倒産処理手続の承認の申立ては棄却され，承認決定が先行する場合でも，国内手続が開始した（あるいは開始していたことが後から判明した）場合には承認援助手続が中止されることになる（承認援助59条1項）。ただし，外国倒産処理手続が外国主手続であり，援助処分が債権者の一般の利益に適合すると認められ，国内債権者の利益が不当に侵害されるおそれがない場合には，裁判所は国内倒産処理手続の中止を命じなければならない（承認援助57条1項・2項，同59条1項）。なお，外国倒産処理手続の承認の申立てについて決定をする前に，裁判所が必要と認めるときは，仮の処分として，利害関係人の申立て又は職権で，国内倒産処理手続の中止を命ずることもできる（承認援助58条）。また，日本の倒産諸法は並行倒産の場合の国際協調に配慮して，外国管財人との協力（破産245条，民再207条，会更242条）や相互の手続への参加権（破産246条，民再209条，会更244条）についての規定を置いている。（川中啓由）

並行輸入　parallel imports

　外国の商標権者が正規の販売経路により日本国外で販売した真正商品が，日本において商標権の排他的使用を認められた者（例・一手販売特約店）の販売地域（territory）に第三者の手により輸入されること（パーカー万年筆事件の場合），または日本の商標権者が外国において製造もしくは販売した真正商品を第三者が購入して，販売目的で日本に再輸入することをいう。**グレイ・マーケット（gray market）**ともいわれる。

　日本では，商標の機能を出所表示機能と品質保証機能であるとし，真正商品の並行輸入は，商標保護の目的（商標使用者の業務上の信用の保護，需要者の利益の確保）に反することはないので違法性を欠いているとして，1970年のパーカー万年筆事件以来認められている。ライセンス契約上の地域制限に反して輸入された真正商品で国内で販売されている真正商品との間で品質に差があっても，登録商標権者は輸入差止めを求めることはできないと判示して，ラコステ事件（1984年）では商標の品質保証機能を一歩進めた判決が下された。

　商標が適法に付された真正商品であり，外国における商標権者と日本の商標権者が同一人である場合（外国子会社と日本の親会社の関係）または法律的もしくは経済的に同一人と見なしうるような密接な関係にある場合，日本の登録商標と同一の出所を表示するものであり，真正輸入商品と日本の商標権者の登録商標を付した商品とが品質保証において実質的に差異がないと評価される場合には，この3条件の充足により真正商品の並行輸入として認められるのが通説である。

　需要者の立場に立てば，より安価な真正商品の並行輸入は望ましいが，品質保証を提供する商標権者から見れば，並行輸入品を購買したものに対しても，保証サービス費などを含む定価で購入した者と同様の品質保証サービスを提供せざるを得ないという意味で，"タダ乗り"を生みやすい。このため，緻密な顧客管理が日本の商標権者に求められる。

　国際的にも，真正商品の並行輸入を認める傾向にあるが，アメリカでは関税法第337条により不公正な輸入慣行により国内産業に影響が及ぶと判断される場合には違反行為の排除が行える制度になっており，

これを援用してアメリカの国内企業である商標権者（例・日系の在米子会社）はタダ乗りを排除する目的でアメリカ以外の国で製造，販売された安価な真正商品（例: 同じ日系の在欧子会社の製品）の並行輸入を差し止めることができるし，EUでは他の加盟国からの並行輸入は認めるが域外から真正商品の輸入は認めないようである〔⇨EU〕。大塚章男『ケースブック国際取引法』（青林書院，2004年）参照。（椿　弘次）

米国外国口座税務コンプライアンス法
〔⇨FATCA〕

米国外国資産管理室
〔⇨OFAC〕

米国通商法　U.S. Trade Act

　米国の通商法は，単体の典拠が存在する訳ではなく，いくつかの別個の法令の一部として制定されている多くの規定の複合体の総称と捉えられている。

　1929年の世界恐慌以来，（第二次大戦中を除き）数年おきに，「包括」（Comprehensive/ Omnibus）という形容詞を付した通商関連法案が議会で論議され，成立したり，政策によってアップデートされる。

　主な内容としては，以下の通り。

① 1930年関税法: スムート・ホーレイ（Smoot-Hawley）法，保護主義立法の代表，米国の大不況を世界恐慌に拡大。第754条（バード修正条項）は，不当廉売関税及び相殺関税による税収を，係る措置を申請し，又は申請を支持した生産者等に分配する規定。

② 1934年互恵通商協定法: ニューディール（New Deal）通商法。

③ 1962年通商拡大法: GATTケネディ・ラウンドの授権法。

④ 1963年，大統領命令によって特別通商代表（Special Trade Representative; STR）設置。

⑤ 1974年通商法: 特別通商代表部（United States Special Trade Representative; USTR）へ

の転換。301条の登場。

⑥ 1979年通商協定法: 通商代表部（United States Trade Representative; USTR）への転換。GATT反ダンピング・コードに準拠。

⑦ 1984年通商関税法: 貿易関連予算見積報告書を常設化，知的財産権の保護強化。

⑧ 1988年通商競争力法:「スーパー，スペシャル」301条（以降スーパー301条は失効と復活を繰り返す）。

⑨ 1994年ウルグアイ・ラウンド協定法：WTO設立協定に対応。

⑩ 2002年通商法: テロ対策として規制強化された貿易・通関のルールなどを補正する形で，荷主情報の事前通告ルールと電子情報による申告の義務化が規定。

⑪ 2005年通商法: 貿易協定推進のため，大統領貿易促進権限（Trade Promotion Authority）を規定。

⑫ 2006年1930年関税法第754条バード修正条項の廃止法：実行されていない。

⑬ 2015年TPA法：大統領貿易促進権限の2021年までの延長，601条で，1974年通商法第310条を全面的に改正。

米国では，憲法上（第1条第8項），通商権限が議会にある。通商の立案が議会，執行が大統領というシステムで，それを補完する形で通商代表部（USTR）や各省庁が存在という根本は変わっていない。さらに，独立の準司法機関である国際貿易委員会（USITC: United States International Trade Commission）が存在し，通商法関連問題の調査・報告・研究・データ収集・分析などを行っている。また，アメリカ国内の市場で競合する第三国の企業同士が提訴合戦を行う場としても注目されている。

　米国通商法は，国際商取引を行う上で，現行法をフォローすることが困難な法である。特に，合衆国法典（U.S. Code）に編入される（例えば，1930年関税法の第701条は，U.S.Codeの第19編1671条と同じ規定）ので，どの条文・条項が改訂・修正されているか専門家の見解に委ねざるを得ない〔⇨ダンピング〕。（河野公洋）

米国統一商法典

〔⇨UCC〕

米ドル・コルレス口座管轄　USD Correspondent Account Jurisdiction

　アメリカの域外で，米国人以外が基軸通貨である米ドルを銀行送金で取引する場合，コルレス口座を開設する**国際送金**の仕組みに従って米国域内を電子的に一瞬通過するため，形式的には**国家管轄権**の原則である**属地主義**の範囲内で**域外適用**とはならず，アメリカ法を適用できる〔⇨コルレス銀行，国際送金，国家管轄権，域外適用〕。例えば，日本人Ｘが日本のＰ銀行口座からドイツのＱ銀行に口座を持つドイツ人Ｙに米ドルを送金する場合を考えよう。国際送金では通常，取引通貨ごとに通貨所属国の銀行にコルレス口座を開設し，コルレス口座の口座振替を通じて送金するので，Ｐ銀行がNYのＲ銀行に，Ｑ銀行がNYのＳ銀行に各々コルレス口座を開設していれば，これら口座間の口座振替を通じてＰ銀行からＱ銀行に米ドル資金が移動する。したがって，NYを電子的に一瞬通過するのである。これを米ドル・コルレス口座管轄と呼び，アメリカは国際法との関係を明示せずに頻繁に用いてきた。2005年の米国による北朝鮮に対する**Banco Delta Asia**（BDA）事件の強固な金融制裁もこの仕組みを用いた〔⇨金融制裁〕。一方，仮にこれが属地主義か保護主義か普遍主義等に基づいたとしても，実質的な関わりの薄いアメリカ法律が関与できるとすれば，域外適用と実質的に同じ問題が生じてしまう〔⇨域外適用〕。この批判に配慮してか，最近のアメリカは，本管轄だけを根拠に管轄権を主張することは減り，米国連邦法上の犯罪である**郵便・通信詐欺**（Mail & Wire Fraud）や**共謀罪**（conspiracy）等を介して米国人の違法行為を共謀・幇助・教唆したとの理由で管轄権を拡張するケースが増えている。（久保田隆）

ペイメント

〔⇨ファイナリティ〕

ヘーグ・ルール，ヘーグ・ヴィスビー・ルール

〔⇨国際海上運送の関連条約〕

ヘクシャー＝オリーン定理　Heckscher-Ohlin Theorem

　ヘクシャー（Eli Filip Heckscher, 1879－1952）とオリーン（Bertil Gotthard Ohlin, 1899－1979）によって示された貿易パターンの決定に関する定理である。

　この理論は，貿易パターンが生産要素（労働，資本，土地など）の相対的な豊富さの度合い（要素賦存）によって決定され，自国に比較的豊富に存在する生産要素を多く用いる財が輸出され，比較的希少な生産要素を多く用いる財が輸入されると主張する。

　ヘクシャー＝オリーン理論は，リカード（David Ricardo, 1772－1823）による比較生産費説と同様に，比較優位にもとづく貿易理論である。しかし貿易の原因が技術的特性（比較生産費説）にあるのか，要素賦存（ヘクシャー＝オリーン理論）にあるのかによって立場を異にする。

　ヘクシャー＝オリーン定理の系として，貿易が行われる結果，各国の相対的な要素価格が均等化する（要素価格均等化定理），比較優位を持つ財に集約的に用いられる要素価格が上昇する（ストルパー＝サミュエルソン定理）などがあげられる。〔⇨比較優位説，比較生産費説〕（海老名一郎）

ヘッジ　hedge

　資産運用などで**リスク**（この場合のリスクは，損失可能性だけでなく利得可能性も含む）を回避するために行う投資を一般に**ヘッジ**（hedge）と呼ぶ〔⇨リスク〕。例えば，外国為替，株式，債券，商品などの原資産の価格変動リスクを避けるため，デリバティブを用いて反対取引を行う（例えば，国債の購入とともに国債先物を売却）場合がこれに該当する〔⇨デリバティブ〕。トレーディング目的の有価証券やデリバティブについては，会計上は取得原価主義に基

づく原価ではなく時価評価されることが多い〔⇨時価会計〕が，仮にヘッジ関係にある有価証券とデリバティブの評価基準が異なる（例えば，片方が時価評価でもう片方が原価評価）とヘッジ関係を会計上適切に認識できない。そこで，ヘッジ目的の取引については，両者の認識基準を原価か時価に同一に揃える会計処理（**ヘッジ会計**）が採用されている。(久保田隆)

ヘッジ会計
〔⇨ヘッジ〕

ヘッジファンド　hedge fund
投資家G.ソロスのクォンタムファンドのように，投資家から資金を預かり，株式・債券・通貨・商品等に対する積極的な分散投資や投機・裁定取引を行って高収益を得ようとする私募形式の**投資ファンド**。市場変動リスクをヘッジすることからこの名がついたが，リスクを軽減するどころか，むしろハイリスク・ハイリターンを追求するものである。出資者を少数に限定し**オフショア**（例: ケイマンなどの**タックス・ヘイブン**）に籍を置くなどして金融当局の規制・監督をほとんど受けてこなかった〔⇨オフショア市場, タックス・ヘイブン〕。しかし，2007-2008年の**世界金融危機**では**シャドー・バンキング**（shadow banking: 銀行以外の証券会社・ヘッジファンド等が行う金融仲介業務）が主因となった点が認識されると，ヘッジファンドの規制が各国で整備され，日本では金融商品取引法で登録その他が求められ，米国ではDodd-Frank Wall Street Reform and Consumer Protection Act (Pub.L. 111-203, H.R. 4173) 等の法律で様々な報告が求められ，EUではEU指令の**AIFMD** (Alternative Investment Fund Managers Directive) (2011/61/EU) で認可・情報開示その他の規制が定められている〔⇨世界金融危機, EU〕。(久保田隆)

BEPS行動計画　Base Erosion and Profit Shifting Actions
OECD（経済協力開発機構）〔⇨OECD〕が提示した，税源浸食と利益移転（BEPS; Base Erosion and Profit Shifting）削減に向けた15項目の行動計画のことである。

多国籍企業〔⇨多国籍企業〕のグローバル・ビジネス活動に関連し，国境を越えた過度の節税策が注目を集めるようになり，現在の国際課税原則や各国国内税法は，多国籍企業のグローバル・ビジネス活動を税務面から捕捉する上で有効に機能しているのかが議論され，その問題解決に向け，15の重点分野についてOECDによる最終レポートが公表されている（2015年10月5日）。

グローバル・ビジネス活動を行っている企業については，価値が創造されるところで税金を支払うべきであるとの観点から，OECDにおいて国際課税の原則を再構築するためのものである。そこでは，各国政府に対し，**多国籍企業**の活動に関して，その透明性向上や電子経済の発展への対応，外国子会社の合算課税の強化，租税条約の濫用の防止，各国制度の国際的一貫性の確立や**移転価格税制**〔⇨移転価格税制〕の国際基準の効果の回復を含め，多国籍企業情報の報告制度など，不確実性の排除と予見可能性の確保を目指すものとされている。(河村寛治)

ヘルシュタット・リスク
〔⇨システミック・リスク〕

便宜置籍船　a ship sailing under a flag of convenience
一般的に船主は，船主からみて都合のよい国に，船舶を所有することだけを目的とする外国子会社を設立し，その外国子会社に船舶を所有させ，当該国から船籍の付与を受ける〔⇨船籍〕。このような船を，**便宜置籍船**という。その最大の目的は，途上国船員の配乗の自由を確保することにあり，次に当該国からの船主業への各種支援の享

受である。俗に節税目的と中傷されることがあるが，今日ではタックス・ヘイブン対策税制によって封じられて久しい〔⇨タックス・ヘイブン〕。

また，便宜置籍船の登録を許す主要国は，IMO諸条約加盟国で，今日では海事行政にも熱心である。（合田浩之）

変更修正条項　amendment and modification clause

変更修正条項とは，契約内容の変更のための手続や要件等を定める条項である。「本契約の変更もしくは修正，又は本契約に基づく条件の放棄は，全当事者により署名された書面によらなければ有効とはならないものとする」といった条項が，その典型的なものである。国内取引契約にも見られるが，国際的な取引でも広く見られるもので，ユニドロワ国際商事契約原則2016年版第2.1.18条もCISG29条2項も，こうした変更条項が契約書に設けられていれば，他の方法で変更又は契約を解消・終了できない旨を定める〔⇨ユニドロワ国際商事契約原則，ウィーン売買条約〕。但し，いずれも，自己の行動を相手方が信頼して合理的に行動した限度においては，その条項の援用ができないとの留保をつけている点には注意を要する。（浜辺陽一郎）

ベンダー　vendor

ベンダーは，英語のvendorに由来し，言葉としての意味は行商人，売手，売主などであり，販売店，販売会社も含まれる。

ビジネス界では，商品の供給者のことをベンダーと称することが一般化しており，サプライヤーと同義で使用されることが多い。ベンダーという言葉は，主として百貨店，スーパー，ホームセンターなどの大手小売業者，衣料品等のチェーン店などが内外から商品を仕入れる際に，仕入商品の供給者を指してベンダーという言葉を使用する。特に，百貨店やスーパーなどでは近年，アジアや中国等の近隣諸国から大量の商品を調達するが，こうした商品の仕入先は何十・何百という数に上る。こうした商品の仕入先がベンダーである。日本では，業界や企業によってベンダー，サプライヤーが同義的に使用されるので，商取引の実態やケースに応じて判断することになるが，ベンダーは仕入先であると理解しておけば，様々な取引ケースに対応できる〔⇨VMI〕。（美野久志）

Vendor Managed Inventory
〔⇨VMI〕

ベンチャー・キャピタル　venture capital

株式を公開していない段階にある有望なベンチャー・ビジネス〔⇨ベンチャー・ビジネス〕や起業家を発掘し，事業成長のための資金を供給し，投資先ベンチャー・ビジネスの経営支援を行って，株式公開または買収・合併を機に株式を売却して資金回収を図る投資会社のこと。ベンチャー・キャピタル（VC）の多くは株式会社形態で運営されていることから，仮に投資家が株式会社であるVCに株式で出資し，VCが投資先企業に株式で出資をすると，株式売却時のキャピタル・ゲインに二重課税されてしまうことになる。そこでこの二重課税を回避するために投資事業組合を組成し，これを通じてベンチャー投資を行っていく。

図表　ベンチャー・キャピタルと投資事業組合との関係

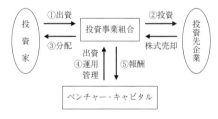

（田中誠和）

ベンチャー・ビジネス　venture business

高い志と成功意欲の強い起業家を中心とした，新規事業への挑戦を行う中小企業で，商品，サービス，あるいは経営システムに，

イノベーションに基づく新規性があり，さらに社会性，独立性，普遍性をもって進化し続ける企業。ベンチャー企業ともいわれるが和製英語であり，米国ではStart-upが使われる。ライフサイクルとして，特にファイナンスの視点から，シードステージ，アーリーステージ，ミドル・レイターステージ，エグジットステージなどに分類される。(田中誠和)

変動金利指標（と改革）　IBOR　Reform

　貸出やデリバティブ取引等における変動金利の主要指標である**LIBOR**（London Interbank Offered Rate）は2021年末に公表停止する可能性が高い。この結果，LIBORに準拠する既存の変動金利契約の見直し（LIBOR Transition）が進み，LIBORが扱う5通貨（英ポンド，米ドル，ユーロ，スイスフラン，日本円）の所属国ではすでに様々な取組みが進んできた。

　銀行がインターバンク市場で短期資金を調達する際の変動金利の指標としては，これまで銀行間取引金利である**IBOR**（Interbank Offered Rate）が用いられ，LIBORの他に，**EURIBOR**（Euro Interbank Offered Rate: ユーロのみ対象），**TIBOR**（Tokyo Inter-Bank Offered Rate: 日本円，ユーロ円を対象）が用いられてきた。IBORでは，パネル行の呈示したレートを元に運営機関が算出・公表するが，裏付けとなるインターバンク市場の無担保取引が減少する一方，パネル行のレート呈示プロセスが未整備で呈示するデータの選択に裁量の余地が残り，運営機関のレート算出プロセスも不透明であった。2012年夏以降，欧米銀行による**LIBOR不正操作**が発覚すると，IBORの信頼性・公正性・頑健性に対する疑念が拡大し，改革に向けた国際的な検討が行われた。2014年7月には**金融安定理事会（FSB）**がIBORと代替指標を金融商品に応じて適切に使い分けることを提言し，IBORの改革（IBOR＋: 2017年にTIBOR，2019年にEURIBORの改革を実施）とIBORを代替する**リスク・フリー・レート**（RFR: Risk Free Rate）の構築

（米ドルは**SOFR**，英ポンドはSONIA＋，スイスフランはSARON，ユーロは€STR，日本円は**TONA**）が進められた。しかし，IBORのうちLIBORについては，2017年7月に英国当局（FCA）長官が「2021年末以降，パネル行に対しLIBORのレート呈示を強制しない」方針を表明したため，以降はLIBOR公表停止に向けた対応（参照金利を円滑に変更する仕組み（フォールバック）の構築，RFRの特定と利用に向けた調整）が喫緊の課題となった。2018年7月にはFSBも方針転換し，IBORからRFRへの移行を推奨した。しかし，RFRは期間構造を持たないなどIBORとは異なる性質を有する（例: 日本のRFRであるTONAは翌日物金利で，円LIBORやTIBORのように3か月や6か月といったターム物金利が不在）ため，後掲金利の定め方には複数想定できる。この結果，後掲金利が一意的に定まり法的混乱がなかった仏フランLIBORからユーロLIBORへの移行時とは異なり，既存のLIBOR準拠の取引実務等を金融機関・事業会社双方で見直す移行作業（LIBOR Transition）が重要になる。(久保田隆)

変動相場制

　〔⇨ブレトン・ウッズ体制，スミソニアン合意〕

ポイズンピル（ライツプラン）　poison pill/rights plan

　ライツプランは，例えば会社が平時に新株予約権を株主に配り，敵対的買収者が例として2割の株式を買い占めた場合に買収者以外の株主に大量の株式を発行し買収者の持株比率を低下させる仕組みである。買収企業（蛇）が対象会社（毒を飲み込んだ蛙）を飲み込めば買収企業にも毒が回ることになり，**ポイズンピル（毒薬）**条項とも称される。平時導入，有事発動型であるが，米国では実際に発動されることはほとんどなく，事前警告型防衛策として相手をひるませ，交渉を引き出すなどの時間を稼ぐといった狙いを有することが多い。わが国で

は，ニッポン放送による新株予約権発行の差止請求事件（東京高決平成17年3月23日）においては実際に発動され，またブルドックソース事件（最決平成19年8月7日）では最高裁はポイズンピルを有効と認めている。米国に約30年遅れて買収防衛策導入の議論が始まったが，わが国は独自の進化を遂げつつあると言われる所以である。（藤川信夫）

ボイラープレート条項　boiler-plate clause

国際商取引の契約書は，いわゆるコモンローモデルの英文契約書に準拠ないしこれを参考にして作成されることが少なくない。近年では，国内のM&Aや金融取引などでも英文契約書を日本語化した契約書が用いられている。こういった契約書には，**ボイラープレート条項**（以下「BP条項」という）と包括的に称される，主に英米において発展した法理や実務の蓄積に基づく条項群が，最後の方にあたかも画一的に標準化されたもののように置かれていることが多い。このBP条項の定義・範囲は明確ではなく，そもそもなぜ"ボイラープレート"というのかについても諸説ある。例えば，かつて新聞業界で，全国紙の印刷用鉛版（プレート）を，沸騰（ボイル）した鉛を型に流し込んで作成していたが，このプレートを系列地方紙が流用して同一記事を掲載したことに由来するとする説がある。

BP条項とは，一般に，売買であれば目的物，価格，品質のように個々の取引に特有の条件以外の，様々な契約類型に共通の総則的性質を持った，日本語では「一般条項」などと呼ばれる条項をいう。Governing law（準拠法），Court jurisdiction（裁判管轄）やArbitration（仲裁）の各条項のように，法律文書としての国際取引契約書に当然必要と考えられる条項のほか，当事者の権利義務や契約の運用手続を，契約の準拠法〔⇨準拠法〕任せとせずに当事者間で明確化することを目的とした次のような条項が該当する：Assignment（譲渡条項），Confidentiality（秘密保持条項），Entire agreement（完全合意

条項），Exclusive or sole remedy（排他的救済条項），Exemption（免責条項），Force Majeure（不可抗力条項）〔⇨不可抗力条項〕，Hardship（ハードシップ条項），Indemnity（損害担保条項），No implied waiver（不放棄条項），No oral amendments（契約改訂条項），Notices（通知条項），Set-off（相殺条項），Severability（分離条項），Time is of the essence（履行期限厳守条項）など。中にはDefinitions（定義条項）のようなものまでBP条項と捉えている論考もある〔⇨秘密保持契約，エスケープ・クローズ，ハードシップ条項，権利不放棄条項〕。

BP条項は，定型的・画一的文言であるとして実務では見過ごされがちであるが，安易に条項例を流用した場合には，母法である英米法における本来の意義，判例・実務の蓄積を考慮に入れた条項の進化や適用例外事情が考慮されていない，あるいは当事者の意図や契約準拠法とも整合しないような，不完全な条項になる危険がある。また，日本法など親和性を欠く契約準拠法の下ではどう解釈すべきなのか，特定国の裁判所がどのようなアプローチで解釈するのかといった問題も内包している。例えば完全合意条項〔⇨完全合意条項〕は，契約締結前の表示，約束，合意等を排除することで契約書の最終性・確定性を担保するという典型的BP条項だが，わが国裁判例には，母法とは異なり，当事者の意図の解釈や取引の前提たる了解事項に関わる他の証拠をおよそ認めない主旨と解したものもあり，紛争の帰趨において時に決定的な意味を持つ。また，契約上の債権債務の譲渡が可能か，ある事態が不可抗力事由に当たるかどうかなどは実務上も重要なポイントであり，個々の取引ごとに条項の要否や射程，効果等を検討すべきである。（平野温郎）

貿易管理　trade control

広義では，領域内の居住者による産品やサービスの輸出入，輸出入に伴う資本取引等の対外取引を国家が管理・調整することをいう。輸出管理と輸入管理からなるが，

ホ

安全保障貿易管理制度の例に見られるように輸出管理のみを指す場合もある。

わが国は，**外国為替及び外国貿易法（外為法）**，輸出入取引法等の対外取引を規制する国内法令だけでなく，植物防疫法，家畜伝染病予防法，火薬類取締法，食品衛生法，文化財保護法等の国内秩序・安全衛生等を規制する国内法令に基づき，貿易管理を実施している〔⇨外国為替及び外国貿易法〕。

わが国では，外国為替や外国貿易等は最小限度の管理・調整が行われる（外為法第1条，第47条，第52条）。産品の輸出では輸出貿易管理令が定められ輸出許可と輸出承認の制度，産品の輸入では輸入貿易管理令が定められ，輸入承認，輸入割当の制度がある。

輸出許可は，わが国の平和及び安全の維持を目的とし閣議決定による経済制裁（貿易及び資本取引等の対外取引を包括的に禁止するもの）の一環とされるもの（外為法第10条）と，国際の平和及び安全の維持を目的とし政令により定められる特定の品目・仕向地の輸出に対する規制からなる（同第48条第1項及び第2項，輸出貿易管理令別表第1）（安全保障貿易管理制度）。許可の対象は産品の輸出だけでなく一定の資本取引等に及び，産品の輸出入に直接伴う取引等，知的財産権等の移転等（特定資本取引）（同第24条），特定の産品の設計・製造・使用に係る技術（特定技術）を特定の外国で提供する取引，特定技術を特定国に提供する取引（役務取引等）（同第25条）も対象となる。輸出承認は，国際の平和及び安全の維持に対するわが国の寄与，国際収支の均衡維持等を目的にし，政令が定める特定の品目・仕向地の産品の輸出を対象とし（同第48条第3項，輸出貿易管理令別表第2），国内需給調整品目，輸出秩序維持品目，条約規制品目（ワシントン条約等），輸出禁制品目等が含まれる。

輸入承認は，外国貿易と国民経済の健全な発展，条約等の誠実な履行，国際の平和及び安全の維持に対するわが国の寄与等を目的とし政令により定められ特定の品目，原産地及び船積地の輸入を対象とする（外為法第52条）。輸出承認と同様に多様な品目がその対象となっている。輸入承認及び輸入割当の対象品目や船積地等は輸入公表により指定される（輸入貿易管理令第3条）。輸入割当品目の輸入者は当該輸入割当を受けた後でなければ輸入承認を受けることができない（同9条）。輸入割当は非自由化品目（水産物）を対象としている。

関税を納付すべき外国貨物は原則として関税が納付された後に輸入が許可される（関税法第72条）。関税は，関税法，関税定率法，関税暫定措置法（**関税三法**）に規定されている〔⇨関税三法〕。

輸出入取引法は，不公正な輸出取引を防止するため，一定の範囲内で**輸出入カルテル**の締結を認める〔⇨輸出入カルテル〕。(濱田太郎)

貿易金融　trade finance

貿易金融とは，貿易取引が円滑に機能するために，取引の各段階において，輸出入者宛に行われる必要な資金の融資（貸出）や信用の供与（保証）のことであり，輸出入者の取引銀行による与信取引である。大きく，**輸出金融（export finance）**，**輸入金融（import finance）**，その他の**貿易金融**に分類される。

輸出金融には，①輸出手形買取（negotiation）と，②外国保証（bond）があり，**輸出手形買取**とは，買取銀行が荷為替手形の交付を受け，対価として代り金を輸出者に支払うことである。輸出手形の買取日からその荷為替手形が決済されるまでの間，買取銀行は輸出者に対して，外貨または円貨を融資することとなる。通常，輸出手形買取は，信用状付輸出手形を対象とするが，**信用状なし輸出手形（D/P, D/A手形）**の買取も可能である。しかし後者は信用状発行銀行の支払確約がないため，買取銀行はより慎重な与信判断を行う。外国保証は，プラント工事に伴う長期の債務保証等に利用され，**保証状**，**スタンドバイ信用状**の発行が行われる。

ホ

輸入金融には，①信用状発行，②引取保証（letter of guarantee），③輸入ユーザンス（import usance）があり，信用状発行では，発行銀行は，信用状条件通りの書類が到着した場合，発行依頼人（輸入者）がなんらかの理由により，輸入決済不能になった場合でも，発行銀行は信用状に基づく支払確約を履行する必要があるため，輸入者の信用力を見極める。**引取保証**とは，輸入者が**船荷証券（B/L）**を呈示することなく輸入貨物を引き取るため，船会社に対して差し入れる保証状であり，銀行は輸入者の連帯保証人となる。物流の高速化等により，B/Lが，発行銀行等に到着する前に，貨物が到着するケース（いわゆる**船荷証券の危機**）が増えており，輸入者は，早期の貨物引取のためにこれを活用する。**輸入ユーザンス**とは，輸入者が輸入した商品を国内で販売した後，販売代金回収までの融資を必要とする場合に，輸入者が発行銀行等に，英文**約束手形**（promissory note）及び，輸入手形付帯貨物貸渡（Trust Receipt，T/R）依頼書を差し入れ，発行銀行等は，輸入ユーザンス実行後，買取銀行に対して資金決済を行うことである。発行銀行等は，輸入者が代金回収後にユーザンス手形の期日決済を行うまで，英文約束手形記載の金額を，輸入者に対して融資したことになる。また，輸入ユーザンス期日に輸入者が輸入商品の販売代金を回収できない場合は，別途円建融資を利用して輸入ユーザンス決済資金に充当するが，これを**輸入はね返り金融**という。

この他，船舶やプラントなど中長期にわたる輸出を対象とする制度金融として，**国際協力銀行**（Japan Bank for International Cooperation－JBIC）による**サプライヤーズ・クレジット**（Supplier's Credit）と**バイヤーズ・クレジット**（Buyer's Credit）がある。前者は国内の輸出者に対する融資であり，後者は海外の輸入者に直接融資する方法である〔⇨信用供与，荷為替手形，信用状，D/P・D/A決済，保証状，スタンドバイ信用状，船荷証券，船荷証券の危機，約束手形，国際協力銀行〕。（花木正孝）

貿易金融の電子化　electronization of trade finance

1980年代より，貿易取引のスピードアップ化を図るため，従来型の**船荷証券**を始めとした，船積書類を基礎とした，運送・通関手続や，外国為替取引を電子化（ペーパレス化）する試み（貿易取引電子化－Electric Trade）が試行された。電子化の対象となるのは，主に，①船荷証券を始めとする貿易書類の電子化（及び，これに伴い荷為替手形がベースとなる，**貿易金融の電子化**），②通関手続の電子化，③外国為替取引の電子化の3つである。

貿易書類電子化では，1995年より，英国，オランダ，香港，米国等9か国26の企業（輸出入業者，船会社，銀行）が，初の電子船荷証券を発行するプロジェクトである**BOLERO**（Bill of Lading Electronic Registry Organization）の実証実験を開始した。1999年9月に実用段階に達したBOLEROは，現在も一部大手企業が利用している。

通関手続の電子化については，わが国の**NACCS**（Nippon Automated Cargo and Port Consolidated System）等，入出港する船舶・航空機及び輸出入される貨物について，税関その他の関係行政機関に対する手続等を，オンラインで処理するシステムが稼動している。

外国為替取引の電子化では，銀行と顧客の間の銀行取引を，通信回線を介して銀行取引を行う**エレクトロニック・バンキング**（Electronic Banking－EB）の実用化により，大多数の外国為替業務をEBで受け付けることが可能となった。

NACCS等による通関手続，EBによる外国為替取引の電子化については，一定の進捗があるのに比べて，船荷証券を始めとする貿易書類の電子化は，未だに実験段階にとどまっている。貿易書類電子化停滞の原因としては，①輸出者，輸入者，船会社，銀行，電子船荷証券の登録機関等，多くの関係当事者を，あまねく網羅するシステムを整備するのは困難であること，②国境を越える船荷証券を電子化する際の，関係当

ホ

事国における法令整備や，電子船荷証券登録機関の中立性維持等，乗り越えなければならない問題が多く，貿易取引電子化を進める上での，ボトルネックになっている。

この解決策として SWIFT が開発したのが TSU-BPO 取引である。TSU（Trade Services Utility）とは売買契約と関連する書類上のデータを，正確かつ迅速に照合するための取引データ・マッチング・システム（Transaction Matching Application－TMA）であり，BPO（バンク・ペイメント・オブリゲーション－Bank Payment Obligation）とは TSU で利用される，銀行の独立した支払確約である。TSU-BPO 取引は，基本的には信用状取引に類似した貿易金融/代金決済方法であるが，一切の書類を排し，データのみを取り扱うのが特徴である。また，**ブロックチェーン（分散型台帳）**に代表される，**フィンテック（FinTech）**技術を活用した新しい貿易金融電子化スキームの開発，試行も進んでいる〔⇨船荷証券，荷為替手形，貿易金融，通関，NACCS，外国為替，SWIFT，信用状，ブロックチェーン，フィンテック〕。（花木正孝）

貿易取引　international trade

貿易取引は，大きくモノの貿易（trade in goods）とサービス貿易（trade in services）に分かれる。**モノの貿易**は，自動車の輸出や原油の輸入が代表的な姿である。近年の日本の貿易における特徴的なことは，輸出商品の構成で自動車が，輸入商品では原油がそれぞれ第 1 位の座を占めていることに変わりはない。しかし，商品構成での 2 位から 4 位を，輸出入ともに半導体等電子部品と事務用機器が占め，産業内貿易の進展の結果である。

サービス貿易にはいろいろな態様があるが，政府の権限の行使として提供される以外のすべての役務を意味し，産業別にみると金融，保険，運送，通信，法務や教育等の役務提供など広範囲にして多彩である〔⇨サービス貿易〕。

WTO 協定（1995 年発効）の GATS（Gen-eral Agreement on Trade in Services：サービス貿易に関する一般協定）では〔⇨WTO，GATS〕，越境取引（国境を越えたサービスの提供），消費者の移動（他国民に対するサービスの提供），商業拠点の設置（他国における商業拠点によるサービスの提供），労働の移動（他国民を通してのサービスの提供）を規定している。

プラント輸出も貿易取引の範囲に属するが，その業務内容は，機器の製作・供給（売買），建屋建設（請負），機器の据付（労働者の雇用），運送，金融（投資を含む各種ファイナンス），保険などを含んでおり，契約形態も複雑かつ多岐にわたっている〔⇨プラント輸出契約〕。

モノの貿易の輸出競争力は，経済学では「比較優位説」を中心に説明され，本国での競争力低下に対応するために，直接投資を行って海外に生産拠点を移転すると説明される。そして，海外の生産拠点より輸出をし，逆輸入や現地販売も行う。次いで現地で得た収益は，再投資にも振り向けられる。直接投資は貿易取引を代替するものではなく，直接投資と貿易取引とは相互依存・発展の関係にあることがわかる。日本と東アジアとの関係がそれを如実に物語っている。

貿易取引の担い手として商社の名前があがるが，1970 年代を境にメーカーの「商社離れ」が表面化したことは銘記すべきである。つまり，70 年代に入って輸出貿易商品が電機や自動車等の技術商品にシフトしていき，技術的な専門知識が要求されるようになった。換言すれば，商社のマーケティング能力の限界が問われたのである。これを契機にメーカーが直接貿易取引に乗り出すことが大勢となった（直貿）。

一方，原材料面での輸入貿易では，特に総合商社の市場開発力は優位に立っており，エネルギー，食糧，パルプ等では他の追従を許さない世界的なネットワークを誇っている。（絹巻康史）

貿易取引の基本条件 basic terms and conditions on the international sales contract

　　貿易契約において，後々の問題を避けるために，特にきちんと取り決めておく必要がある品質，数量，価格，受渡，決済，保険に関する6つの条件を指す。近時，保証を加え7条件とする説もある。貿易取引は，物品の売買取引に他ならないが，そこには国と国とが異なる隔地者間での売買取引であるがゆえの難しさが存在する。例えば，国内取引に比して，取引相手について得られる情報が少ない分，相手方の義務履行についての不安要素が多いこと，売買対象物品の運送に伴う危険が高いこと，内国および外国における貿易管理・為替管理等の規制を受けること，適用される法規範が外国法となり得ることから発生しうる問題の予測およびその結果の予見が難しいこと，さらには，紛争解決も容易ではないこと等の様々な困難さである。これらを軽減・回避するため，貿易取引の実務分野では，伝統的に，特定種類の商品等について国際的に用いられる約款・取引単位，標準的契約条件，統一規則等の国際標準・基準が，貿易取引にかかわる業界・団体等によって発表され，利用が促されており，売買当事者は，それらの国際標準・基準を活用しつつ，上の6つの条件を含む様々な事象に関して，貿易契約を締結することになる。（田口尚志）

貿易保険 trade and investment insurance

　　貿易保険は，NEXI（㈱日本貿易保険）が貿易保険法に基づき行う業務であり，本邦企業が行う海外取引（輸出・投資・融資）の輸出不能や代金回収不能をカバーする保険である。貨物保険が貨物の減準や滅失など貨物の危険を対象とするのに対して，貿易保険は仕向国の輸入制限や為替取引制限，買主の破産などを対象としているため取引の保険ともいわれる。付保対象取引，リスクの種類により以下の通り分類される。

　　貿易一般保険とは最も一般的な保険であり，対象となる契約は，輸出契約，仲介貿易契約，役務（技術提供）契約である。船積前・船積後のカントリーリスク（**非常危険**）及び，信用リスク（**信用危険**）をカバーする。更に，契約ごとに付保する，貿易一般保険（個別）及び，海外の複数取引先との，反復・継続的な海外取引を行う本邦企業に対して包括的に付保する貿易一般保険包括保険（企業総合）に細分される。

　　貿易代金貸付保険とは，本邦銀行等が外国の企業等に輸出貨物の代金等の支払いに充てる資金を貸し付ける契約（貿易代金貸付契約）の回収不能による損失をカバーする。

　　輸出手形保険とは，輸出貨物代金の決済のために振出された**荷為替手形**の不払いリスクをカバーするもので，荷為替手形を買い取った銀行が被保険者となる。付保した手形が満期に不払となった場合，保険金は買取銀行が直接受領し，手形振出人（輸出者）は銀行から保険金相当額の手形買戻しを請求されないため，輸出者の貨物代金回収リスクをカバーする形となる。

　　輸出保証保険とは，外国保証（**保証状，スタンドバイ信用状**）発行を依頼した本邦企業に対する，発行銀行からの補償履行請求リスクをカバーする。貿易保険法上の規定はあるが，現在引受実績はない。

　　前払輸入保険とは，前払輸入取引で，前払金の送金後，貨物輸入が不能になり，かつ前払金の返還請求に対して返還が行われないことによる損失をカバーする。

　　海外投資保険とは，本邦企業が，海外で行った投資（出資，株式等の購入，不動産や権利等の取得）について，非常危険（外国政府による収用，戦争・テロ・天災等）に伴う損失等をカバーする。

　　海外事業資金貸付保険とは，①海外での事業に必要な資金を外国法人に貸し付けた本邦法人等が，貸付金を回収できなかったことによって被った損失，②外国法人が海外での事業に必要な資金を調達するために発行した債券を購入した本邦法人等が，この債券の償還不能によって被った損失，③

ホ

211

外国法人が海外での事業に必要な資金を調達するための借入金や発行した債券の償還を保証した本邦法人等が，保証債務を履行したことによって被った損失をカバーする〔⇒NEXI，信用リスク，荷為替手形，保証状，スタンドバイ信用状〕。（花木正孝）

法人
〔⇒会社〕

法人格否認の法理　piercing the corporate veil
親会社に対して，子会社の行った事業活動についての責任を追及するための理論として，「法人格否認の法理」がある。この法理は，法人としての会社の形式的な独立性をそのまま認めてしまうと正義に反する場合に，個別事案に限って法人格を否認するというもので，多くの法域に類似の法理が見られる。例えば，コモンロー諸国ではPiercing the corporate veil 又は lifting the corporate veilの法理が認められ，日本でも，法人格が形骸化している場合や法人格が濫用されている場合に法人格を否認する法理が最高裁判例で認められており，中国法では成文法に規定を設けている。ただ，国際的な紛争で法人格否認の法理を適用する場合においては，その準拠法が問題となる。どの法域の法人格否認の法理が適用されるかについては，法人格の成立に関するものとして，法人の従属法や設立準拠法によるという見解もあるが，日本では問題状況に応じて判断すべきであるという見解も有力となっており，それぞれの法域によっても様々な考え方がありえよう。（浜辺陽一郎）

法人の従属法　governing law of a corporation
法人は，現代社会において，ある意味で自然人と同様ないしそれ以上に，国際的取引などにおいて権利義務の主体となり得る。こうした法人の法人格取得要件，解散事由，機関の構成等の法人の内部関係が如何なる国（法域）の法によって規律されるのかは，「法人の従属法」の問題として論じられる。

法人の規律の在り方についての各国の法制には多様性があるが，法人の従属法としては，設立準拠法主義（設立者の選んだ設立地の法が従属法となるとの考え方）と本拠地法主義（本拠の所在する国の法に従って設立しなければならず，設立地に法人の本拠が所在することが求められるとの考え方）との2つの立場があると整理されてきた。例えば，フランス民法典1837条は，「本拠（le siège）」を「フランス国内に有するあらゆる団体（toute société）はフランス法の規律に従う。」と定めており，フランス法上は本拠地法主義が採用されていると理解されている。それに対し，スイス連邦国際私法典154条1項は，設立準拠法主義の立場に立ったものであるとされる。

日本法上，法の適用に関する通則法は，法人の準拠法についての明文規定を置いていないが，設立準拠法主義に立っていると解するのが通説である。この立場は，民法37条1項1号で「外国法人の設立の準拠法」が登記事項になっていること，会社法2条2号が，「外国会社」という用語の定義を「外国の法令に準拠して設立された法人その他の団体……」と定めていること，および933条2項1号で「外国会社の設立の準拠法」が登記事項になっていることによっても裏づけられる。さらに，法人格が本来その設立国でのみ認められ得ることを前提としているとみられる外国法人認許の規定（外国法上の公的行為により設立された法人格の承認のための規定であると解される民法35条1項）の存在や会社法821条の「疑似外国会社」の規定の存在も，日本法が設立準拠法主義を採用しているとの理解と整合的である。

法人の従属法の問題は，法人の本質論（法人擬制論，法人実在論）と関連するものと理解されることもあるが，法人の実在論の立場に立つ場合であっても，従属法については本拠地法主義が採用される場合と設立準拠法主義が採用される場合との双方とがありえるなど，必ずしも法人の本質論と法人の従属法についての立場が1対1で対応

するわけではないと指摘されている。

　また，かつては，法人についても自然人と類似した形で「**国籍**」を概念し，その国籍によって内国法人と外国法人とを区別するという考え方も存在した。しかし，むしろ現在は，内外法人の区別が必要な場合，法目的に応じて区別をして規律を行うことこそが重要とされ，法目的にかかわらず「国籍」といった基準を用いて一律に内外法人を分類することの意味には疑問が持たれている。多国籍企業という語は頻繁に使われるが，これが，1つの営利法人たる会社が複数の国籍を有する場合を指すものではないことは無論のことである。こうした企業グループの社会的影響力の大きさに鑑み，特定の方針に基づいて国際的に活動する1つの関連企業グループに属する会社を多国籍企業と呼んで，それらの会社に一種の連帯責任を負わせようとする動きもみられるが，別々の法人格を有する企業間に共通の法的責任を認めるためには，単に共通の方針に基づいて活動をしているという事実だけでは足りないと解されることが一般である。

　なお，法人の従属法が，当該法人の創設や内部関係の多くを規律するとされるのに対し，ある法人と他の法人等との間の取引や不法行為に基づく債権債務に関するような外部関係については，従属法とは別に定められる法による。（的場朝子）

放送と通信の融合　media convergence

　放送インフラのデジタル化やインターネットのブロードバンド化，衛星放送の普及等に伴い，放送と通信の垣根が曖昧になり，双方が連携・融合したり（例: 日本におけるハイブリッドキャスト対応テレビの普及，英国の広告放送局ITVによるスマートテレビを活用したアドレッサブル広告の開始），相互参入（例: 日本におけるネット企業と既存のテレビ局の共同出資によるAbemaTVの開始）が進展する世界的な現象のこと。他方，世界各地でテレビ離れ（YouTubeなど他の選択肢の増加に伴い，テレビ

視聴が低下する現象）が進んでいる。（久保田隆）

法廷地漁り　forum shopping

　法廷地漁りとは，自己に有利な法廷地を選んで訴訟を提起することいい，**フォーラム・ショッピング**（forum shopping）とも呼ばれている。

　どこの国を法廷地に選ぶかは，**準拠法**〔⇨準拠法〕の選択により可能となり，自己に有利な準拠法を漁ること（law shopping）で，法廷地の選択が可能となる。この準拠法の選択は，各国の国際私法により決定されることとなるが，問題となる法律関係に密接な地の法律を選択するのが立法上及び解釈上の原則であり，条約等により国際的に統一されている分野はあるものの，すべての国が批准しているわけでもなく，国際私法は基本的に国内問題であるため，法廷地を異にすれば準拠法が異なるため，民事訴訟法など訴訟の手続法を含め法律の適用結果が異なってくる場合がある。その結果，訴訟をどの国の裁判所に提起するかにより原告にとって有利になるか不利になるかが変わることもあるため，**フォーラム・ショッピング**を生む原因となる。

　一方，米国においては，当該州に管轄がある場合でも，当事者のフェアプレーや正義の実現のため，同一事件について裁判管轄を有する他の国・州の裁判所で審理を行う方が望ましいと判断した場合には，裁量により原告の訴えを却下したり，一定の条件をもとに訴訟を一旦中止する扱いを認めるという，**フォーラム・ノン・コンビニエンス**（Forum Non Conveniens）〔⇨フォーラム・ノン・コンビニエンス〕という理論が発達している。（河村寛治）

法定通貨（法貨）

　〔⇨強制通用力〕

法定通用力

　〔⇨強制通用力（法定通用力）〕

法の一般原則　general principles of law

　特定の法領域だけでなく法全般に妥当する法の基本的な原則を「**法の一般原則**(general principles of law)」という。平等取扱いの原則，信義誠実の原則などがこれに該当する。

　法の一般原則は，具体的な法規則の起源，法解釈の指針，成文法の補充などの機能を有する。例えば，国内の民事裁判で適用すべき具体的な法規則を発見できない場合などにおいて，「**条理**」の内容として，法の一般原則により具体的な解決策が導かれる。また，国家間の国際裁判においても，「文明国が認めた法の一般原則」(国際司法裁判所規程38条1項c)が裁判準則の一つとされている。「文明国が認めた法の一般原則」とは，文明諸国の国内法において共通に認められる原則であり，これが国際法の欠缺を補充する。

　国際商取引との関係でも，近時，法の一般原則が注目されている。現在，国際商取引に適用される国際法(世界的な統一法)は存在せず，国家裁判所は，当該国の国際私法によっていずれかの国家の民法・商法を準拠法として適用する。しかし，各国の民商法は国際的な商取引の実状を必ずしも反映しておらず，その適用結果が妥当でない場合も多い。そこで，国際商取引には国際的な法源すなわち国際**商慣習法**〔⇨商慣習法〕(レックス・メルカトリア)や(契約)法の一般原則を直接に適用すべきであるとの見解が主張される。このような状況の下，「**ユニドロワ国際商事契約原則**」〔⇨ユニドロワ国際商事契約原則〕や「欧州契約法原則」などが作成され，一部の仲裁廷や裁判所はこれらの原則を適用している。(高杉直)

法の適用に関する通則法　Law on General Rules Regarding Application of Laws

　法例に代わるわが国国際私法の一般法典として2006年に成立した法律(平成18年法律第78号)。本国法や常居所地法の決定，反致，公序など，準拠法決定に共通した規則に加えて，契約，不法行為といった法律関係ごとに準拠法を定めた規定を置く。ただし，第2条は法律の施行時期，第3条は慣習法の効力に関する規定であり，国際私法とは無関係である。

　法例は，ドイツ国際私法の草案を参考にして作られ，明治31年に公布・施行された。その国際家族法関係規定は，父ないし夫の本国法主義のように両性平等にそぐわない規定を含んでいたため，平成元年に改正を受けたが，そこで改正の対象外とされた財産関係法規定のなかには，時代遅れになったものも多く残されていた。そのため，平成15年以後，法制審議会国際私法部会において検討作業が進められ，本法成立に至った。本法における主な改正点は，当事者による契約準拠法の指定がない場合に，特徴的給付理論の考え方により密接関係法を推定して適用すること，消費者契約・労働契約につき，一定の強行法規の適用により弱者を保護する規定を置くこと，不法行為地法主義の柔軟化を図ったこと，債権譲渡の効力につき，債務者の住所地法主義を改め，譲渡対象債権の準拠法によるとしたことなどである。(中野俊一郎)

報復関税　punitive tariffs / retaliatory tariffs

　関税定率法(第6条)に定められている相手の国の不法を改めさせて，自国の利益を守るための関税。指定された貨物の課税価格と同額(従価換算税率100%)以下で割増関税を原則として，WTOの承認を受けて課されることとなっている制度で，①WTO協定上の利益を守り，その目的を達成するため必要があると認められる，②わが国の船舶または航空機に対して，またはわが国の輸出貨物，もしくはわが国を通過する貨物について，不利益な取扱いや差別待遇を実施している場合に報復として行われる〔⇨WTO，関税，関税三法〕。

　わが国では2005年，アメリカが輸入品のダンピング〔⇨ダンピング〕を阻止するために執行した1930年関税法第754条(バード条項)〔⇨米国通商法〕に対抗して，9月

ホ

アメリカ製のベアリング（軸受け）など15品目で、一律15%の報復関税を初めて発動した。他の特殊関税〔⇨相殺関税，不当廉売関税〕のように国内生産者から課税の申請を行うことはできない。（河野公洋）

法令外国語訳　Japanese Law Translation

　日本法令を信頼できる整合性のある外国語で提供すべく司法制度改革の一環として2004年に内閣官房で始まった。日本の法情報の国際発信のためのインフラストラクチャー作りが目的である。とりあえず日本法令英語訳を公開することを目的としている。英訳された日本法令は法令外国語訳のHP（http://www.japaneselawtranslation.go.jp/?re=01）で公開されている。そこには、英訳された法令の他に、**日英対訳法令用語辞書**も掲載されている。翻訳は、法令を所管する各省庁が行い、それを法務省が統一的にチェックして公開する。法令にでてくる用語の検討は、法務省の**法令外国語訳推進会議**が行っている。推進会議は、弁護士と学者から構成されている。英訳文は、英語のネイティブ・アドバイザーのチェックを受けている。法令を英語に翻訳するときに特に日本人が注意すべき表現についてネイティブ・アドバイザーを中心にまとめた「法令翻訳の手引き」も前記URLの法令外国語訳のサイトに掲載されている。翻訳の基本方針は、法令外国語訳推進のための基盤整備に関する関係省庁連絡会議で決められている。（柏木昇）

法令遵守

　〔⇨コンプライアンス〕

北米自由貿易協定

　〔⇨USMCA〕

保険　Insurance

　保険は、偶然に発生する保故（保険事故）によって生じる財産上の損失に備えて、多数の者が金銭を出し合い、その資金によって事故が発生した者に金銭を給付するための制度である。拠出される金銭が保険料であり、給付される金銭が保険金にあたる。これは「**大数の法則**」と呼ばれる法則により、大量のデータに基づいて、リスクの発生する確率を合理的な正確さで測る方法によって、制度が成り立っている。そのため、保険とは保険料という対価を支払うことにより、対象となるリスクのもたらす経済的損失を補填する商品といえる。種類としては、健康保険、国民年金保険、労働保険などの社会保険、政府が実質的に営む貿易保険〔⇨貿易保険〕、民間保険がある。民間保険には損害保険と生命保険とがあり、前者の損害保険の中に海上保険、火災保険、賠償責任保険があり、生命保険には死亡保険、医療保険などがある。保険の仕組みから見ると、保険料だけでなく政府拠出によって成り立っている国民健康保険などは保険の定義から外れている。

　近代的な海上保険・火災保険の出現は14世紀、近代的生命保険は18世紀、自動車保険の伸展は20世紀と、社会の変容に寄り添う形で、保険の種類も変わってきている。しかし、保険の基礎構造である、契約に係る必要不可欠な要素には基本的に変更がなく、保険会社と保険契約者または被保険者、保険の有効期間を示す保険期間、リスクを保険会社が買い取る対価としての保険料がある。

　また、民間保険商品の提供者は、**元受保険会社**と**再保険会社**とに類別される。元受保険会社は日本国の企業・個人に保険を提供する者をいう。再保険会社とは、元受の保険会社に保険を提供する者で、場合によっては海外の再保険会社である場合もある〔⇨再保険〕。（栁田宗彦）

保険証券　Insurance Policy

　保険契約の成立および内容を証明するために、保険者が作成して保険契約者に交付する書面（証券）を**保険証券**という。保険契約者の請求を待つことなく、保険契約の締結後、遅滞なく交付される。保険証券に記載することを要する事項は法定されてい

ホ

る。もっとも，保険契約は，保険会社と保険契約者となるべき者との間の合意によって成立する契約（諾成契約）であり，契約の成立には何らの方式（例えば保険申込書による申込みといったこと）を必要としない契約（不要式契約）である。したがって，保険証券を発行することが，保険契約を成立させるための要件でもないし，効力を発生させるための要件でもない。そのため，保険証券が発行されない保険契約も存在しており，保険証券は一般に証拠証券であり，**有価証券**ではない〔⇨有価証券〕とされている。但し，例えば貨物海上保険契約において発行される指図式の保険証券の有価証券性については見解が分かれている。有価証券性が認められると，保険者に対する保険金請求権は保険証券の裏書と交付によって移転することになる〔⇨外航貨物海上保険〕。

貨物海上保険では，日本の場合，1963年版S.G.フォームおよび1982年版MARフォームの2種類の保険証券が採用されている。SGはSHIP＆GOODSを意味しており，MARはMARINE FORM POLICYを意味している。

貨物海上保険証券は，船荷証券〔⇨船荷証券〕および商業送り状〔⇨商業送り状〕とあわせて3大船積書類と呼ばれる。荷為替信用状〔⇨信用状〕による荷為替手形〔⇨荷為替手形〕の売買などでは保険証券の正本の提出が銀行から要求されるのが一般的であり，海外での輸出貨物に関する保険金請求の場合も，保険証券正本の提出が要求される。CIF売買〔⇨CIF〕で売主の手配した保険証券が買主に渡る場合，白地裏書により譲渡されるのが通常である。補償内容は大きくは全危険担保（オールリスク担保）と特定危険担保に分かれ，約款に基づいて行われる〔⇨巻末付録2〕。（栁田宗彦）

補償状　Letter of Indemnity
　船荷証券に関して用いられるときは，**無故障船荷証券（clean B/L）**の発行をしてもらうために，荷送人（輸出者）が運送人（主

として船会社）に提出する書類である。埠頭受取証（Dock Receipt）や本船受取証（Mate's Receipt）に記載されている運送品に異常がある旨の記載（故障摘要書き＝remarks, notationと言い，その多くは，軽微のもの）を削除してくれることを求め，その結果，運送人が負担する証券責任（すなわち表示責任。表示と異なる事実をもって反証することを許さないとする英米法の禁反言（estoppel）の法理に同じ）を荷送人が内部的に補償することを確約する（guarantee）と記載されている。

運送人は，運送品の外観状態や数量をB/Lに正確に記載する義務を負い，B/Lは記載されたことが事実であることを証明する文言証券であるため，この補償状の効力については疑問視されてきた。故障摘要書きの内容が運送品の欠陥や所定の運送に耐えるものではないことを示すのであれば，この補償状の使用目的は詐欺的と見なされ，使用は許されない。したがって，故障摘要書きから判断して，詐欺的意図がない場合には，書類の流通を円滑にするため，補償状の使用は商業上許容される慣行と見なされている。このような慣行は，荷為替取組み上，銀行は無故障のB/Lのみを受理するが，「無故障」の定義が明確でなかったり，運送人が防御的に免責を主張する記載（例：鋼材の運送に関し，事実上は錆が見られないにもかかわらず，not responsible for rustと注記する場合）をB/Lに入れることがあるが，これが故障摘要書きと解されやすいため，この補償状が使用され，無故障のB/Lが発行される。また，荷役上の事故などにより，運送品の数量が売買契約数量に比し，数個不足している場合，契約数量どおり出荷されたと記載してもらい，別便で不足量を急送することにより輸入者に対応する場合にも，この補償状が用いられる。

FCL貨物の場合には，運送人が実入りコンテナを受け取るときに埠頭受取証に記載する故障摘要書きは，コンテナの外観に関するものに限られ，概ね運送の安全性に疑念が残るような記載と見なされ，補償状の

使用は難しいだろう〔⇒FCL〕。LCL貨物の場合には，混載に際して貨物受取証に故障摘要書きがあれば，コンテナ内積付表に転記され,それを削除する必要が生まれる〔⇒LCL〕。しかしながら，コンテナ詰めに際して，CFS〔⇒混載貨物〕での早めの故障対応が可能であるから，補償状の使用はかなり限定的になるだろう〔⇒海上コンテナー〕。

なお，銀行がこの補償状に関与するときには，補償の確約性を強調して，Letter of Guaranty（L/G）と表記されることがある〔⇒保証状〕。（椿　弘次）

保証状　letter of guaranty

債権者がその債権の回収に不安がある場合に，債務者以外の第三者（保証人）に信用の補完を求めることがあるが，その役割を果たすものの一つが**保証状**である。保証状とは，保証人が債務者（保証委託者）の委託により，債権者（受益者）に対して，保証委託者の受益者に対する債務を保証することを約した書面をいう。

保証には，保証委託者の主債務に附従する保証，すなわち保証人が保証委託者の受益者に対する債務の不履行があった場合に保証債務の履行責任を負うものと，保証委託者の主債務に附従しない独立性を有する保証，すなわちその債務の不履行の有無にかかわらず一定の条件を充足する書面の呈示があれば保証債務の履行責任を負うものがある。

このうち，国際取引において多く利用されているのは，後者の保証であり，保証人は，受益者から請求があれば，保証委託者と受益者との間の原因関係上の抗弁を提出することができないため，請求払無因保証と呼ばれる。

この種の請求払無因保証取引に関し，国際商業会議所は1992年に，**「請求払保証に関する統一規則」**（URDG458; Uniform Rules for Demand Guarantees, ICC Publication No. 458）を作成し，わが国においても，全国銀行協会連合会は，1994年にこの規則の内容を反映させ，保証人たる銀行と保証委託者との間の保証委託契約に伴う権利・義務関係を明確にするために「請求払無因保証取引約定書試案」を作成している。その後，URDG458は改訂され，現行の「請求払保証に関する統一規則」は2010年改訂版URDG758である。

この種の請求払無因保証取引においては，保証人の保証債務が原因関係とは切り離され，保証人が第一次的な債務（primary obligation）を負担しているという意味において信用状と同じであり，スタンドバイ信用状と同様の法律的性質を有するとされている。

なお，国際取引で利用される保証には，以下の**借入保証，入札保証，前受金返還保証**および**履行保証**などがある。
① 借入保証は国際的に最も頻繁に利用され，借入債務を担保する目的でなされる保証であり，通常，銀行が，借入人（主債務者）から保証委託を受け，貸付人を受益者とする保証債務を負担するものである。
② 入札保証は，入札において，応札（入札参加）者が，落札後にその内容で本契約を締結すべき債務を保証するものである。この保証は，国際的競争入札に応札するために利用される。
③ 前受金返還保証は，主に輸出取引で利用され，売主の債務不履行の場合に，買主から受領した前受金の返還債務を保証するものである。
④ 履行保証も，主に輸出取引で利用され，売主の債務不履行の場合に，買主に対する損害賠償債務を保証するものである。
〔⇒スタンドバイ信用状〕（平野英則）

保税制度　Hozei System/ bond system

保税とは，外国貨物について課税権を留保した状態にあることを意味する。外国貨物は，関税未納のまま加工や製造等を行ったり，特定の場所に外国間のまま輸送したり，展示したりすることが可能であり，それによって申告者（納税義務者）は関税の支払いを猶予することができ，経済的利益を享受することになる。このような必要性

217

から設けられたものが**保税制度**で，その代表的なものに保税地域があり，その種類には以下の5つがある。

①指定保税地域　DHA: Designated Hozei Area

　国，地方公共団体等の所有する土地または施設等。税関手続の迅速な処理を図るため貨物の一時的保管を目的とし，財務大臣が指定した場所をいう。蔵置期間は貨物の搬入後，1か月まで。

②保税蔵置場　H/W: Hozei Warehouse

　外国貨物の積み降ろしまたはこれを置くことができる場所。税関長が許可した保税地域。指定保税地域の補完的役割を果たす場所。蔵置期間は2年以内。

③保税工場　H/M: Hozei Manufacturing Warehouse

　外国貨物の加工，製造等の保税作業を行うことができ，税関長が許可した保税地域。加工貿易の振興を図ることを目的とする。蔵置期間は2年以内。

④保税展示場　HAD: Hozei Display Area

　博覧会，国際見本市など外国貨物を展示する場所で，税関長が許可した保税地域。文化交流や貿易の振興を図ることを目的とする。蔵置期間は税関長の指定する期間。

⑤総合保税地域　IHA: Integrated Hozei Area

　公益法人が管理する保税地域で，関税の支払いを留保できるという保税機能を総合的に活用でき，税関長が許可した場所。蔵置期間は2年以内。

　従来，「保税」の英文には"boded"や"in bond"が充てがわれていたが，日米構造審議会で，"bond"には担保を提供するという意味があるとの指摘があったため，1994年，関税局は"Hozei"を使うよう通達を出し，以後，当語が保税の正式な英文として使用されている。(三倉八市)

ホワイトナイト（白馬の騎士，第三者割当増資）　white knight

　ホワイトナイト（白馬の騎士，第三者割当増資）は，友好的な会社による合併や新株の引受による子会社化を図る有事の防衛策の1つである。また会社の重要財産をホワイトナイトに営業譲渡することで買収者の意欲を削ぐ手法は，**クラウンジュエル（王冠の宝石）**と称される（大規模なものは焦土戦略）。ニッポン放送事件において，ニッポン放送が保有しているフジテレビ株式をソフトバンク・インベストメントに貸借したこと（貸株）も該当すると言われる。

　スティール・パートナーズ・ジャパン（SPJ）によるユシロ，ソトーに対する公開買付け（2003－04年）では，ユシロは増配で対抗し，ソトーは当初，国内の別ファンドをホワイトナイトとする対抗TOBを行い，SPJが提案価格をつり上げ増配により対抗した。ユシロ，ソトーともに株価がTOB前の2倍以上に高騰し，TOBに応じる株主がほとんど現れず公開買付けは成功しなかったとも言われている〔⇨公開買付け〕。(藤川信夫)

本船渡し
　〔⇨FOB〕

マーケット・クレーム　market claim

　輸入者側が，貿易取引において，市況変化などにより輸入品の価格が下落し，輸出者に対して些細な契約上の条件の相違を理由に，契約の解約や値上げあるいは値下げを言い出すことをいう。または，輸入者側が市況の契約時の価格より高騰により，不売や売買契約の不成立などの契約を履行せず，非のない相手方にクレーム請求すること。通常，契約締結後に相場が変動するなどが契機になることは，製品の状況や契約履行にかかわる苦情を提起する一般のクレームとは一線を画しており，国際商取引の常識では，商道徳に反する行為とされている。（河野公洋）

MaaS（マース）　Mobility as a Service

　一般に，ICT（Information and Communication Technology）を活用して交通をクラウド化し，公共交通か否か，またその運営主体にかかわらず，マイカー以外のすべての交通手段によるモビリティ（可動・移動の意mobility）を1つのサービスとしてとらえ，シームレスにつなぐという概念。この技術の深化は，ロジスティクス分野でも期待されており，トラックや鉄道，船舶の自動運転・運航が期待できる。さらに現在，わが国には1か所しかない自動コンテナ・ターミナル，貨物のトレーサビリティ，効率的なモーダルシフトを実現し，人材の枯渇や環境への配慮から新たな「輸送」の概念を創出するものでもある。〔⇨トレーサビリティ，Xtech，ロジスティクス，SCM，IoT〕（河野公洋）

マイクロクレジット
　〔⇨マイクロファイナンス〕

マイクロファイナンス　microfinance

　貧困層向け小規模金融サービスの総称で，2006年に創設者ムハマド・ユヌス氏とともにノーベル平和賞を受賞したバングラディシュの**グラミン銀行**（Grameen Bank）など，低所得のために銀行を利用できない人々に少額の無担保融資や貯蓄・送金・保険等を提供する機関を指す。貧困緩和と事業収益の両方を追求する点が特徴で，世界中に1万を超える専門機関がある。一方，マイクロファイナンスの一部であるが，失業者や貧困状態で銀行から融資を受けられない人々に対する非常に少額の融資を**マイクロクレジット**（microcredit）と呼ぶ。（久保田隆）

マイクロプラスチック
　〔⇨プラスチックごみの規制〕

マイナンバー
　〔⇨デジタルID〕

Mt. Gox 事件
　〔⇨暗号資産〕

前受金返還保証（surety bond）
　〔⇨銀行保証状〕

マネー・バック・ギャランティー
　〔⇨銀行振込の法的性質〕

マネー・ローンダリング
　〔⇨ AML/CFT〕

マルチシグ
　〔⇨暗号資産〕

未決済残高
　〔⇨リスク〕

ミサイル技術管理レジーム（MTCR）　Missile Technology Control Regime

　1987年に発足した，ミサイル及びミサイル技術の拡散を制限するための法的拘束力を持たない非公式な国際枠組。2019年末現在，日米英独仏伊露加豪印韓を含む35か国が参加している。参加国は，この枠組で合意されたガイドラインと附属書に基づき，ミサイル，ロケット及び無人航空機の完成品，主要な構成品及び関連技術並びにそれ

マ

らの開発・製造に転用しうる汎用品及び関連技術に関する貿易管理を行う。日本政府は、このガイドラインと附属書に基づき、輸出規制対象となる品目（貨物）を輸出貿易管理令（別表第1第4項）において定め、また提供や移転が規制対象となる技術について外国為替令（第17条及び別表第4項）において定めている。（竹内舞子）

民泊

〔⇒シェアリング・エコノミー〕

免責条項

〔⇒エスケープ・クローズ〕

申込み（オファー）　offer

　契約は、申込み（offer）に対する承諾（acceptance）により成立する〔⇒契約，承諾〕。申込みは、特定の内容の契約を締結しようとする意思表示で、それに対する相手方の承諾により契約が成立する。他者を誘って申込みさせようとする「申込みの誘引」とは区別される。日本民法は2017年改正法で、申込みと承諾の意思表示の合致により契約が成立する旨の規定を新設した（522条1項）。国際物品売買法（CISG）23条は、申込みに対する承諾がある時点で契約は成立すると定める〔⇒ウィーン売買条約〕。申込みの撤回可能性、承諾の効力発生時点などにつき各国法に相違がある。

　申込みの要件につきCISGは、①特定の者に向けられ、②十分に確定し、③承諾があると拘束される旨の意思が示されることを求める（14条(1)）。申込みの効力は、到達した時点で発生する（到達主義: CISG15条(1)、民法97条1項）。撤回についてCISGは、相手方の承諾通知の発信前であれば可能であるが、撤回不能の旨が示される場合などは除外される（16条）。日本民法では、承諾期間を定めた申込みは原則として撤回不能であるが（523条1項）、その定めのない申込みは原則として相当期間は撤回できない（525条1項）。（中村　進）

モーダルシフト　modal shift

　トラック等の自動車で行われている貨物輸送を環境負荷の小さい鉄道や船舶の利用へと転換すること。環境負荷低減はCSR（社会的責任）としての位置付けを多くの企業が行っている。生産、販売、消費から廃棄にいたる様々な分野でSDGsへの取組みなどとともに行われているが、ロジスティクスにおける環境負荷の低減には共同配送（joint delivery）、ミルクラン（Milk run: 巡回集荷）、VMI（Vendor-Managed inventory: 納入業者在庫管理方式）、バイヤーズ・コンソリデーション（Buyer's Consolidation）などの様々なBPR（Business Process Re-engineering）として進化する中で、特にモーダルシフトは環境負荷の低減効果が大きいと考えられ、総合物流施策大綱（2017年度〜2020年度）で強く推し進められている。内航海運（Coastal Shipping）、鉄道へのシフトが求められているが、人員不足が推進のボトルネックになっている。〔⇒CSR，SDGs，ロジスティクス，VMI，BPR〕（河野公洋）

モデル法・規則

〔⇒ソフトロー，UNCITRAL国際商事仲裁モデル法，UNCITRAL国際商事仲裁モデル仲裁規則〕

元地回収船荷証券

〔⇒サレンダーB/L（サレンダードB/L，元地回収船荷証券）〕

モントリオール条約　Montreal Convention

　ICAO（国際民間航空機関）の本部はカナダのモントリオールにあり〔⇒ICAO〕、1970年の航空機不法奪取防止条約（昭和46年条約19号）もモントリオール条約と呼ぶが、ここでは1999年の国際航空運送についてのある規則の統一に関する条約（Convention for the Unification of Certain Rules for International Carriage by Air. 平成15年条約6号）について解説する。

　国際航空運送における運送人の責任については、1929年のワルソー条約（条約正式

モ

名称はモントリオール条約と同じ。昭和28年条約17号）が，旅客運送，貨物運送双方について規定していた〔⇨運送人〕。ワルソー条約制定当時は航空産業黎明期であり，リスクの巨大さと産業保護・育成の必要から，同条約は過失責任原則を採用し，運送人の賠償責任の額を旅客の死傷の場合は12万5,000金フラン，貨物損害ではキロ当たり250金フランまでに限定していた。その後，航空機のジェット化，旅客機の大型化などを受け，航空運送が一般大衆にも普及し安全性が確立されていく過程で，運送約款の改訂やワルソー条約の改正などによって運送人責任の強化が図られたが，多数の国際文書が成立し適用関係は複雑化した。これを背景に，1999年，航空運送人責任制度の現代化と法の再統合のために制定されたのがモントリオール条約であり，2020年4月時点で136か国が加盟している。モントリオール条約は，旅客運送については，航空運送中の事故により生じた人身損害について責任限度額を撤廃し一定額まで運送人に無過失責任を課すなど，利用者の保護を重視した内容になっている。貨物損害については，画一的な賠償限度額の適用される無過失責任としている。(増田史子)

モ

約因　consideration

　コモン・ローの契約法上，契約を構成する約束に拘束力を認める要件で，約束者（promisor）の受ける利益（benefit）または受約者（promisee）の被る損失（detriment）を約因という。約束者の利益そのものが受約者の被る損失である場合もある。約因を欠けば，捺印証書によって締結（under seal）しないかぎり，原則として，拘束力がない。このような利益または損失は，約束者の約束と引換えに受約者が行った約束（未履行約因，executory consideration）または作為もしくは不作為（既履行約因，executed consideration）から生じる。約束との引換えとしてなされたものではなく，すでになされている受約者の約束や行為（過去の約因，past consideration）は，有効な約因ではない。どのような利益または損失が有効な約因を構成するかについて，主として判例を通じて，詳細なルールが蓄積されてきたが，高度に技術的なものになっている。

　そもそも約因の存在を要求する趣旨は，不当な強迫によりなされた約束や，真剣になされていない約束の拘束力を否定することにあり，これをより直截に実現するものとして，強迫の法理（doctrine of duress）や，法的関係を作る意図（intention to create legal relations）の要件が別に存在する。したがって，約因法理の撤廃・緩和を唱える論は古くから存在し，イングランドでは，Williams v. Roffey Bros.& Nicholls (Contractors) Ltd. 事件（[1991] 1 QB1）において，追加払いの約束について，実際的な利益（practical benefit）があれば約因として充分であると判示されるに至り，他の英法圏諸国にも影響を与えている。

　しかし，強迫の法理などが，約因法理に完全にとって代わるに足りるほどの発展を遂げているかは疑問視されている。なお，権利放棄の約束が明確になされ，受約者がそれを信頼して行為した場合，受約者からその利益を奪うことが衡平に反する状況のときは，たとえ約因がなくとも，信頼利益を保護する限りで，約束に拘束力を認める法理がある。これは約束的禁反言（promissory estoppel）の法理と呼ばれ，イングランド法では，受約者に抗弁を認めるに過ぎないが，他のコモン・ロー諸国の法の中には，受約者に約束者に対する請求を認めるものもある。（高橋宏司）

約束手形　promissory note

　約束手形とは，手形の振出人（発行者）が，受取人またはその指図人に対して，一定の期日に一定の金額を支払うことを約束する形式の有価証券である。貿易取引では，**為替手形（Bill of Exchange）**が荷為替手形の一部として，貿易代金請求手段として利用されるのに対して，約束手形は，主として**貿易金融**（輸入ユーザンス）/インパクトローン（外貨建融資）取組等，資金調達のために，輸入者/借主からユーザンス取組銀行に差し入れられる。わが国においては，1930年ジュネーブ統一法条約批准を受けて，1932年に公布された手形法が準拠法となる【⇨為替手形，荷為替手形，貿易金融】。（花木正孝）

約束的禁反言の法理　promissory estoppel

　相手方の約束を信頼して行動した当事者を保護する英米法上の法理。例えば，高額の寄付話を信じて教会を建設してしまった場合，たとえ**約因**（英米法の概念で，契約の当事者間でお互いに対価を与えあっている状態＜経済的価値が同程度である必要はない＞を指し，一方当事者だけが給付する無償贈与の場合は，日本法とは異なり，法的効力を持たない）のない無償贈与であって本来は法的強制力がない場合であっても，本法理によって寄付話を信じた者を保護する結果，この無償贈与は法的強制力を持つこととなる【⇨約因】。ほかに約因がなくても法的強制力を持つケースとしては，**捺印証書（deed）**という形式で契約を結んだ場合が挙げられる。（久保田隆）

約款　standard terms, standard trade terms

　本来は「契約条項」を意味するが，「標準

契約書」全体をさして使われることが多い。業界共通のものも，個別企業が自らのために作るものもある。公共サービスの契約条件，**保険証券**，**銀行取引約定**，**船荷証券**，一般条項をまとめた**裏面約款**〔⇨裏面約款〕のように，基本的にはその文言から逸脱することを想定しておらず，個別の条件交渉がなされないものもあれば，それをたたき台としてさらに条件交渉することを念頭に置いた FIDIC のような建設工事契約書や，**傭船契約書**などもある。異論もあるが，**インコタームズ（INCOTERMS），信用状統一規則**のような**援用可能統一規則**も約款とよんで差し支えなかろう〔⇨インコタームズ，信用状統一規則〕。

国際取引において広く使われている約款は，あたかも世界共通の原則のような機能を果たすことがあるため，これに国際**商慣習法**としての意義を見る論者もあるが，多数の見解となっているわけではない。

ある業界で慣習的に認知されている約款は，明示で契約書に組み込まれていなくても，契約事項の一部となる可能性がある。古くから使われている約款では，十分な検討を経ることなくなされた加除が，解釈上の争いのタネになることが少なくないので注意を要する。

当事者が経験ある商人同士である場合の国際取引と違って，消費者との関係では，経済力や交渉力を持ったものが作成した約款（なかでも約款中の**免責条項**）に，文字通りの効力が認められるかという問題がある。（中村秀雄）

URDG
〔⇨銀行保証状〕

USMCA（米国・メキシコ・カナダ協定）
United States - Mexico - Canada Agreement
米国，メキシコ，カナダの 3 か国が 2018 年 11 月に署名し，2020 年 7 月に発効した，北米自由貿易協定（NAFTA: North American Free Trade Agreement）に代わる新協定のこと。トランプ前米国大統領が，2016 年の大統領選挙の公約として NAFTA の見直しを掲げていたことを受け，2017 年 8 月から改定交渉を続けた結果，成立した。自動車・自動車部品が特恵税率の適用を受けるために必要な域内原産割合の引き上げや，メキシコとカナダから米国へ輸出する自動車・自動車部品への事実上の数量制限（輸出枠）の設定など，自由貿易を後退させる内容が入っている。協定締約国が非市場経済国と自由貿易協定を交渉する際の通知義務などを盛り込んだ条項や，協定締約国が自国通貨安誘導を図ることを防ぐ為替条項なども含む。協定は発効から原則 16 年で終了するが，発効後の見直しで延長が可能である。（田中雄作）

有価証券　negotiation/ collection of checks
有価証券とは，無形の権利を有形の証券（紙幣）に結合（表章）させたもので，権利関係を可能な限り証券を基準に処理することにより，権利の流通を促進し，権利行使を円滑にすることを目的としている。基本的に，権利を取得するためには，証券自体を取得する必要があり，譲渡するには証券の交付が不可欠となる。権利を行使する際には，当該権利が表章されている証券を提示する必要があるとともに，証券を所持することにより権利者（**適法な所持人**）として推定されるから，自己が権利者であることを証明しなくてよいことになる。なお，証券を喪失した場合は，証券による権利行使ができないため，厳格な法定の手続に従い（非訟事件手続法114条），当該証券を無効にする**除権決定**を得なくてはならない（株券については，会社法に株券喪失登録制度が整備されている）。

最も典型的な有価証券として，**手形**，**小切手**が挙げられるが，これらは権利の発生にも証券の作成が必要とされる（手形，小切手は，「設権証券」である）。一般的に，手形や小切手は商取引の支払手段として利用されているが，手形，小切手上の金銭債権は，当該取引（原因関係）の債権とは別個独立したものと理解されている（手形，

ユ

小切手の「無因性」と呼ばれている）。他に，株券，社債券（会社法），船荷証券（国際海上物品運送法）〔⇨国際海上物品運送法〕，法人が発行する債券などが有価証券として挙げられる。なお，平成29年民法改正により，従来の証券的債権の規定，商法の関連規定が削除され，有価証券についての一般規定が設けられた（民法520条の2～520条の20）。（コーエンズ久美子）

UCC（米国統一商事法典） Uniform Commercial Code

　米国の統一州法委員全国会議（National Conference of Commissioners on Uniform State Laws）とアメリカ法律協会（American Law Institute）が，アメリカ法曹協会（American Bar Association）の賛同も得て，商事取引に共通と思われる法原則を，それまでにあったいくつかの統一法，判例，学説などをもとに成文法典にしたものである。模範法典であって連邦法ではない。採択は各州に任されている。「統一」とはいえ，条項によっては当初からオプションがあるものもあるし，州の判断で内容を変更して採択する場合もある。全体は総則，売買，リース，流通証券，銀行預金および取立て，資金移動，信用状，倉庫証券・運送証券，その他の権原証券，投資証券，担保付き取引などからなる。

　「商事」法典ではあるが，不動産関係の商取引，保険，債務保証などは対象ではない。契約の成立に関しては一般法に委ねているとはいうものの，現実には契約法の成文化と評価されており，法典が目的としていない取引についても，直接または類推して適用されることが少なくない。法典に異なる定めのない限り，従来の**コモン・ロー**および衡平法の諸原則は，引き続き効力を有する〔⇨コモン・ロー〕。

　法典には条文に加えて，制定に至る歴史，制定理由，論理的根拠，適用の例示などを盛り込んだ公式コメントが付いている。公式コメントには権威があるが，本体条文の一部ではなく，裁判所がこれと異なった見

解を取ることもある。（中村秀雄）

郵便・通信詐欺
　〔⇨米ドル・コルレス口座管轄〕

ユーロ・円
　〔⇨ユーロ市場〕

ユーロ円債
　〔⇨外債〕

ユーロ・カレンシー
　〔⇨ユーロ市場〕

ユーロ市場　euro market

　アメリカ域外で取引される米ドルのように発行国以外で取引される通貨建て資金（**ユーロ・マネー**：euro money）を対象とした取引（資金貸借，債券売買）が行われる金融市場のことで，ユーロカレンシー市場，ユーロクレジット市場，ユーロ債市場の総称。一般に各国の国内規制がかからず（例：利子に対する源泉徴収税や中央銀行に対する準備預金積立ての免除），自由に取引できる（但し，国際債券ディーラーズ協会＜AIBD＞の自主規制等は存在）ので，潤沢な資金が流入する。この結果，**国際ローン**（貸付）の主要な調達先となっている〔⇨国際貸付〕。なお，**ユーロ・カレンシー**（euro currency）とは，通貨発行国の域外（欧州とは限らない）にある銀行の当該通貨建て銀行預金を指し，米国域外で流通する米ドルである**ユーロ・ドル**（euro dollar）が中心だが，日本域外で流通する日本円（**ユーロ・円**）や欧州域外で流通するユーロ（**ユーロ・ユーロ**）もある。また，**オフショア市場**（offshore market）とは，ユーロ・カレンシーとユーロ債を取り扱う国際的な金融機関を誘致するため，金融規制を緩和・撤廃し，税等を軽減する地域を指し，国内市場と分離する場合（例：東京，NY），国内市場と融合する場合（例：ロンドン），**タックス・ヘイブン**（例：ケイマン）がある〔⇨オフショア市場，タックス・ヘイブン〕。（久保田隆）

ユ

ユーロ・ドル

〔⇨ユーロ市場〕

ユーロ・マネー

〔⇨ユーロ市場〕

ユーロ・ユーロ

〔⇨ユーロ市場〕

輸出為替・輸入為替 export exchange/ import exchange

　為替取引とは，遠隔地の債権者と債務者の間で行う代金の支払いに際して，現金の移動によらず，銀行を介して資金を移動させる取引である。取引相手の所在国により，**内国為替**と**外国為替**に分類され，後者は更に，輸出為替と輸入為替に分類される。また取引形態の違いから，ドキュメンタリー為替とクリーン為替に分類される。ドキュメンタリー為替とは船積書類を伴う**荷為替手形**を利用した取引であり，貿易代金決済方法のうち，**D/P・D/A,** 信用状決済が該当する。クリーン為替とは船積書類を伴わない取引であり，送金決済の他，**小切手**(Clean Check) 等が該当する。

　輸出為替は，貨物の輸出に伴い外国の販売先から，貨物代金の支払いを受けることであり，信用状付輸出為替と，信用状なし輸出為替，被仕向外国送金，小切手取立に分類される。輸出為替に伴う貿易金融（輸出金融）は，信用状付/信用状なし輸出為替に対する荷為替手形買取，小切手買取がある。

　輸入為替は，貨物の輸入に伴い外国の仕入れ先に対して，貨物代金の支払いを行うものであり，信用状付輸入為替と，信用状なし輸入為替，仕向外国送金に分類される。輸入為替に対する貿易金融（輸入金融）は，信用状付輸入為替に対する信用状発行，信用状付/信用状なし輸入為替に対する輸入ユーザンス，仕向外国送金に対する送金ユーザンスがある〔⇨為替取引，外国為替，荷為替手形，D/P・D/A決済，信用状，小切手の買取・取立，貿易金融〕。（花木正孝）

輸出組合・輸入組合 Exporters' Association・Importers' Association

　輸出業者および輸入業者が経済産業大臣の認可を受けて設立した同業者の法人であるが，私的独占の禁止及び公正取引の確保に関する法律の適用は除外されている（輸出入取引法第33条）。輸出入取引法では，輸出取引および輸入取引の秩序を確立し外国貿易の健全なる発展を図るために，同法第8条から第19条で輸出組合を，第19条の2，第19条の4から同条の6で輸入組合の設立をそれぞれ定めている。

　輸出組合は，①営利を目的としないこと，②組合員の加入脱退の制限がないこと，③組合員の決議権および選挙権は平等であることが前提で，現在，日本鉄鋼輸出組合，日本機械輸出組合，日本軽工業製品輸出組合，日本繊維製品輸出組合，日本化学品輸出組合，日本農産物輸出組合，日本電線輸出組合，日本自転車輸出組合等が設立されている。輸出組合の事業は，①輸出組合の所属員の不公正な輸出取引の防止，②輸出に対する調査，宣伝，斡旋等輸出に関する海外市場の維持および開拓，③輸出する貨物の価格，品質，意匠その他の改善，④輸出に関する苦情および紛争の処理，⑤①から④各号の事業に附帯すること，⑥②から⑤に掲げるもののほか輸出組合の所属員の共通の利益を増進するための施設，⑦組合員に対する資金の貸付・借入等がある。その他，特定の輸出取引または国内取引における価格，数量等について，組合員の遵守すべき事項を定めることができることとなっている。

　輸入組合は輸入業者を組合員とする法人であり，組合員たる資格を有する者については定款で定めることが規定されている。組織や運営は輸出組合と基本的には同じで，現在，日本繊維輸入組合，日本バナナ輸入組合，日本のり輸入組合，日本ゴム輸入組合，日本鰻輸入組合，日本化学品輸入組合，日本紙輸入組合等がある。組合の事業は，①輸入に関する調査，斡旋等輸入に関する海外市場の維持および開拓，②輸入

ユ

貨物の価格，品質等の改善，③輸入に関する苦情や紛争の処理，④①から③に附帯する事業，⑤①から④に掲げるもののほか，組合員の共通の利益を増進するための施設の管理・運営である。組合の設立には経済産業省の認可が必要となるなど，輸出組合の規定が準用されている部分が多い。(三倉八市)

輸出代金保険(中小企業・農林水産業) export credit insurance (for SMEs and Agriculture, Forestry and Fisheries)

輸出代金保険 (中小企業・農林水産業) の正式名称は，中小企業・農林水産業輸出代金保険といい，中堅・中小企業および農林水産業従事者が本邦からの輸出の貨物代金を回収できない場合に，その損失を塡補する貿易保険である。対象となる輸出は，ユーザンスが180日以内であること，契約金額が5,000万円以下(前受金を含む)であることおよび日本からの直接輸出であることが必要である。

1．この保険を利用できる者
(1) 中小企業法2条1項に定める「中小企業者」であり，その従業員と資本金の規模は，以下のとおりである。
① 製造業・その他の業種(次の②〜④を除く)：300人以下または3億円以下
② 卸売業：100人以下または1億円以下
③ 小売業：50人以下または5,000万円以下
④ サービス業：100人以下または5,000万円以下
(2) 資本金10億円未満の企業
(3) 農業協同組合法に基づく法人
(4) 森林組合法に基づく法人
(5) 水産業協同組合法に基づく法人
(6) 輸出水産業の振興に関する法律に基づく法人
(7) 中小企業協同組合法に基づく法人
2．この保険の主な特徴は以下のとおりである。
① 個別の輸出契約ごとの保険の引受であること。

② 船積後リスクによる損失額の95％を塡補すること。
③ 申込時に輸出契約書の提出が不要であり手続が簡単であること。
④ 原則として保険金請求後1か月以内に保険金が支払われること。
⑤ サービサーの活用により輸出者の回収負担が軽減されること。
〔⇨貿易保険〕(平野英則)

輸出入カルテル export-import cartel

輸出入取引法(第1条)の目的の一つに，輸出入取引の秩序を確立し外国貿易の健全なる発展を図ることがあるが，同種産業に属する企業が輸出取引において共通の独占的な利潤を得る目的で何らかの取り決めを行う共同行為のことを**輸出カルテル**という。なお，**輸入カルテル**は輸入制限を目的としている。**カルテル**は，事業者が他の事業者と共同して製品や価格等につき合意する行為であるため，市場での競争が制限され公共の利益に反することから，各国においても原則的に禁止されている。しかし，貿易取引は非居住者との交易であるため，国内の取引とは異なり特別な取扱いが必要とされるという観点から，特定の条件の下における輸出入取引については独占禁止法に制限を設けている。

輸出入取引法第5条では，輸出者は特定の仕向地に輸出する特定の種類の貨物の輸出取引における価格，数量，品質，意匠，その他の事項について協定を締結することができるとしている(輸入者にも類似の規定あり)。よって，過当競争を未然に防止し，もって外国貿易の健全なる発展が図られることに寄与されることとなる。(三倉八市)

輸出入申告 export and import customs entry

貨物を輸出あるいは輸入する場合には，原則として，保税地域(輸出しようとする貨物または外国から到着した貨物を置く場所として財務大臣により指定または税関長により許可された場所)等に搬入して，輸出あるいは輸入の申告を税関に対して行わ

なければならない。これを**輸出入申告**という。輸出申告は内国貨物を外国貨物に，輸入申告は外国貨物を内国貨物に変更するための手続といえる。なお，原則として，これまでの輸出入申告は貨物が蔵置されている場所を管轄する税関官署に対して行わなければならないことになっていたが，貨物のセキュリティ管理と法令遵守の体制が整備された一部の**AEO**（Authorized Economic Operator）〔⇨AEO〕事業者には輸出入申告官署の自由化が認められており輸出入事務の効率化やコスト削減が可能となっている。また，わが国の税関におけるほとんどの輸出入手続きは現在**NACCS**（Nippon Automated Cargo and Port Consolidated System）と呼ばれるオンライン情報処理システムを利用して行われている。（田口尚志）

ユニコーン　unicorn

未上場ながら企業価値が10億ドルを超える有力な**ベンチャー企業**（独自の技術や事業，製品で急成長する新興企業）のこと〔⇨ベンチャー・ビジネス〕。ベンチャー企業への投資を専門的に行う投資会社（**ベンチャー・キャピタル**）の1つである米Cowboy Venturesの創業者A. Leeが2013年にユニコーンという言葉を初めて使い始め，それから拡がった。なお，100億ドル超の価値を持つ巨大未上場企業は**デカコーン**（decacorn）と呼ばれる。（久保田隆）

ユニドロワ国際商事契約原則　UIDROIT Principles of International Commercial Contracts

通称は**ユニドロワ原則**と称され，その構想は1971年にR. David（仏），C.M. Schmitthoff（英），T.Popescu（ルーマニア）の三氏がそれぞれ大陸法，英米法，社会主義法を代表する形で着手された。1980年に作業部会が設置され，日本からは曽野和明（北大），広瀬久和（東大），内田貴（東大）の国際取引に造詣の深い教授が順次参加され，貢献された。

ところで1980年のウイーン外交会議で採択されたウイーン売買条約（**CISG**）が，締約国の**立法手段**を経て10か国になった時点で発効することになっていたが，それが8年後の1988年になって締約国が10か国に達し，本条約が発効した〔⇨ウィーン売買条約〕。ちなみに日本は2008年に立法措置を経て同条約に加入し，翌09年8月に74番目の国として施行（発効）された。

上記のようにCISGが統一一立法の方法を選んだことから，欠陥が露呈した。つまり，各国の法的な伝統や社会経済的な構造の違いに起因する事項を除外せざるを得なかった。例えば，契約の有効性（CISG 4条），契約の書面性（12条，96条），申込みの撤回可能性（16条），特定履行（28条）等である。これらを埋めるためには，法の一般原則，Lex Mercatoria（商慣習法），時には特定国の国内法に頼らざるを得ず，ここにこれらの欠陥（問題）に言及し規定する**自律性**のある「**国際契約法**」が期待され，ユニドロワ原則の誕生となった。

・**リステイトメント（Restatement）方式**〔⇨リステイトメント〕

ユニドロワ原則では，CISGが売買契約のみをカバーするのに対し，プラント輸出契約やサービス（役務）提供契約をも含めた他の種類の契約もカバーし，それ自体完成度の高い規範であり，CISGの補完的な機能も有する。上記した現実の国際商取引のルールをリステイトする方式（明文化）を採用し，フレキシビリティ（柔軟性）と経済合理性と法的正義の一体化（公平性）が原則の全体を貫いている。

・**フレキシビリティ（Flexibility 柔軟性）**

ユニドロワ原則1.1条（Freedom of Contract）で，The parties are free to enter into a contract and determine the contract. とし，契約の**締結と内容の自由**を明記している。一方CISG11条では売買契約の方式の自由のみを謳っているに過ぎず対照的である。原則の前文及び1・8条で，あくまでも「国際取引」の慣習と慣行の採用に触れ，不合理な状況をもたらす場合には，慣習の排除も認めている。そして諾成契約2・8条に触

れ，申込みに対する承諾により契約は締結が出来るとしながら，当事者の conduct（合意を示すのに十分な当事者の行為）も有効な意思表示としている。

公平性にも触れ，契約の均衡（6・6・2条），信義誠実則（1・7条）を明記している。（絹巻康史）

備船　chartered ship

船舶を契約（備船契約）で特定した上で行われる海上物品運送ないし当該運送に用いられる船舶（備船船舶）のことをいう。用船と記載する例もある。単に備船という場合であっても，船主が船舶のみを備船者に提供する裸備船（bareboat charter）ないし船舶賃貸借をいうときや船員の配乗も含む定期備船（time charter）をいうときもある。もっとも，海上物品運送契約の場合，その法的性質は請負と考えられるのに対し，船舶賃貸借契約の場合には賃貸借となるため注意を要する。（川中啓由）

ヨーク・アントワープ規則　York-Antwerp Rules

共同海損の精算に関する原則を定めた国際的規則のこと。海上運送契約の関係当事者間で共同海損時の精算方法を取り決めるための規則であり，実務では船荷証券または備船契約書中にほぼ例外なく，「共同海損はヨーク・アントワープ規則に従って所定の精算地において精算・決済される」旨が規定され，実質上の世界統一規則となっている。この規則を19世紀まで遡ってみれば，1860年のグラスゴー決議に始まり，1864年にヨークで開催された国際会議でヨーク規則が導入され，1877年のベルギーのアントワープで同規則が改訂され，最初のヨーク・アントワープ規則が成立したところに求めることができる。その後，世界の共同海損法として相応しい規則となるよう，時折の運送実務を取り巻く環境に応じて改められ（1890年，1924年，1950年，1974年，1994年，2004年の各規則として），現行の2016年規則に至っている。2016年規則の前身である2004年規則は，改訂内容に不満を抱いた船主関係者の賛同を得られなかったため，多くの場合に1994年規則が用いられた。このようなことから，2016年規則は海運関係団体の同意を得た上で作成され，今後の普及が期待されている〔⇒海損，共同海損〕。（田口尚志）

予備的合意（LOI, MOU）　Letter of Intent, Memorandum of Understanding

契約条件が複雑で当事者間の合意成立までにかなりの交渉期間を要する場合などに，正式な契約を締結する前に，それまでの交渉でまとまった基本事項を双方が確認したり，交渉の方向性や契約締結までのスケジュールを記載した文書を取り交わすことが多いが，これを予備的合意と呼ぶ。当事者全員が署名することもあれば，一方当事者が他方当事者に確認を求める手紙の形式をとる場合もあり，レター・オブ・インテント（LOI: Letter of Intent）やメモランダム・オブ・アンダースタンディング（MOU: Memorandum of Understanding）と呼ばれる。LOIやMOUは一般に法的拘束力はないが，内容によっては法的拘束力を認められる場合があるため，法的拘束力を持たせたくない場合にはその旨を当該文書に明記する必要がある（例: This LOI is NOT legally binding 等と記載）。（久保田隆）

40の勧告　The FATF Recommendations

40の勧告（FATF勧告）とは，金融活動作業部会（The Financial Action Task Force―FATF）により策定されるAML/CFT（資金洗浄・テロ資金対策）の国際基準であり，大きくA.資金洗浄及びテロ資金供与対策及び協力（リスク評価，リスクベース・アプローチの適用等），B.資金洗浄及び没収（資金洗浄の犯罪化，犯罪収益の没収・保全措置），C.テロ資金供与及び大量破壊兵器の拡散に対する資金供与（テロ資金供与の犯罪化，テロリストの資産凍結，大量破壊兵器の拡散に関与する者への金融制裁等），D.予防的措置（本人確認を始めとする金融

機関等における具体的手続)，E.法人及び
法的取極めの透明性及び真の受益者，F.当
局の権限及び責任，及びその他の制度的な
措置(国内 AML/CFT 関連法整備,資金情報
機関（Financial Intelligence Unit－FIU）の設
置義務等)，G.国際協力，の7つからなる。
「40の勧告」に基づき各国に設置された，
FIU（わが国の JAFIC，米国 FinCEN）は，
所管官庁として，国内法制の整備（わが国
の**犯罪収益移転防止法**等）や，金融機関を
始めとする特定事業者に対して，顧客の本
人確認(犯収法では取引時確認)，疑わしい
取引報告を始めとする具体的な措置を求め
ている。FATF は各国における「40の勧告」
の遵守状況の審査等を行い，項目ごとに評
価（C（履行），LC（概ね履行），PC（一部
履行），NC（不履行）等）を行っている〔⇨
AML/CFT，FATF，JAFIC，FinCEN，犯罪
収益移転防止法〕。（花木正孝）

ヨ

ライセンサー licensor／licenser

　何らかの**ライセンス**（許諾，許可，認可）を与える者の総称であり，その対象は極めて多岐に及ぶ。ただ，実際には，技術移転契約，実施権許諾契約などにおいて，知的財産権の実施（使用）を許諾する者を指すことが多く，日本法上は**実施許諾者**と呼ばれる。有償のケースと無償のケースがあるが，有償が通常であると言えよう。ここでいう知的財産権には特許，ノウハウ〔⇨ノウハウ〕，商標，著作権，ソフトウェアなどがあげられるが，技術移転という観点からすれば，特許およびノウハウのライセンサーが典型的であるといえよう。ライセンサーは，その**実施許諾**の対象（対象技術，対象期間，対象地域）を限定することが可能である。特にライセンサーは，国内ライセンスであれ国際ライセンスであれ，実施許諾の対象地域を限定して，例えば対象製品の輸出はできないとか，A国以外には輸出できないとか，逆にA国には輸出できないとかの制限を約定しても，原則としては独占禁止法に違反することは少ないとされる。（阿部道明）

ライセンシー licensee

　何らかの**ライセンス**（許諾，許可，認可）を受ける者の総称であり，その対象は極めて多岐に及ぶ。ただ，実際には，技術移転契約，実施権許諾契約などにおいて，知的財産権の実施（使用）の許諾を受ける者を指すことが多く，日本法上は**実施権者**と呼ばれる。有償のケースと無償のケースがあるが，有償が通常であると言えよう。ここでいう知的財産権には特許，ノウハウ〔⇨ノウハウ〕，商標，著作権，ソフトウェアなどがあげられるが，技術移転という観点からすれば，特許およびノウハウのライセンシーが典型的であるといえよう。技術移転（技術ライセンス）には**独占的**（排他的＝exclusive）なものと**非独占的**（非排他的＝non-exclusive）なものがある。ライセンシーの立場からすれば，他に競争者のいない独占的ライセンシーの方が好ましいのはいうま

でもないが，ライセンサーの立場からすれば，独占的ライセンシーがきちんと製造・販売してロイヤルティ〔⇨ロイヤルティ〕を支払ってくれるかどうかに関するリスクがあるので，もし独占的とする場合にはロイヤルティを高く設定するのは当然である。（阿部道明）

ライセンス契約 License Agreement

　何らかの**ライセンス**（許諾，許可，認可，免許）を与える契約またはそれを証する証書の総称であり，その対象は極めて多岐に及ぶ。有償のケースと無償のケースがあり得るが，行政庁や特定団体などから付与されるものを除いては有償が基本と言えよう。技術移転契約，実施権許諾契約などにおいて，知的財産権の実施（使用）の許諾を行う契約を指すことが多く，日本法上は**実施権許諾契約**とも呼ばれる。この場合は，ライセンスを与える者が**ライセンサー（実施許諾者）**〔⇨ライセンサー〕と呼ばれ，ライセンスを受ける者が**ライセンシー（実施権者）**〔⇨ライセンシー〕と呼ばれる。ここでライセンス（実施許諾）の対象となる知的財産権の種類は多く，特許，ノウハウ，商標，商号（＝社名。なお，これは知的財産権とは言えないが），著作権の他にも，ソフトウェア・ライセンスも重要な役割を果たす。

　ライセンス契約で定めるべき内容はライセンス対象によって異なってくるが，ライセンス対象の特定（特許や商標であればその登録番号など，ノウハウ〔⇨ノウハウ〕やソフトウェアであれば図面も含む詳細特定）が最も重要であり，このほかに，ロイヤルティ〔⇨ロイヤルティ〕の算定方法や**改良技術の扱い**〔⇨アサインバック条項，グラントバック条項〕などが重要な役割を果たす。ライセンシーは，通常はライセンスを受けた権利を他の第三者に再許諾することはできないが，これを可能とする約定が**サブライセンス（再実施許諾）**の条項である。ライセンス契約のベースとなる知的財産権は，技術の進歩にインセンティブを

与えるために特定の者に独占的権利を与えるものであり，その権利の行使自体は原則として独占禁止法の例外となる。ただ，ライセンサーがその強い地位を背景としてライセンシーに不当な条件を押し付ける契約条項（ライセンス対象製品の使用用途・販売先の制限，改良技術の扱い，他の研究開発の制限，権利消滅後もロイヤルティの支払いを求めることなど）には独占禁止法違反になる場合もある。（阿部道明）

ライツプラン

〔⇨ポイズンピル（ライツプラン）〕

LIBOR
<small>ライボー</small>

〔⇨変動金利指標（と改革）〕

リース lease

　一定の賃貸料を取って，企業・団体などが用いる機械設備など（例：パソコン，航空機，船舶，コンテナ，倉庫，工場）の動産または不動産を比較的長期（概して2年以上）にわたって賃貸することを指し，短期の賃貸である**レンタル**と区別される。リースの対象は中古品でも新品でも良い。例えば，不動産リースであれば，リース会社が顧客に代わって土地を取得し，顧客が希望する建物を建築して，顧客に賃貸する。リースを顧客からみれば，金融機関から融資を受けて設備投資するのと類似した金融的な要素がある。このため，金融の要素が強い**ファイナンス・リース契約**（途中解約不可＜non cancellable＞でリース料総額が物件の価格以上＜full payout＞）と賃貸の要素が強い**オペレーティング・リース契約**（中途解約可もリース期間終了後の残存価格設定も可能）に大別される〔⇨海上コンテナ〕。（久保田隆）

リーズ・アンド・ラグズ

〔⇨外国為替リスク対策〕

リショアリング reshoring/ reshore

　既存の事業拠点から国外に事業を移転する経済行為を岸（shore）から離れるという意味で，**オフショアリング**（offshoring／offshore）と呼称する。これは，製造・生産に限らず，金融サービスや販売拠点展開など，国際ビジネス研究の中核をなしていた。90年代後半以降，海外へ移した拠点を国内へ戻すことを岸に帰る意から，国内回帰，**リショアリング**という。類似の用語に「再上陸（インソーシング insourcing）」がある。①新興国の人件費をなどの生産コストの上昇，②先進国の賃金低下，③進出先のカントリー・リスクの上昇，④国際物流コストの上昇，⑤市場までの時間短縮，⑥厳格なQC（品質管理: Quality Control）の必要性，⑦SCMによるディザスタ・リカバリを念頭に置いた生産拠点分散の必要性等々を理由に，先進国製造業などが生産拠点を相次いで国内へ戻した動きをとらえ，2011年にアメリカで提唱された概念。〔⇨カントリーリスク，SCM，ディザスタ・リカバリ〕（河野公洋）

リスク risk

　一般に**リスク**とは将来の不確実性を指す概念で，相手方の支払不能などにより損失を被る可能性を指す場合が大半だが，損失も収益も含めて価格変動を示す場合（例えば，**ヘッジ**は損失も収益も両方とも縮減する）もある〔⇨ヘッジ〕。また，支払不能の原因に着目したリスク概念として，①倒産等で相手方が支払不能に陥る危険性を指す**信用リスク**（credit risk），②相手方は倒産していないが，手元流動性不足の結果，弁済時に一時的な支払不能に陥る危険性を示す**流動性リスク**（liquidity risk），③操作ミスや法令違反，コンピュータ・トラブルなどで相手方が支払不能に陥る危険性を示す**オペレーショナル・リスク**がある〔⇨信用リスク，流動性リスク，オペレーショナル・リスク〕。また，個別の銀行の支払不能等が金融システム全体に波及するリスクを**システミック・リスク**（systemic risk）と呼び，各国の金融当局はこのリスク防止のために様々な規制や指導を行ってきた〔⇨システ

リスク

ミック・リスク〕。

さて，リスクへの対応策は，リスクの発現以前に行う事前策（例えば，エスクロ口座を用いた同時履行の実現による取りはぐれ防止）とリスクの発現以降に行う事後策（例えば，保証や担保の実行）に分かれる〔⇨エスクロ口座〕。事前策は，**リスク・エクスポージャー**（risk exposure: 未決済残高）と呼ばれるリスク量（＝取扱金額×受払の時間差）を低減する対策として議論され，取引金額の縮減策（例えば，**ネッティング**や与信金額制限）や時間差縮小策（例えば，異種通貨間の同時決済＜PVP: Payment versus Payment＞や証券・資金の同時決済＜DVP: Delivery versus Payment＞，エスクロ口座を用いた同時履行の実現，資金決済における即時グロス決済＜RTGS＞の採用や証券決済におけるT+1化など）が採用されてきた〔⇨ネッティング〕。（久保田隆）

リスク・エクスポージャー（未決済残高）
　　〔⇨リスク〕

リスク・フリー・レート（RFR）
　　〔⇨変動金利指標（と改革）〕

リスク・マネジメント　risk management
　地震やコンピュータ障害，社員による不正行為など，企業や個人は様々な危機やリスクに直面するが，対応を誤れば破局的な事態を招きかねない。そこで，①危機が生じる前の事前策（狭義の**リスク・マネジメント**: risk management）として**事業継続計画（BCP）**を用意したり〔⇨事業継続計画〕，②危機が生じた時点で事後策（**クライシス・マネジメント**: crisis management）として，被害状況を正確に把握した上で被害を最小限に食い止めて二次被害を防止し，危機を収束させる（成功例が1982年のTylenolへの異物混入事件に対するJohnson & Johnson社の対応，失敗例が1999年の東芝のビデオレコーダーへのクレーム対応）。これらを総称して**危機管理**または広義の**リスク・マネジメント**と呼ぶ〔⇨危機管理〕。（久保田隆）

リステイトメント　Restatement
　裁判官・弁護士・学者等によって構成される民間団体であるアメリカ法律協会（American Law Institute: 1923年設立）が編集したもので，各州の判例法の原則を条文に再述し（restate），注釈・設例を加えて体系化したもの。法領域ごとに編纂され，契約法（contracts），不法行為（torts），抵触法（conflict of laws），財産法（property），担保法（security），代理（agency），原状回復（restitution），信託（trust）等がある。1932年，最初に契約法のリステイトメントが編纂されたが，社会の進展に合わせ改訂がなされ，1950年代から第二次リステイトメントが，1987年以降，第三次リステイトメントの刊行が行われている。ユニドロワ国際商事契約原則もリステイトメントと同様に，各国の契約法に関する規則を再述する形式で作成されたものである〔⇨ユニドロワ国際商事契約原則〕。
　リステイトメントは条文の形式を採用するが，民間団体が発行するものであり，法典ではなく，法的拘束力を有しない二次的資料（secondary sources）とされる。しかし，当該分野の第一人者を起草者（reporter）として選び，草案を起草させ，それを発行に至るまで学識と実務経験を有する優秀なメンバーから構成される同協会が，公平・厳格な手続を経て発行させていることから，権威ある文献として大いに評価され，判決文にもしばしば引用されている。なお，リステイトメント作成の際の姿勢について，以前は，多数説が述べるところを条文化すべきとする見解が有力であったが，最近では，少数説であっても，より合理的な法原則を述べるべきとの見解が優勢とされている。（中村　進）

リブラ（現ディエム）
　　〔⇨デジタル通貨〕

裏面約款（りめん）　terms on the reverse side of …, terms on the back of …
　商取引において使われる契約関係の書式

（例えば注文書，売・買約証，保険証券，**船荷証券**）の裏面にある契約条件で，作成者によって経常的に使用される条項（**一般条項**であることが多い）をいう〔⇨保険証券，船荷証券〕。不動文字で印刷され，一括して承諾されることを期待して置かれているが，個別の交渉を排除するものではない。

　書式の表面に書かれた個別の合意事項と，裏面約款の規定が矛盾するときには，個別の合意が優先する。細かい字で書かれていることが多いため，時に有効性の問題が生じることがある〔⇨書式の闘い〕〔⇨巻末付録2参照〕。(中村秀雄)

流動性リスク　liquidity risk

　取引相手の一次的な資金不足により，債権が回収できなくなったり，高コストでの再調達を迫られるリスク。取引相手の倒産等に伴う債務不履行により，債権が回収できなくなる**信用リスク**〔⇨信用リスク〕とは異なり，時間が経過すれば債権回収できる可能性がある。金融機関同士のように債権債務が交互に緊密な相互依存関係にある場合は，ある取引における流動性リスクの発現が別の取引での流動性リスクを惹起し，更にはシステム全体が機能不全に陥る**システミック・リスク**〔⇨システミック・リスク〕に至ることがある。(久保田隆)

量子コンピュータ
　　〔⇨暗号資産〕

Rules of Origin
　　〔⇨原産地規則〕

レギュラトリー・サンドボックス　Regulatory Sandbox

　革新的な新事業を育成する目的で，新技術等の実証実験を行うために現行法の規制を一時的に緩和する仕組みを指し，元の英語は「規制上の砂遊びの場」という意味を持つ。2015年11月にイギリスが金融分野でのサンドボックス制度を公表し，その後，香港，タイ，マレーシア，シンガポール，オーストラリア，UAE等が採用している。日本では2018年6月に，金融分野に限らず，企業が提案する実証実験にかかわる規制を期間限定で凍結する「プロジェクト型サンドボックス制度」を導入した。(久保田隆)

レグテック　RegTech

　規制（Regulation）と技術（Technology）を組み合わせた造語で，2015年頃から英米で使われ始め，**AI（人工知能）**，**ビッグデータ分析**，**ブロックチェーン**などの技術を活用し，規制や**コンプライアンス**への対応を効率的に行う仕組み。2008年の世界金融危機以降は，自己資本比率規制（バーゼルⅢやTLACなど）やAML/CFT関連規制など，金融機関に対する法規制が強化され，その対策や管理コストの肥大化に伴う負担を軽減するため，英米の金融機関を中心にRegTechの導入が進んでいる〔⇨AI，ビッグデータ，ブロックチェーン，コンプライアンス，AML/CFT〕。例えば，AML/CFT規制への対応にビッグデータ解析や機械学習・ディープラーニングなどのAIを活用し，取引モニタリングで通常とは異なる取引パターン（小口で多数先，膨大な金額等）をAIが自動的かつ正確に検知できるようになった。この結果，熟練した人手に頼らずとも，一定水準以上の検知能力を確保でき，AML/CFT規制で要求し得る注意義務を底上げできるようになった点で，規制側・被規制側ともにメリットが大きい。(久保田隆)

レター・オブ・インテント
　　〔⇨予備的合意〕

lex fori
（レックスフォライ）
　　〔⇨実体法と手続法〕

レバレッジ
　　〔⇨外国為替証拠金取引〕

ロイズ Lloyd's

　ソサイエティ・オブ・ロイズ（Society of Lloyd's）を正式名称とし，世界最古の保険取引市場をいう。グローバルな市場で世界の様々な新しいリスクを引き受ける多様性と柔軟性を持っている。保険証券様式や標準約款を案出しそれらの一部は実際界における世界標準として認められている〔⇨協会貨物約款〕。17世紀後半にエドワード・ロイド（Edward Lloyd）によって営まれていたコーヒー店（Lloyd's Coffee House）が海事に関する重要情報を提供し，同店に海事関係者をはじめ様々な業種の商人が集まり多くの保険契約が引き受けられ，海上保険の中心市場として栄えたことに起源を有する。今日の**ロイズ**における保険引受方法は，保険契約を申し込もうとする者がブローカー（2019年末時点で335のブローカーが存在する）に依頼するところから始まる。保険契約者に代わって契約交渉実務を行うブローカーは，アンダーライターとの保険契約締結に向けた交渉を行う。ちなみに，**アンダーライター**とはかつては自らが保険責任を有する者を指していたが，今日ではほとんどの場合，自ら保険責任を負う存在ではなくなっており，保険引受に必要な資金を提供するロイズのメンバーが所属する**シンジケート**（2019年末時点で93のシンジケートが存在する）と呼ばれる引受団体の運営業務を行うマネージング・エージェント（2019年末時点で53のマネージング・エージェントが存在する）に雇用された専門職業人を指す。ブローカーは，保険契約を引き受けてもらうためにアンダーライターとリスクの評価や保険料率をはじめとする諸条件に関する交渉を重ね，成約に向け努力を続ける。一方，保険金支払いの責任を負う資本提供者たるメンバーと呼ばれる会員は，ロイズにおいて保険を引き受けるためには，特定の専門分野を有するシンジケートに出資し参加する。メンバーは複数のシンジケートに参加でき当該シンジケートが引き受けるリスクについてそれぞれの出資割合に応じ保険責任を負担する。

一つのリスクを複数のアンダーライターが引き受ける場合も多い。日本では共同保険と呼ばれる方式である。一つの引受書面の下の方に複数のアンダーライターが各々署名する。これがアンダーライターと呼ばれる所以でありリスク分散の一技法である。なお，上記のシンジケートを構成するロイズのメンバーは，ロイズ誕生から1994年までの間は，ネームと呼ばれる巨額資産を有する資産家の無限責任を負う個人のみが認められていたが，自然災害や巨大事故の発生および製造物責任法改正に基づく訴訟増加によって大幅な赤字に陥るなど保険引受能力が落ち込む過程で度重なる改革が実施され，現在では個人の会員の新たな入会は認められておらず，会員のほとんどは法人が占めるに至っている。ロイズはまた世界の主要国に代理店を設けてそれらを経由した取引にも力を入れている（2019年末では世界に4,000弱の代理店が登録されている）。こうしたロイズではあるが，わが国保険会社との関係においては，同市場から撤退するところも現れ始めているのは指摘されるべき点ではある。自然災害が相次ぐ一方，世界的な金融ファンド等からの資金が流入し保険以外のリスクの引受手が増え，同市場における保険料率の引上げが困難となり，更なる収益性向上を目指すわが国保険会社にとってはロイズの市場が以前ほど魅力的ではなくなっているのは否めない。とはいえ，ロイズは紆余曲折を経ながらも300年を優に超える歳月の間したたかに生き残ってきた。そして，いまなお，再保険，財産保険，賠償責任保険，海上・航空保険等様々な保険を引き受ける世界最大級の保険市場として知られている〔⇨海上保険，航空保険，再保険〕。ブロックチェーンの活用や各種のデジタル化を進める等保険市場の効率化に向けた模索を続けるロイズは今後も環境の変化に柔軟に対応しながら新たな歴史を築いていくことが期待されている〔⇨ブロックチェーン〕。（田口尚志）

ロイヤルティ　royalty

　ライセンサー（ある特定の権利を有する者）が**ライセンシー**（当該権利を利用する者）に，その利用を許諾した場合，その対価としてライセンシーがライセンサーに対して支払う対価をいう〔⇨ライセンサー，ライセンシー〕。主に，特許権，著作権，商標権などの知的財産権の利用に対する対価の支払いに用いられる用語である。ロイヤルティのほかに，特許権の場合，特許料や実施料，著作権に対しては印税とも呼ぶこともある。例えば，特許権の場合，特許権者（ライセンサー）から特許の専用実施権の設定，または通常実施権の許諾を受けた者（ライセンシー）は，その対価として特許権者に対して一定の金員（ロイヤルティ）を支払うことになる。著作権も同様であり，著作権者（ライセンサー）から著作物の利用を受けた者（ライセンシー）は，その対価として，著作権者に対して一定の金員（ロイヤルティ）を支払う。このように，ロイヤルティは，ライセンサーとライセンシーとのライセンス契約によって規定することが一般的である。なお，これらの権利者が，対手方に対し特許権や著作権などを譲渡する場合，この対価はロイヤルティとは呼ばない。（高田　寛）

ローカライズ（現地化）　localize/ localization

　海外進出先の市場に販売や製品を対応させることで経済効果を向上させること。単に輸出するだけでは受け入れられない財も，相手先の需要に合わせたカスタマイズをすることによって，フィージブル（feasible）で，市場性のある（marketable）財に変わる場合がある。最近は，IT業界で多言語化という意で使われることが多いが，海外各市場での伝統や宗教，マーケティング戦略，サービス，仕様の変更などへの対応や人的資源管理や生産管理など様々な現地化戦略がある。

　但し，**ローカライズ**という付加価値は高コストになるため，現地化をすることなく，本拠地の製品，販売方法を海外でも展開し進出を成功させる事例も多々ある。〔⇨異文化間コミュニケーション，国際ビジネスコミュニケーション〕（河野公洋）

ローン・パーティシペーション

　〔⇨シンジケート・ローン〕

ロジスティクス　logistics

　「サプライ・チェーン・プロセスの一部であり，顧客の要求を満たすため，発生地点から消費地点までの効率的・発展的な「もの」の流れと保管，サービス，および関連する情報を計画，実施，およびコントロールする過程である。CLM（Council of Logistics Management。現在のCSCMP（Council of Supply Chain Management Professionals））による定義」。

　元来軍事用語であり，「兵站（兵員・兵器・衣食類・医薬品など作戦に必要となる資源を計画に従って必要量を計算し，計画，確保，管理，補給に引揚げを加えた活動）」と訳されていた。これは，原材料の調達から製品が最終消費者に渡るまでの過程を"物流：モノの流れ"という視点から総合的にマネジメントすることを意味する。必要な物を，必要なときに，必要なところへ，必要なだけ，必要な状態で，できるだけ少ないコストで供給する経営の情報機能を活用した物流。

　国際商取引では，地球規模での使用者の活動目的や消費者のニーズなどに応じて，原材料・半製品・完成品などの物品，およびサービスや関連情報のライフサイクルの全過程（供給・配送・保全・撤去・廃棄・設備メンテナンス等）を最適化するための総合的活動で，**グローバル・ロジスティクス**とも呼称する。

　アメリカでは軍事戦略用語のイメージが強いこと，日本では物流企業のイメージ刷新のために社名やCI（コーポレート・アイデンティティ）に使用することが多くなり，物流と同義語として使われることが多くなったため，最近はSCM〔⇨SCM〕と呼称することも多くなった。〔⇨トレーサビリ

ティ，モーダルシフト，サード・パーティ・ロジスティクス〕（河野公洋）

ロッテルダム・ルール
　　〔⇨国際海上運送の関連条約〕

ロボットアドバイザー
　　〔⇨フィンテック〕

WIPO（世界知的所有権機関） World Intellectual Property Organization

知的所有権保護合同国際事務局（BIRPI）を前身として，1967年の「世界知的所有権機関を設立する条約」（1970年発効）により設立された国際機関である。現在は，本部はジュネーヴに置かれ，国連専門機関の1つとなっている。知的財産の効果的利用と保護促進を目的とし，関連条約（「工業所有権の保護に関するパリ条約」や「特許協力条約」など，2006年現在で24条約）の管理や制度整備を担う。（的場朝子）

和解 settlement

和解とは，争っている当事者がお互いに譲歩して争いをやめて紛争を円満に解決する合意をすることである。和解には，私法上の和解と裁判上の和解がある。私法上の和解は，契約の一種として扱われ，双務・諾成契約である。示談による解決も和解に含まれる。

裁判上の和解とは，裁判所が関与する和解で，裁判上の和解が成立した場合は，和解内容が和解調書に記載され，その記載内容は確定判決と同一の効力を有する。（大貫雅晴）

ワシントン条約 Convention on International Trade in Endangered Species of Wild Fauna and Flora

条約が採択された米国の都市名にその名称は由来するが，正式な名称は「絶滅のおそれのある野生動植物の種の国際取引に関する条約」という。英文正式名称の頭文字からCITES（サイテス）とも呼ばれる。野生動植物の生息環境の悪化や生態系の破壊に対する懸念が深刻なものとなってきたため，一定の種が過度に国際取引に利用されることのないよう規制してこれらの種を保護することを目的に1973年3月3日に米国ワシントンD.C.で採択され，1975年7月1日に発効した条約である。わが国は1980年11月4日に締約国となった。絶滅のおそれの程度により，動植物の野生種を主とし

て3ランクに分けて，すなわち条約の附属書I，IIおよびIIIに分けて掲載し，取引制限の対象としている。（田口尚志）

ワッセナー・アレンジメント Wassenaar Arrangement

1996年に締結した，日米英独仏伊露加豪印墨を含む42か国（2017年末現在）による通常兵器の輸出管理に関する国際的な枠組み（紳士協定で法的拘束力はなし）〔⇨安全保障貿易管理制度〕。1994年に解散したCO-COM（対共産圏輸出統制委員会）が対象地域を対共産圏に限定していたのに対し，本合意は特定の対象国・地域に絞ることなくすべての国家・地域及びテロリスト等の非国家主体を対象としている。日本政府は本合意に基づき，**外国為替及び外国貿易法（外為法）**で経済産業省を窓口に輸出管理を実施し，規制対象となる貨物（外為法48条：規制対象は**輸出貿易管理令別表1に記載**）と技術（同25条：規制対象は**外国為替令別表に記載**）は経済産業大臣の許可を得ずに輸出することが禁止されている〔⇨外国為替及び外国貿易法〕。（久保田隆）

ワ

Incoterms®2020に規定されている諸規則

略称	各規則（定型取引条件）	邦訳	類型
EXW	Ex Works	工場渡し	【E 類型】　出荷渡類型
FCA	Free Carrier	運送人渡し	【F 類型】主要輸送費抜類型
FAS	Free Alongside Ship	船側渡し	
FOB	Free On Board	本船渡し	
CFR	Cost and Freight	運賃込み	【C 類型】主要輸送費込類型
CIF	Cost, Insurance and Freight	運賃保険料込み	
CPT	Carriage Paid To	輸送費込み	
CIP	Carriage and Insurance Paid To	輸送費保険料込み	
DAP	Delivered at Place	仕向地持込渡し	【D 類型】　持込渡類型
DPU	Delivered at Place Unloaded	荷卸込持込渡し	
DDP	Delivered Duty Paid	関税込持込渡し	

※注（各類型の概要。詳細は国際商業会議所日本委員会発行のインコタームズ本文参照）

【E類型】…… 売主が，自己の施設（工場・倉庫等）で買主に物品を引き渡す規則である。

【F類型】…… 売主が，輸出地側で，買主によって指定された本船等や運送人に物品を引き渡す規則である。

【C類型】…… 売主が，輸入地側までの運賃を負担するが，危険は輸出地側で移転する規則である。

【D類型】…… 売主が，輸入地側までの費用および危険を負担する規則である。

（田口尚志）

資料

保険証券〔提供：東京海上日動火災保険株式会社〕

MARINE CARGO POLICY
Tokio Marine & Nichido Fire Insurance Co.,Ltd.
ORIGINAL

Head Office:2-1, Marunouchi 1-Chome, Chiyoda-ku, Tokyo, 100-8050 Japan Phone:Tokyo (03) 3212-6211

Assured (s) ,etc.	Invoice No.
A&B CO., LTD.	11-11111

(Code: 1111-9000-Q1234-000-0)	Amount insured
Prev. No. O/P No. 20Q1234XX	US$26,400.00

POLICY
No. 11-12345678

Claim, if any, payable at/in	Conditions
U.S.A.	
IMMEDIATE CLAIM NOTICE MUST BE GIVEN TO THE EITHER OFFICE AS BELOW TM CLAIMS SERVICE INC., NEW YORK OFFICE. MARINE CLAIMS DIVISION, 499 WASHINGTON BLVD., SUITE 1500, JERSEY CITY, NJ 07310, U.S.A. (TEL: 212-297-6700) (FAX: 212-297-6968) OR TM CLAIMS SERVICE INC., LOS ANGELES OFFICE, MARINE CLAIMS DIVISION, 800 EAST COLORADO BOULEVARD, PASADENA, CALIFORNIA 91101, U.S.A. (TEL: 888-868-1870) (FAX: 626-796-5232) E-MAIL FOR BOTH OFFICES: CARGO@TMCLAIMSSERVICE.COM	INSTITUTE CARGO CLAUSES (A) SPECIAL REPLACEMENT CLAUSE (AIR FREIGHT) (APPLICABLE TO THE GOODS TO BE CARRIED BY VESSEL) IT IS SPECIALLY UNDERSTOOD AND AGREED THAT CHARGES FOR FORWARDING PART(S) FOR REPLACEMENT OR REPAIR PROVIDED FOR IN THE INSTITUTE REPLACEMENT CLAUSE ATTACHED HERETO SHALL INCLUDE THOSE FOR FORWARDING BY AIR. SPECIAL REPLACEMENT CLAUSE (DUTY) NOTWITHSTANDING THE PROVISION IN THE INSTITUTE REPLACEMENT CLAUSE ATTACHED HERETO, IT IS SPECIALLY UNDERSTOOD AND AGREED THAT THIS COMPANY SHALL ALSO BE LIABLE TO PAY FOR LOSS, IF ANY, SUSTAINED BY PAYMENT OF

Local Vessel or Conveyance	From (interior port or place of loading)	DUTY ON PART(S) FOR REPLACEMENT OR REPAIR IN CASE FULL DUTY IS NOT INCLUDED IN THE AMOUNT INSURED.
TRUCK	YOKOHAMA	

Ship or Vessel	From	Sailing on or about
TOKAI BRIDGE	TOKYO	JUNE 9, 2020

To/Transhipped at	Thence to
NEW YORK	INT. PLACE(S) IN U.S.A.

Subject-matter Insured

1 SET OF PRINTING MACHINE

Marks and Numbers as per Invoice No. specified above.	Valued at the same as Amount insured.	
Signed in	Dated	No. of Policies issued
TOKYO	JUNE 5, 2020.	TWO

This Policy or Certificate has been issued under the provisions of the Open Policy, Open Contract or Provisional Policy agreed between the applicant and this Company.

This insurance is subject to the following clauses printed or attached on the front or the back of this Policy.

IMPORTANT
PROCEDURE IN THE EVENT OF LOSS OR DAMAGE FOR WHICH UNDERWRITERS MAY BE LIABLE

LIABILITY OF CARRIERS, BAILEES OR OTHER THIRD PARTIES

It is the duty of the Assured and their Agents, in all cases, to take such measures as may be reasonable for the purpose of averting or minimising a loss and to ensure that all rights against Carriers, Bailees or other third parties are properly preserved and exercised. In particular, the Assured or their Agents are required:-

1. To claim immediately on the Carriers, Port Authorities or other Bailees for any missing packages.

2. In no circumstances, except under written protest, to give clean receipts where goods are in doubtful condition.

3. When delivery is made by Container, to ensure that the Container and its seals are examined immediately by their responsible official. If the Container is delivered damaged or with seals broken or missing or with seals other than as stated in the shipping documents, to clause the delivery receipt accordingly and retain all defective or irregular seals for subsequent identification.

4. To apply immediately for survey by Carriers' or other Bailees' Representatives if any loss or damage be apparent and claim on the Carriers or other Bailees for any actual loss or damage found at such survey.

5. To give notice in writing to the Carriers or other Bailees within 3 days of delivery if the loss or damage was not apparent at the time of taking delivery.

NOTE:- The Consignees or their Agents are recommended to make themselves familiar with the Regulations of the Port Authorities at the port of discharge.

INSTRUCTIONS FOR SURVEY

In the event of loss or damage which may involve a claim under this insurance, immediate notice of such loss or damage should be given to and a Survey Report obtained from this Company's Office or Agents specified in this Policy or Certificate.

DOCUMENTATION OF CLAIMS

To enable claims to be dealt with promptly, the Assured or their Agents are advised to submit all available supporting documents without delay, when applicable including the following:-

1. Original policy or certificate of insurance.

2. Original or certified copy of shipping invoices, together with shipping specification and/or weight notes.

3. Original or certified copy of Bill of Lading and/or other contract of carriage.

4. Survey report or other documentary evidence to show the extent of the loss or damage.

Institute Cargo Clauses or other clauses specified above.
Institute War Clauses (Cargo)
Institute Strikes Clauses (Cargo)
Institute Radioactive Contamination, Chemical, Biological, Bio-Chemical and Electromagnetic Weapons Exclusion Clause
Institute Replacement Clause
Under Deck or On Deck Clause
Label Clause (applying to labelled goods)
Duty Clause (applicable only when import duty is separately insured under this Policy)

Wild Fauna and Flora Clause
Co-Insurance Clause (applicable in case of Co-Insurance)
Cargo ISM Endorsement
Termination of Transit Clause (Terrorism) 2009
Extension Clause for MAR Form
For sendings by Post, Institute War Clauses (Cargo) shall be replaced by Institute War Clauses (Sendings by Post), and Mail and Parcel Post Clauses shall be additionally applied.
Sanction Limitation and Exclusion Clause
Other clauses, if any, specified above.

1) Subject to the below provisions, this insurance contract is governed by Japanese law.

2) Notwithstanding anything contained herein or attached hereto to the contrary, English law and practice shall apply to only the interpretation of policy terms, liability and settlement of any and all insurance claims.

3) For the avoidance of doubt, matters relating to the existence and validity of the insurance contract and the duty of disclosure and any remedy available in case of breach of that duty as to be addressed by reference to Japanese law, as per clause 1 above.

This insurance does not cover any loss or damage to the property which at the time of the happening of such loss or damage is insured by or would but for the existence of this Policy be insured by, any fire or other insurance policy or policies except in respect of any excess beyond the amount which would have been payable under the fire or other insurance policy or policies had this insurance not been effected.

We, Tokio Marine & Nichido Fire Insurance Co.,Ltd. hereby agree, in consideration of the payment to us by or on behalf of the Assured of the premium as arranged, to insure against loss damage liability or expense to the extent and in the manner herein provided.

Where the Insurer pays for loss of or damage to the subject-matter insured, rights of ownership and/or any other proprietary rights of the Assured in remains of the subject-matter insured shall not transfer to the Insurer, unless the Insurer agrees in writing to take over such rights at the time of paying for the loss of or damage to the subject-matter insured.

In witness whereof, I the Undersigned of Tokio Marine & Nichido Fire Insurance Co., Ltd. on behalf of the said Company have subscribed My Name in the place specified as above to the policies, the issued numbers thereof being specified as above, of the same tenor and date, one of which being accomplished, the others to be void, as of the date specified as above.

For Tokio Marine & Nichido Fire Insurance Co., Ltd.

A21-44250 改定 2

為替手形

BILL OF EXCHANGE

NO. 567
FOR USD31,500.00

CHIYODA-KU TOKYO
(PLACE)   (DATE)

At × × × × × × × × × × × × × × × × × × × × › sight of this FIRST of Exchange (Second being unpaid) Pay to *The Bank of PSN, Ltd.* or order the sum of
USD

Value received and charge the same

to account of   MICROTECH CORP. 123 NORTH—AVE, SAN FRANCISCO, CALIF. U.S.A.

Drawn under   XYZ BANK. 234 EAST AVE. SAN FRANCISCO CALIF. U.S.A.
L/C No.   LC01234   Dated

To   XYZ BANK
     SAN FRANCISCO

NSP TRADING CO., LTD.

revenue
stamp
¥200

S A M P L E

Manager

BILL OF EXCHANGE

NO. 567
FOR USD31,500.00

CHIYODA-KU TOKYO
(PLACE)   (DATE)

At × × × × × × × × × × × × × × × × × × × × › sight of this   of Exchange (being unpaid) Pay to *The Bank of PSN, Ltd.* or order the sum of
USD

Value received and charge the same

to account of   MICROTECH CORP. 123 NORTH—AVE, SAN FRANCISCO, CALIF. U.S.A.

Drawn under   XYZ BANK. 234 EAST AVE. SAN FRANCISCO CALIF. U.S.A.
L/C No.   LC01234   Dated

To   XYZ BANK
     SAN FRANCISCO

NSP TRADING CO., LTD.

S A M P L E

Manager

信用状（L／C）

SENDER ; XYZ BANK, 234 EAST AVE. SAN FRANCISCO CALIFORINIA.U.S.A.		Message Type:700
ADVISING BANK ; THE BANK OF ABC LTD. HEAD OFFICE,TOKYO,JAPAN		Creation Date;2020/05/24

27	;Sequence of Total	1/1
40A	;Form of Documentary	I R R E V O C A B L E
20	;Documentary Credit Number	L C 01234
31C	;Date of Issue	20/05/24
31D	;Date and Place of Expiry	00/08/23 JAPAN
50	;Applicant	OPQRST CORP
		123 NORTH-AVE,SAN FRANCISCO,CALIFORNIA U.S.A.
59	;Beneficiary	ABCDEFG TRADING CO.,LTD 1-2-3 NIPPONBASHI CHIYODAKU TOKYO JAPAN
32B	;Currency and Amount	US $31,500.00
41D	;Available With···By···	ANY BANK BY N E G O T I A T I O N
42C	;Drafts at···	AT SIGHT
42D	;Drawee	XYZ BANK, SAN FRANCISCO
43P	;Partial Shipment	PROHIBITED
43T	;Transshipment	PROHIBITED
44A	;Shipment/Dispatch/	ANY PORT IN JAPAN
	Taking in charge from/at	
44B	;For Transportation to···	SAN FRANCISCO PORT
44C	;Latest Date of Shipment	20/08/08
45A	;Shipment of Goods	300 UNITS OF AUTO PARTS MODEL NO.2020A
		AS PER SALES NOTE NO.ABCDEFG-1234 DTD 20/05/01 CIF SAN FRANCISCO
46A	;Documents Required	＊SIGNED COMMERCIAL INVOICE IN TRIPLICATE
		＊FULL SET OF CLEAN ON BOARD OCEAN BILL OF LADING CONSIGNED TO
		THE XYZ BANK, SAN FRANCISCO MARKED FREIGHT PRE P AID NOTIFY
		APPLICANT INDICATING THIS L/C NO.AND SALES NOTE NO.ABCDEFG-1234
		＊FULL SET OF INSURANCE POLICY IN DUPLICATE WITH BLANK ENDORSEMENT FOR
		110PCT OF THE INVOICE VALUE WITH CLAIMS IF ANY, PAYABLE AT DESTINATION
		IN THE CURRENCY OF THE CREDIT. COVERING INSTITUTE CARGO CLAUESES（A）
		＊PACKING LIST IN DUPLICATE
47A	;Additional Conditions	IF PRESENTED DOCS CONT AIN DISCREPANCIES,USD100.00 OR EQUIVALENT
		IN L/C CURRENCY WILL BE DEDUCTED FROM THE PROCEEDS.
71B	;Charges	ALL BANKING CHARGES AND COMMISSIONS OUTSIDE U.S.A. ARE FOR
		BENEFICIARY'S ACCOUNT.
48	;Period for presentation	DOCUMENTS TO BE PRESENTED WITHIN 15 DAYS AFTER THE DATE OF
		SHIPMENT BUT WITHIN THE VALIDITY OF THE CREDIT.
49	;Confirmation Instructions	WITHOUT ADDING YOUR CONFIRMATION
53	;Reimbursing Bank	
78	;Instructions to the Paying	ALL DOCUMENTS MUST BE FORWARDED TO XYZ BANK,234 EAST AVE.
	Accepting/Negotiating Bank	SAN FRANCISCO CALIF.U.S.A. IN 1LOT BY COURIER SERVICE.
		UPON RECEIPT OF THEM IN COMPLIANCE WITH CREDIT TERMS AND
		CONDITIONS,
		WE WILL REMIT PROCEEDS AS PER THE INSTRUCTIONS OF THE
		NEGOTIATING BANK.
72	;Sender to Receiver Information	UNLESS OTHERWISE EXPRESSLY STATED,THIS CREDIT IS SUBJECT TO
		THE UNIFORM CUSTOMS AND PRACTICE FOR DOCUMENTARY CREDIT,
		2007 REVISION,ICC PUBLICATION NO.600

船荷証券（B／L）〔提供：Ocean Network Express Pte Ltd.〕

ONE
OCEAN NETWORK EXPRESS

FIRST ORIGINAL

PAGE: 1 OF 1

BILL OF LADING
(NON NEGOTIABLE UNLESS CONSIGNED TO ORDER)

SHIPPER/EXPORTER OCEAN NETWORK EXPRESS (JAPAN) LTD. - TOKYO W BUILDING, 1-8-15 KOHNAN MINATO-KU, TOKYO,108-0075,JAPAN 印紙税申告納付につき芝税務署承認済	BOOKING NO. TY8AA0000400　　BILL OF LADING NO. ONEYTY8AA0000400 EXPORT REFERENCES(for the Merchant's and/or Carrier's reference only. See back clause 8. (4).)

CONSIGNEE
OCEAN NETWORK EXPRESS (SINGAPORE) PTE. LTD.
2 HARBOURFRONT PLACE, #06-01/03, MERRILL LYNCH HARBOURFRONT, SINGAPORE 098499

FORWARDING AGENT-REFERENCES
FMC NO.

NOTIFY PARTY (It is agreed that no responsibility shall be attached to the Carrier or its Agents for failure to notify)
OCEAN NETWORK EXPRESS (SINGAPORE) PTE. LTD.
2 HARBOURFRONT PLACE, #06-01/03, MERRILL LYNCH HARBOURFRONT, SINGAPORE 098499

RECEIVED by the Carrier in apparent good order and condition (unless otherwise stated herein) the total number or quantity of Containers or other packages or units indicated in the box entitled "Carrier's Receipt", to be carried subject to all the terms and conditions hereof from the Place of Receipt or Port of Loading to the Port of Discharge or Place of Delivery, as applicable. Delivery of the Goods to the Carrier for Carriage hereunder constitutes acceptance by the Merchant (as defined hereinafter) (i) of all the terms and conditions, whether printed, stamped or otherwise incorporated on this side and on the reverse side of this Bill of lading and the terms and conditions of the Carrier's applicable tariff(s) as if they were all signed by the Merchant, and (ii) that any prior representations and/or agreements for or in connection with Carriage of the Goods are superseded by this Bill of Lading. If this is a negotiable (To Order/of) Bill of Lading, one original Bill of Lading, duly endorsed must be surrendered by the Merchant to the Carrier (together with any outstanding Freight) in exchange for the Goods or a Delivery Order or the pin codes for any applicable Electronic Release System. If this is a non-negotiable (straight) Bill of Lading, or where issued as a Sea Waybill, the Carrier shall deliver the Goods or issue a Delivery Order or the pin codes for any applicable Electronic Release System (after payment of outstanding Freight) to the named consignee against the surrender of one original Bill of Lading, or in the case of a Sea Waybill, on production of such reasonable proof of identity as may be required by the Carrier, or in accordance with the national law at the Port of Discharge or Place of Delivery as applicable. IN WITNESS WHEREOF the Carrier or their Agent has signed the number of Bills of Lading stated at the top, all of this tenor and date, and whenever one original Bill of Lading has been surrendered all other Bills of Lading shall be void.

PRE-CARRIAGE BY	PLACE OF RECEIPT TOKYO,JAPAN	
OCEAN VESSEL VOYAGE NO. FLAG ONE EAGLE 018S	PORT OF LOADING TOKYO,JAPAN	FINAL DESTINATION(for the Merchant's reference only)
PORT OF DISCHARGE SINGAPORE	PLACE OF DELIVERY SINGAPORE	TYPE OF MOVEMENT(IF MIXED, USE DESCRIPTION OF PACKAGES AND GOODS FIELD) FCL / FCL　　CY / CY

(CHECK "HM" COLUMN IF HAZARDOUS MATERIAL)　PARTICULARS DECLARED BY SHIPPER BUT NOT ACKNOWLEDGED BY THE CARRIER

CNTR. NOS. W/SEAL NOS. MARKS & NUMBERS	QUANTITY (FOR CUSTOMS DECLARATION ONLY)	H/M	DESCRIPTION OF GOODS	GROSS WEIGHT	GROSS MEASUREMENT
TCLU8856　/ JPA		/	100 CASES　　/FCL / FCL/40HQ//		
CASE NO. 1-100 MADE IN JAPAN	100 CASES		GENERAL CARGO	2000.000KGS	20.000CBM
OCEAN FREIGHT PREPAID AS ARRANGED					

Declared Cargo Value US $ _____　　If Merchant enters a value, Carrier's limitation of liability shall not apply and the ad valorem rate will be charged.

FREIGHT & CHARGES PAYABLE AT / BY:
TOKYO, TOKYO
SINGAPORE

CODE	TARIFF ITEM	FREIGHTED AS	RATE	PREPAID	COLLECT
			SERVICE CONTRACT NO.　DOC FORM NO.　COMMODITY CODE　EXCHANGE RATE		

[3] ORIGINAL BILLS(S) OF LADING HAVE BEEN SIGNED, WHERE DELIVERED AGAINST ONE, THE OTHERS(S) TO BE VOID.

DATE CARGO RECEIVED

DATE LADEN ON BOARD
29 MAY 2018

PLACE OF BILL(S) ISSUE
TOKYO

DATED
30 MAY 2018

SIGNED BY OCEAN NETWORK EXPRESS (JAPAN) LTD.

The printed terms and conditions on this Bill are available at its website at www.one-line.com

, as agent for and on behalf of

Ocean Network Express Pte. Ltd.
(ONE), AS CARRIER

B／L 裏面約款の一部 〔提供：Ocean Network Express Pte Ltd.〕

1. Definitions and Tariff

1.1 Definitions

"**Bill**" means this document, whether issued as a Bill of Lading or a Sea Waybill, and whether issued in paper or electronic form;

"**Carriage**" means the whole or any part of the operations and services whatsoever undertaken by the Carrier in respect of the Goods covered under this Bill;

"**Carrier**" means Ocean Network Express Pte Ltd on whose behalf this Bill has been signed;

"**Container**" includes any container (including an open top container), trailer, transportable tank, flat rack or pallet or any similar article used to consolidate Goods and any ancillary equipment;

"**Freight**" includes all charges payable to the Carrier in accordance with the applicable Tariff(s) and this Bill, including storage, demurrage and detention;

"**Goods**" means the whole or any part of the cargo and any packaging received from the Shipper and includes any equipment or Container not supplied by or on behalf of the Carrier;

"**Hague Rules**" means the provisions of the International Convention for the Unification of Certain Rules relating to Bills of Lading signed at Brussels on 25th August, 1924 and includes the amendments by the Protocols signed at Brussels in 1968, and 1979, but only if such amendments (hereinafter collectively called "the Visby Amendments") are compulsorily applicable to this Bill and nothing in this Bill shall be construed as contractually applying the Visby Amendments;

"**Holder**" means any person for the time being in possession of or entitled to this Bill by reason of the consignment of Goods or the endorsement of this Bill or otherwise;

"**Merchant**" includes the Shipper, Consignee, owner, Person owning or entitled to possession of the Goods or of this Bill, Receiver, Holder, and anyone acting on behalf of any such person, including but not limited to agents, servants, independent contractors, non-vessel operating common carriers ("NVOCCs"), and freight forwarders;

"**Person**" includes an individual, group, company or other entity;

"**Place of Delivery**" means a place so named overleaf or any other place where the Carrier has contracted to deliver the Goods when such place is other than the Port of Discharge;

"**Place of Receipt**" means a place so named overleaf or any other place where the Carrier has contracted to receive the Goods, when such place is other than the Port of Loading;

"**Port of Loading**" means a port or place so named overleaf or any other port or place where the Goods are loaded onto the Vessel for Carriage;

"**Port of Discharge**" means a port or place so named overleaf or any other port or place where the Goods are discharged from the Vessel;

"**Sub-Contractor**" includes owners, charterers and operators of the Vessel or any other vessel (other than the Carrier), sea, water, rail, road, air or other transport operators or carriers, stevedores, terminal operators, warehousemen, and any independent contractors or agents employed by the Carrier in performance of the Carriage and any subcontractor thereof;

"**US COGSA**" means the United States Carriage of Goods by Sea Act, 1936;

"**Vessel**" includes the vessel named on the face hereof, and any vessel, lighter, barge, ship, watercraft or any other means of water transport used in whole or in part for Carriage of Goods under this Bill;

"**Verified Gross Mass**" means the combined mass of a Container's tare mass and the masses of all packages and cargo items including but not limited to pallets, dunnage, other packing material and securing materials packed in the Container and verified by one of the methods of weighing specified in SOLAS Chapter VI Regulation 2.

"**Waterborne Carriage**" means carriage by sea or water, and includes the period during which the Goods are under the custody of the Carrier for the Carriage at the sea/water terminal of the Port of Loading or the Port of Discharge, whether or not on board the Vessel.

1.2 Carrier's Tariff

The terms of the Carrier's applicable Tariff(s) ("Tariff") are incorporated herein. The Merchant's attention is drawn to clause 6 hereof. Copies of the relevant provisions of the Tariff(s) are obtainable from the Carrier upon request. In the case of inconsistency between this Bill and any applicable Tariff, this Bill shall prevail.

2. Terms and Conditions

2.1　The terms and conditions provided for in this Bill shall apply in any action by or against the Carrier for any loss or damage whatsoever and howsoever occurring (and without restricting the generality of the foregoing, including delay, late delivery and/or delivery without surrender of this Bill), whether the action be founded in contract, bailment or in tort.

2.2　The terms and conditions of this Bill are separable, and if any term or condition is held to be invalid, null and void, or unenforceable, that shall not affect in any way the validity or enforceability of any other term or condition of this Bill.

2.3　The terms and conditions of this Bill shall govern the relations between the Carrier and the Merchant in respect of the Carriage, whether a Bill of Lading is issued or not.

2.4　If this Bill is accepted by a NVOCC, who has in turn made other contracts of carriage with third parties, the said NVOCC hereby:

(a)　undertakes that no claim or allegation in respect of the Goods shall be made against the Carrier by any Person, other than in accordance with the terms and conditions hereof, which imposes or attempts to impose upon the Carrier or any vessel, owned or operated by the Carrier or employed in the Carriage, any liability whatsoever in connection with the Goods, whether or not arising out of negligence on the part of the Carrier, and if any such claim or allegation should nevertheless be made, to indemnify the Carrier against all consequences thereof (including legal fees, expert fees and disbursements), and

(b)　warrants that all bills of lading or other documents recording the contracts of carriage issued by him in respect of the Goods shall effectively incorporate and bind his counterparties to the terms of this Bill including the law and jurisdiction clause, and agrees to defend, hold harmless and indemnify the Carrier, his servants, agents and Subcontractors against all consequences of his failing to do so.

2.5　In no event shall the Carrier be liable for any direct or indirect loss of profit or any consequential loss whatsoever.

2.6　Where loss or damage is caused partly by a cause for which the Carrier is liable, the Carrier shall be liable only for the portion of the loss or damage proved by the Merchant to have resulted from the cause for which the Carrier is liable. The Merchant shall indemnify the Carrier (including legal and expert fees and disbursements) when the Carrier pays damages in excess of its share of fault.

2.7　The Carrier does not undertake that the Goods shall arrive at the Port of Discharge or Place of Delivery on/at any particular date or time or to meet any particular market or use, and the Carrier shall in no circumstances be liable for delay or for any indirect or special or consequential loss or damage whatsoever incurred by the Merchant.

3. Carrier's Responsibility

3.1　The Carrier shall not be responsible for loss or damage to the Goods occurring before the receipt of the Goods by the Carrier or after the delivery of the Goods to the Merchant or its designee. The Carrier shall be liable for loss or damage to the Goods occurring between the time when he receives the Goods and the time of delivery only to the extent set out below.

3.2　Except for the shipment of Goods to, from or through the United States, including its districts, territories and possessions, which shall be governed by Clause 26 below, if the stage of the Carriage during which the loss or damage occurred can be proved, the liability of the Carrier shall be determined:

(a)　if the loss or damage is proved to have occurred during the Waterborne Carriage, by the Hague Rules, Articles 1-8 inclusive, but excluding Article 1(e).

(b)　where the loss or damage is proved not to have occurred during the Waterborne Carriage, by the provisions contained in any international convention or national law which provisions,

(i)　cannot be departed from by private contract to the detriment of the Merchant; and

(ii)　would have applied if the Merchant had made a separate and direct contract with the Carrier in respect of the stage of the Carriage during which the loss or damage occurred and had received as evidence thereof any document which must be issued in order to make such international convention or national law applicable; and

(iii)　would have been applicable if the contract referred to in (ii) above had been governed by the internal law of the State where the loss or damage occurred.

3.3 Except for the shipment of Goods to, from or through the United States, including its districts, territories and possessions, which shall be governed by Clause 26 below, if neither Clause 3.2(a) or 3.2(b) above applies, or if the stage of the Carriage during which the loss or damage occurred cannot be determined, the Carrier shall be relieved of liability for any loss or damage if such loss or damage was caused by:
(i)   act of God,
(ii)   act of War,
(iii) act of public enemies,
(iv)   arrest or restraint of princes, rulers or people or seizure under legal process,
(v)   quarantine restrictions,
(vi)   an act or omission of the Merchant, his agent, representative or sub-contractor,
(vii) compliance with instructions of any Person entitled to give them,
(viii) insufficiency of or defective condition of packing or marking,
(ix)   handling, loading, stowage or unloading of the Goods by or on behalf of the Merchant,
(x)   inherent vice of the Goods,
(xi)   latent defects not discoverable by due diligence,
(xii) fire, unless caused by the actual fault or privity of the Carrier,
(xiii) strike, lock-out, stoppage or restraint of labour, from whatever cause, whether partial or general,
(xiv) riots and civil commotions,
(xv)   any cause or event which the Carrier could not avoid and the consequences whereof he could not prevent by the exercise of reasonable diligence.
3.4   The burden of proving prima facie that the loss or damage was due to one or more of the causes or events specified in Clause 3.3 shall rest upon the Carrier, save that if the Carrier establishes that the loss or damage could be attributed to one or more of the causes or events specified in Clause 3.3 other than (vi), (vii), (viii), (ix), (x) or (xv), it shall be presumed that it was so caused. The Merchant shall, however, be entitled to prove that the loss or damage was not, in fact, caused either wholly or partly by one or more of these causes or events.
3.5   If the Carrier is requested by the Merchant to procure carriage by an inland carrier beyond the Place of Delivery (or the Port of Discharge if no Place of Delivery is named) such carriage shall be procured by the Carrier as agent only to the Merchant and the Carrier shall have no liability whatsoever for such carriage or the acts or omissions of such inland carrier.
3.6   Where this Bill is issued as a Sea Waybill, this Bill shall have effect subject to the CMI Uniform Rules for Sea Waybills which are deemed to be incorporated herein; provided, however that if any provisions of such Rules are inconsistent with those of this Bill, the latter shall prevail.

4.   Limitation of Liability
4.1   Nothing in this Bill shall operate to limit or deprive the Carrier of any statutory protection or exemption or limitation of liability authorized by any applicable laws, statutes or regulations of any country.
4.2   It is agreed by the Merchant that the Carrier qualifies and shall be regarded as a person entitled to limit liability under any applicable convention for the Limitation of Liability for Maritime Claims notwithstanding that the Carrier may have secured space on board the relevant vessel by means of a slot charter, bill of lading, waybill or other contract of carriage. Subject to any law compulsorily applicable to the Carriage to the contrary, and save to that extent, the fund to which the Carrier may limit its liability in respect of all claims arising out of an incident shall be that part or proportion of the limitation fund applicable to the actual carrier that is available for the Carrier's claims against the actual carrier.
4.3   If the Hague Rules are applicable by national law, the liability of the Carrier shall in no event exceed the limit provided in the applicable national law. If the Hague Rules are applicable otherwise than by national law, the liability of the Carrier shall in no event exceed 100 pounds sterling per package or unit.
4.4   Except as provided in Clauses 3.2(a), 3.2(b) and 27, if Clause 3.3 operates, total compensation shall in no circumstances exceed 2 SDRs per kilo of gross weight of the Goods lost or damaged (SDR means Special Drawing Right as defined by the International Monetary Fund).
4.5   The Merchant agrees and acknowledges that the Carrier has no knowledge of the value of the Goods and higher compensation than that provided for in this Bill may be claimed only when, with the consent of the Carrier, (i) for multimodal shipments to or from the U.S. where U.S. inland carriage is undertaken, the Merchant elects to avoid any liability limitation provided herein by prepaying extra freight and opting for full liability by complying with the terms in the Carrier's Tariff(s); and (ii) in all other cases, the Shipper declares the value of the Goods and requests that the Carrier insert the declared value of the Goods in the box marked "Declared Value" on the reverse of this Bill, and for which extra freight has been paid by the Merchant. In that case, the amount of the declared value shall be substituted for the limits laid down in this Bill. Any partial loss or damage shall be adjusted pro rata based on such declared value.

5.   Sub-Contracting
5.1   The Carrier shall be entitled to subcontract the whole or any part of the Carriage on any terms whatsoever, including liberty to further sub-contract.
5.2   The Merchant undertakes that no claim or allegation shall be made against any Person who performs or undertakes the Carriage (including all Sub Contractors) other than the Carrier, which imposes or attempts to impose upon such Person, or any vessel owned by such Person, any liability whatsoever in connection with the Goods or the Carriage, whether or not arising out of negligence on the part of such Person and, if any such claim or allegation should nevertheless be made, to indemnify the Carrier against all consequences thereof.
5.3   Without prejudice to Clause 5.2 such Person (including any Subcontractor) shall have the benefit of every right, exemption from liability, defence and immunity of whatsoever nature applicable to the Carrier or to which the Carrier is entitled herein including but not limited to the right to enforce Clause 25 hereof, as if such provisions were expressly for his benefit. In entering into this contract, the Carrier, to the extent of these provisions, does so not only on his own behalf but also as agent and trustee for such Person.
5.4   The provisions of Clause 5.2, including but not limited to the undertakings of the Merchant contained therein, shall extend to claims or allegations of whatsoever nature against other Persons chartering space on the Vessel.
5.5   The Merchant further undertakes that no claim or allegation in respect of the Goods shall be made against the Carrier by any Person, other than in accordance with the terms and conditions of this Bill, which imposes or attempts to impose upon the Carrier any liability whatsoever in connection with the Goods or the Carriage, whether or not arising out of negligence on the part of the Carrier and, should any such claim or allegation nevertheless be made, to indemnify the Carrier against all consequences thereof.

6.   Freight
6.1   Freight shall be deemed fully earned on receipt of the Goods by the Carrier, whether the Goods are lost or not, and shall be paid and non-returnable in any event.
6.2   The Merchant acknowledges and accepts the stipulations concerning currency in which the Freight is to be paid, rate of exchange, devaluation and other contingencies relative to Freight in the applicable Tariff(s).
6.3   Freight has been calculated based on particulars furnished by or on behalf of the Merchant. If such particulars are incorrect, it is agreed that a sum equal to double the correct Freight less the Freight charged shall be payable as liquidated damages to the Carrier, provided that the Carrier's Tariff(s) does not stipulate otherwise. The Merchant shall indemnify the Carrier for all penalties and legal fees resulting from such incorrect particulars being furnished.
6.4   All Freight shall be paid to the Carrier by the Merchant in cash without any set-off, counter-claim, deduction or pardon either at or prior to the time agreed for payment or at the latest before delivery of the Goods.
6.5   The Merchant shall be liable to the Carrier for the payment of all Freight and/or expenses including but not limited to court costs, legal fees and expenses incurred in collecting monies due to the Carrier. Payment of the Freight to a freight forwarder, broker or anyone other than the Carrier or its authorized agent shall not be deemed payment to the Carrier and shall be made at the Merchant's sole risk.

7.   Lien
7.1   The Carrier shall have a lien on the Goods and any documents relating thereto, which shall survive delivery, for all sums payable to the Carrier under this contract and for general average contributions, to whomsoever due. The Carrier shall also have a lien against the Merchant on the Goods and any documents relating thereto for all sums due from the Merchant to the Carrier under any other contract. For recovering any sums due, the Carrier shall have the right to sell the Goods by public auction or private sale, without notice to the Merchant and the Carrier's lien shall extend to cover the cost of recovering any sums due.

8.   Description of Goods
8.1   This Bill shall be prima facie evidence of the receipt by the Carrier in apparent external good order and condition, (except as otherwise noted), of the total number of Containers or other packages or units enumerated in the box entitled "Carrier's Receipt".

事項索引（和文）

さ

257

事項索引 （英文）

巻末の辞

　本事典の特徴および本事典執筆者の属する国際商取引学会の概要については，久保田隆会長による「巻頭の辞」にすでに述べられているため，ここではそこに記されていない点について述べる。

　そもそもこの国際商取引学会は，故新堀聰博士（初代三井物産貿易経済研究所所長・元日本大学商学部教授）を中心に運営されていた貿易取引研究会をその前身とする。貿易取引を様々な観点から研究する会であったが，わが国ビジネスがその範囲を拡大するに伴い研究範囲もその実態に合わせ広げる必要が生じたため，同研究会を発展的に解消し，新たな学会を発足させた。

　新堀博士を中心に商学者や法学者が集い，「国際商取引学会」と名付けたのであったが，その名称には「法学」の語も，「商学」の語も顕さなかった。その事実に，発足に関わった方々の次のような想いを馳せることができる。

　商取引においては法学も商学も関係ない。あるのは一つの大きな塊としての商取引の存在であって，その塊への研究・分析アプローチはそれこそ無数に存在する。分野の垣根を越え，融合的に商取引を捉えよ。理論なき実践を遠ざけ，実践なき理論から解き放たれよ。そうして学問を発展させよ。

　本学会の果たすべき使命（ミッション）と言い換えてもよい。

　そして会は受け継がれ，今年で23年目を迎えた。令和元年（2019年）秋にはトップに久保田新会長をいただき，その類稀なリーダーシップの下，本事典刊行に向けて大きく舵を切った。以来，ほぼ1年で完成させたのが本書である。

　上で述べた使命に共感し入会を果たした国際商取引学会会員による本事典執筆陣である。執筆担当項目にどのように対峙し，理論と実践の均衡をどのような按配で―担当者自身の価値判断に基づきながら―整え，定義しようと試みているのか。本事典を手に取られた読者には，執筆担当者による明瞭かつ的を射た解説はもとより，そこに滲み出ている試行錯誤の跡も同様に堪能していただ

けるものと確信している。この点に類書にはない特長があることをあらためて強調しておきたい。

　末筆ではあるが，多忙な最中，厳しい締切りを守ってご執筆下さった会員有志の皆様，ならびに付録資料の掲載につきご快諾下さった東京海上日動火災保険株式会社様，OCEAN NETWORK EXPRESS (JAPAN) LTD. 様，および，お名前は出しておりませんが為替手形と信用状の見本をご提供いただいた企業様に，心より厚くお礼を申し上げたい。

　2021年2月

田口尚志

編集委員の一人として

国際商取引学会副会長

国際ビジネス用語事典

2021年4月25日　第1版第1刷発行

編　者　国 際 商 取 引 学 会
発行者　山　　本　　　　継
発行所　㈱ 中 央 経 済 社
発売元　㈱中央経済グループ
　　　　パ ブ リ ッ シ ング

〒101-0051　東京都千代田区神田神保町1-31-2
電話　03 (3293) 3371 (編集代表)
　　　03 (3293) 3381 (営業代表)
https://www.chuokeizai.co.jp
印刷／昭和情報プロセス㈱
製本／誠　製　本　㈱

©2021
Printed in Japan

＊頁の「欠落」や「順序違い」などがありましたらお取り替えいた
しますので発売元までご送付ください。(送料小社負担)

ISBN978-4-502-36651-2　C3032